双百优秀裁判文书的形与神

——裁判思路与说理技巧——

（第二辑）

刑事、行政、国家赔偿卷

邓修明　主编

最高人民法院审判管理办公室　编

人民法院出版社

图书在版编目（CIP）数据

双百优秀裁判文书的形与神 : 裁判思路与说理技巧. 第二辑. 刑事、行政、国家赔偿卷 / 邓修明主编 ; 最高人民法院审判管理办公室编. -- 北京 : 人民法院出版社, 2024.4
ISBN 978-7-5109-4133-7

Ⅰ. ①双… Ⅱ. ①邓… ②最… Ⅲ. ①刑事诉讼一审判一法律文书一研究一中国②行政诉讼一审判一法律文书一研究一中国③行政赔偿一审判一法律文书一研究一中国 Ⅳ. ①D926.134

中国国家版本馆CIP数据核字(2024)第076577号

双百优秀裁判文书的形与神
——裁判思路与说理技巧（第二辑）（刑事、行政、国家赔偿卷）
邓修明　主编
最高人民法院审判管理办公室　编

策划编辑　李安尼
责任编辑　赵芳慧
封面设计　鲁　娟
出版发行　人民法院出版社
地　　址　北京市东城区东交民巷 27 号（100745）
电　　话　（010）67550628（责任编辑）　67550558（发行部查询）
　　　　　　65223677（读者服务部）
客服 QQ　2092078039
网　　址　http：//www.courtbook.com.cn
E - mail　courtpress@sohu.com
印　　刷　保定市中画美凯印刷有限公司
经　　销　新华书店

开　　本　787 毫米×1092 毫米　1/16
字　　数　418 千字
印　　张　23.25
版　　次　2024 年 4 月第 1 版　2024 年 4 月第 1 次印刷
书　　号　ISBN 978－7－5109－4133－7
定　　价　92.00 元

《双百优秀裁判文书的形与神——裁判思路与说理技巧》编辑委员会

前　言

裁判文书是人民法院代表国家依法行使审判权、适用法律解决纠纷的载体，是明确当事人法律权利义务的重要形式，直接体现国家强制力，具有高度的严肃性和权威性，其质量集中反映了人民法院的司法能力和司法水平。法官制作裁判文书必须严格依据事实和法律，时刻保持高度的责任心，严谨规范、精益求精。优秀裁判文书能以案释法，既体现法律尺度，又展现司法温度；既反映法官的法律专业功底，又展示法官论证说理的能力以及语言组织能力，在解决争议、化解矛盾纠纷的同时，明确法律规则和价值导向，增强社会对司法裁判的认同感和对公平正义的获得感，形成与社会道德建设、社会主义核心价值观的有效共振。

最高人民法院始终高度重视裁判文书质量，自2018年以来持续开展全国法院“百篇优秀裁判文书”评选活动，通过层层选拔，甄选出了一批政治效果、法律效果和社会效果相统一的优秀裁判文书。获奖裁判文书来自全国各级法院，覆盖刑事、民事、行政、赔偿、执行等各种类型。为充分展现人民法院裁判文书制作水平，全方位发挥精品文书的引领示范作用，最高人民法院于2022年出版了《双百优秀裁判文书的形与神——裁判思路与说理技巧丛书》，收录了第一届、第二届、第三届获奖的裁判文书，社会反响良好。在此基础上，本书选取了第四届、第五届获奖的裁判文书，作为《双百优秀裁判文书的形与神——裁判思路与说理技巧丛书(第二辑)》，更为集中展示优秀获奖文书的裁判要旨、撰写心得、专家评析等重要而有价值的内容，展现人民法官的裁判思路，分析说理技巧，帮助读者剖析优秀裁判文书的“形”与“神”，以供全国法律从业者学习参鉴。

编者

2024 年 4 月

目　　录

第一编　刑事类

第一章　交通肇事罪

1. 孟某洋交通肇事案 …… 1
【关键词】　交通肇事　责任认定　量刑规范　缓刑适用
一、简要案情 …… 1
二、撰写心得 …… 2
（一）文书结构科学合理，骨骼才能健全 …… 4
（二）分析论证全面透彻，灵魂才能深邃 …… 4
（三）语言文字精准严谨，血肉才能丰满 …… 4
（四）方法技能固然重要，用心更为关键 …… 4
三、专家评析 …… 5
（一）坚持罪责刑相适应 …… 5
（二）强化量刑说理过程 …… 5
（三）回应类案参照诉求 …… 6
（四）关注常情常理常规 …… 6

第二章　诈骗类犯罪

2. 善林金融公司、周某云、周某、曹某等集资诈骗案 …… 7
【关键词】　集资诈骗罪　单位犯罪

一、简要案情 …… 7
二、撰写心得 …… 9
（一）全面查证案件事实 …… 9
（二）细致分析案件性质 …… 9
（三）准确查明涉案人员的具体作用 …… 10
（四）准确认定犯罪金额 …… 11
（五）为追赃挽损工作打好坚实基础 …… 11
三、专家评析 …… 11

3. 上海涛略广告有限公司、陈某、郭某忠合同诈骗、对非国家工作人员行贿，周某泉、祝某东合同诈骗，李某源非国家工作人员受贿罪案 …… 14
【关键词】 合同诈骗 受贿 职务上的便利 单位犯罪
一、简要案情 …… 14
（一）合同诈骗事实 …… 14
（二）行贿与受贿事实 …… 15
二、撰写心得 …… 16
（一）格式正确、用语规范和准确 …… 16
（二）语句通顺、逻辑严密、证据充分 …… 16
（三）观点明确、说理充分 …… 16
（四）展示裁判温度、坚守法官良知 …… 17
三、专家评析 …… 18

4. 王某某集资诈骗案 …… 20
【关键词】 集资诈骗 非法吸收公众存款 非法占有目的 集资贪利性
一、简要案情 …… 20
二、撰写心得 …… 22
（一）以案说法，着眼凝练裁判规则 …… 22
（二）条分缕析，重点强化裁判说理 …… 23
（三）谋篇布局，合理构思裁判结构 …… 25
（四）精耕细作，精心培育精品案例 …… 26
三、专家评析 …… 26
（一）充分体现以审判为中心的刑事诉讼制度改革的要求 …… 27
（二）充分体现强化裁判文书释法说理的成果 …… 27
（三）充分体现统一类案裁判规则的目标 …… 28

5. 王某诈骗，陈某某、袁某某、高某等国有公司、企业、事业单位人员失职案 …… 29
【关键词】 金融不良资产 追偿可能性 财产性利益
一、简要案情 …… 29
（一）被告人王某购买长城呼办金融不良债权的事实 …… 30
（二）被告人王某购买中信公司债权包五户债权的事实 …… 30
二、撰写心得 …… 31
（一）秉持罪刑法定原则 …… 31
（二）坚守刑法谦抑原则 …… 31
（三）高度关注社会效果 …… 32
三、专家评析 …… 34
（一）结构完整 …… 34
（二）证据列举详细清晰 …… 34
（三）裁判说理充分透彻 …… 34

6. 肖某章诈骗案 …… 36
【关键词】 刑事再审 证据裁判 调查研究 依法纠错
一、简要案情 …… 36
二、撰写心得 …… 37
（一）主动调查排除案件疑点，避免坐堂问案陷入主观臆判 …… 38
（二）“五法一体”审查分析证据，让案件真相通过证据客观呈现 …… 40
（三）委托专业人员辅助审查证据，增强再审认定结论的权威性 …… 42
三、专家评析 …… 42
（一）脉络清晰、详略得当 …… 43
（二）注重说理和分析论证 …… 43
（三）从正反两个角度来阐明改判的理由，论据丰富 …… 43
（四）鲜明地指出了原一审判决存在“虚假印证”的情形，让一审判决的有罪认定难以成立 …… 43
（五）判决书全文要素齐全、条理清晰、逻辑严密、格式规范、分析论证充分 …… 44

7. 吴某合同诈骗、骗取贷款、票据承兑、金融票证案 …… 45
【关键词】 非法占有目的 骗取贷款 欺骗手段

一、简要案情 …… 45
二、撰写心得 …… 47
（一）文书要素要“全面” …… 47
（二）事实认定要“准确” …… 48
（三）证据认定要“细致” …… 48
（四）释法说理要“专业” …… 48
（五）价值导向要“正向” …… 49
三、专家评析 …… 49
（一）切实贯彻证据裁判原则 …… 50
（二）切实贯彻疑罪从无原则 …… 50
（三）充分体现司法担当精神 …… 50
（四）文书格式规范逻辑严密 …… 50

第三章 侵犯著作权罪

8. 李某毅侵犯著作权案 …… 51
【关键词】 侵犯著作权罪 非法经营数额 司法会计鉴定 复核 有利于被告人
一、简要案情 …… 51
二、撰写心得 …… 52
（一）坚持实事求是，准确把握刑事二审程序要求 …… 52
（二）坚持深入研究，准确把握案件法律适用争议 …… 53
（三）坚持精心谋篇，准确把握裁判文书写作要义 …… 54
三、专家评析 …… 55

第四章 侵犯商业秘密罪

9. 郑某林、丘某琦侵犯商业秘密案 …… 57
【关键词】 侵犯商业秘密罪 不正当手段 违反约定 损失计算
一、简要案情 …… 57
二、撰写心得 …… 58
（一）本案裁判文书集中体现了五个“坚持” …… 59
（二）撰写裁判文书的建议 …… 60

三、专家评析 …… 61

第五章　非法转让土地使用权罪

10. 张某某非法转让土地使用权案 …… 63
【关键词】 从旧兼从轻　罪刑法定
一、简要案情 …… 63
二、撰写心得 …… 64
三、专家评析 …… 67

第六章　强迫交易罪

11. 郭某锋、彭某峰等强迫交易案 …… 68
【关键词】 恶势力　犯罪集团　旅游购物　软暴力　销售套路　强迫交易　打财断血
一、简要案情 …… 68
二、撰写心得 …… 69
（一）设计：吃透案情，全盘考虑 …… 70
（二）基础：抽丝剥茧，慢工细活 …… 70
（三）主体：聚焦争议，论证充分 …… 71
（四）装修验收：字斟句酌，反复推敲 …… 71
三、专家评析 …… 72
（一）事实证据表述严谨、结构合理 …… 72
（二）归纳焦点准确全面、说理透彻 …… 72
（三）裁判文书彰显“三个效果”有机统一 …… 73

第七章　故意伤害罪

12. 尚某某故意伤害案 …… 75
【关键词】 正当防卫　不法侵害　互殴　防卫过当
一、简要案情 …… 75
二、撰写心得 …… 76

三、专家评析 …… 79
（一）抽丝剥茧全面准确认定事实 …… 79
（二）理性分析正确认定正当防卫 …… 79
（三）释法明理提供行为规范指引 …… 80

13. 王某剑故意伤害案 …… 81
【关键词】 故意伤害 正当防卫 无罪
一、简要案情 …… 81
二、撰写心得 …… 83
（一）增强案件办理过程中的敏感性 …… 83
（二）强化文书撰写过程中的说理性 …… 84
（三）注重裁判文书修改打磨的必要性 …… 84
三、专家评析 …… 85

14. 黄某华故意伤害案 …… 87
【关键词】 故意伤害 认罪认罚 不如实供述 抗诉 上诉
一、简要案情 …… 87
二、撰写心得 …… 89
（一）裁判文书的撰写基础是法官具有高度负责的态度、深度吃透案情的劲头 …… 89
（二）裁判文书应充分展现裁判结果形成的过程，展示逻辑推理的过程 …… 90
（三）裁判文书应把握时代脉搏，裁判释理应向被告人传递法院的态度，向社会传递法律的温度 …… 90
（四）裁判文书应体现二审法院的司法担当 …… 91
三、专家评析 …… 91

第八章 抢劫罪

15. 李某抢劫案 …… 93
【关键词】 间接证据 经验法则 推定 排除合理怀疑
一、简要案情 …… 93
二、撰写心得 …… 94
（一）调查走访，练好事实认定“基本功” …… 94

（二）居中裁判，写好控辩双方“攻防战” …………………… 95
（三）逻辑严谨，说好案件争议“核心点” …………………… 95
（四）形式美观，用好文书写作“美化术” …………………… 96
三、专家评析 …………………………………………………………… 96

16. 刘某某抢劫案 ………………………………………………………… 98
【关键词】 抢劫罪 犯罪构成 社会危害性 无罪
一、简要案情 …………………………………………………………… 98
二、撰写心得 ………………………………………………………… 100
（一）立足再审案件特点，合理谋篇布局 ………………………… 100
（二）以申诉理由及检辩意见引出再审焦点 ……………………… 101
（三）详述再审事实证据，凸显改判依据 ………………………… 101
（四）通过分析论证，阐明裁判理由 ……………………………… 101
三、专家评析 ………………………………………………………… 102

第九章 盗窃罪

17. 闫某某盗窃案 ……………………………………………………… 104
【关键词】 盗窃 侵占 捡拾 占有
一、简要案情 ………………………………………………………… 104
二、撰写心得 ………………………………………………………… 104
（一）锤炼纠错本领，准确发现错案 ……………………………… 105
（二）坚持精品理念，强化系统培育 ……………………………… 106
（三）加强释法说理，擦亮司法名片 ……………………………… 106
三、专家评析 ………………………………………………………… 108
（一）形式方面，该再审判决结构完整充分、格式规范，全文要素齐全 ………………………………………………………………… 108
（二）内容方面，该再审判决条理清晰明了、内容全面详实 …… 108
（三）社会意义方面，该案涉及当面捡拾他人财物的罪与非罪问题，引发社会广泛关注 ……………………………………………… 108

第十章　职务侵占罪

18. 李某1、李某2职务侵占，吕某某非国家工作人员受贿案 …………… 110
【关键词】　国有控股公司　全资子公司　临时管理　恶意对账
　　虚假出资　虚假诉讼　侵占公司股权
一、简要案情 …………………………………………………………… 110
二、撰写心得 …………………………………………………………… 111
（一）抓住核心，准确定性 ………………………………………… 111
（二）刑民交叉，攻破难关 ………………………………………… 111
（三）加强说理，内容全面 ………………………………………… 112
三、专家评析 …………………………………………………………… 112
（一）判决书对案涉犯罪事实的陈述简洁、清楚 ………………… 112
（二）判决书全面记载了上诉人的上诉理由和辩护人的辩护意见 …………………………………………………………… 112
（三）判决书逐一对二审中上诉人的上诉理由和辩护人的辩护意见进行了详细分析 …………………………………………… 112
（四）判决书对于罪名的认定准确，量刑得当 …………………… 112

第十一章　伪造公司印章罪

19. 王某伪造公司印章案 ……………………………………………… 114
【关键词】　伪造　使用　使用伪造的印章　伪造公司印章罪
一、简要案情 …………………………………………………………… 114
二、撰写心得 …………………………………………………………… 117
（一）吃透 ………………………………………………………… 117
（二）归纳 ………………………………………………………… 117
（三）说理 ………………………………………………………… 117
（四）担当 ………………………………………………………… 118
三、专家评析 …………………………………………………………… 119

第十二章　非法获取计算机信息系统数据、非法控制计算机信息系统罪

20. 朱某海非法获取计算机信息系统数据、内幕交易案 …… 121

【关键词】 非法获取计算机信息系统数据　内幕交易　数罪并罚　量刑

一、简要案情 …… 121

（一）非法获取计算机信息系统数据、非法控制计算机信息系统事实 …… 121

（二）内幕交易事实 …… 122

二、撰写心得 …… 122

（一）注重挖掘案件的典型意义和指导价值，使案件具有示范性 …… 123

（二）运用法治思维，依法依规辨法析理 …… 123

（三）援引证据详略得当、排列有序 …… 124

（四）语法规范，符合裁判文书规则要求 …… 124

三、专家评析 …… 125

第十三章　组织、领导、参加黑社会性质组织罪

21. 周某松等组织、领导、参加黑社会性质组织案 …… 127

【关键词】 组织、领导、参加黑社会性质组织罪　“四个特征”　恶势力犯罪集团

一、简要案情 …… 127

二、撰写心得 …… 129

（一）全面吃透案情，严谨认定事实 …… 129

（二）全面熟悉法律政策，准确适用法律 …… 129

（三）全面归纳控辩意见，释法说理透彻有力 …… 130

（四）全面规范表达形式，力求繁简得当 …… 131

三、专家评析 …… 131

（一）文书制作规范、体例结构清晰，谋篇布局水平高 …… 131

（二）文书辨法析理逻辑清楚，说理透彻，反映了承办法官对涉黑恶案件法律适用的精准把握和叙事说理能力 …… 132
（三）坚守法律底线，统一裁判尺度，指导借鉴意义大 …… 132

22. 石某刚等组织、领导、参加黑社会性质组织案 …… 134
【关键词】 黑社会性质组织 “四个特征” 基层自治组织
一、简要案情 …… 134
二、撰写心得 …… 135
（一）文书制作以实现“三个效果”统一为导向 …… 135
（二）科学谋篇布局，优化体例 …… 136
（三）罗列证据，详略得当 …… 136
（四）辨法析理，全面透彻 …… 136
（五）集思广益，反复推敲 …… 136
三、专家评析 …… 137

23. 周某森等组织、领导、参加黑社会性质组织等案 …… 138
【关键词】 组织、领导、参加黑社会性质组织
一、简要案情 …… 138
二、撰写心得 …… 139
（一）事实、证据布局科学，详略得当 …… 140
（二）辨法析理，全面透彻 …… 140
（三）反复推敲，力争精益求精 …… 140
三、专家评析 …… 141

第十四章 虚假诉讼罪

24. 唐某某、严某等虚假诉讼案 …… 142
【关键词】 虚假诉讼 “无中生有型” 情节严重
一、简要案情 …… 142
二、撰写心得 …… 143
（一）案情掌握要清晰明了 …… 144
（二）争点归纳要精准全面 …… 144
（三）裁判观点要准确无误 …… 144
（四）文书表述要严谨流畅 …… 145

（五）文书说理要透彻充分 …… 145
三、专家评析 …… 146
（一）具有规则指导意义 …… 146
（二）文书形式规范严谨 …… 146
（三）说理紧扣争议焦点 …… 146

25. 苏某彤、杨某飞虚假诉讼案 …… 148
【关键词】 民事法律关系 诉权 虚假诉讼 兜底条款
一、简要案情 …… 148
二、撰写心得 …… 150
（一）勇于担当，主动履职 …… 150
（二）析法明理，理法兼具 …… 150
（三）逻辑严密，主次分明 …… 151
（四）认真校对，查缺补漏 …… 152
三、专家评析 …… 152

第十五章 拒不执行判决、裁定罪

26. 汪某某拒不执行判决、裁定案 …… 154
【关键词】 认罪认罚 上诉 抗诉 支持抗诉范围
一、简要案情 …… 154
二、撰写心得 …… 155
（一）文书制作以实现“三个效果”统一为导向 …… 156
（二）全面高效阅卷，吃透案情 …… 156
（三）科学谋篇布局，优化体例 …… 156
（四）罗列证据，详略得当 …… 157
（五）辨法析理，全面透彻 …… 157
（六）集思广益，反复推敲 …… 157
三、专家评析 …… 157
（一）条理清楚 …… 158
（二）定性和适法正确 …… 158
（三）说理充分 …… 158

第十六章　污染环境罪

27. M 公司污染环境案 …… 160
【关键词】 刑事合规　非法处置　危险废物
一、简要案情 …… 160
（一）关于涉案废包装桶的危险废物性质认定、鉴别及是否属于危险废物豁免范畴的问题 …… 161
（二）关于被告单位及各被告人非法处置危险废物的行为定性问题 …… 161
（三）关于 M 公司合规整改及评审评估的量刑问题 …… 162
二、撰写心得 …… 162
（一）善于发现典型案例的洞察力 …… 163
（二）用心培育精品案例的创新力 …… 164
（三）精心打磨裁判文书的工匠心 …… 165
三、专家评析 …… 165

第十七章　非法采矿罪

28. 彭某明等非法采矿、寻衅滋事、重大安全事故案 …… 168
【关键词】 环境资源　恶势力犯罪集团　非法采矿　公益诉讼
一、简要案情 …… 168
二、撰写心得 …… 169
（一）从宏观上把握刑事裁判文书的整体要求和政策理念 …… 169
（二）从中观上把握刑事裁判文书的局部构造和逻辑关系 …… 170
（三）从微观上把握刑事裁判文书的争议焦点和释法说理 …… 170
三、专家评析 …… 171
（一）贯彻多赢共赢司法理念 …… 171
（二）严谨论证恶势力犯罪集团 …… 171
（三）全面准确认定犯罪事实 …… 172
（四）文书说理精准透彻 …… 172
（五）贯彻依法从严刑事政策 …… 172

第十八章 毒品类犯罪

29. 童某连走私毒品案 …… 173
【关键词】 刑事审判 妨害社会管理秩序 走私毒品 主观明知 推定 无罪
一、简要案情 …… 173
二、撰写心得 …… 175
（一）吃透案情，集思广益准确认定事实 …… 176
（二）依法办案，裁判结果依法公正 …… 176
（三）要素齐备，说理严谨透彻 …… 176
（四）敢于担当，公正促公信 …… 177
三、专家评析 …… 177

30. 方某辉运输毒品案 …… 179
【关键词】 庭审实质化 诉讼权利 程序合法 毒品称量 上诉不加刑
一、简要案情 …… 179
二、撰写心得 …… 180
（一）高度负责任的态度 …… 180
（二）深度吃透案情的劲头 …… 181
（三）准确适用法律的能力 …… 181
（四）严格遵循文书格式体例要求 …… 182
（五）充分论证说理，以法服人 …… 183
三、专家评析 …… 185
（一）该裁判文书格式规范，结构完整，内容齐全，层次分明 …… 185
（二）该裁判文书重视证据，严守规则，尊重客观，还原事实 …… 185
（三）该裁判文书重点明确，逻辑清晰，有理有据，评判得当 …… 186

第十九章 贪污贿赂类犯罪

31. 邹某甲行贿、对有影响力的人行贿、利用未公开信息交易案 …… 188
【关键词】 证据判断 间接认定 合理排除
一、简要案情 …… 188

二、撰写心得 …… 189
三、专家评析 …… 191

第二编　行政类

第一章　行政处罚

32. 何某诉某交警支队交通行政处罚案 …… 193
【关键词】　交通　行政处罚　技术　电子证据　简易程序
一、简要案情 …… 194
二、撰写心得 …… 195
三、专家评析 …… 197
（一）电子证据的实体审查要件 …… 198
（二）电子证据的行政处罚简易程序适用条件 …… 198

33. 瑞华会计师事务所等与中国证券监督管理委员会证券监管行政处罚案 …… 200
【关键词】　证券市场　勤勉尽责义务
一、简要案情 …… 200
二、撰写心得 …… 201
三、专家评析 …… 202

34. 张某与南京市秦淮区综合行政执法局责令限期拆除案 …… 203
【关键词】　无证房屋　信赖利益　违法添附　区分处理
一、简要案情 …… 203
二、撰写心得 …… 204
三、专家评析 …… 207

35. 深圳市联建光电股份有限公司与深圳证监局证券行政处罚及行政复议案 …… 209
【关键词】　行政处罚　信息披露　信息控制　对赌协议
一、简要案情 …… 209
二、撰写心得 …… 210
（一）裁判文书认定的要件事实要清楚，让事实说话 …… 210

（二）裁判文书适用法律要符合司法理性 …… 210
（三）裁判文书的表达要适应阅读习惯 …… 211
三、专家评析 …… 211

36. 海南世外桃源休闲农业有限公司与海口市琼山区人民政府土地行政处罚案 …… 213
【关键词】 处罚合理性　关联事实考量　政府信赖利益保护　过错责任
一、简要案情 …… 213
二、撰写心得 …… 214
三、专家评析 …… 217

37. 许某某与济南市公安局历下分局行政处罚案 …… 219
【关键词】 性骚扰　行政处罚　社会主义核心价值观
一、简要案情 …… 219
二、撰写心得 …… 219
（一）要有追求 …… 221
（二）要有策略 …… 221
（三）要有方法 …… 221
三、专家评析 …… 222

第二章　行政登记

38. 周某甲、王某某与海安市民政局收养登记案 …… 225
【关键词】 收养登记　实质审查　法定程序
一、简要案情 …… 225
二、撰写心得 …… 226
（一）亮明立场：法律与情感孰轻孰重 …… 227
（二）探索规则：明确收养登记的合法性审查思路 …… 228
（三）传递温情：让判决更有温度 …… 228
三、专家评析 …… 229

第三章　行政确认

39. 韩某强与北京市海淀区人力资源和社会保障局工伤保险资格认定案 …… 231

【关键词】　视同工伤　脑死亡　经抢救无效死亡

一、简要案情 …… 231

二、撰写心得 …… 233

三、专家评析 …… 234

40. 魏某敏与重庆市南岸区人力资源和社会保障局工伤保险资格认定案 …… 237

【关键词】　工亡认定　突发疾病　视同工伤

一、简要案情 …… 237

二、撰写心得 …… 240

三、专家评析 …… 244

第四章　行政裁决及行政复议

41. 临武县水东镇深渡村村民委员会第五村民小组与临武县人民政府、郴州市人民政府等林业行政裁决及行政复议案 …… 247

【关键词】　程序重开　行政纠错

一、简要案情 …… 247

二、撰写心得 …… 249

（一）撰写裁判文书要充分熟悉案情 …… 249

（二）撰写裁判文书要熟练掌握法律法规 …… 249

（三）撰写裁判文书说理要充分透彻 …… 250

（四）裁判文书要体现终审法院的司法担当 …… 250

三、专家评析 …… 250

（一）逻辑结构清晰、层次分明 …… 251

（二）叙述事实简繁得当、重点突出 …… 251

（三）说理充分透彻、论证有力 …… 251

42. 殷某诉中华人民共和国司法部撤销行政许可决定及行政复议案 ……… 253
【关键词】 超计划生育　开除公职　提供虚假证明材料　撤销法律职业资格决定
一、简要案情 …………………………………………………… 253
二、撰写心得 …………………………………………………… 254
三、专家评析 …………………………………………………… 256
（一）文书说理充分展示了行政行为合法性审查的复审性特点 … 256
（二）文书有效厘清了规范性文件一并审查与法律适用问题审查的联系和界限 ……………………………………………… 256
（三）案件裁判和文书说理对行政行为合法性审查强度的把握适度均衡 ……………………………………………… 257
（五）文书说理有效贯彻了中央关于将社会主义核心价值观融入司法裁判的要求，是政治效果、法律效果与社会效果有机统一的典范 ……………………………………………… 257

第五章　行政协议

43. 星华公司、鸥富公司诉梧州市人民政府继续履行合作投资行政协议案 …………………………………………………… 258
【关键词】 行政协议僵局　请求解除合同权　行政单方解除权
一、简要案情 …………………………………………………… 258
二、撰写心得 …………………………………………………… 260
（一）国有土地使用权出让金“收支两条线”的理解 ……… 260
（二）“合同目的不能实现”时非违约方享有合同法定解除权 … 261
（三）“合同僵局”时违约方的解除合同请求权 ……………… 262
（四）“行政协议僵局”的行政机关单方解除行为 …………… 264
三、专家评析 …………………………………………………… 266

44. 漳州市福景房地产开发有限公司诉漳州市芗城区人民政府单方解除片区开发合作行政协议案 …………………………………… 268
【关键词】 行政协议　单方解除　根本违约　确认违法
一、简要案情 …………………………………………………… 268
二、撰写心得 …………………………………………………… 270

（一）在公法上的监管行为与私法上的契约自由之间找到平衡点 …… 270
（二）在维护国家利益、社会公共利益和保护个人利益之间找到平衡点 …… 271
（三）在法律规定和个案具体适用中找到平衡点 …… 271
三、专家评析 …… 272

第六章　行政补偿

45. 宋某来与乌鲁木齐市米东区人民政府等行政补偿案 …… 274
【关键词】集体土地征收补偿　判决类型适用　流转土地承包经营权
一、简要案情 …… 274
二、撰写心得 …… 275
（一）与自己对话，过内心良知这一关 …… 275
（二）与当事人对话，过定分止争这一关 …… 276
（三）与上下级法院对话，过监督指导这一关 …… 277
（四）与社会阅读者对话，过社会舆论监督这一关 …… 277
三、专家评析 …… 278
（一）二审判决审查重点清晰，监督职能到位 …… 278
（二）二审判决在多个问题上的理解适用具有创新和启示意义 …… 278
（三）二审判决充分体现了实质性解决行政纠纷的宗旨 …… 279

46. 欧某金、赵某震与三亚市天涯区人民政府集体土地征收补偿安置案 …… 280
【关键词】集体组织成员资格　离婚　补偿安置
一、简要案情 …… 280
二、撰写心得 …… 281
三、专家评析 …… 284

第七章　行政备案

47. 五峰石梁司幼儿园诉宜昌市生态环境局行政备案及行政赔偿案 …… 286
【关键词】建设项目重大变动　环境影响评价审批

一、简要案情 …… 286
二、撰写心得 …… 287
三、专家评析 …… 289

第八章　不履行法定职责

48. 范某妤与浙江省教育考试院不履行公开考生答卷职责案 …… 291
【关键词】 考生答卷公开　一定范围的人员　教育考试院
一、简要案情 …… 291
二、撰写心得 …… 292
（一）判决应当对原告申请的内容和性质作准确判断 …… 293
（二）判决应当尽量明法析理，释疑解惑 …… 293
（三）判决应当抚慰人心，让人感受到司法的温度 …… 294
三、专家评析 …… 295
（一）判决书明确教育考试机构是适格的行政主体 …… 295
（二）判决书明确教育考试机构的考试管理工作属于具体行政行为范畴 …… 295
（三）判决书明确了履行法定职责的程序问题 …… 295

49. 贺某会与酉阳土家族苗族自治县人力资源和社会保障局不履行入编聘用职责案 …… 297
【关键词】 特岗教师　招聘简章　附带审查　明示拒绝行为
一、简要案情 …… 297
二、撰写心得 …… 298
（一）厘清并明确了明示拒绝行为的诉讼类型 …… 299
（二）厘清并明确了明示拒绝行为案件的判决方式 …… 300
（三）厘清并明确了行政机关对特定人群发布的文件的附带审查问题 …… 300
三、专家评析 …… 301
（一）判决书开创了行政诉讼类型化科学界分及判决方式科学运用的新境界 …… 301
（二）判决书提供了新的裁判思路 …… 302

第九章　规范性文件审查

50. 杨某某诉中国铁路济南局集团有限公司行政处理及规范性文件审查案……303

【关键词】　铁路安全检查　规范性文件　附带审查　减损合法权益

一、简要案情……303

二、撰写心得……306

（一）要有敢于摘取明珠的勇气……306

（二）要有能够打造亮点的技能……307

（三）要有不断追求自我奉献的情怀……307

三、专家评析……307

（一）本判决为类案提供了重要的参考样本……307

（二）本判决向读者展示了优质的释法说理……308

（三）本判决向社会传递了严肃的司法理念……308

第十章　其　他

51. 浙江衡态生物科技有限公司与临海市人民政府会议纪要行为案……310

【关键词】　会议纪要　特许经营　公平竞争权　信赖利益　单一来源采购

一、简要案情……310

二、撰写心得……312

（一）行政决策中应注重保护企业的公平竞争权、生产经营权和信赖利益……312

（二）地方政府在以常务会议纪要等形式作出重大决策时，应遵循法定程序并建立相应的合法性审查机制……315

（三）确认违法判决的裁判考量……316

三、专家评析……318

（一）充分考量了投资企业合理信赖利益和公平竞争权的保护问题……318

（二）严格审查了行政机关行使单方变更权……318

（三）依法选择了合理裁判方式……318

52. 承德安业房地产开发有限公司诉承德市自然资源和规划局行政征缴案 …… 320

【关键词】 政府规划变更 补缴土地出让金 二审评估

一、简要案情 …… 320

二、撰写心得 …… 321

三、专家评析 …… 322

第三编 国家赔偿类

53. 海东市乐都区新民种植专业合作社和海东市乐都区人民政府、海东市乐都区瞿昙镇人民政府行政赔偿案 …… 324

【关键词】 行政赔偿 “大棚房” 养殖场 信赖利益

一、简要案情 …… 324

二、撰写心得 …… 325

（一）关于乐都区政府、瞿昙镇政府应否对新民合作社被强制拆除的养殖场损失予以赔偿的问题 …… 326

（二）关于赔偿方式的确定问题 …… 327

（二）关于赔偿金额的确定问题 …… 327

三、专家评析 …… 328

54. 鹰潭市圣丰置业有限公司申请鹰潭市中级人民法院违法保全赔偿案 …… 330

【关键词】 违法保全 超标的保全 合法性审查 归责原则

一、简要案情 …… 330

二、撰写心得 …… 332

三、专家评析 …… 333

55. 张某某诉安顺市平坝区人民政府行政赔偿案 …… 334

【关键词】 征收房屋性质认定 举证责任分配 评估时点

一、简要案情 …… 334

二、撰写心得 …… 335

（一）事实查明与文书说理相呼应，增强文书说理力度 …… 335

（二）准确把握法律条文内涵，尊重当事人的权利处分 …… 336

（三）遵循公平正义理念，既要维护被征收人合法权益，也要注重损益平衡 …… 337
三、专家评析 …… 337

56. 祖某锁诉迎江区人民政府行政赔偿案 …… 339
【关键词】 行政赔偿　集体土地　安置补偿方案　共有
一、简要案情 …… 339
二、撰写心得 …… 340
（一）文书格式要规范 …… 340
（二）文书说理要充分 …… 341
（三）建议引导要用心 …… 342
三、专家评析 …… 343
（一）关于已纳入城市规划区土地的征收补偿标准 …… 343
（二）关于行政诉讼和民事诉讼的衔接 …… 344

第一编　刑事类

第一章　交通肇事罪

1. 孟某洋交通肇事案*

【关键词】

交通肇事　责任认定　量刑规范　缓刑适用

【裁判要旨】

道路交通事故责任认定书系书证，属于公文书证范畴，应根据证据的客观性、关联性、合法性要求，依法确认其证据效力。

人民法院审理交通肇事犯罪等过失犯罪的轻罪案件，要深入贯彻宽严相济刑事政策，对符合缓刑条件的要依法适用缓刑；同时，对于被害方强烈要求对被告人从严惩处、不能判处缓刑的，要做好释法说理、化解矛盾、情绪安抚等工作，并广泛征求民意，使判决结果契合人民情感，为社会认同，做到“情理法”融合，实现法律效果与社会效果的有机统一。

一、简要案情

2019 年 4 月 21 日 7 时 41 分许，被告人孟某洋驾驶苏 CV6×××号小型轿车行驶至江苏省徐州市泉山区嘉美路碧水湾小学西侧，违规将车辆临时停靠在道路北侧的禁停区域内，打开驾驶室车门欲下车时未注意观察，适遇睢

* （2019）苏 0311 刑初 359 号。

某骑行电动自行车搭载其女儿蒋某菲（2005 年 8 月 10 日生）沿道路右侧由东向西经过而被碰撞倒地，此时张某驾驶苏 C7U×××号小型轿车同方向行驶随即赶到而再次相撞发生事故，致被害人睢某、蒋某菲受伤。120 急救车接急救电话后，赶到现场将睢某、蒋某菲送徐州市中医院抢救，睢某受伤较轻，蒋某菲经抢救无效于当日死亡。经法医学鉴定，蒋某菲系交通事故致肺脏、脾脏、肾脏等脏器损伤，大失血死亡。经徐州市公安局交通警察支队泉山大队认定，被告人孟某洋承担事故的全部责任，张某及睢某、蒋某菲不承担事故责任。

事故发生后，被告人孟某洋当即电话报警，并在事故现场等候交通警察处理，到案后如实供述了自己的犯罪事实。案发后，被告人孟某洋先行支付医疗费、丧葬费合计人民币 80 000 元。

本案审理期间，蒋某、睢某提起刑事附带民事诉讼，后又撤回附带民事诉讼，另行提起民事诉讼。经生效民事判决确认，被告阳光保险公司赔偿原告蒋某、睢某各项损失 1 006 710. 8 元，被告孟某洋赔偿原告蒋某、睢某精神损害抚慰金 50 000 元。

刑事案件审理过程中，被告人孟某洋针对自己无视交通规则，导致事故发生，先后主动到驾校及社区现身说法，以警示他人强化交通规则意识，严格遵守交通法规；并向法院缴纳了人民币 120 000 元（包含民事判决由孟某洋承担的 50 000 元精神损害抚慰金），作为对被害人及其法定代理人的赔偿、补偿。被害人的法定代理人蒋某向法庭提交了书面意见书，表示拒绝接受被告人的补偿，对被告人的犯罪行为坚决不予谅解，要求法院不得将被告人自愿补偿的情节作为从轻、减轻处罚的理由，也不能对被告人判处缓刑。经委托社区矫正机构调查，孟某洋符合社区矫正条件。

本案中，诉讼各方对被告人孟某洋的行为构成交通肇事罪并无争议，争议焦点为被告人孟某洋是否应当承担交通肇事的事故全部责任，及对孟某洋如何适用刑罚特别是能否适用缓刑。

二、撰写心得

本案是一起事实清楚、情节也不复杂的交通肇事罪案件，既无法理论述的疑难复杂，亦无法律适用的重大分歧，仅就被告人孟某洋是否应当承担交通肇事的事故全部责任及如何适用刑罚问题存在争议，应该说是一起简单普通的交通肇事罪案件，处理起来并无特别之处；但被害人的法定代理人情绪激烈，强烈要求对被告人从重从严惩处，且不能适用缓刑。此案除了被害人父母强烈主张不能判处缓刑以外，根据被告人的犯罪事实、情节、认罪悔罪表现，赔偿补偿情况等都符合缓刑适用条件，这就要求法官做过细的工作，如何化解矛盾，安抚被害人父母的情绪，妥善处理好案件，做到案结事了，既解“法结”，更解“心结”，事心双解，才是处理案件的重点。为此，主审法官先后多次与被害人父母谈心谈话，并通过其代理人加强沟通交流，既表达了同情体恤的温情，更详细释明了法律规定，也明确了法官必须依法裁判案件，不可能仅根据当事人的观点意见进行判决的态度，通过耐心细致的工作，使得被害人父母由强烈对立，到态度逐步和缓。同时，深入基层收集民意，征求基层组织和群众的意见，邀请人大代表、政协委员旁听庭审，参与量刑听证，并就是否适用缓刑听取代表委员意见，使判决为群众接受、社会认同。在此基础上，判决书围绕争议焦点，逐层辨法析理。对于责任认定的控辩争议，判决书先是根据证据的形式及载明的内容等特点明确了道路交通事故责任认定书具有书证的特性，且由公安机关依法制作，具有法律效力，属于公文书证范畴；同时对道路交通事故认定书的认定依据及相关说明进行分析，认为其符合法律法规的规定，具备证据的客观性、关联性、合法性要求，依法确认为认定案件事实的证据，并认定孟某洋承担事故全部责任。在不采纳辩护人关于道路交通事故认定书并不具有当然法律效力的观点后，又评判了辩护人提出的关于被告人孟某洋因开车门撞击他人发生事故与驾驶车辆违章而直接发生事故相比概率确实更小，其主观过失相对较轻的辩护意见亦有一定道理。如何量刑是本案的争辩焦点，特别是被害人亲属强烈要求判处实刑，如何适用刑罚则成为本案关键。判决书先将公诉方、被告人、被害人等各方观点分别明晰表述，审理中对各方观点高度关注，并通过事实分析、类案查询、民意调查、听取代表委员意见等方式考量量刑标准，判决书对量刑的依据和过程予以详细分析表述，通过量刑公开展示量刑公正，长达 10 页辨法析理的同时，还关注了“常情常理常规”，对为何适用缓刑作了令人信服、详细具体的阐释和说理，既彰显了法律刚性对犯罪行为惩罚的一面，又展现出法官温情体恤对权利关怀的一面，严谨公正、真切感人，司法温度跃然纸上，体现了对被害人亲属的人文关怀，情真意切。在对被害人家人的遭遇理解同情的同时，也表述了法官的感性同情理解不得影响理性的思维判断，因职责所系，审理案件不能为感情所左右，不能被当事人的观点影响，必须依据事实、证据和法律，综合各方意见，兼顾类案均衡，客观全面裁判案件，以切实体现司法公正，明确表达了法院对犯罪分子确定刑罚的依据是犯罪的事实、性质、情节和对社会的危害程度，被害人的谅解与否是量刑的重要情节，但并非被害人不谅解且强烈要求对被告人判处实刑，法院就不能对被告人适用缓刑，对于符合缓刑条件的要依法适用缓刑。一审判决被告人孟某洋犯交通肇事罪，判处有期徒刑一年四个月，缓刑二年。宣判后，未抗诉上诉。

裁判文书作为司法审判的最终产品，是定分止争、确定当事人权利义务的宣告书。法律并不是冷冰冰的条文，背后有情有义。要坚持以法为据、以理服人、以情感人，既要义正词严讲清“法理”，又要循循善诱讲明“事理”，感同身受讲透“情理”，让当事人胜败皆明、心服口服。撰写裁判文书时，要注重在讲清法理、讲明事理、讲透情理上下功夫，使裁判文书真正成为弘扬社会主义核心价值观的优秀载体。

（一）文书结构科学合理，骨骼才能健全

这就要求法官在熟读卷宗，对庭审查明的事实、证据了然于胸的基础上，初步形成裁判意见，准备撰写文书时，不要贸然动笔，而应专心思考文书结构，理出焦点、确定重点、拟写要点，根据事件发生时间先后，空间内外上下等顺序，厘清条目，按照简洁明了、主次有别、详略得当、繁简区分的要求谋篇布局，使文书架构条理分明、层次清晰、言之有序、逻辑缜密。

（二）分析论证全面透彻，灵魂才能深邃

裁判文书是说理、讲理的权威载体。在撰写文书之前，要认真研究法律条文，对案件定性处理与论证说理进行深层次思考，保证裁判意见是案件事实与法律适用之间的准确表达，使之既符合法律规定，又符合法理原则，不产生类案冲突。裁判案件在追求“法理”的同时，要符合“事理”，讲究“情理”，使裁判结果判之有法、论之有据、不失常情。

（三）语言文字精准严谨，血肉才能丰满

裁判文书是语言文字的组合，在结构合理、分析深刻的基础上，简练文字、锤炼语句，使得文书有血有肉，让当事人及社会公众从裁判文书中准确理解法官所要表达的真实思想。文章不厌千回改，力求做到“多一字则显累赘，少一句则不达意”，使文书血肉充盈、丰满有韵、朗朗上口，达到审思明辨、精简概要、深入人心的效果。

（四）方法技能固然重要，用心更为关键

无论案情简单复杂、影响大小，都要认真对待，把每一起案件都办成铁案。刑事案件查明事实、查清证据，做到定罪正确、量刑适当、程序合法，并以过细的工作对当事人特别是被害人一方倾心倾情，使其认可判决，是撰写优秀裁判文书的前提基础；关注案件细节，正确提取法定、酌定的具体情节、要素，使裁判结果公平公正，更是案件裁判的关键；要充分发挥集体智慧，坚持合议庭交叉阅卷认真评议，专业法官会议研究会商，审判委员会对有影响的重大复杂疑难案件集体讨论，以确保案件无差错出精品；要深入基层一线，认真调查研究，使案件办理既符合法律规定，又契合人民情感，让判决符合“人之常情、世之常理”，才能打造出精品案件、优秀文书，并具有广泛的民意基础，为社会公众所认同。优秀裁判文书必须有典型案例做支持，法官在办案中要时刻关注案件特点、争辩焦点，注意归纳总结，进行鞭辟入里的分析认定，事实之争重在论述证据，定性之争贵在论述法律，处断之争要在情节之辨，要有力争把每一份裁判文书都打造成优秀作品的决心和信心。

（陈思田，江苏省徐州市泉山区人民法院法官）

三、专家评析

正如承办人所言，本案确实是一件案件事实并不复杂、法律适用也无重大分歧的案件，但“小案件”中有“大道理”，“文以载道”，该篇裁判文书有以下几个方面值得肯定借鉴。

（一）坚持罪责刑相适应

全案最大的争议点在于被告人孟某洋的量刑问题，最大的冲突在于被害人父母拒绝接受补偿，强烈主张不能判处缓刑。在宽严相济的刑事政策下，刑事被害人谅解对被告人刑罚的确产生了一定影响。本篇文书立意鲜明，不但表明了对受害人父母要求对肇事者从重处罚心情的理解，而且明确指出了法院量刑既要考量被害人谅解的态度，也必须根据案件的犯罪事实、性质、情节和对社会的危害程度及犯罪人认罪悔罪的表现等，做到宽严相济、罚当其罪。在充分尊重被害人刑罚上求刑权的同时，坚持了证据裁判、罪责刑相适应原则和宽严相济刑事政策，确保了案件公正处理，也向社会大众树立了明确的刑罚功能导向。

（二）强化量刑说理过程

一个公正的裁判不仅需要兼顾案件内外，还需要法官有清晰的量刑步骤，更重要的是法官充分的量刑说理的公布。本篇文书全面重视公诉人、被告人及其辩护人、被害人法定代理人的量刑建议，准确查明量刑事实，严格按照量刑规范化的程序步骤，将法官量刑裁判的思维过程、具体依据、影响量刑的情节及作用力在判决中充分展示，得出了符合法律规定且客观、公正、合理的量刑裁判。

（三）回应类案参照诉求

有效回应诉讼参与人的类案参照诉求是当前贯彻落实最高人民法院类案检索制度要求和提升司法公信力的重要问题。在本案审理中，诉讼代理人提出经查询相关案例对不能获得被害方谅解的交通肇事案件，被告人均未适用缓刑，要求参照类案处理。判决书对该问题予以正面回应，通过仔细比对基本事实“异同点”，审查核实类案裁判结论，最终明确诉讼参与人的类案检索结论“以偏概全”，参照诉求难以成立。通过释明说理，既充分发挥了类案检索的制度价值，又有效回应了类案参照诉求，提高了司法裁判的可接受度。

（四）关注常情常理常规

在社会不断发展的今天，情理在裁判文书的论证中十分必要，以情释法是统一司法裁判法律效果和社会效果的重要路径。本篇文书在展现法律刚性、理性思维逻辑的同时，也表现出对被害人亲属的人文关怀，运用共情力和同理心，缓和了被害人亲属的激动情绪。同时，通过委托社区矫正机构社会调查，组织人大代表、政协委员量刑听证，听取被害人、被告人所在社区基层群众意见等方式，对本案处理结果予以反复论证，力争贴近民意。整个案件的处理和裁判文书的表述都紧扣常情常理常规，彰显了“情理法”相融的案件处理效果。

（点评人：刘建功，全国审判业务专家，江苏省徐州市中级人民法院院长）

（2019）苏0311刑初359号裁判文书原文

第二章　诈骗类犯罪

2. 善林金融公司、周某云、周某、曹某等集资诈骗案*

【关键词】

集资诈骗罪　单位犯罪

【裁判要旨】

被告人利用实际控制的公司及其他关联公司，在全国范围内设立众多理财门店，组建销售团队，通过线下加线上并行宣传的销售模式，承诺高收益率吸引不特定的投资者购买理财产品，且在募集资金的过程中通过虚构借款人信息、未告知投资人资金真正去向等方法，欺骗投资人进行投资。综合考虑被告人成立公司的目的、期初资金的来源、用于生产经营活动的资金与募集资金规模明显不成比例、其正常运作的项目盈利能力不具有偿付集资本息的可能性等方面，认定其自始具有非法占有故意，应认定为集资诈骗罪而非分阶段分别认定为非法吸收公众存款罪、集资诈骗罪。

一、简要案情

2013 年 10 月起，被告人周某云即以实际控制的高通盛融财富投资集团有限公司天津分部的名义对外销售理财产品，向社会不特定对象吸收资金。

2013 年 12 月，被告人周某云出资设立善林金融公司，陆续在全国 29 个省市设立 1100 余家理财门店，发展 6.5 万余人的销售团队，在未经有关部门依法批准的情况下，采用召开推介会、发送传单、随机拨打电话、媒体广告、赞助大型活动等方式向社会公开宣传，以承诺年化收益率 5.4% ~15% 不等的固定收益为诱饵，通过签订投资期限为 1 个月至 2 年的《出借咨询与管理服

* （2019）沪 01 刑初 26 号。

务协议》《债权转让协议》等方式销售“鑫年丰”“月月盈”等理财产品，向社会不特定对象吸收资金。

2015年2月起，善林金融公司先后设立“广群金融”“善林宝”“善林财富”“亿宝贷（幸福钱庄）”4个线上理财平台，主要销售“花千贷”“善车融”“车贷公司借款项目”等理财产品，产品期限1天至3年不等，产品年化收益率为4.5%～18%，向社会不特定对象吸收资金。同时，善林金融公司陆续收购或设立善林（上海）商务咨询有限公司、上海雪橙互联网金融信息服务有限公司、上海拿米金融信息服务有限公司、意真（上海）金融信息服务有限公司、上海聚蓝金融信息服务有限公司的“善林商务/善悉商务/善信平台”“雪橙金融平台”“拿米金融平台”“意真金融平台”“聚蓝/巨涟平台”等5个平台作为线上放贷平台。善林金融公司虚构部分借款人信息，通过线上理财平台非法募集资金归集至资金池后，再决定划转至5个线上放贷平台及投资项目等。

2017年6月，上海市浦东新区金融服务局向善林金融公司发出《互联网金融风险专项整治整改通知书》，提出全面停止线下业务并每月申报到期应兑付金额等多项整改要求。善林金融公司不仅没有落实整改要求，相反被告人周某云为填补善林金融公司前期募资过程中形成的巨额资金漏洞，缓解投资人本息兑付压力，决定以贵州中耀华建公司为转让方，北京善者如林人力资源管理有限公司作为居间方，高通盛融公司作为担保方，发行“政信通（幸福之路）”理财产品，转让贵州中耀华建公司建筑施工工程应收债权。2017年8月1日，该理财产品开始在线下理财门店销售，投资期限6个月至3年，承诺年化收益率8%～14%，以与投资人签订《债权转让协议》方式继续向社会不特定对象吸收资金。

2013年10月至2018年4月，善林金融公司通过线下理财门店、线上理财平台非法募集资金共计736.87亿余元，涉及62万余名投资人。非法募资款均被归集至被告人周某云在天津设立的资金划拨中心控制的周某云、周某个人账户及贵州中耀华建公司、高通盛融公司等账户内，供周某云统一支配使用，主要用于兑付前期投资者本息、项目投资、支付善林金融公司及关联公司、投资公司的运营费用等。至案发，造成25万余名被害人实际经济损失217.07亿余元。

经司法审计，被告人周某云控制的善林金融公司、贵州中耀华建公司、广群金融公司等吸收投资人的集资款累计736.87亿余元，其中兑付投资人本息 567. 59 亿余元，用于善林资产端线下、线上放贷差额 35. 39 亿元（应收款），支付善林商务公司、意真金融公司等关联公司差额 11. 56 亿余元，支付高通盛融公司、天津关联公司等 17. 04 亿余元，支付员工工资、佣金、奖金等 42. 09 亿余元，支付办公场所房租、物业水电费、装修费、购置办公设备等 19. 88 亿余元，缴纳税金 1. 8 亿余元，用于安远新能源汽车、邻里家、邻侍超市、月牙泉、大连资舟、水晶医疗等投资项目、收购公司股权、购买境外股票及贵州中耀华建公司基建项目等支出 34. 63 亿余元。

案发后，侦查机关在全国范围内进行了资产追缴工作，现已冻结公司及个人股权 53 个；冻结公司及个人证券账户 7 个；冻结第三方支付账户 6 个，资金 0. 85 亿余元；冻结相关银行账户 476 个，资金 14. 23 亿余元；查封房产 196 套及土地五块；扣押及查封车辆 50 辆；员工及涉案人员退赃累计 0. 2 亿余元等。本案非法集资数额特别巨大，涉案资金去向繁多，权属确定工作复杂，其他资产追缴及权属确定工作仍在进一步进行中，继续追缴的涉案资产将移送执行机关，变价后与已追缴资产按同等原则发还被害人。

二、撰写心得

为切实提高司法裁判的社会公信力，执法办案应牢牢把握“公正”这个根本要求，对每一起案件秉承司法公正、公开、为民的理念，准确把握事实，辨法析理，公平公正作出判决。本案围绕事实查明、定性分析、主从犯、金额计算及追赃挽损等方面，进行了重点论证和说理。

（一）全面查证案件事实

本案事实复杂、涉案人员众多、涉及地域广、受害群众人数多、涉案金额巨大、社会危害影响性大。合议庭认真调查事实、核实证据，全面查证涉案事实，主要包括涉案单位的组织架构、人员分工、门店设置、宣传方式、承诺回报、投资名目、资金规模、资金去向及缺口、涉案财物追缴等，对定罪量刑的主要事实、主要情节均有查证、有描述。

（二）细致分析案件性质

对于本案的定性，严格依照刑法及相关司法解释的规定，依据违法性、公开性、利诱性、社会性四个特征分析是否属于非法集资，依据是否具备诈骗手段、是否具有非法占有目的分析是否属于集资诈骗。评析结论认为，涉案单位及人员的行为均构成集资诈骗罪。主要考虑以下几个方面：

1.《商业银行法》第 11 条规定，未经国务院银行业监督管理机构批准，任何单位和个人不得从事吸收公共存款等商业银行业务。本案中，无论是从事线下还是线上业务的多家涉案公司，均不具有金融机构从业资质。涉案人员通过线下加线上并行宣传的销售模式，线下通过在全国范围内设立众多理财门店，组建销售团队，以打电话、发传单、媒体广告等方式宣传其金融公司及理财产品，承诺高收益率来吸引不特定的投资者购买理财产品。涉案人员还通过运转、调度资金池资金，不断吸收新投资人投资的方式兑付原有投资人的本息。该行为违反我国金融管理法律规定，破坏了正常金融秩序，符合非法集资的违法性、公开性、利诱性、社会性特征，应认定为非法集资行为。

2. 从非法募集资金的过程来看，涉案公司在非法募集资金的过程中使用了欺骗的方法。通过虚构借款人信息、虚设债权，辅以处理媒体关系、寻找公关公司删除负面报道、未向投资人披露涉案公司的关联关系、未告知投资人资金的真正去向等方法，欺骗投资人进行投资。

3. 从资金去向来看，涉案公司用于生产经营活动的资金与募集资金规模明显不成比例。近九成资金用于还本付息、员工薪资、业务提成、经营费用等支出，而用于项目支出的资金不足10%，且投资项目未产生有效收益，即使有部分收益，也远低于集资规模，不具有偿付集资本息的可能性。还本付息主要是靠借新还旧实现的，借新还旧资金的比例超过77%。

4. 对辩护人所提本案应区分时间段，分别以非法吸收公众存款罪、集资诈骗罪予以数罪并罚的意见，进行了有针对性的说理。从周某云成立公司的目的、期初资金的来源、其正常运作的项目盈利能力能否覆盖负债等方面，对非法占有故意从整体上综合予以判断、分析，进而得出本案应定性为集资诈骗罪一罪的结论。

5. 对于除周某云以外涉案人员行为的定性，主要考虑涉案人员所处层级，是否参与虚假性非法募集资金，对投资项目及钱款去向的了解程度等因素进行综合判断。

（三）准确查明涉案人员的具体作用

本案系融资平台以单位形式运作，组织结构严密，参与人数众多，职责分工各有侧重。考虑到涉案人员在涉案公司组织架构中层级，区分与周某云工作关系最为密切的高管层、第三层级的部门负责人，结合涉案人员的法庭辩论、卷宗材料的内容，准确界定涉案人员的职责、分工以及在共同集资诈骗犯罪中所起作用，在依法查明其各自的职责作用后，区分主从犯。

（四）准确认定犯罪金额

认定集资规模时，依法剔除重复投资的金额。对于具体涉案人员则根据其职责作用及参与犯罪的时间范围，结合有利于被告人的原则，分别认定犯罪金额。

（五）为追赃挽损工作打好坚实基础

本案重点查证了涉案资金的去向，并按照还本付息、工资提成、经营性支出、对外放贷、对外投资等用途进行分类，以利于后续追赃挽损工作，对于深挖投资款、讨“废债”、返还提成等，均具有积极意义。案发后，侦查机关通过冻结、查封、扣押等强制措施对涉案公司及涉案人员的违法所得进行依法追缴，也鼓励涉案人员进行积极退赃，多方位挽回投资人损失。

办理非法集资案件，应当注意以下要点：

1. 对于此类案件，需首先认定涉案行为是否符合非法集资的基本特征。法官需判断相关行为是否未经监管机构许可，是否公开向社会不特定的人群募集资金，是否承诺给投资者以高于正常利率的回报，是否影响了国家金融管理秩序。在此基础上，再判断行为人在集资过程中是否使用了诈骗方法，是否随意支配使用资金，是否具有非法占有目的。

2. 审判非法集资案件的另一个重点问题在于审查证据。非法集资案件通常涉及大量的财务记录、合同和其他书面文件，法官应充分理解和应用证据规则，细致审核财务资料、审计报告等重点证据，进而全面、准确查证案件事实。

3. 办案中保持公正和公平的态度也是至关重要的。每一起案件都有其特殊性和复杂性，法官需要灵活运用审判经验和技巧，客观公正地评估所有的证据和论据。

4. 要严格遵守审判程序，严格尊重和保障人权。办案过程中，一方面要关注、尊重和保障涉案人员的诉讼权利，另一方面也要重视投资人的诉求，将追赃挽损工作一以贯之，尽最大努力填补案件造成的经济损失，切实做到案结事了。

（顾苹洲，上海市第一中级人民法院法官）

三、专家评析

近年来，非法集资类案件持续高发，严重扰乱了金融管理秩序，侵害了人民群众的合法财产权益，影响社会稳定。此类案件审理过程中，因涉及多名被告人，案件事实较为复杂，被告人与被害方矛盾突出，社会关注大，因而裁判文书制作难度相对较大。

综观整篇裁判文书，在文书制作上，符合最高人民法院有关刑事裁判文书的制作程式，格式规范、要素齐备。一是在结构层次上，布局合理。因被告人人数多、事实较为复杂，裁判文书虽篇幅较长，但结构布局合理、规范，繁简得当，重点突出。二是在事实认定上，裁判文书逻辑层次清晰，举证质证充分。三是在说理论证上，缜密、透彻、全面。虽涉案争议焦点多，但裁判文书全面、准确地进行了梳理、归纳，并逐一进行评判，说理过程清晰透彻、逻辑严谨，且符合法言法语的要求。四是在法律适用上，引用法条准确、全面，结果公正。总体来看，裁判文书体现了承办法官良好的法律素养及文字功底，反映出其具有熟练掌握疑难复杂案件判决书制作的能力，特此推荐。

需要指出的是，司法裁判的公正在于明辨是非，裁判文书的质量在于辨法析理。本案的一个主要争议焦点在于非法占有目的的认定以及罪数判断。裁判文书立足本案事实，被告人是否具有非法占有目的的判断，首先，坚持主客观相统一的原则，既要避免单纯以欺骗方法的手段认定替代非法占有目的的认定，又要防止根据损失结果客观归罪，同时也不能仅凭被告人自己的供述，而是根据案件具体情况加以分析，重点围绕融资项目的真实性、实际经营情况、资金去向、归还能力等查明的事实进行综合判断。其次，关注犯罪目的发生转变的时间节点。若被告人在初始阶段仅具有非法吸收公众存款的故意，但在发生经营失败、资金链断裂等问题后，明知没有归还能力仍然继续吸收公众存款的，一般应当区分前后两个阶段分别认定为非法吸收公众存款罪与集资诈骗罪，两罪并罚。本案中，裁判文书在查明被告人周某云成立公司的目的、期初资金的来源、其正常运作项目盈利能力能否覆盖负债等事实基础上，对辩方观点有针对性地进行分析论证，从而得出对周某云以集资诈骗罪一罪论处的结论，使法院的判断有事实依据，有说服力。最后，区分不同被告人之间的犯罪目的。在共同犯罪或单位犯罪中，各被告人由于所处的层级、职责分工、获取收益方式、参与公司投资情况以及对全部犯罪事实的知情程度存有差异，其犯罪目的也存在不同。裁判文书重点审查各被告人所处的层级与职责情况，对他们为什么以集资诈骗论处详加阐述，有理有据，辨法析理比较全面、充分。

此外，非法集资类案件中违法所得的追缴、退赔工作是处理该类案件的重中之重，关乎每一个投资者的切身利益，处理不当就会引发群访事件，形成社会不稳定因素。因此，最大限度追赃减损是办理非法集资案件的重要目标，也是预防不稳定因素的关键所在。裁判文书的一大亮点还在于，在查明案件事实中，对涉案财物的查封、扣押、冻结情况，后续追缴情况等予以较为详细的说明，并在采纳证据部分适当展开，充分保障了投资人的知情权，最大限度体现裁判文书的公开、公平、公正。

（点评人：黄伯青，上海市第一中级人民法院刑事审判庭庭长）

（2019）沪 01 刑初 26 号裁判文书原文

3. 上海涛略广告有限公司、陈某、郭某忠合同诈骗、对非国家工作人员行贿，周某泉、祝某东合同诈骗，李某源非国家工作人员受贿案*

【关键词】

合同诈骗　受贿　职务上的便利　单位犯罪

【裁判要旨】

被告单位采用制作虚假订单和财务报表、进行闭环交易、对外虚假宣传公司盈利情况、提供不实审计报告等方法以隐瞒公司经营困难、资不抵债的真实状况等虚构事实、隐瞒真相的行为与被害单位签订合同，犯罪所得用于维持公司运营和弥补亏损等，造成被害单位数额特别巨大的财物损失，符合合同诈骗罪的构成要件。

涉嫌非国家工作人员受贿罪的公司员工，若其行为未脱离公司赋予的岗位职责，系与职务相关的活动，借此为第三人谋取利益并私下收取好处费，其行为违反了公司、企业工作人员职务的不可收买性和廉洁性，也背离了职业伦理所要求的忠实和勤勉义务。对其否认具有非国家工作人员受贿的职务之便的辩解不予采纳。

一、简要案情

（一）合同诈骗事实

2014年至2017年，被告单位上海涛略广告有限公司（以下简称上海涛略公司）在明知自身实际经营困难、资不抵债的情况下，指使员工制作虚假广告订单、虚增合同金额、虚增业务订单数据、制作虚假财务报表、虚假宣传公司盈利情况或提供不实审计报告等，以及隐瞒公司巨额亏损、关联交易等真相，与被害单位某国际广告有限公司、某广告装潢有限公司逐年签订《年度广告发布协议书》，与某创投公司管理的四家公司签订了《上海涛略公司投资协议》，与某亚商企业、某股权投资合伙企业（有限合伙）等投资企业签订

* （2020）沪刑终32号。

股权转让协议。其中，被告单位上海涛略公司、陈某骗得钱款共计人民币12亿余元（以下币种均为人民币），被告人郭某忠、周某泉参与骗得钱款10亿余元，被告人祝某东参与骗得钱款1.9亿余元。另外，陈某、郭某忠还通过合同诈骗某投资合伙企业（有限合伙）等四家企业共计6200万元。

（二）行贿与受贿事实

2013年10月至2015年8月，被告人李某源担任某传媒公司媒体运营部副经理。某传媒公司股东为某广播电影电视集团（以下简称某广电集团）（占股51%）和某电视广播有限公司（占股49%）。李某源利用其职务便利，为被告单位上海涛略公司获取某广电集团电台广告独家代理权谋取不正当利益，收受被告人陈某、郭某忠给予的好处费共计900万元。该900万元被李某源提现用于购物、消费、归还个人债务等。

上海市第二中级人民法院认为，被告单位上海涛略公司以非法占有为目的，在签订、履行合同过程中，骗得对方当事人钱款共计12亿余元，数额特别巨大，其行为已构成合同诈骗罪。其中，被告人陈某、郭某忠、周某泉作为公司单位犯罪中直接负责的主管人员均应承担刑事责任。被告人祝某东参与其中，其行为亦构成合同诈骗罪。被告单位上海涛略公司为谋取不正当利益，给予被告人李某源900万元，其行为已构成对非国家工作人员行贿罪，被告人陈某、郭某忠应作为该公司单位犯罪中直接负责的主管人员承担刑事责任。被告人李某源利用职务上的便利，非法收受上海涛略公司给予的900万元，其行为已构成非国家工作人员受贿罪。据此，依照相关法律规定，对被告单位上海涛略公司以合同诈骗罪判处罚金人民币1亿元；以对非国家工作人员行贿罪判处罚金人民币100万元，决定执行罚金人民币10 100万元。对被告人陈某以合同诈骗罪判处无期徒刑，剥夺政治权利终身，并处罚金人民币1000万元；以对非国家工作人员行贿罪判处有期徒刑五年，并处罚金人民币30万元，决定执行无期徒刑，剥夺政治权利终身，并处罚金人民币1030万元……以非国家工作人员受贿罪判处被告人李某源有期徒刑七年，并处没收财产人民币100万元……

一审宣判后，被告人陈某、郭某忠、周某泉、李某源提出上诉，其中李某源提出其没有利用职务之便为他人谋取利益，而是基于其人脉关系，提供中介劳务，收取中介费，合理合法，请求二审法院改判其无罪。

上海市高级人民法院经审理裁定：驳回上诉，维持原判。

二、撰写心得

裁判文书撰写要贯彻两个基本理念：一是坚守法治理念。“法治”一词已成为建设中国特色社会主义制度的鲜明特征和新时代烙印，是国家治理体系和治理能力现代化的有效路径。党的二十大报告指出：“全面依法治国是国家治理的一场深刻革命，关系党执政兴国，关系人民幸福安康，关系党和国家长治久安。必须更好发挥法治固根本、稳预期、利长远的保障作用，在法治轨道上全面建设社会主义现代化国家。”作为人民法院司法公正的主要载体和窗口，在以公正为导向引领社会个体行为规范的同时，可以有效培育和提升民众的法治意识。二是坚持以人民为中心的理念。习近平总书记指出：“只要我们深深扎根人民、紧紧依靠人民，就可以获得无穷的力量。”① 人民是我们做好司法工作的力量源泉，让人民群众在每一个司法案件中感受到公平正义是法官审判工作的出发点和落脚点。裁判说理是裁判文书的核心内容，是联系案件事实与裁判结果的桥梁，是展现合议庭内心思考和衡平技艺的外在表现，是刑事法官与被告人、被害人乃至民众法律普及、沟通并努力形成共识的纽带。笔者认为，一篇好的刑事裁判文书必须满足以下几点。

（一）格式正确、用语规范和准确

刑事裁判文书必须威严和庄重，其中格式必须正确，用语必须规范，整个行文必须符合《法院刑事诉讼文书样式》的要求，若用语不规范甚至出现错字、漏字等瑕疵，不但会引发对承办法官专业能力的质疑，还会影响裁判文书的公正性和权威性。因此，裁判文书要做到格式统一、要素齐全、结构完整、繁简得当、用语准确。

（二）语句通顺、逻辑严密、证据充分

裁判文书的语言不需要华丽辞藻或洋洋洒洒，用通俗易懂的语句结合确实、充分的证据展开详实的论证。当然，论证的过程和结论既要合法，又要符合常识常情，同时排除语句前后矛盾、观点相左的情形出现。许多刑事裁判文书需要展示事实与法律推理过程，这个逻辑推理的过程，是要向诉讼参与人公开裁判结果形成的动态过程，对逻辑结构有更为严格的要求。

（三）观点明确、说理充分

说理应达到以下四个标准：一是针对性，即说理必须针对案件的特点进

① 《习近平在十九届中共中央政治局常委同中外记者见面时强调 新时代新气象更要有新作为 中国人民生活一定会一年更比一年好》，载《人民日报》2017 年 10 月 26 日，第 2 版。

行，做到有的放矢、详略得当。二是相关性，即说理要把握好事实论述和说理的内在联系，使事实、理由和判决结果相一致，做到逻辑严谨、论证周密、理论充分、无懈可击。三是情理性，要体现法理情相融合，结论要符合社会主流价值观。情理并非突破法律适用的边界，而是在法官自由裁量权内增加柔性和温度，即说理的目的是论证法官的观点符合法律精神，说理的过程是法官判断是非责任的法律思维过程。四是衡平性，法官需要用心掂量、权衡和比较，既要做到实质公正，又要实现法律效果和社会效果的统一。

（四）展示裁判温度、坚守法官良知

固定的证据和规范的条文，让裁判文书难免有格式化的痕迹，但刑事的冰冷并不意味着裁判文书的僵硬，它要向被告人传递法院和法官的温度。正如习近平总书记深刻指出："法律不应该是冷冰冰的，司法工作也是做群众工作。一纸判决，或许能够给当事人正义，却不一定能够解开当事人的'心结'。'心结'没有解开，案件也就没有真正了结。"① 法官良知是基于法官职业伦理对社会公平正义的自觉体验。法官作为居中裁判者，绝不能突破法官的良知和底线。

基于此，对于上海涛略公司、陈某、李某源等人合同诈骗、非国家工作人员受贿、对非国家工作人员行贿上诉一案，合议庭及承办人在审理和作出裁定时比较慎重。因涉案单位在行业领域具有一定知名度，先后诈骗 7 家知名公司，涉案金额高达 12 亿余元。上海涛略公司的诈骗手法较为特殊和隐蔽，需要穿透经营的表象来分析有无虚构事实和隐瞒真相以及有无非法目的。在诈骗手法上被告单位采用制作虚假订单和财务报表、进行闭环交易、对外虚假宣传公司盈利情况、提供不实审计报告等手段以隐瞒公司经营困难、资不抵债的真实状况，犯罪所得用于维持公司运营和弥补亏损等。这些行为均得到了确实、充分的证据论证和印证，形成闭环的证据链，并排除合理怀疑。二审期间，上诉人及辩护人提出了诸多的辩解和辩护意见，合议庭在充分保证辩护人诉讼权利的前提下，让控辩双方在庭审中充分展示对抗和发表意见。尤其对于上诉人李某源否认具有非国家工作人员受贿的职务之便的辩解，合议庭聚焦四点：一是李某源所在公司与上级公司之间的关系；二是李某源的工作职责内容；三是合作协议的达成是否与李某源的职务有因果关系；四是

① 《六、全力推进法治中国建设——关于全面依法治国》，载《人民日报》2016 年 4 月 27 日，第 9 版。

李某源事后与上级公司的沟通以及收到赃款的处理。上述四处关键点均有相应的证据支撑，排除了辩护人关于工作便利的辩护意见。

综上，承办法官在全面熟练掌握本案事实和证据的基础上，针对上诉人及辩护人提出的六个焦点问题进行了逐一论证，做到了说理充分、详略得当、逻辑严密。通过裁判文书彰显社会主义核心价值观，引导公司在市场经济中应从事合法经营活动，督促公司人员对公司应履行忠实和勤勉义务。

总结本裁判文书写作过程中的经验主要有以下四点：

1. 文书的撰写做到了结合庭审举证、质证、法庭辩论以及法庭调查核实证据等情况，重点针对裁判认定的事实或者争议焦点进行释法说理，全面反映了庭审过程，真正践行了庭审实质化的要求。

2. 面对争议较大的问题必须依靠确实、充分的证据，层次分明的证成，紧紧依靠在案证据与辩护人进行充分的沟通和释法。

3. 裁判文书完稿后要反复修改、仔细斟酌，需要发挥合议庭成员以及书记员的工作合力，提供各自智力参与其中，确保裁判文书质量。

4. 对标和借鉴以往类似的经典案例和优秀裁判文书以发现文书自身不足，在夯实证据的基础上充分说理，要立场正确、内容合法、程序正当，符合社会主义核心价值观的精神和要求，必要时可展现法官的人文关怀。

司法案例直接诠释司法的功能，集中彰显裁判的力量。一个微观的案件背后，蕴含的是明断是非、定分止争、惩恶扬善、弘扬法治的司法责任与担当。努力让人民群众在每一个司法案件中感受到公平正义是法官的职业最高追求，法官的使命就是通过司法审判活动把精神层面的内在规律运用于审判实践过程并表达于现实的效果之中。裁判文书写作是法官的一项基本功，而说理则是法官撰写裁判文书的基石，把每一份刑事裁判文书都当成一堂法治公开课，使人民群众对公平正义的感受更深，对法治的信仰也更加坚定，这或许是另一个层面的司法温度。

（潘庸鲁，上海市高级人民法院法官）

三、专家评析

裁判文书承载着规范、指引、评价、引导个体行为和社会价值的重要功能，它充分彰显司法公正、传递司法温度、推动法治进步。当前的裁判文书必须全面展现庭审实质化的改革成果，这是新时代法治建设和以审判为中心的诉讼制度改革的必然要求。裁判文书撰写考验一名刑事法官的基本功扎实程度，一份优秀的裁判文书可以说是法官专业能力、审判经验、法学素养、社会阅历的直接反映。法律是一门善良和公正的技艺，它的运用以推崇逻辑、讲究程序、重视经验为特征，是一项复杂且巧妙的实践活动。

潘庸鲁法官的这篇裁判文书除符合格式规范、用词精准、语句通畅、条文引用准确、事实查清、证据分析以及争议焦点归纳明晰等基本要求外，还在突出控辩双方对抗性的基础上，按照证据裁判规则对六个争议焦点问题逐一论证和说理、层次分明、有的放矢。说理是裁判文书的灵魂，该篇裁判文书在释法说理方面做到了事理、法理和情理的有机结合，反映出他对案情和证据的熟练掌握和把控。特别对非国家工作人员受贿罪中“利用职务上的便利”在依法结合证据和事实的基础上进行了重墨论证，尽管案情不同于传统案件，但紧紧抓住职务之便的核心要义，进行了很好的论证。其案件结论符合审判逻辑和经验法则，是一篇较为优秀的裁判文书。整篇裁判文书没有回避、模糊和掩饰争议焦点问题，充分回应了上诉人及辩护人的关切，正如《人民法院第四个五年改革纲要（2014—2018）》所强调的“重视律师辩护代理意见，对于律师依法提出的辩护代理意见未予采纳的，应当在裁判文书中说明理由”。

一篇好的裁判文书绝非法官个人的自我加压，而是每一名合议庭成员的充分参与、智慧交融、相互纠正。对法官而言，裁判文书必须远离阳春白雪式的孤芳自赏，要植根于人民朴素的生活情感认知之中，直言之，就是要遵循最基本的正义理念和刑法核心价值。潘庸鲁法官的这篇裁判文书做到了这一点。

（点评人：肖晚祥，全国审判业务专家，上海市第三中级人民法院刑庭庭长）

（2020）沪刑终 32 号裁判文书原文

4. 王某某集资诈骗案*

【关键词】

集资诈骗　非法吸收公众存款　非法占有目的　集资贪利性

【裁判要旨】

区分非法吸收公众存款罪与集资诈骗罪，除被告人的供述外，还需要合理使用刑事推定，通过具体集资行为的真实性、资金去向、归还能力、事后反应等事实综合判断被告人的主观要素。对于通过欺骗手段集资后并未将大部分钱款用于正当的生产经营，而是用于偿还旧债和支付高息，致使集资款不能返还的，应当认定为具有财产损害故意和非法占有目的。

集资参与人的贪利性不能否定被告人的主观心态。被害人过错理论不能排除实质不法，集资参与人仅仅知道是非法集资而参与的，不影响案件定性。

一、简要案情

被告人王某某 2013 年 1 月起任河北省某县农村商业银行某支行行长、2016 年 1 月起任该县农商银行综合管理部主任。2014 年 7 月至 2019 年 1 月，王某某以为企业倒贷、代办理财业务为由，通过本人介绍、借款人口口相传的形式向社会不特定人群吸收资金，以支付高额利息为诱饵，从蒋某林、包某星等人处非法募集资金，主要用于无担保对外借款、以新债偿还前期借款、支付高额利息及购买房产等。经审计，截至 2019 年 1 月 14 日案发，共涉及非法集资累计 169 537. 955 万元，造成集资参与人包某星、葛某琴、蒋某林等多人经济损失 6933. 5722 万元。

另据证据查明，孟某 2 因经营的装饰公司需要资金而从被告人王某某处高息借款，因经营不佳自 2014 年起无力偿还王某某本金及利息，至 2018 年 11 月已欠款 3000 万元左右。王某某与孟某 2 之间资金往来的鉴定意见载明王某某多转给孟某 2 共 2300 余万元。王某某在明知孟某 2 经营亏损的情况下，

---

* （2020）冀刑终 82 号。

仍为孟某2担保借款。其让孟某2签署了一张2.5亿元的欠条。债务人丁某伟、孟某利尚欠王某某借款500万元左右。王某某还替王某群担保还款350万元，王某群拟用大连万达抵顶其工程款的五套房，抵顶欠王某某的170余万元，但并未能实际交付。王某某还用非法集资款约46万元购买了住房。

公诉机关以集资诈骗罪对王某某提起公诉。

河北省廊坊市中级人民法院经审理认为，公诉机关指控被告人王某某犯集资诈骗罪不成立，其行为构成非法吸收公众存款罪。王某某的集资方式虽具有一定欺骗性，但在案书证证实部分借款期限长达半年、一年或连续签订短期借款协议，集资参与人将资金长期置于王某某处，与普通倒贷的短期拆借特征明显不符，王某某仅以倒贷之名并不能欺骗集资参与人，集资参与人将资金置于王某某控制之下是为了获取高额利息。王某某吸收资金主要用于转借他人进行经营及归还本息，案发前确实存在无法偿还部分集资款的情形，但结合审计报告、证人证言等证据所证非法集资款归还情况及王某某对孟某2等人具有的大量真实债权情况，现有证据并不能证明王某某因不具备偿还能力而对集资钱款具有非法占有目的。一审判决：被告人王某某犯非法吸收公众存款罪，判处有期徒刑八年，并处罚金人民币40万元。

宣判后，河北省廊坊市人民检察院提出抗诉，河北省人民检察院支持抗诉。抗诉意见认为：被告人王某某虚构资金用途，以高息为诱饵，进行非法集资，明知已不具备偿还能力，继续虚构事实、隐瞒真相，以新还旧，骗取被害人借款，用于支付前期借款本息、替他人偿还借款等支出，仅有极少部分转借他人，其行为构成集资诈骗罪。一审判决定性错误，适用法律不当。

上诉人王某某辩称：其借出去的钱，只是基于朋友关系，并不盈利。其一直在主动偿还集资参与人的资金，孟某2、丁某等人有能力偿还其欠款。孟某2借了其3000余万元，从2014年起就还不上了。其与孟某2之间就是比较信任的朋友，没有让他提供抵押物。孟某2知道其钱的来源。

王某某的辩护人辩护主要提出：王某某没有将借款占为己有的想法和目的，客观上有大量还本付息的行为。“借新还旧”不能成为认定“非法占有目的”的理由，无挥霍和携款潜逃行为。请求维持原判。

河北省高级人民法院判决认为：被告人王某某的行为已构成集资诈骗罪，且犯罪数额特别巨大，应依法惩处。原判决认定事实和适用法律错误。抗诉意见应予支持。对被告人王某某以集资诈骗罪判处无期徒刑，剥夺政治权利终身，并处没收个人全部财产。

本案的争议焦点在于：如何区分非法吸收公众存款罪与集资诈骗罪，即如何认定非法占有目的；集资参与人的贪利性投资能否影响被告人主观心态的认定。

二、撰写心得

刑事裁判文书是法官在办案过程中形成的创造性劳动成果，是看得见的正义，是具有法律效力的司法文书。一篇高质量的裁判文书应当具有格式、要素、语言、论理、裁量等若干优秀特质，才能呈现整体上的制作精良、臻于完美。本案裁判文书是一份检察机关抗诉的二审刑事判决，比较典型地反映了司法实践中常见的有一定生产经营项目的非法集资案件，在认定非法吸收公众存款罪与集资诈骗罪上存在不同认识。实际上，若干司法解释性文件对于如何推定非法占有目的都进行了解释性规定，但是办案人员理解并不到位，难以把理论与实际结合起来，在诉讼的各个阶段都可能出现定性上的分歧。本案中，起诉罪名、一审定性、二审定性出现了二次反转，被告人的刑期有重大变化。在审理和裁判文书制作过程中，承办人有以下几点体会。

（一）以案说法，着眼凝练裁判规则

每个案件都有其裁判要旨，但并不是每个案件都具有类案裁判规则意义。本案一审判决认定被告人不构成集资诈骗罪而构成非法吸收公众存款罪的理由主要是，被告人具有大量真实的债权，集资参与人因为贪图高息而在明知被告人并未将集资款用于短期倒贷的情况下仍自愿借贷给被告人处置，不能认定为被诈骗。承办人通过在中国裁判文书网上进行类案检索和长期办案实践发现，涉及以银行倒贷之名触犯非法集资犯罪或者合同诈骗罪的案件并不少见。类似案件反映出在非法占有目的认定、集资参与人或被害人的过错是否影响定性上存在困惑和争议。本案的一审裁判即陷入了错误认识。此案的审理不但要顾及个案依法公正裁判，更应拓宽裁判的影响，为类案处理阐释裁判规则。所以，承办人在审理报告中对现行司法文件的解释性规定进行了罗列，并将检索的类案整理附后。在审判委员会讨论此案时，有的委员对此表示了充分肯定，提出通过此案的分析把非法吸收公众存款罪和集资诈骗罪的争执和相关解释性条款进一步讲清楚了，具有典型案例意义。为了强化该案的参照指导价值，二审判决基本上全面呈现了研究案件时的评析意见。

非法吸收公众存款罪与集资诈骗罪的根本区别，众说纷纭，仁者见仁。通说认为，二者的根本区别在于行为人对筹集的资金是否具有非法占有的目的。现行多个关于非法集资的司法文件都采纳了非法占有目的是区分二罪的关键要件说。如《最高人民法院关于审理非法集资刑事案件具体应用法律若干问题的解释》中规定，使用诈骗方法非法集资，集资后不用于生产经营活动或者用于生产经营活动与筹集资金规模明显不成比例，致使集资款不能返还的，可以认定为以非法占有为目的，以集资诈骗罪定罪处罚。《全国法院审理金融犯罪案件工作座谈会纪要》规定，对于行为人明知没有归还能力而大量骗取资金，造成数额较大资金不能归还的，可以认定为具有非法占有的目的。《最高人民检察院关于办理涉互联网金融犯罪案件有关问题座谈会纪要》亦对集资诈骗行为的认定提出指导意见，认为资金使用成本过高，生产经营活动的盈利能力不具有支付全部本息的现实可能性的，或者归还本息主要通过借新还旧来实现的，原则上可以认定为具有非法占有目的。在被告人供述不足以证实其非法占有目的的情况下，需要通过具体集资行为的真实性、资金去向、归还能力、事后反应等事实综合判断，推定被告人的主观要素。

（二）条分缕析，重点强化裁判说理

裁判文书释法说理应当具有逻辑性、层次性、针对性和必要性。要做到阐明事理、释明法理、讲明情理、讲究文理。说理既不能不到位，也不是越多越好、越复杂越好，而是要恰到好处、恰如其分。说理要清晰呈现要件事实涵摄于法律规范的动态过程，要在准确“找法”的基础上，选择法律解释方法对具体个案作出符合立法目的和法理情共融的解释。本案中，针对检、辩双方的争议焦点，二审判决首先释明了相关法律规范，其次分析查明的证据证实的要件事实，充分运用了“三段论”的演绎推理，有针对性地层层递进推导出结论。具体论证如下：

1. 被告人王某某的集资行为具有欺骗性。众多集资参与人均证实王某某声称自己系银行工作人员，有为企业倒贷的过桥业务，借款利息高，没有风险。甚至向有些集资参与人出示银行的批贷材料以证明借款系用于倒贷。但是在案证据足以证实王某某非法集资后，绝大部分集资款都是用于归还集资参与人的借款及支付高息，弥补以前借款造成的巨额亏空，属于典型的“拆东墙补西墙”、借新债还旧债。王某某对集资款的使用不是一种正当的生产经营行为，一旦资金链断裂，必然会造成巨额经济损失。

2. 被告人王某某是否有归还集资款的能力？经查，孟某 2 证明其从王某某处借款用于生产经营，不但没有赚到钱，而且还赔了上千万元，其将相关情况告诉过王某某。王某某为孟某 2 提供担保并偿还巨额民间借贷欠款，不但从未让孟某2提供过担保，亦未采取过其他补救措施，而且越借越多，从心态上起码是放任损失结果的发生。王某某及其妻子的工资收入一般，与巨额债务相比只能是杯水车薪。孟某2给王某某打了2.5亿元的欠条，其中本金大概只有3000万元，虽然孟某2认可欠王某某本金和利息，但是上亿元的欠款，从孟某2的经济实力和企业经营业绩看，不可能得到有效清偿。所谓“欠条”对于王某某来讲就是自欺欺人、画饼充饥。故王某某所提自认为孟某2有能力归还其欠款的理由，与事实不符，不能成立。现有证据证明丁某、孟某3所欠王某某的本金不足500万元。王某6证实大连万达广场投资有限公司欠其约170万元工程装修款，拟抵顶给其房产，王某6带领王某5（被告人之子）只是交纳了意向金5万元，后续手续因故未办清，房产未能实际取得。综上可见，王某某并没有大量真实债权。王某某身为银行从业人员，对自己无能力偿还巨额集资亏空应当是明知的。

3. 非法集资案件中，集资参与人的贪利性决定其铤而走险，受高利诱惑不注意风险防控，但这并不能否定被告人非法占有的主观心态，不能用集资参与人的过失来抵顶被告人的犯罪故意。一审判决主张“王某某仅以倒贷之名并不能欺骗集资参与人，集资参与人是为了获取高额利息”，从而否定被告人具有非法占有的主观心态不妥。

综上，王某某始终谎称借款用于企业倒贷或代办理财产品，但是集资后并未将大部分钱款用于所谓的“生产经营”，而是用于偿还旧债和支付高息，符合司法文件规定的“用于生产经营活动与筹集资金规模明显不成比例，致使集资款不能返还的”“明知没有归还能力而大量骗取资金的”“归还本息主要通过借新还旧来实现的”等认定非法占有目的的情形。检察机关的抗诉有理，应当予以支持。辩护人辩护所提借新还旧、大量还本付息的行为说明王某某没有非法占有目的的辩护理由，不能成立。辩护所提王某某将集资款用于偿还集资人的本息，另有一部分借给他人，无挥霍和携款潜逃行为的理由，经查属实，但这些行为亦不能否定王某某具有非法占有的故意。辩护所提本案更符合破坏金融管理秩序罪，而不具备诈骗罪特征的意见，与事实和法律规定不符，不予支持。

裁判释法说理要善于透过现象看本质，通过在案证据来证明被告人对集资款的使用去向、是否隐瞒真相、有无归还能力等，所谓“真实的债权”是怎么成立的、是否能实现、是否能保证被告人有偿还能力，集资参与人是否知晓其投资款被随意出借。上述论证过程较好地体现了法律规范与要件事实之间耦合论证的过程，言简意赅、通俗易懂，符合经验常识和人之常情，没有违和感，具有说服力。

（三）谋篇布局，合理构思裁判结构

形式服务内容，裁判文书必须要素齐全、格式完整。文书写作要做到繁简得当。一方面，要注意“简案快审、繁案精审”。因为本案涉及法律适用争议，检察机关提出抗诉，结合初步阅卷情况，首先要把本案列入精审范围，投入更多的精力。另一方面，裁判文书写作要根据情况采用“此繁彼简或此简彼繁”的写法。事理是裁判的基础。阐明事理就是要用证据证明裁判认定的事实。二审裁判文书在事实认定方面如果有较大变化的，一般应当略写一审认定的事实和证据，详写二审认定的事实和证据，展示案件事实认定的客观性、公正性和准确性。实践中，不应照搬照抄一审认定的事实和证据，不加甄别和精练。关于证据的引用，不能杂乱无章、随心所欲地引用，应当根据具体案情采用合理方法。比如，可以按照证据的关联性依据内在逻辑关系展开，也可以按照证据种类先客观后主观顺序展开，证据较多时还可以先分类后再概括展开，有些情况下可以按照侦破案件的时间顺序组织排列证据。对于证据内容，特别是证据繁杂的案件，要进行严谨恰当地取舍，去伪存真、留取精华，切不可“囫囵吞枣”“眉毛胡子一把抓”。

在制作本案判决时，考虑到一审判决的证据排列顺序比较凌乱，证据内容引用得不够准确、全面，有些重要情节未充分展现，二审采取了此简彼繁的写法，略写一审的证据，重新归纳证据内容并根据证据之间的逻辑关系进行了重新排列，为后文评判检辩双方的争议焦点进行了事实和证据上的铺垫。此外，为了查证、推定被告人是否具有归还集资款的能力和其在使用处分集资款时的主观心态，承办人协调检察机关补充查证了主要证人孟某2的证言，证明了其与被告人之间的借贷关系、自身经营亏损巨大而无还款能力、被告人明知其经营亏损状况等内容。对于推定被告人放任集资款损失的主观心态具有关键作用。二审庭审中就此重要证言进行了举证、质证。当法庭追问被告人与孟某2是何关系、为什么在明知孟某2经营亏损毫无还款能力的情况下还要不断借给孟某2巨额资金时，被告人难以自圆其说。庭审后，承办人再次协调检察机关对孟某2企业的纳税情况等进行补充核实，进一步印证了证据体系证明的事实，增强了合议庭的内心确信。对于二审新补查的证人孟某2的证言，二审判决作为重点内容进行了确认和采纳。本判决将笔墨重点投入二审查明的事实认定和证据采纳、检辩双方争议焦点的评判回应上，力争做到繁简适度、详略得当，将学理学说、法律规范与事实情节结合论证，形象、具体地验证了此类案件裁判规则的适用过程。

（四）精耕细作，精心培育精品案例

把一个案件办成精品、经典案例，不但需要法官具有较高的法律素养，还要求法官具有精品培育意识。法官如何在办案中及时发现精品案件，是推动案例指导制度的重要保障。笔者承办的案件裁判文书曾连续三届获得全国法院百篇优秀裁判文书。最宝贵的心得就是“树立精品意识，准确识别典型案件”“精品案件依赖精品文书，精品文书成就精品案件”。

裁判文书是司法裁判的最终作品，凝结司法过程的全部精华，如果仅仅满足于裁判结果的正确，而忽视了裁判文书全要素的精确表达，很难实现司法吸附不满、定分止争的目的，司法作为社会正义最后一道防线的功能也会受到减损。从本案案情看，并非特别疑难、复杂的案件，但是因为一审合议庭对法律适用的模糊认识、错误适用，给这个案件造成了“戏剧性”的诉讼过程，放大了司法实践中非法集资案件如何区分非法占有目的的困惑，使之成为一个代表性的案件。笔者在收到这个案件后，敏锐地觉察到这是一个可以进行释法明理、具有裁判规则指引作用的案件，所以从每一个诉讼环节入手精心审理，打造出精品文书，培育出精品案例。精品文书是精品案例的基础文本载体。要切实做到精耕细作、精益求精。无论实体裁判，还是裁判的语言表达都要一丝不苟。本案因为办案人员在法律适用上出现认识偏差，差之毫厘，谬之千里，导致判决结果严重错误。二审依法改判后，各方皆服，没有引发申诉，取得了法律效果与社会效果的有机统一。此案在荣获全国法院百篇优秀裁判文书后，经最高人民检察院评选，被评为全国检察机关优秀刑事抗诉案件。根据该案裁判要旨撰写的案例分析还入选了《中国法院2023年度案例》。

（陈庆瑞，河北省高级人民法院法官）

三、专家评析

裁判文书的首要使命是定分止争，裁断是非曲直。刑事裁判文书的首要功能是发挥刑罚的功能，实现刑罚的目的，即通过具有国家强制力的公文对犯罪人进行惩罚、对被害人进行安抚、对社会其他人员进行威慑与教育。这就决定着一篇裁判文书的受众对象首先应是当事人和诉讼参与人，其次是社会公众。鉴于此，一篇优秀的刑事裁判文书必须让被告人、被害人能看得懂，从而促使他们服判息诉，达到案结事了；同时，通过对社会其他人员的教化，实现一般预防目的，从而维护社会稳定，促进政通人和。

本案是一起涉众型经济犯罪案件，如果处理不当，不仅会导致司法不公，更容易产生不良的社会问题。二审判决书坚持证据裁判原则，以事实为根据、以法律为准绳，深入浅出，充分说理，改变一审的不当裁判结论，在个案裁判中实现公平正义。本案二审判决书之所以能够成为优秀裁判文书，主要有以下鲜明的特点。

（一）充分体现以审判为中心的刑事诉讼制度改革的要求

推进以审判为中心的诉讼制度改革，是党中央全面依法治国、建设社会主义法治国家的重大改革部署，是实现司法公正、提高司法公信力的现实需要。积极推进以审判为中心的刑事诉讼制度改革，就是要充分发挥庭审在诉讼中的核心作用，努力实现庭审实质化，同时充分发挥二审程序全面审查、依法纠错的功能。改革举措要求进一步提高二审开庭率，充分保障控辩双方平等对抗，高度重视辩护人的辩护意见，建立在庭审和裁判文书中对辩护意见进行有效回应的保障机制。本案针对检察机关提出的抗诉意见，在庭审充分保障检辩双方平等对抗的基础上，裁判文书全面、客观和准确地梳理了检辩双方的意见和理由，归纳了争议焦点，反映出办案法官扎实的理论功底、文字能力和务实的办案理念。检辩意见的归纳部分相当于一篇论文中问题的提出，与检辩意见的分析评判部分前后呼应、环环相扣、水到渠成。这两部分内容占到了文书的1/3篇幅，重点明确、亮点突出，体现了法庭的中立性和对诉讼双方的平等对待和尊重。可以说，作为诉讼过程的全方位、全过程载体，本裁判文书体现了庭审在查明事实、认定证据、保护诉权和公正裁判中的决定性作用。

（二）充分体现强化裁判文书释法说理的成果

裁判文书的说理，是确保裁判文书质量的关键。恰当、充分和透彻的释法说理可以更好地论证裁判文书的合法性和正当性，提高裁判的可接受性。面对检察机关的抗诉，被告人可能会受到更严重的惩罚。对于本案定性是非法吸收公众存款罪还是集资诈骗罪，不仅控辩双方各执一词，集资参与人、社会公众也在拭目以待。一审判决与二审判决的裁判结果，哪个更具有说服力，必须通过裁判文书予以强化释法说理。本案的二审裁判文书紧密结合查明的事实和证据，以“总—分—总”的论证模式，充分运用逻辑推理方法，逐步得出被告人的行为应认定为具有非法占有目的，符合证据裁判和司法证明的要求。同时，不仅阐明了一审判决存在的事实认定和法律适用错误，而且有效回应了检辩双方的不同意见。概言之，条理清楚，逻辑严密，有理有据，理据结合，以理服人。

（三）充分体现统一类案裁判规则的目标

裁判规则是法官针对个案从诸多法律渊源中为案件所确定的特别规则。类似案件的类似处理，需要遵循“类案裁判规则”，力争做到类案同判。就本案而言，需要进一步释明如何认定非法集资类案件是否具有非法占有目的。司法实践中，银行工作人员以能为企业倒贷而借款给付高息为幌子非法集资的案件并不少见，本案的情况具有一定代表性，本案提炼出的裁判规则具有一定的类案指导意义。在本案的二审判决中，既全面梳理了既有司法文件中列举的认定非法占有目的的情形，又结合具体事实和情节印证综合判断被告人主观心态的方法，展示了法官裁判案件达到内心确信的过程，使得文书的阅读者一目了然、廓清模糊认识。

裁判文书全景展现司法裁判的过程和实质内容，直接影响当事人和社会公众对公平正义的感受。综观本案的二审判决文书，制作优良、繁简适当、说理充分、裁判准确，具有一定的示范指导作用。

（点评人：王新，北京大学法学院教授，博士生导师）

（2020）冀刑终82号裁判文书原文

5. 王某诈骗，陈某某、袁某某、高某等国有公司、企业、事业单位人员失职案*

【关键词】

金融不良资产　追偿可能性　财产性利益

【裁判要旨】

金融不良资产不是价值确定的财物，其追偿方式多数以诉讼实现，因其具有“不良”的性质，即使有了法院的生效判决，也仅是法律意义上的追偿可能性，是一种无法确定数额的财产性利益，我国法律并没有明确的对不良债权的价值进行确定的依据，因此不能以评估方式来确定不良债权的价值，也更不应以评估价值认定犯罪数额。从性质上来讲，不良债权也不能成为诈骗罪的犯罪对象，因为诈骗罪犯罪对象限于“能够确定客观经济价值的财物”，而不良债权既非财物，更不能确定客观价值，将“不良债权交易行为”作为诈骗罪处理，没有法律依据。

一、简要案情

2016 年 1 月，公安部将国务院国资委信息中心和中国国际电子商务中心举报中国长城资产管理公司呼和浩特市办事处（以下简称长城呼办）涉嫌经济犯罪的线索移交给内蒙古公安厅进行初查。内蒙古公安厅对长城呼办展开初查并于 2016 年 3 月以涉嫌犯国有公司、企业、事业单位人员失职罪对该单位相关工作人员立案侦查（另案处理）。初查中发现，为长城呼办代理诉讼追偿业务的律师王某于 2013 年 4 月以他人名义注册成立北京融信道投资顾问有限公司（以下简称融信道公司），并以该公司名义购得长城呼办不良资产债权进行诉讼追偿，案件举报人国务院国资委信息中心和中国国际电子商务中心被列为诉讼追偿案件的被告人，从而引发此案。内蒙古公安厅对王某立案侦查。另查明，王某于 2009 年 3 月以他人名义注册成立北京道和德馨投资顾问有限责任公司（以下简称道和公司），并以该公司名义 1500 万元的价格购得

* （2020）内刑终 123 号。

其代理诉讼追偿业务的中信公司一笔五户债权的债权包，并以道和公司名义进行追偿。具体事实如下。

（一）被告人王某购买长城呼办金融不良债权的事实

华夏物行有限公司于2000年12月从中国建设银行北京市海淀区支行贷款2950万元，到期未能偿还。建设银行经过司法程序胜诉后因无财产可供执行，将上述债权剥离给信达资产管理公司北京办事处，后该债权辗转转让给长城呼办。长城呼办取得该债权后委托北京市首信律师事务所王某律师团队代理该债权的诉讼追偿。长城呼办经内部评估，认为该笔债权清偿可能性低，于2013年11月18日在天津金融资产交易所有限公司挂牌转让该不良资产债权，王某以其控制的融信道公司以195万元的价格购得该债权并进行诉讼追偿。内蒙古公安厅立案侦查后，长城呼办经与王某协调，融信道公司将该债权退还给长城呼办。

（二）被告人王某购买中信公司债权包五户债权的事实

中信公司于2007年12月19日从中国东方资产管理公司北京办事处（以下简称东方北办）受让了一批银行不良资产债权包。中信公司与东方北办约定，共同成立北京中安置信资产管理有限公司（以下简称中安公司），系中信公司子公司，受中信公司委托处置不良资产，以东方北办名义进行诉讼追偿。中信公司委托北京首信律师所王某律师团队为实现包括北京市综合投资公司（以下简称北综投公司）等五户债权提供法律服务。2009年9月1日，中安公司诉求北综投公司的股东北京能源集团（以下简称京能集团）承担债务连带清偿责任。京能集团与中安公司债权负责人及王某协商以租金抵顶债务，被中安公司否决。后王某提出通过其个人能力和社会关系为京能集团介绍引进泰康资产管理公司（以下简称泰康公司）融资的方式间接解决北综投公司债务的设想，但能否实现尚不能确定。2010年6月，王某以其控制的道和公司向中安公司提出收购北综投公司等五户债权包。中安公司收到道和公司收购意向函请示中信公司并获得同意。2010年9月，道和公司参与招标。2011年7月，道和公司以1500万元购得债权包。京能集团与泰康公司在2011年6月、11月两次签约，中国保险监督管理委员会12月8日审批同意备案，12月30日实施债权投资计划。道和公司于2011年12月29日与京能集团及其下属电厂协商并签订《财务顾问协议》；收取京能集团下属三家电厂支付服务顾问费2520万元。2015年11月26日道和公司经司法程序取得庆亚公司房屋一套的产权证。

公诉机关指控认为，王某故意隐瞒关键性事实，导致长城呼办和中信公司对涉案债权的法律状态和价值产生错误认识，最终以低价将债权实际转让给王某，造成经济损失，王某行为构成诈骗罪。一审法院判决被告人王某等人无罪。公诉机关抗诉后。二审经审理，维持无罪判决。

二、撰写心得

写好裁判文书的前提是把案件审理好。本案系全国首例将金融不良债权交易指控为诈骗罪的案件，即司法实践中所称的“新类型案件”，是典型的疑难案件。在金融领域，近些年不良债权交易体量巨大，涉及的不良资产从业人群体庞大，被告人又系受委托处置涉案不良资产的律师，因此该案从始至终备受金融领域和法律界的关注，因为这是首例，将来必然成为被参考和借鉴的案例，有着导向作用，所以在审理时感觉“压力山大”，我们多番研判，向最高人民法院专家请教、探讨，梳理出该案的审理思路。

（一）秉持罪刑法定原则

针对公诉机关指控，从犯罪构成要件分析是否构成诈骗罪。本案争议焦点就在于被告人以购买金融不良债权并追偿的行为是否构成诈骗罪。金融不良资产，也称不良债权，是指处于非良好经营状态的，不能及时给银行带来正常利息收入甚至难以收回本金的银行资产。它不是价值确定的财物，其追偿方式多数以诉讼实现，因其具有“不良”的性质，即使有了法院的生效判决，也仅是法律意义上的追偿可能性而已，所以严格讲只是一种无法确定数额的财产性利益，我国法律并没有明确的对不良债权的价值进行确定的依据。从性质上来讲，不良债权不能成为诈骗罪的犯罪对象，因为诈骗罪犯罪对象限于“能够确定客观经济价值的财物”，而不良债权既非财物，更不能确定客观价值，将“不良债权交易行为”作为诈骗罪处理，没有法律依据。另外，诈骗罪的成立还需被害人受到损失，而本案中所谓被害单位的损失数额无法确定，甚至指控认为的被害单位之一认为没有受到损失，另一被害单位按照购买价格计算，盈利率达100%以上，因此无法认定受到损失。从犯罪构成要件分析，将被告人王某行为认定为诈骗罪，不符合罪刑法定原则。

（二）坚守刑法谦抑原则

因该案系新类型案件，对于新类型案件，如何理解、适用尚乏先例的，认定犯罪要十分慎重，一般都应看是否已穷尽了社会管理其他手段，包括行政、经济手段等；是否已到了非刑罚处罚不足以制裁、警示。是，就可以考虑按犯罪处理；否，就尽量不要用刑罚来解决尚有争议的“违法”问题。该案恰好符合以上考量因素，被告人行为确实违反金融资产相关法律规定，即《最高人民法院关于审理涉及金融不良债权转让案件工作座谈会纪要》，作为参与资产处置工作的律师，不应受让参与处置的不良债权，但其行为应受民商法规范，承担合同无效的责任，而不应跨越民商事责任将其评价为犯罪对其追究刑事责任。

（三）高度关注社会效果

该案除指控被告人王某购买涉案不良资产构成诈骗罪，还指控被害单位中信公司子公司参与资产处置的高管及工作人员也存在失职行为，导致中信公司没有全面掌握涉案债权情况，从而将涉案债权出售给王某，造成中信公司巨大财产损失，据此指控四名工作人员犯国有公司人员失职罪，为此该案件受到社会各界广泛关注，尤其是金融领域大批不良资产从业者，我们预判该案的审理结果必将辐射到以上群体，因为金融不良资产处置是基于近些年银行呆账、坏账体量大，影响银行业务正常运行，而对呆账、坏账剥离处置的政策性措施，具有时代特点，又因为金融不良资产性质特殊，导致交易价格弹性极大，因此该领域不规范行为应不在少数，如果定罪，则可能引起多人误解为对法律的扩大适用，这对于构建和谐社会显然是不利的。

基于以上审理思路，案件从开庭到合议，最终提交审委会讨论决议都意见高度一致，所以对于裁判结果内心确信是比较强的。在撰写文书中，体会到难度很大，因为是社会关注度高的大要案，所以力求把审理思路充分、全面体现到位，但裁判文书的书写原则是言简意赅，因此不可能面面俱到，又因为罪与非罪争议极大，所以需紧密结合争议焦点进行事实认定、证据列举和裁判说理。

1. 事实认定。因案件事实较多且事实过程较复杂，而控辩双方对事实无争议，所以文书写作中采取“此繁彼简”的写法，原审判决认定的事实部分详写，二审的事实认定同一审判决。

2. 证据列举。如前所述，因案件涉及事实历经多年，且发展过程很多，相应的证据非常多且庞杂，为清晰反映每起事实，将证据分为五大部分列举，其中第五部分着重列举了专家证人出庭证言及评估人出庭证言，实际这两项证据是非常重要的，对于最终裁判的作出起到关键作用。侦查阶段公安机关委托鉴定机构将交易日作为基准日作出了两份评估报告，专家证人出庭证实，两份评估报告评估依据不足，方法选取不当，且评估程序缺失；评估人出庭证实，做出评估结果的前提是假设债务人能够及时清偿并有足够的清偿意愿，且确实未履行现场勘查等评估程序。以上证据可证实，评估报告没有证据价值，不能予以采信。另外，在二审庭审中，被害单位之一长城呼办出示了两份证据：一份是关联案件的一审判决书，另一份是企业信用信息公示报告，从内容看均有证据价值，但是未生效和不符合证据法定形式，法院没有采信。

3. 裁判说理。《最高人民法院关于加强和规范裁判文书释法说理的指导意见》第 8 条强调应当强化释法说理的一些案件类型，本案同时具备其中多项因素：疑难、复杂；诉讼各方争议较大；社会关注度较高、影响较大；宣告无罪；新类型或者可能成为指导性案例；抗诉。因此裁判说理是文书最核心的部分。除了结合庭审举证、质证、法庭辩论以及法庭调查核实证据等情况，重点针对裁判认定的事实争点进行了说理，文书主要是针对最大的争议焦点——法律适用进行充分的释法说理。强化释法说理有一个容易被忽视的前提——对控辩双方意见的总结和归纳，本案因涉及被告人多、罪名多、事实多，因此检察机关和被告人、辩护人提出的意见均篇幅很长，部分书面意见多达上百页，我们在庭审辩论阶段让控辩双方充分发表各自意见，从而提炼出各自最核心的意见和认识，并在文书中详细归纳列举了双方的意见和理由。因为被告人王某在涉案两起事实中行为并不相同，事实发展脉络及结果也均有差异，因此需单独评价；另外四名被告人涉案事实虽与王某第二起事实系同一起，但是涉罪的角度也截然不同，且四名被告人在被害单位中职务职责不同，在事实发展过程中所起作用也不同，因而提出各自不同的辩解意见；基于以上梳理双方意见，将争议焦点归纳为四点逐项回应争议焦点并说明理由。因为论证部分篇幅大，所以学习了聂树斌再审案件文书论证部分的写法，在“本院认为”部分之前，针对各方的意见做出综合分析评判，针对上述几个主要争议焦点，分别论述，层层递进，在“本院认为”部分总结对四个争议焦点的裁判观点，形成最终的裁判结果。

该文书写作数易其稿，其中的感悟和体会不一而足，查阅网评，本案被称为不良资产处置领域“教科书级”的经典案例，这赞誉过盛，也是我们始料未及的，但是这个案件的审理及文书的撰写的确给予笔者个人前所未有的收获！

（孙玺，内蒙古自治区高级人民法院法官）

三、专家评析

这篇文书写作条理清晰、层次分明；说理有据、论证有方；格式规范、语言流畅。反映出作者裁判思路清晰，论证逻辑严密，写作方法简洁。该文书值得赞赏之处主要有以下几个方面。

（一）结构完整

一份刑事裁判文书的组成部分应该完整，能反映案件及审理情况的全貌。否则，读者对案件及审理情况就会产生各种疑惑。该文书归纳总结了检察机关的抗诉意见，也列明了各被告人的辩解理由和辩护人的辩护意见、观点，逐一列举了证据及其内容，说理部分充分、全面回应了控辩双方的意见。

（二）证据列举详细清晰

确实、充分的证据是认定案件事实的依据。本案案情复杂，各个事实情节和发展过程都需要确实充分、互相印证的证据证实。文书一一列明了证据名称、证据来源和证实内容，证据之间的互相印证关系一目了然，有力地支持了所认定的案件事实。因为是开庭审理的二审案件，除一审证据外，还有二审出示的新证据，经审查后新证据存在不符合法定形式等问题，没有采信，文书对审查过程表述清晰，不采信的理由充分合理。

（三）裁判说理充分透彻

这也是本裁判文书的独到之处。具体而言，在说理上有以下特色：

1. 详略得当。主要体现在对事实和法律争议的不同处理上。双方对事实部分不存争议，故仅作归纳；文书将重点笔墨置于双方争议的法律适用问题上，对二审中控辩双方的争议焦点，聚焦有方，论证有序。

2. 层次清晰。本案裁判文书在说理层次上，依次递进，逻辑清晰，脉络分明。从控辩双方各自意见的归纳到争议焦点的总结提炼，从一审事实证据的综述到二审审理查明的论述，从双方争议焦点的论证到案件定罪与否的认定，通过层层递进、环环相扣的论证，最后真正实现了法律适用的一锤定音。

3. 前后呼应。文书详细归纳列举了检察机关抗诉意见和被告人辩解理由及辩护人辩护意见，从而提炼出各自最核心的意见和认识，归纳出最主要的四个争议焦点，分别、逐项予以评析回应。在“本院认为”部分总结对四个争议焦点的裁判观点，从而形成最终的裁判结果。

总体评价，这是一篇优秀的裁判文书范文。当然，由于篇幅较长，该文书一定程度上存在一些表达欠准确和精练的地方。

（点评人：李建平，内蒙古自治区高级人民法院副院长）

（2020）内刑终 123 号裁判文书原文

6. 肖某章诈骗案*

【关键词】

刑事再审　证据裁判　调查研究　依法纠错

【裁判要旨】

原审认定被告人犯诈骗罪的证据中，被害人陈述及辨认结果、证人的辨认结果等据以定案的关键证据没有查证属实，相互之间属虚假印证；其他证据之间、证据与指控事实之间的印证关系不明确或证明方向相反。且再审法院委托专门机构组织专家对银行监控视频出具比对认定意见，证实作案者可能另有其人，认定被告人犯罪的基本构成要件事实没有证据证明，应宣告被告人无罪。

一、简要案情

2011年3月16日17时许，广东省某市居民罗某芬报警称，其于当日在该市被两名中年男子和一名老年男子以买卖电子元件为名骗走7万元现金，其中一名身穿白色上衣的中年男子（下称“白衣男子”）与其一起到银行网点取过钱。侦查机关调取了银行网点的监控视频，显示罗某芬与“白衣男子”在当日11时40分至13时40分出现在银行网点。同年12月28日23时许，罗某芬再次报警称其找到了骗其钱财的“白衣男子”。根据罗某芬指认，侦查机关将肖某章强制到案，先后收集以下证据材料：

1. 报案人罗某芬的5次询问笔录和2次辨认笔录，证明其被骗过程，指证肖某章是诈骗其的犯罪嫌疑人。

2. 银行存折、取款记录，证明罗某芬案发当日在银行取款7万元。

3. 证人袁某（银行网点大堂经理）的3次询问笔录、3次辨认笔录，证明罗某芬与一“白衣男子”在网点取款，辨认肖某章就是该男子。

4. 证人廖某苑（银行网点业务员）、石某飞（银行网点保安）的询问、辨认笔录，证明罗某芬取款情况，不能辨认陪同其取款的“白衣男子”。

---

* （2020）粤刑再7号。

5. 证人李某洪（餐馆业主）的询问、辨认笔录，证明罗某芬与一男子在其餐馆吃饭情况；其不能辨认该男子。

6. 证人肖某振的询问笔录，证称肖某章与其同村。

7. 涉案银行网点的监控视频及鉴定委托书、不受理委托鉴定告知书，证明因不具备视频中人像检验条件司法鉴定机构不予受理。

8. 提取笔录及电子元件实物、照片，证明侦查人员在罗某芬家中提取到电子元件 7 排（共 700 个）。

9. 银行流水资料，证明案发日后肖某章及其家属均无大量现金存入或转出记录。

10. 侦查机关出具的证明，证实相关地段监控录像、相关人员的电话通话记录均已超过保存期限，无法查询。

11. 被告人肖某章的供述和辩解，称其去涉案的银行网点办理过存钱汇款业务，不记得在案发日有无到过该网点，否认利用电子元件骗人，否认其是银行监控视频中的“白衣男子”，要求进行人像对比鉴定。

根据上述证据，公诉机关指控肖某章犯诈骗罪。原审法院经一审、二审和两次重审，认定公诉机关指控事实和罪名成立，以诈骗罪判处肖某章有期徒刑三年六个月，并处罚金人民币 2 万元；责令退赔被害人人民币 7 万元。肖某章不服，向广东省高级人民法院提出申诉，以监控视频中的嫌疑人与其不是同一人为由，请求宣告其无罪。

广东省高级人民法院再审审理认为：原判认定肖某章犯诈骗罪的基本构成要件事实没有证据证明；被害人陈述及辨认结果、证人袁某的辨认结果等据以定案的关键证据没有查证属实，相互之间属虚假印证；其他证据之间、证据与指控事实之间的印证关系不明确或证明方向相反；经委托专门机构组织专家对银行监控视频出具的比对认定意见，证实作案者可能另有其人，不能排除肖某章被错误定罪量刑的合理怀疑。故依法撤销原判，宣告肖某章无罪。

二、撰写心得

写好裁判文书的前提是要办好案件，只有深入细致地把案件查清楚，才能有理有据地把裁判的理由和依据讲清楚，并通过裁判文书具体呈现出来。本案是笔者作为刑事再审法官运用“马锡五审判方式”依法纠错的案件之一，裁判文书记录和反映了笔者坚持调查研究、实事求是、严格司法、有错必纠的理念与做法。

（一）主动调查排除案件疑点，避免坐堂问案陷入主观臆判

本案经过原一审、二审法院的多次审理，申诉人仍然不能服判，根本原因是案件存在的诸多疑点没有得到令人信服的合理解释和排除，例如，被害人罗某芬和证人袁某有无认错人的可能性？银行监控视频中的“白衣男子”与申诉人是否为同一人？罗某芬在案发十个月后指认申诉人为犯罪嫌疑人的主要依据是什么？申诉人与罗某芬报案描述的犯罪嫌疑人及监控视频显示的犯罪嫌疑人在使用语言、行为习惯、身形体态等方面是否相吻合？证人袁某在案发一年后能够通过混杂辨认具有较大年龄差的身份证照片指证申诉人为犯罪嫌疑人的主要依据是什么？其是否具有超常记忆能力？袁某是否在辨认前见过申诉人？申诉人辩解其没有诈骗动机和行为，从来没有吸过烟、因身体原因每天上午基本都是在家睡觉、在案发前后经常去案涉银行办理存取款业务、只陪同其妻姐到过案涉银行，否认与其他女性到过案涉银行，其上述辩解是否属实？在案物证电子元件是否存在申诉人或其他人的指纹、DNA 等生物痕迹？其他同案人是否归案？是否存在同类诈骗案件？同类诈骗案件的申诉人是否与本案有关？等等。如果再审仅以被害人与证人的指证相互印证就认定申诉人是实施诈骗的行为人之一，以被害人和证人与犯罪嫌疑人接触时间较长、印象深刻、记忆力较好来解释有关辨认的疑点，以申诉人为逃避侦查存在伪装言行举止和抵赖狡辩的可能性来解释申诉人所作辩解及所提质疑，显然难以令人信服；如果再审仅对在案证据重新作出评价，以原判决、裁定认定事实不清，证据不足为由宣告申诉人无罪，原一审、二审法院，以及侦查、起诉部门也不一定认可。要保证再审裁判的准确性、正当性、公信力，必须查明事实真相，用证据说话。为此，再审法官打破“坐堂问案”的惯式和“审调分离”的程式，针对案件中的重大疑点和矛盾，深入实地逐项进行了调查核实和补查补证。

1. 会见申诉人，询问其家庭、身体、居住、从业、行为习惯、日常生活规律等情况，有无去过案涉银行，具体诉求、理由、依据和态度，观察被害人描述的犯罪嫌疑人和银行监控视频显示的“白衣男子”与其是否相符，了解其是否具有诈骗作案动机、作案环境、作案时间，判断其是否属于虚假陈述、无理狡辩和缠诉，掌握被害人、证人对其进行指认、辨认前是否有见过其的可能性。为确保了解真实情况，再审办案人员对其进行了暗中测试，如针对被害人述称犯罪嫌疑人讲粤语和普通话而申诉人称其不会讲粤语和讲不好普通话的辩解，办案人员故意跟其讲粤语进行交流，发现其无法用粤语进行交流，所讲普通话也具有浓厚的地方口音；针对银行监控视频的犯罪嫌疑人吸烟而申诉人述称其从不吸烟的辩解，与其进行会见时注意观察其手指、牙齿和嗅闻其身上的气味，没有发现其有吸烟体征；针对其述称上午基本不出门、没有作案时间的辩解，通过查看其居住小区的监控视频，走访其邻居，了解其日常生活习惯和作息规律；等等。

2. 会见被害人，询问其发现、指认申诉人的过程、依据，以及是否愿意与申诉人重构现场，了解其指认申诉人的确定性，判断其是否有认错人的可能性。

3. 查看现场，了解案涉银行监控设备的安装及更新情况，确定是否具有重构现场的条件；了解被害人述称其被诈骗的街面情况及行走路线，核实被害人陈述其被诈骗的具体过程是否有其他证据证实。

4. 寻找和询问证人。袁某是案涉银行的大堂经理，是原判定案的关键证人，申诉人被抓后即已辞职，再审法官经多方查找与其取得联系，询问其辨认的过程、依据，判断其在辨认前与申诉人是否“面熟”，有无认错人的可能性。证人刘某清是申诉人的妻姐，申诉人述称其二人曾到案涉银行办过业务，公安机关出具说明称找不到刘某清。再审法官对刘某清进行了询问，以核实申诉人所述内容是否属实。

5. 调取书证，根据申诉人和证人刘某清提供的银行卡，再审法官到案涉银行调取了二人在案发后到申诉人被抓时间段的银行流水，以核实申诉人所述内容是否属实，以及证人袁某是否有在工作中见过申诉人的可能性。

6. 收集检验样本及检材。由于监控视频人像模糊，需要委托专业机构运用多种方法进行比对，为确保样本及检材客观真实，再审法官向申诉人调取了其自 2011 年至 2019 年的生活照、入所照，向有关单位调取了申诉人进出法院、公安派出所、自家小区、与再审法官一同查看现场等视频资料，以及申诉人入所的体检记录、现时身高、体重等测量照片和数据，并组织多名群众制作模拟实验样本，以确定监控视频中的“白衣男子”与申诉人是否为同一人。

7. 补检物证。将在案电子元件委托专业机构进行物证检验及鉴定，以确定是否存在指向申诉人的客观证据。

8. 约见原办案人员，了解本案侦查、审理过程、认定依据、是否存在争议，有无案外因素影响。

9. 查阅档案。到一审法院档案室查询当地法院近年来审理的同类诈骗案件，复制了涉案人员的照片，以排除与本案存在关联。

上述调查措施的主动采取与深入推进，为澄清案件事实、确保再审裁判的客观、公正、权威提供了坚实保障。

（二）“五法一体”审查分析证据，让案件真相通过证据客观呈现

面对同样的在案证据，是否达到事实清楚，证据确实、充分的证明标准，控、辩双方持截然相反的意见，原判决、裁定支持了控方意见，却没有对裁判依据和辩方所提异议作出有说服力的阐释，本案再审为实现“一槌定音”之效，使当事人和人民群众切实感受到公平正义，摆脱一审、二审中通常存在的“堆积式、神秘性、单向度、形式化”的证据审查和分析套路，综合运用五种证据审查与分析方法，使证据裁判原则“看得见”。

1. 运用关联分析法，剥离无关证据材料。本案原审判决列举了20多项指控证据，经关联性审查，发现除被害人罗某芬和证人袁某的言词证据及辨认直接指向申诉人，其他证据材料与指控犯罪事实的关联性不明、不大或证明方向相反，原判证据不足的问题得以凸显。

2. 运用印证分析法，揭开“虚假印证”面纱。本案原审判决也进行了印证关系分析，但停留在表面，对于证据本身或证据之间存在的实质性差异、矛盾没有做出合理解释和排除，对于证据印证关系的缺失部分没有进行补强和说明，不免落入“虚假印证”的陷阱。再审围绕被害人陈述这一直接证据所形成的证据体系进行印证关系的具体分析，发现以下几点：（1）本案被害人陈述的案件事实除取款环节外，没有其他证据予以证明，主要待证事实与证据的印证关系缺失；（2）证人袁某辨认的合法性、客观性存在重大疑问，无法做出合理解释，对被害人陈述及辨认结果难以起到印证作用；（3）证人廖某苑、石某飞、李某洪的证言与本案关联性存疑，描述的嫌疑人特征过于概括、抽象，不能指向申诉人，对被害人陈述及辨认结果没有印证作用；（4）被害人提供的取款书证、物证只能证明被害人取款和持有电子元件的事实，对被害人陈述并指证申诉人对其实施诈骗行为没有印证作用；（5）公安机关调取的银行监控视频只能证明被害人与犯罪嫌疑人出入过银行，但不能证明视频中的犯罪嫌疑人就是申诉人，故对被害人陈述并指证申诉人对其实施诈骗行为也没有印证作用。据此，认定该案证据的印证关系属于“虚假印证”。

3. 运用情理分析法，揭示关键证据的失真风险。例如，通过分析被害人的多次陈述，揭示被害人对犯罪嫌疑人的特征描述简单、抽象、笼统，且存在距离案发时间越长，对犯罪嫌疑人印象越深这一违反记忆规律的问题；通过分析被害人对申诉人进行的辨认情况，发现用于混杂辨认的陪衬对象与申诉人年龄相差较大（最多相差 30 岁，明显属非同一时期拍摄的照片），且没有见证人的违规问题；通过分析被害人在案发后长达 9 个多月的时间里自行寻找犯罪嫌疑人，多次跟踪申诉人的情况，发现被害人在指证、辨认申诉人前曾多次见过其，与其所述犯罪嫌疑人“年龄、身高、脸型”相近者，并非低概率事件，所述犯罪嫌疑人讲粤语和普通话，与申诉人自身情况不符，存在被害人认错人的契机和现实可能性。再如，通过分析证人袁某的辨认情况，发现其第一次辨认犯罪嫌疑人的时间距离案发超过一年，而公安机关提供混杂辨认的照片显示申诉人的年龄、容貌与案发时差异明显，其仍能够辨认得出超出常人观察和记忆能力；通过分析证人袁某证言，发现其在案发一年后对本案情节和犯罪嫌疑人的记忆并不清晰，其三次接受公安机关询问，对主要情节表述并不一致，对犯罪嫌疑人特征描述也不具体，说明其并不具有超常记忆能力；结合再审调查发现申诉人在案发前后曾多次到案涉银行办理存取款业务的事实，发现证人袁某作为案发地银行的大堂经理，极有可能在工作期间见过申诉人，存在误将“面熟”之人指认为犯罪嫌疑人的现实可能性。

4. 运用系统分析法，揭示证据链条的不完整。根据被害人陈述，三名犯罪嫌疑人对其实施诈骗的过程包括设局、取款、付款三个阶段。经对全案证据的梳理可见，从在案证据的证明内容和印证关系看，除了银行取款阶段有充分的证据外，申诉人所述本案诈骗犯罪发生的设局、付款过程，均没有查证属实的其他证据予以证明。而银行取钱过程只是诈骗犯罪的财物来源环节，作为认定诈骗犯罪是否发生、成立的基本事实，即犯罪人是否具有以非法占有为目的，是否对被害人实施了虚构事实、隐瞒真相的诈骗行为，被害人是否因被欺骗而向犯罪人交付财物等构成要件、要素事实，均没有相应的证据证明。

5. 运用双向分析法，确保内心确信确立有据。再审在对指控证据无法完全证实的情况下，又进一步作了证伪分析；同时对申诉人辩解事实及辩护证据进行了查证，在此基础上进行了证实与证伪分析，最终得出指控犯罪事实不清，证据不足，不能排除申诉人被错抓错判合理怀疑的结论。

上述五种方法是相互联系和补充的整体，各有侧重，循序渐进，符合刑事证据审查和事实判断的逻辑过程，一体运用能够使证据裁判原则和“证据确实、充分，排除合理怀疑”的刑事证明标准具有了可操作性和规制功能，体现了刑事再审改变原判决、裁定既判力的审慎态度。

（三）委托专业人员辅助审查证据，增强再审认定结论的权威性

侦查机关调取的案涉银行监控视频显示，案发时间段有一“白衣男子”与被害人一同出现在画面里，被害人和证人袁某指证该“白衣男子”就是申诉人，公诉机关也认为视频中的“白衣男子”从身高形态上判断与申诉人相符，而申诉人坚决否认其是该“白衣男子”，多次强烈要求对监控视频中的嫌疑人与其进行比对鉴定，但公安司法鉴定机构以视频中的人像模糊不具备鉴定条件为由未予受理，致使本案重要的客观性证据存疑。再审法官没有拘泥于人民法院在申诉审查阶段不负责委托鉴定的惯常做法和“二人成证”或“事实证据存疑作出有利于被告人认定”的简单思维，根据视频嫌疑人的身高、体态、步态、行走姿态等特征可以辨别的基本条件，经多方联系、反复沟通，依职权委托北京公大弘正医学研究院依托其人力和技术资源，按共同拟定方案，聘请和组织国内具有相关领域知识和专长的专家，依据相关程序规范对视频中的犯罪嫌疑人与申诉人的身高、体态、步态、行走姿态、相貌等方面的特征进行比对，出具二者是否为同一人的专业认定意见。该机构组织法庭科学领域9名专业和特长专家（其中三人在中央电视台《挑战不可能》节目进行过技能展示），依据《法庭科学数字影像技术规则》（GB/T 29350—2012）、《声像资料鉴定通用规范》（SF/Z JD 0300001—2010）、《录像资料鉴定规范》（SF/Z JD0304001—2010）、足迹学教材、足迹学检验教材、法医人类学教材及相关理论，分别利用足迹步法特征与视频图像相结合鉴别、法医人类学特征检验、现场视频模拟画像、行走姿势及步法特征、体形轮廓和动态特征分析等技术方法，对送检视频中的“白衣男子”与申诉人进行个体识别，一致认定视频中的“白衣男子”与申诉人不是同一人，为再审宣告申诉人无罪提供了科学依据。

（魏海，广东省高级人民法院法官）

三、专家点评

本案历经两次发回重审，在指控证据没有实质变化情况下，一审仍然坚持作出有罪判决，终审裁定维持了一审判决结果，经过再审的慎重审查以后最终得以改判无罪。本案的案情并不复杂，就是一起较为常见的多人结伙利用被害人警惕性不高和贪小便宜的心理实施的街头诈骗案件，但是由于侦查机关取证不够扎实导致案件审理过程较为曲折，被告人从被刑事拘留到二审定案跨越将近四年，又经历了数年的申诉和再审，前后历时将近 10 年。本案考验的是办案人员对刑事诉讼证据裁判规则和疑罪从无原则能否坚守和贯彻。二审法院虽然认识到本案存在证据不够确实、充分的问题，但是宁愿突破《刑事诉讼法》对发回重审的次数限制也没能够贯彻疑罪从无原则作出无罪判决，缺乏纠错的勇气。相比之下，再审合议庭和再审出庭检察官能够对全案证据进行严格审查，检视原生效裁判在证据认定方面存在的瑕疵和难以排除的合理怀疑，委托专业人员对争议最大的监控视频进行辅助审查判断，坚持了实事求是、疑罪从无、有错必纠的司法理念。

总览全文，本案再审判决文书具有以下突出优点。

（一）脉络清晰、详略得当

文书按照一审、二审、申诉、再审的先后顺序，简明扼要地描述了一审判决认定的事实、一审判决认定事实所依据的证据、一审判决理由与结果、上诉理由、二审判决理由与结果、再审申请与辩护理由、再审公诉意见及理由等内容，并详细阐明了再审判决理由与结果，完整清晰地呈现了案件的审理过程和处理结果。

（二）注重说理和分析论证

全文 2/3 左右的篇幅用在说理和证据分析评判方面，既详细陈述了一审作出有罪判决的理由，也完整介绍了再审出庭检察员不认可有罪判决的公诉意见，更抽丝剥茧式地阐明了再审合议庭对于全案证据的评析意见和改判的理由，析法说理的过程和结论让人信服。

（三）从正反两个角度来阐明改判的理由，论据丰富

判决书从正面分析了能认定原审被告有罪的证据链条不完整、不充分，即被害人陈述的案件事实证据不足、被害人指认被告人为犯罪嫌疑人证据不足、关键证人袁某指证被告就是犯罪嫌疑人证据不足。同时，从反面则认定银行监控视频中的犯罪嫌疑人经再审法院委托的 9 名专家比对一致认定与原审被告人不是同一人，表明可能是另有其他人作案，不能排除原审被告人被本案被害人和证人误认的合理怀疑。通过正反相结合的详尽分析论证得出原审被告人无罪的结论可谓水到渠成。

（四）鲜明地指出了原一审判决存在“虚假印证”的情形，让一审判决的有罪认定难以成立

一审法院之所以三次坚持作出有罪判决，是认定本案中证人袁某的证言及辨认笔录真实、客观、可信，与被害人罗某芬的陈述和辨认能够相互印证形成证据链。再审判决书指出了这些指控原审被告人对被害人实施了诈骗行为的证据自身存在的瑕疵和不足，相互之间并不能形成有效的“相互印证”，也不能排除合理怀疑。

（五）判决书全文要素齐全、条理清晰、逻辑严密、格式规范、分析论证充分

本判决书体现出案件经办人深厚的理论功底和法学素养以及对疑罪从无、有错必纠的刑事诉讼理念的秉持，是一篇不可多得的优秀刑事裁判文书。

（点评人：邓定远，华南农业大学人文与法学学院法学系刑法教研室主任，刑法学博士）

（2020）粤刑再7号裁判文书原文

7. 吴某合同诈骗、骗取贷款、票据承兑、金融票证案*

【关键词】

非法占有目的　骗取贷款　欺骗手段

【裁判要旨】

具备“欺骗手段”是骗取贷款罪的成立前提，且该“欺骗手段”足以使银行或其他金融机构产生错误认识从而发放贷款。银行或其他金融机构明知行为人的资信状况、贷款用途且主导贷款事宜的，不能认定行为人实施了“欺骗手段”，阻却骗取贷款罪的成立。

一、简要案情

公诉机关指控：（1）骗取票据承兑罪。2012 年至2014 年，被告人吴某在履行其公司与平安银行、兴源公司签订的三方协议过程中，要求兴源公司将作为预付款使用的银行承兑汇票 42 838 万元背书后取回用于经营。（2）合同诈骗罪。2014 年八九月，吴某公司失去还款能力，仍骗取兴源公司 2400 万元银行承兑汇票，致使 1656 万元银行敞口无力归还。2015 年 1 月，吴某隐瞒公司无力偿还借款的事实，欺骗兴源公司为其公司提供担保，从银行贷款 1631. 85 万元。贷款到期后，由兴源公司代偿。（3）骗取贷款罪。2015 年 1 月至 4 月，由兴源公司、银储公司担保，吴某公司向银行申请流动资金贷款，后银行向吴某公司发放流动资金贷款 78 398 837 元，该贷款被用于偿还银行承兑汇票敞口。

被告人吴某及其辩护人均提出不构成犯罪的辩护意见。

一审法院审理认为，公诉机关指控被告人吴某犯骗取票据承兑罪、合同诈骗罪的事实不清、证据不足。吴某骗取贷款罪的指控成立，判处吴某有期徒刑三年六个月。宣判后，吴某以“银行对贷款用途明知，不构成骗取贷款罪”为由提出上诉。检察机关以“原判对合同诈骗 1631. 85 万元的事实未予

* （2019）鲁 05 刑终 139 号。

认定错误”为由提出抗诉。

二审法院经审理查明：上诉人吴某系长丰公司的法定代表人，海迅公司的实际控制人。长丰公司、海迅公司（以下简称吴某公司）与兴源公司具有多年轮胎购销业务。2012 年 9 月至 2013 年 9 月，吴某公司与平安银行、兴源公司签订三方合作协议三份，由吴某公司申请，平安银行向兴源公司开具银行承兑汇票用于购买兴源公司的轮胎。在协议履行期间，平安银行向兴源公司开具大量银行承兑汇票，吴某公司要求兴源公司扣除实际所欠货款后将剩余的银行承兑汇票背书后返还其公司。2014 年 10 月 8 日，吴某公司发送截至 2014 年 9 月的《卖方发货跟踪记录表》要求兴源公司盖章，兴源公司发现吴某公司未发货物金额高达 9000 余万元，遂拒绝在《卖方发货跟踪记录表》上盖章。2014 年 10 月 10 日，三方又签订三方合作协议一份。2014 年 12 月，吴某公司无力偿还银行承兑汇票敞口并出现银行垫款情况。为防止出现逾期，影响业绩考核，平安银行决定给予长丰公司问题授信，将银行承兑汇票敞口转为流动资金贷款，用贷款归还银行承兑汇票敞口，并要求兴源公司为贷款提供担保。长丰公司于 2015 年 1 月至 4 月先后 27 次向平安银行申请流动资金贷款，兴源公司、银储公司、吴某及其妻子承担连带责任担保。2015 年 1 月至 4 月，平安银行向长丰公司发放贷款共计 7839. 8837 万元，绝大部分贷款用于偿还银行承兑汇票敞口。后经强制执行，平安银行从兴源公司收回贷款本金 49 439 340. 8 元，尚有贷款本金 28 959 496. 2 元未能收回。

另查明，因长丰公司在平安银行的银行承兑汇票不能付款，平安银行于 2014 年 12 月 11 日、18 日为长丰公司垫款共计 1631. 85 万元。2014 年 12 月 31 日，长丰公司借款归还平安银行的垫款本金及利息。2015 年 1 月 4 日，长丰公司向平安银行贷款 1631. 85 万元归还了借款。2017 年 1 月 23 日，长丰公司 1631. 85 万元贷款结清。

二审法院审理认为，三方协议是银行、兴源公司、吴某公司协商后签订，兴源公司在吴某公司提出将银行承兑汇票取回自用后表示同意并安排人员负责联系、盖章事宜，且兴源公司知道未提货金额高达 9000 余万元后与吴某公司之间仍有交易和经济往来，现有证据无法证实吴某公司采取欺骗手段诱骗兴源公司签订三方协议，从而让兴源公司承担担保责任，以达到非法占有兴源公司财物的目的；对吴某公司进行问题授信、将银行承兑汇票敞口转换为流动资金贷款以归还承兑敞口，均由银行决定；由兴源公司提供担保系银行提出，兴源公司亦明知吴某公司无力归还承兑汇票敞口，仍同意提供担保，无证据证实吴某公司采取欺骗手段骗取兴源公司为其流动资金贷款提供担保；吴某公司的资产、负债、经营状况等方面并无相关证据证实，导致吴某公司有无履行能力事实不清、证据不足，仅以用借款归还垫款、用贷款归还借款，不能证实吴某公司具有让兴源公司承担担保责任，从而达到占有兴源公司财产的目的。综上，认定吴某公司合同诈骗 1631.85 万元的证据尚未达到确实、充分的证明标准，吴某作为主管人员亦不构成合同诈骗罪。

关于一审认定的吴某骗取贷款的事实，二审认为，银行对吴某公司的流动资金贷款起主导作用，银行发放贷款是基于其本身给予吴某公司的问题授信，与吴某公司提供资料之间无因果关系；银行工作人员证实按照银行承兑汇票到期的时间陆续发放贷款，用贷款归还银行承兑汇票敞口，该内容与银行承兑汇票到期时间、贷款发放时间及去向相互印证，可见银行掌控贷款的用途和流向；现有在案证据并不能得出吴某公司提交的贷款资料虚假的结论，反而能够证实银行对担保人的资信状况明知，并未陷入错误认识。综上，银行对吴某公司的贷款目的、担保人的状况应是知情的，并未陷入错误认识而发放贷款，吴某公司相应获取贷款的行为不符合骗取贷款罪的构成要件，吴某作为主管人员亦不构成骗取贷款罪。

综上，二审法院认为，抗诉机关的抗诉意见不能成立，认定吴某犯骗取贷款罪的事实不清、证据不足，依法改判吴某无罪。

二、撰写心得

裁判文书既是法官裁判思维的集中展现，也是人民法院彰显司法公正，维护社会公平正义的载体。本案是一起宣告无罪案件，在文书撰写时以展现诉讼过程为主线，以查明和确认案件事实为基础，围绕犯罪构成结合证据强化释法说理，最终得出无罪结论。笔者主要有以下五点感悟。

（一）文书要素要“全面”

刑事裁判文书是整个刑事审判活动过程的完整展现，承载着事实认定、证据采信、释法说理、法律适用和裁判结果。格式规范、结构合理、要素齐全，是刑事裁判文书的基础性要求。若格式不规范、内容不完整、用语不规范甚至出现错字、漏字等瑕疵，会引发对裁判结果公正性的质疑，影响司法的权威性。本篇文书按照《法院刑事诉讼文书样式》制作，注重逻辑结构完整、用语准确，完整展现了诉讼过程及裁判结果形成的思维过程。在布局上，一审略写、二审详写，重点放在事实认定、证据认证及释法说理等方面，做到繁简得当、重点突出。

（二）事实认定要“准确”

正确认定事实，是准确适用法律的前提。一是认定事实要有证据依据。认定的事实都要有证据证明，并且注重事实与证据的相互对应和呼应，避免认定的事实在证据中没有体现或与证据相矛盾。二是叙述事实要客观全面。案件事实表述应当全面、客观、真实，既要包括直接影响案件定罪量刑的核心事实，也包括其他影响定罪量刑的边际事实（与案件有关的社会背景、前因后果、传统文化、民情风俗等）。本案公诉机关指控的犯罪事实均发生于吴某公司与银行、供货企业签订的三方协议履行过程中，在撰写事实时以时间发展为序，在确定吴某公司与兴源公司之间具有多年轮胎购销业务这一背景事实下，重点对以三方协议进行结算的交易习惯、大量银行承兑汇票被兴源公司背书后取回的前因后果、申请流动贷款的原因等事实进行了全面、客观的叙述。三是文字表达要精练准确。要使用“法言法语”，紧紧依据相关法律规定组织文书语言，把事情的来龙去脉、本来面目和前因后果交代清楚，使得案件事实叙述层次分明、繁简适当。

（三）证据认定要“细致”

证据是事实认定和法律适用的基础，也承载着一定的说理功能，将证据认定的过程和理由说清楚，直接关系到裁判结论的正当性和可接受性。证据的分析论证可以根据案件的具体情况采用不同方式，对于无争议的证据可以集中论述；对于有争议或异议的证据，应当写明争议或异议的内容和理由，同时从证据材料的关联性、合法性、真实性等方面进行分析、认证，逐一明确是否采信并给出理由。本篇裁判文书中一一展示了控辩双方提供的证据，对有争议的证据、重要证据、关键证据，写明了证据内容、证明对象，并展示了举证、质证、认证的过程，为其后的引用证据论证说理打下了基础。在列举证据时，有选择地进行取舍，对冗长烦琐的言词证据进行概括提炼，对证明对象相同的多个证据合并归为一类。在排列证据时，按照逻辑结构、证明力大小等进行排序，并按举证主体分别列明。在证据认定时，结合诉讼各方举证质证以及法庭调查核实证据等情况，根据证据规则，运用逻辑推理和经验法则，围绕证据的关联性、合法性和真实性进行全面、客观、公正的审查判断，阐明证据采纳和采信的理由。

（四）释法说理要“专业”

裁判文书说理，是法官对裁判结论形成过程和理由的论证说理，是法官在查清事实的基础上对证据进行分析、取舍和印证，并根据相关法律规定、逻辑推理及其他相关知识对案件性质和如何适用法律所发表的意见。一是说理要有针对性。根据案件的特点可采取不同方式进行说理，重点应围绕裁判认定的事实或者事实争点进行释法说理。本篇文书充分回应控辩双方意见，对控辩双方存有较大争议的合同诈骗罪、骗取贷款罪，围绕两罪的犯罪构成，结合本案的证据，用大量篇幅进行了论证，力求有理有据，辩护人提出的程序问题，能完整、准确作出回应，让当事人明白、让人民群众明白。二是说理要有相关性。事实说理是刑事裁判文书说理的重要类型。本篇裁判文书把握住事实论述和说理的内在联系，在叙述事实中加强说理，与后面的论证说理连点为线、聚线为面，最后得出严密有说服力的判决结果，从而使整篇文书逻辑严谨、论证周密、论理充分。三是说理要有公正性。刑事审判事关人的生命和自由，裁判结果要经得起法律和历史的检验。法官应“以事实为根据，以法律为准绳”，对正确的诉求予以支持，对缺乏依据的主张据理辩驳，从正面阐述法院判决的理由，使当事人心服口服地接受判决。

（五）价值导向要“正向”

树立规则、传递正义是裁判文书的价值追求。裁判文书的撰写不应停留在解决个案争议上，更应明确裁判规则，充分发挥司法裁判在国家治理、社会治理中的规则引领和价值导向作用。本篇裁判文书对于如何客观看待经营过程中的不规范行为、骗取贷款罪中欺骗手段的认定，提出了裁判规则。中级人民法院对一审认定事实不清、适用法律不当等问题，不应轻易发回重审，而应当尽量通过二审改判予以纠正或通过调解化解纠纷，从而真正发挥二审终审的作用，做到案结事了。本案二审直接改判无罪，纠正了一审判决事实认定、法律适用错误，切实发挥了终审法院的司法担当。

（桑爱红，山东省东营市中级人民法院法官）

三、专家评析

本案由二审法院基于对案件事实、证据和法律问题的精准把握和精到分析后，直接改判上诉人吴某无罪，充分体现了二审法院切实维护司法公正，严把事实关、证据关和适用法律关，勇于担当，能动司法，最大限度地实现了案件的政治效果、法律效果和社会效果的有机统一。该案的刑事判决书具有如下四个特点。

（一）切实贯彻证据裁判原则

本篇文书将案件事实的准确认定牢牢建立在对证据的科学分析和准确审查判断上，不仅列举了认定事实的大量书证、证人证言和上诉人的供述和辩解，而且对引用的每一份证据的基本内容进行了准确的归纳总结，对每一份证据证明的事项也全面进行了解读和分析，通过对定案证据的科学合理分析，得出了本案证明上诉人骗取贷款罪的证据不足、事实不清的结论，运用证据说理透彻，分析精到，逻辑严谨，令人信服。一份优秀的判决书，其基本要求和核心着力点显然在于对证据的精准把握和精到分析上，通过对证据的条分缕析，发现证据中的缺陷和不足，合理论证本案事实中的矛盾点、疑点和难点，从而得出理性裁判结论。

（二）切实贯彻疑罪从无原则

疑罪从无原则是刑事诉讼法规定的重要诉讼原则，也是切实保障人权、大力防范冤错案件的重要诉讼原则。承办法官在充分阅卷的基础上，通过开庭充分听取控辩双方的意见，对本案的所有证据进行分析，既关注有罪证据的证明价值和作用，又重视无罪证据的证明价值和作用，不偏不倚、公正理性，最终得出一审判决上诉人犯骗取贷款罪的事实不清、证据不足的结论，严把证明标准要求，切实贯彻疑罪从无原则，依法作出上诉人无罪的判决。

（三）充分体现司法担当精神

该案二审直接作出无罪判决，人民法院的担当作为发挥了极为重要的作用。没有人民法院的司法担当精神，就不会在二审中直接作出无罪判决。

（四）文书格式规范逻辑严密

本篇文书逻辑严谨，条理清晰，论据充分，说理透彻，情理法融会贯通，语言规范，反映了法官良好的法律专业素养和文字组织能力，也彰显了新时代刑事审判法官良好的文化素养和法治精神。

稍显不足的是，二审判决书对于辩护意见部分的内容可以更丰富一些，进而更加凸显裁判文书兼顾控辩双方意见，更加凸显程序正义。

（点评人：胡常龙，山东大学法学院教授）

（2019）鲁05刑终139号裁判文书原文

第三章　侵犯著作权罪

8. 李某毅侵犯著作权案*

【关键词】

侵犯著作权罪　非法经营数额　司法会计鉴定　复核　有利于被告人

【裁判要旨】

批发侵权产品的销售金额难以查清的，其进货金额可以作为非法经营数额予以认定。该数额的认定可以相应的委托鉴定意见作为依据；有证据能够初步证明委托鉴定意见存在错误的，应当要求鉴定机构复核纠正，并依照有利于被告人的原则处以相应刑罚。

被告人虽不直接参与侵权产品的研发、设计和实际生产，但其拥有大量稳定、独立于生产商和其他经销商的客户渠道和销售渠道，根据自有客户需求向生产商购进不同型号及数量的侵权产品进行销售，且积极参与生产商关于侵权产品的定价、下单布产、产品包装等生产经营活动的商议，对生产、经营侵权产品起到积极帮助作用，其行为不同于仅负责推销、零售的销售人员。应认定其与生产商构成共同犯罪，以侵犯著作权罪定罪量刑。

一、简要案情

2015 年至 2019 年 4 月，同案犯李某鹏雇佣杜某豪等人（均已判决），未经乐高公司许可，通过拆分组装、电脑建模、复制图纸、委托他人开制模具等方式，设立玩具生产厂专门复制乐高公司创作的“Great Wall of China”等 47 个系列 663 款拼装积木玩具产品，并冠以“乐拼”品牌通过线上、线下等方式销售。2017 年 9 月至 2019 年 4 月，被告人李某毅在明知李某鹏未经乐高

* （2021）沪刑终 42 号。

公司授权的情况下，仍以李某毅、吴某凡等的名义从李某鹏处定制、购进大量乐拼产品对外销售。一审经司法会计鉴定，李某毅涉案金额为人民币102 356 739. 6元。二审经复核，认定其涉案金额应在一审认定的数额基础上减少11 970 869. 2元，另新增认定547 119. 6元。

二、撰写心得

裁判文书是法官最好的作品，也是凝结办案心血、反映办案效果最重要的体现。这篇文书能够获评全国百篇优秀裁判文书，笔者感到十分荣幸，也备受鼓舞。梳理起来，觉得在办理该案过程中，有三个方面值得总结。概括来说，就是“三个坚持”和“三个准确把握”。

（一）坚持实事求是，准确把握刑事二审程序要求

写好裁判文书的前提和基础是要办好案件。本案获奖裁判文书是刑事二审文书。刑事二审程序与民事二审程序不同，应坚持全面审查原则，即应当就第一审判决认定的事实和适用法律进行全面审查，不受上诉或者抗诉范围的限制。其中，重点应对一审所涉及的证据，尤其是关键证据进行全面审查认定。本案二审中，涉及的最大争议在于一审司法会计鉴定意见的准确性问题。在刑事审判尤其是知识产权刑事司法领域，司法会计鉴定应用较为广泛，对于定罪及量刑均尤为重要，实践中对其审查认定应予以充分重视。司法会计鉴定意见作为刑事诉讼法规定的证据种类中鉴定意见的一种，是指依法取得有关司法会计鉴定资格的鉴定机构和鉴定人受司法机关或当事人委托，运用会计学的原理和方法，通过检查、计算、验证和鉴证对会计凭证、会计账簿、会计报表和其他会计资料等财务状况进行检验、鉴别和判断并提供鉴定结论的活动。知识产权刑事诉讼中的司法会计鉴定一般由公安机关委托启动，主要涉及对违法所得、非法经营数额等进行审计鉴定，并由检察机关在提起公诉时作为证据出示供对方质证并提交法院认证。基于其过程所涉及的司法机关的权威性和鉴定机构的专业性，一般而言，法院对其审查的一个重要渠道是被告人及其辩护人对于鉴定意见的质证意见，尤其是提出的相关质疑和相应的依据、线索。因此，认真审慎对待被告人及其辩护人的质证意见，成为法院审查司法会计鉴定意见的重要途径。具体来讲，一方面，在程序上充分予以保障。包括给予被告人及其辩护人充分的示证、质证。所谓充分的示证，就是既要将鉴定意见交被告人及其辩护人进行充分的阅看，推动鉴定人出庭接受询问，而非仅由公诉机关简单提出鉴定结论；也要应当事人的申请，

将鉴定意见所依据的检材交其查阅，从而确保其行使质证的权利。本案中，二审合议庭根据被告人二审辩护人的申请，将本案鉴定意见所依据的检材，即7000余份出货单的扫描件通过刻录光盘的形式交其查阅，为辩护人充分行使质证和辩护的权利提供了便利。所谓充分的质证，就是要引导或允许被告人及其辩护人充分就鉴定意见发表质证意见，并耐心了解其对于该意见的质疑及相应依据和线索，而非仅流于形式。本案中，被告人二审辩护人在完整阅看检材并与被告人进行会见沟通后，提供了可能存在将未侵权产品纳入统计、多算非法经营数额的相关线索。二审合议庭对此高度重视，第一时间会同二审检察机关进行了审慎严密的初核，进而确认其线索符合相应事实。另一方面，在实体上充分尊重事实。以事实为依据、以法律为准绳是刑事诉讼的基本原则之一，是刑事司法必须始终坚持的底线。在发现当事人提供的一审鉴定意见存在错误的初步线索符合相关事实的前提下，必须主动介入、及时纠正。本案中，经过对二审辩护人提交的线索进行初步核查，确认一审鉴定意见错误后，二审合议庭第一时间启动了复核机制，会同二审检察机关、一审侦查机关、被害单位（权利人）及一审鉴定机构组成五方专班，对涉及的所有检材进行全面复核，并再经过二次复核，发现存在多算未侵权产品，以及产品出货量、产品货号、产品箱规、出货单遗漏等错误情况，实际金额应比原鉴定数额减少1100余万元，增加54万余元，从而切实查明了案件的犯罪数额，为明确量刑提供了强有力的依据，并因此为办好、办扎实案件打下了坚实的基础。

（二）坚持深入研究，准确把握案件法律适用争议

本案另一个影响实体认定的争议问题是被告人的定性问题，即其是构成侵犯著作权罪还是侵犯销售侵权复制品罪。被告人提出其仅系侵权产品的销售商，不构成侵权著作权罪。事实上，涉及该两罪的此罪与彼罪问题，在司法理论界和实践中均存在一定的立法争议和适用难点。鉴于司法系对法律的严格准确适用，故二审合议庭严格按照刑事司法原则，按照侵权行为发生的时间段和行为的具体性质，结合在案证据深入开展研究和事实认定，最终确认本案构成侵犯著作权罪，实现了罪责刑相统一的司法效果。根据相关司法解释，侵犯著作权罪中的“复制发行”，包括复制、发行或者既复制又发行的行为，发行包括总发行、批发、零售、通过信息网络传播以及出租、展销等活动。本案中，被告人虽不直接参与侵权产品的研发、设计和实际生产，但一方面，其作为经销商，拥有大量且稳定的客户渠道和销售渠道，上述渠道信息独立于生产商和其他经销商，且其根据自有客户需求向生产商购进不同型号及数量的侵权产品并销售，其行为不同于仅负责推销、零售的销售人员。另一方面，其除大量批发、销售侵权产品外，还通过微信群积极参与生产商关于侵权产品的定价、下单布产、产品包装等生产经营活动的商议，对生产、经营侵权产品起到了积极帮助作用。这些事实细节的全面审查和认真梳理，为后续明晰文书撰写条理和提升文书质量做好了准备。

（三）坚持精心谋篇，准确把握裁判文书写作要义

裁判文书作为法官的作品，不是事实依据和法言法语的简单堆砌，而是要精心谋篇、细致打磨，并坚持四个字的写作要义。

1. 要“全”，就是案件审查要全面、内容思考要全景、文书谋篇要全局，这是文书写作的三重境界。首先，最基础的是要切实避免案件实体上存在遗漏、程序上存在缺失等硬伤，避免错漏；其次，要充分完整考虑文书内容所涉及的事实认定和法律适用问题，提升裁判质量；最后，即更进一步的要求是要做好谋篇布局，切忌“写到哪里算哪里”，真正优化文书质量。

2. 要“准”，就是事实认定、法律适用、措辞表述都要准确。事实认定和法律适用的准确性是法官办案的基本功，是写好文书的前提要义，无须赘言。同时，汉语言文字博大精深，在行文的措辞表述上应尽可能避免有歧义和模糊的表述，力求准确无误，才可能成就一篇优秀的裁判文书。

3. 要“精”，就是行文要精练、用语要精到、撰写要精心。裁判文书写作应避免烦冗的语言表述，而应言简意赅、行文精练、直击要义。同时，也应尽可能用标准的法言法语表述，避免口语化、政论性的用语方式。而要做到精练和精到，关键还在于要精心和用心，秉持力求完美的工作精神。

4. 要“细”，就是要坚持细心、关注细节、做到细致。耐心细致是法院工作者的基本素养，司法审判本质上是一个考验“细”的工作。为此，在撰写裁判文书的时候要力求“一细再细更细”的工作态度，克服工作压力和自身惰性带来的不利影响，紧盯细节、反复打磨、多次查验，从而确保裁判文书呈现最佳的状态。

（陶冶，上海市高级人民法院法官）

三、专家评析

在刑事诉讼中，司法会计鉴定意见是非常重要的证据，尤其是在知识产权刑事犯罪领域，往往是定罪量刑的主要依据。这也是由知识产权犯罪的特性所决定的。知识产权犯罪大多是数额犯、情节犯，如本案所涉及的侵犯著作权罪，就是指以营利为目的，实施了侵犯著作权或者与著作权有关的权利，违法所得数额较大或者有其他严重情节的行为。其中所涉及的违法所得或相关的非法经营数额是本罪构成的重要要件，而在实践中对该要件的确定往往有赖于专业鉴定机构出具的司法会计鉴定意见。从司法会计鉴定的特性上看，其固然具有准确性、合法性等原则上的要求，而且我国通过刑事诉讼法、司法鉴定程序通则等相关法律法规以及相关司法解释，对刑事司法会计鉴定程序作出了具体规范，为所涉及的鉴定意见的准确性、合法性和权威性作出了保障。但也应当看到的是，从客观上来说，基于会计审查所当然具有的迅速及时原则以及所依据的公认会计准则，其所提倡的效率性与司法所追求的准确性天然形成了一对矛盾体，这就势必要找寻相应的平衡。换句话说，司法会计鉴定存在错漏的情况是其天然特性所决定的，是难以避免的。对此，基于司法公正性尤其是刑事司法严格公正的理念，法官对定罪量刑具有关键作用的司法会计鉴定意见进行认定的时候，一定要秉持审慎的态度，并采用相应的审查补救机制，而不应对其过度迷信，发现存在错误的可能或线索，就应该揪住不放，认真予以纠正。不过在司法实践中，或多或少还是存在过于依赖司法鉴定结论、司法鉴定人出庭率不高、司法鉴定意见审查相对较为粗疏等倾向或现象，应当引起侦查机关、公诉机关、审判机关的充分重视。

本案办理比较成功的一个方面，就是二审法院没有受到专业鉴定机构作出的司法会计鉴定意见的影响，而是坚持实事求是、认真细致的办案精神，一方面给予被告人充分的程序保障，提供了鉴定意见所依据的所有检材；另一方面在发现错误后及时启动纠错机制，并坚持“有利于被告人”的刑事司法原则，作出了符合“罪责刑相统一”的刑事判决，最终让被告人心服口服。据笔者了解，这个案件二审宣判以后，被告人在二审聘请的辩护律师特意给上海市高级人民法院写信，对二审法院和法官坚持尊重事实、严谨采信证据、依法定罪量刑表示感谢，并表示“上海是一个值得律师执业的城市，是一个可以追梦的地方”，笔者在《人民法院报》上看到了相关报道。应该说这是一个很高也很中肯的评价，充分反映出上海法院严谨、细致、求实的办案作风，值得予以推广、借鉴和学习，也希望各级法院继续保持这样的作风，不断提升办案的效果，努力让人民群众在每一个司法案件中切实感受到公平和正义。

（点评人：刘宪权，华东政法大学功勋教授、经天讲席教授、刑事法学研究院院长、博导，兼任上海市刑法学研究会会长）

（2021）沪刑终42号裁判文书原文

第四章 侵犯商业秘密罪

9. 郑某林、丘某琦侵犯商业秘密案*

【关键词】

侵犯商业秘密罪 不正当手段 违反约定 损失计算

【裁判要旨】

侵犯商业秘密罪中不同的行为模式对应不同的损失计算方式。违约披露、实施他人商业秘密的，可根据权利人因被侵权造成销售利润的损失确定；在权利人因被侵权造成销售量减少的总数受市场因素影响难以确定时，可依据侵权产品销售量乘以权利人每件产品的合理利润的方式计算；对以侵权为业的，合理利润应以毛利润计算。以不正当手段获取权利人的商业秘密未实际使用的，损失数额可以合理许可使用费确定；在商业秘密无实际发生的许可使用费时，可采取评估许可使用费的方式确定损失。

一、简要案情

音王公司是全球音视频智能化集成产业龙头企业，其数字调音台产品曾获“制造业单项冠军产品”证书。该公司是“最佳的压缩器”技术信息和“卡迪克调音台三项技术信息”商业秘密的权利人。

2016年年底，被告人郑某林在担任音王公司研发部门负责人、参与研发期间，产生利用公司“最佳的压缩器”技术另立公司自行生产数字调音台销售牟利的念头，并拉拢被告人丘某琦（音王公司电子工程师）等人入伙。郑某林、丘某琦自2017年开始利用音王公司的技术设备试产样机，丘某琦还窃取了“最佳的压缩器”技术的源代码。2018年，被告人郑某林、丘某琦先后

* （2021）浙02刑初35号。

离职，利用郑某林离职时违反公司保密规定带走的存有“最佳的压缩器”技术等相关资料的“加密狗”U盘，生产侵权数字调音台。2019年，郑某林指使他人成立公司，利用“最佳的压缩器”技术专门生产、销售侵权数字调音台。至2019年11月案发，共生产、销售侵权数字调音台1205台，给音王公司造成损失91.43万元。

2018年4月至5月，被告人郑某林隐瞒其准备离职并另立公司的真相，以将卡迪克数字调音台相关技术资料放于其处备份为由，骗得音王公司“卡迪克调音台三项技术信息”资料。郑某林随即指使丘某琦筛选备份于移动硬盘中，以备使用。经鉴定，“卡迪克调音台三项技术信息”许可使用价值为182万元。

本案涉及新旧法律适用以及被告郑某林行为模式的确定和损失金额的认定等问题。在刑法及其修正案、新旧司法解释的并存的情况下，对侵犯商业秘密的犯罪行为人在法律适用上总体坚持“从旧兼从轻”原则，由于修订前对该罪的法定刑较轻，应适用1997年修订的《刑法》，与之对应的定罪量刑标准也应当适用2004年施行的《最高人民法院、最高人民检察院关于办理侵犯知识产权刑事案件具体应用法律若干问题的解释》的相关规定。对于司法解释实施前发生的行为，行为时没有相关司法解释，司法解释原则上适用于其施行后尚未处理或者正在处理的案件，故对于损失的计算方式，则应适用《最高人民法院、最高人民检察院关于办理侵犯知识产权刑事案件具体应用法律若干问题的解释（三）》的规定，区分行为模式，并对应不同的损失计算方式。

关于损失数额的认定。侵犯商业秘密罪中不同行为对应不同的损失计算方式。其中，违约披露、实施他人商业秘密的，损失数额可根据权利人因被侵权造成销售利润的损失确定，在权利人因被侵权造成销售量减少的总数受市场因素影响难以确定时，权利人销售利润损失依据侵权产品销售量乘以权利人每件产品的合理利润的方式计算，对于以侵权为业的犯罪行为，权利人每件产品的合理利润应认定为毛利润。以不正当手段获取权利人的商业秘密未实际使用的，损失数额可根据该项商业秘密的合理许可使用费确定，在商业秘密无实际发生的许可使用费时，可采取评估许可使用费的方式确定损失。

二、撰写心得

本案系侵犯知识产权刑事案件，是宁波市中级人民法院有史以来办理的第一起一审侵犯商业秘密罪案件，同时也是宁波知识产权法庭成立后实行刑事民事行政“三合一”审判以来办理的第一起知识产权刑事案件。本案裁判文书结合了刑事裁判文书、知产民事裁判文书的特点，严格遵循刑事裁判文书的撰写格式，文书内容事项规范，论理部分借鉴了民事裁判文书的撰写思路。在文书撰写风格上，采用综合表达，叙议为主，力求写清事实、分析事理，以法为据，通篇文书简洁明晰，语言精确，朴实庄重。

由于本案社会关注度高，我们从文书的框架、构思，到初稿成文，始终坚持精益求精。本案裁判文书的写作，合议庭进行了分工，合议庭组成人员中的两名审判员，一人长期从事刑事审判工作，另一人长期从事知产审判，为充分发挥各自的专业领域特长，由具有刑事审判背景的审判员撰写案件审理经过、证据列举和控辩双方意见、争议焦点，由从事知产审判的审判员撰写控辩意见评述论理部分，最后由审判长对裁判文书进行统稿，之后合议庭对裁判文书初稿多次进行审核修改，逐步完善，最终定稿。

（一）本案裁判文书集中体现了五个“坚持”

1. 坚持客观中立，体现抗辩性。裁判文书客观中立地再现了公诉机关以及辩方对案件的意见，不回避辩方提出的无罪、罪轻辩护意见，在论理部分，对辩方提出的辩护意见逐一回应。

2. 坚持完整、全面还原案件审理过程。对于庭前会议的召开、庭审参加人等重要节点、内容，在裁判文书案件由来和审理过程中进行介绍，在起诉书指控事实以及公诉机关起诉意见列举之后，概括阐述了被告人郑某林对起诉指控事实的意见，准确反映被告人郑某林认罪态度的变化情况。

3. 坚持诉讼权利平等保障。本案除了保障被告人及其辩护人的诉讼权利外，对被害单位的权利亦给予平等保护，被害单位执行总裁出庭参加庭审，庭审中亦给予其发表意见的机会，裁判文书对此明确予以表述。

4. 坚持体现以审判为中心的诉讼制度改革的要求。以审判为中心的诉讼制度改革要求“审判案件应当以庭审为中心，事实证据调查在法庭，定罪量刑辩论在法庭，裁判结果形成于法庭”。本案中，两项技术信息是否构成技术秘密及其价值的认定是控辩双方的争议焦点，该问题对全案至关重要。为此，我们通知了四位鉴定人出庭作证，接受控辩双方的交叉询问，鉴定人对涉案技术信息的非公知性、同一性以及技术贡献度、毛利率以及虚拟许可使用价值的计算、认定的过程、理由等内容进行了充分的解释说明，鉴定人对辩方提出的相关问题进行了一一回应。鉴定人出庭，有效回应了辩方对鉴定意见提出的疑问，有助于合议庭对鉴定意见的审查判断，判决书对鉴定人出庭的情况也进行了说明。鉴定人出庭，大大提升了裁判文书说理的针对性，有利于被告人认罪服判，该案判决后，被告人未提出上诉。

5. 坚持裁判专业性与普法性有机结合，力求通俗易懂。本案涉及技术类商业秘密，而且涉及软件、硬件，专业性较强。由于该案系社会关注度较高的案件，为进一步提升普法效果，裁判文书的撰写力求通俗易懂，特别是对其中的技术秘密内容本身进行概括，实现判决文书“非秘密性”，便于裁判文书上网。比如，涉案“最佳的压缩器”技术的实质上是一种“音频平滑处理的算法”，该算法与硬件相结合，可以实现处理音频的效果，为此，我们将其概括为“最佳的压缩器”技术，同样，关于“卡迪克调音台”的相关技术信息，也涉及具体的程序代码，且代码之间具有关联性，为避免泄露其中的技术秘密，我们将其概括为“卡迪克调音台三项技术信息”。由于本案涉及两项技术信息，并且被告人行为犯罪客观方面的行为模式不同，既有侵权获取，又有违约使用，为避免判决文书过于冗长，在判决书撰写时，对不同内容进行了详略取舍，对于认定的事实以及证据进行高度概括，对辩驳理由部分重点评述，判决书仅1.8万余字。

（二）撰写裁判文书的建议

1. 做好庭前与庭审两个环节的准备工作。庭审前首先应仔细阅卷，做好证据梳理工作。证据是支撑案件事实的“骨架”，也是裁判文书内容的主体，对于疑难复杂案件，可以通过召开庭前会议的形式，听取控辩双方对证据的基本意见，是否申请排除非法证据及是否申请调取新证据等事项，将控辩双方对证据的争议焦点和需要着重审查的疑点问题进行明确、固定，既要防止“证据突袭”，也要防止遗漏证据或者当庭申请调取证据等影响庭审的情形，切实发挥庭前会议对证据问题的开示、过滤功能。引导双方围绕争议关键和存疑问题充分质证。庭审中，应引导控辩双方举证质证，首先要突出重点，围绕争议焦点，充分体现控辩双方的对抗性，控辩双方对对方的意见均应回应，合议庭应要善于归纳、引导。其次，要充分质证。合议庭应引导控辩双方将对抗焦点集中到证据质，避免单纯地围绕法律适用进行对抗。最后，要有效质证，通过质证，发现证据存在的问题，适时进行补强、排除，以利于查明案件事实。

2. 文书证据摘录应准确、客观、全面，证据归纳应详略得当。事实查明部分应根据在案证据进行归纳、列举，做到案件事实均有证据证实，避免照搬起诉书。

3. 裁判文书应全面客观反映证据裁判的过程。需要注意的是，裁判文书应围绕争议焦点，突出重点，全面反映控辩双方的意见，并尽可能回应每一个争议焦点，但应进行必要的总结归纳，无须逐句对应。文书写作应繁简分述，详略得当，条理清晰，表述规范。

4. 裁判文书论理部分的结构，首先对定性方面进行论证，即对被告人的行为是否符合犯罪构成进行论证，其次对量刑部分进行论证。本案裁判文书概括了八个方面的争议焦点，在评述部分进行了详细的论证分析，这八个方面的争议焦点也是按照先定罪后量刑的逻辑顺序进行，虽然辩方未进行无罪辩护，但辩方对定罪部分提出的辩护意见本质上属于无罪辩护。因此，论理部分对每个具体争议焦点进行分析，得出被告人的行为符合侵犯商业秘密罪的构成要件，对量刑部分，由于本案两被告人的犯罪地位、作用不同，认罪态度也不同，故两人的量刑也反映出上述差别。

（陈志君，浙江省宁波市中级人民法院法官）

三、专家评析

商业秘密是市场主体的核心竞争力，是企业资源的核心要素。近年来，企业员工受利益驱使“监守自盗”时有发生，尤其是从事软件研发的工作人员，侵犯商业秘密行为具有技术性、隐蔽性和复杂性，更是难以认定。在宁波市中级人民法院审理郑某林、丘某琦侵犯商业秘密案中，通过鉴定人出庭作证，论证、阐明鉴定意见真实性、科学性，帮助法官对音王公司“最佳的压缩器”技术源代码、“卡迪克调音台三项技术信息”商业秘密属性的界定，以及涉案商业秘密许可使用价值评估、被害单位损失确定等，都将对国内其他商业秘密相关案件的审理提供可复制、可借鉴、可推广的宝贵经验。同时，鉴于被告人郑某林见利忘义、蓄谋结伙并另立公司，肆意侵犯音王公司商业秘密，主观恶性较深，悔罪态度一般，被害单位反映强烈，法院依法从严惩处判处实刑。被告人丘某琦到案后如实供述罪行，有悔罪表现，且能自愿认罪认罚，法院依法予以从轻处罚并适用缓刑，司法裁判体现了宽严相济的司法政策，是商业秘密司法保护的示范性案例。

该案审判中，宁波检察院检察长、法院院长亲诉亲审，释放出司法机关保护知识产权、净化竞争环境的坚定决心和意志，昭示着知识产权保护更加有力、营商环境更加优化、创新驱动更加迅猛的美好愿景。

（点评人：张炳生，宁波大学法学院教授）

（2021）浙02刑初35号裁判文书原文

第五章　非法转让土地使用权罪

10. 张某某非法转让土地使用权案*

【关键词】

从旧兼从轻　罪刑法定

【裁判要旨】

在刑事诉讼中，应当严格遵循“从旧兼从轻”的法律适用原则和“罪刑法定”原则。如果行为当时的法律不认为是犯罪，适用当时的法律，不能因为新法对此行为规定为犯罪就适用新法定罪处罚。未办理土地使用权转让手续即与他人签订期房转让合同的行为，虽然涉嫌行政违法，但在法律无明文规定的情况下，不能上升为刑事犯罪行为。且合同主要内容已经实际履行，未造成其他不良后果，符合当时的产业政策，亦不宜动用刑事处罚手段干预此类经济行为，从而为经济社会发展营造良好的营商环境。

一、简要案情

1993 年，天创经济文化发展总公司组建国企房地产开发公司第一、二分公司，对外经营统一使用国企房地产开发公司的营业执照及资质证明，任命原审被告人张某某为二分公司总经理。1995 年 1 月 6 日，张某某以国企房地产开发公司的名义（乙方）与北京市丰台区太平桥农工商联合公司等共同甲方签订《联建合同书》和《房屋转让合同》，约定由甲方提供位于太平桥小区某建设用地，乙方出资，联合建设 4130 平方米建筑物，房屋建成后甲、乙双方按面积各得 50%。甲方负责提供规划及用地许可证，办理建设所需手续，并协助乙方办理有关产权过户的一切手续。同时约定乙方出资购买甲方的

* （2020）京 02 刑抗 6 号。

50%建筑物面积，合同总金额为人民币1450万元，乙方有权利在付清全款后取得房屋产权证及有关土地使用证明。太平桥农工商联合公司先后为上述建设项目办理了建设工程规划许可证、建设工程开工证、固定资产投资项目投资许可证等。上述建设项目涉及土地的使用权类型为划拨。1995年3月2日，张某某以国企房地产开发公司的名义（甲方）与水利部丹江口水利枢纽管理局（乙方）签订《太平桥小区综合楼期房转让合同》，项目位于北京市丰台区太平桥小区金融时报南侧，占地1666.9平方米，建筑面积约4922.17平方米（以实际建筑面积为准），约定转让总金额为3370.8万元。乙方分期付款，在付足90%购房款后，甲方开始为乙方办理本项目的土地使用证的过户手续，并确保今后无产权争议或者纠纷。1998年1月16日，张某某以北京九龙新区房地产物业公司的名义作为甲方（国企房地产开发公司二分公司于1995年3月20日撤销建制）与水利部丹江口水利枢纽管理局（乙方）签订《太平桥综合楼期房竣工决算书》进行工程决算，北京市丰台区太平桥小区二期综合楼已经过丰台区质监站竣工验收合格，乙方已经支付给甲方综合楼转让金额3368万余元，还需再付给甲方转让金额146万余元。2004年9月，北京太平桥工贸集团（原北京市丰台区太平桥农工商联合公司）取得上述合同涉及的综合楼房屋所有权证书，并于同年10月办理了国有土地使用证书。2005年4月，该房屋所有权人变更为水利部丹江口水利枢纽管理局驻北京联络处，同年5月，该国有土地使用证书亦注明经交易转让给水利部丹江口水利枢纽管理局驻北京联络处。本案原审判决认为，国企房地产开发公司及其授权的天创经济文化发展总公司无视国家法律，违反土地管理法规，非法转让土地使用权，情节严重。张某某身为国企房地产开发公司下属二分公司总经理，明知未向国家土地管理部门办理土地使用权转让手续，仍将土地非法转让给他人使用，是直接责任者，其行为已构成非法转让土地使用权罪，判处罚金人民币150万元。

本案再审争议的焦点为张某某未办理土地使用权转让手续即与他人签订期房转让合同，其行为是否构成非法转让土地使用权罪？

二、撰写心得

司法裁判作为定分止争的诉讼活动，实现的不仅是程序上“看得见的正义”，还应当是裁判文书“说得出的正义”。裁判文书作为审判过程和诉讼结果的载体，其所展现的不仅仅是事实的描述、证据的罗列和法律的适用，更是法官逻辑推理过程的反映，是法官法律素养、价值观念和人文情怀的集中体现。

一篇好的裁判文书，需要“将事实讲清楚、将法理论透彻、将情理说明白”。裁判是一门“说服”艺术，要摆事实、讲道理，全面辨法析理，从天理、国法、人情多维度、多层面去释法说理，让人民群众“知其然”，而又“知其所以然”。法官要善于借助裁判文书这一载体和桥梁，讲好法治故事，做好法治宣传。

“将事实讲清楚”就是要围绕犯罪构成，客观、准确、全面地认定案件事实，及时回应控辩双方的争点和社会的关切。“以事实为根据”是司法裁判的准则，要重视控辩双方的意见，严把案件事实认定关和证据关，直面案件事实认定争点和难点，对案件事实作出禁得起证据推敲和历史检验的法律认定。案件事实是论理的基础，没有事实作为支撑，论理就如同无源之水、无本之木，再高明的论辩也不过是诡辩之术，难以令人信服。可以说，将事实讲清楚是裁判文书的首要任务，也是每位法官的基本功和必修课。我们不能奢求案件事实达致100%的客观真实，但作为法官，有义务确保认定的案件事实是经过证据证明的法律事实，也有责任讲清楚案情的来龙去脉，并努力使法律事实与客观真实趋于一致。在法治社会下，证据是诉讼的“无冕之王”，案件事实只有通过证据才能得以重塑，这就要求我们树立证据裁判意识，将证据裁判原则贯穿于事实认定的全过程。无证据则无事实，裁判文书要重视对证据的阐释，注重运用证据规则，分析认定证据，构建完整的证据链条或证据体系，从而再现案件事实的本来面目。裁判文书要避免事实论理上的主观臆断“想当然”，简单武断地以“缺乏事实依据”“证据与事实不符”作辩驳。裁判文书只有将事实讲清楚，用事实说话，才能增强法官说理的底气，增强裁判结果的说服力，提升司法的公信力。

“将法理论透彻”就是要正确把握裁判文书的法律属性，将案件事实与法律规范有效衔接。裁判文书作为诉讼的外化和载体，用准确、规范的法律语言，将裁判所依据的法律规范阐释清楚，将法官裁判的逻辑思维过程准确呈现，是依法裁判和增强裁判文书说理的必然要求。法官适用法律裁判案件，不是简单机械地套用法律，而是来回穿梭于案件事实与法律规范之间，通过法律推理和价值判断，得出案件处理上的法律结论。一方面，法官要选择适用正确的法律规范，法律规范是裁判的法律依据，可以对法条进行释义性分析和说理，但裁判文书不是理论文章，大可不必就理论分歧长篇大论，避免影响法律的严肃性和权威性，而是应根据个案的具体情况和查明的案件事实，直接适用有效的法律规范，精准展现裁判的法律依据。另一方面，法官要发挥主观能动性，运用法理知识和专业技能，将案件事实与法律规范进行有效结合，既要关注法律的逻辑推理与形式正义，更要关注法条背后的价值观念与实质正义，因应案情变化解释法律和适用法律，不能简单“对号入座”、套法条办案，要规范说理，严密论证，让控辩双方和社会民众对论理过程“看得见、摸得着”，而不是一味地去揣测、猜想司法裁判的逻辑。

“将情理说明白”就是要将社会的主流价值观和道德观融入裁判说理，增强裁判文书的社会认同和情理认同。司法裁判要坚持人民立场，让人民群众对公平正义可触可感，兼顾天理国法人情，大力弘扬社会主义核心价值观，将法官对公平正义的专业判断与人民群众朴素的公平正义观结合起来，坚持尊重民意与保持法治定力相统一，实现裁判的社会效果和法律效果的统一。裁判文书要大力弘扬社会主义核心价值观，要在坚持立法精神和法律规范的基础上，在裁判文书中援引社会主义核心价值观等优秀文化和法治精神的内容，将其作为裁判说理的检验标准，做到明辨是非、惩恶扬善，以公正裁判引领社会风尚。当然，谈情理不能突破法律框架、超越法律底线，空谈情理，更不能用道德说教来代替法律论证。

此外，裁判文书还要注重文理，规范文书用语和样式。裁判说理并非理论越深奥、用语越专业越好，裁判文书作为公共产品，受众主要是社会公众，应当把法律专业术语和法学理论用平实、理性、简洁的语言表达清楚，尽量避免使用学术理论和晦涩难懂的专业术语。同时，裁判文书应当遵循统一的文书样式和制作规范，但这并不意味着裁判文书要“千篇一律”“整齐划一”，应当鼓励法官在遵循裁判文书基本样式和制作规范的基础上，充分发挥主观能动性，因案施策、因案制宜。裁判文书流畅的文字表达、严谨的逻辑论证、精细的结构布局，能够更好地展现案件的事理、法理和情理，增强文书的公信力。

裁判文书是具体化的司法产品，是法官的明信片，它承载着正确解释法律，充分宣示正义，倾情普化法治的重要使命。法官乃司法工艺之人，要有“大国工匠精神”，不仅具备高超的司法技能，而且还要有严谨细致、执着专注、勤劳负责的工作态度和精雕细琢、精益求精的工作理念。每一份裁判文书都是一件司法产品，都需要法官用心去认真雕琢打磨。

（金昌伟，北京市第二中级人民法院法官）

三、专家评析

审判监督程序具有重要的纠错功能，是提升案件审判质量的重要抓手和维护社会公平正义的最后屏障。本案是再审宣告无罪的案件，判决书依据现有证据，对案件事实进行了全面的重述，案件事实认定清楚、准确，为确定被告人罪责、准确适用法律奠定了基础。判决书就“从旧兼从轻”的法律适用原则和“罪刑法定”原则两个方面详细论述了被告人为什么不构成犯罪，论理结构清晰，逻辑严谨，说理充分，对类似案件的法律适用问题具有一定的指导和借鉴意义。该判决书还对行政违法与刑事犯罪的界限进行了释法，并从营造良好的营商环境角度进行了说理，进一步明确刑罚是最后的惩罚手段，应当保持必要的克制和谦抑，不能动辄以刑事手段干预社会经济活动，凸显刑事司法在社会价值方面的引领作用。

（点评人：邱波，北京市第二中级人民法院审监庭庭长）

（2020）京 02 刑抗 6 号裁判文书原文

第六章　强迫交易罪

11. 郭某锋、彭某峰等强迫交易案*

【关键词】

恶势力　犯罪集团　旅游购物　软暴力　销售套路　强迫交易　打财断血

【裁判要旨】

多人纠集，通过相对固定的销售“套路”以“软暴力”相威胁强迫游客购物，其行为应以强迫交易罪定罪处罚。对被告人应根据各自在组织内部的地位和作用，准确认定首要分子及其他成员，并整体认定为恶势力犯罪集团。

如对恶势力犯罪集团所涉财物已作整体性否定评价，认定其均为犯罪所得之物、所用之物，将被扣押财产中超出判决认定的犯罪数额部分交由扣押机关依法处置，为行政机关后续介入解决除本案之外的行政违法问题、追赃挽损奠定基础，并无不当。

一、简要案情

自2018年5月起，由被告人郭某锋、彭某峰发起，二人与被告人谢某超、崔某燕等人共同出资，在福建省武夷山市开设玉器店，专门接待旅行社组织的低价团游客购物。为逃避监管和打击，郭某锋、彭某峰二人先后指使其亲属或老乡康某松、李某等人充任玉器店的经营者进行注册登记。为牟取非法利益，郭某锋与彭某峰等人给予多家旅行社经营者高额回佣，通过组织低价团游客带到店内购买玉器，并利用其在武夷山市文化体育和旅游局工作的职务便利，在相关职能部门进行检查时通风报信，并帮助玉器店处理投诉

---

* （2021）闽07刑终30号。

事宜；彭某峰全面负责玉器店的日常管理，以及安排讲师接待旅行团和进货等事项；谢某超等多名被告人分别负责协助管理玉器店、掌控店内资金支出及分红事项、财务运作、进货、给讲师发放工资、联系旅行社带游客到店内购物、雇请销售讲师等。玉器店规定讲师对外统一姓“陈”，并冒充公司领导、“富二代”、澳门赌场老板，宣称有混社会的经历等，向游客吹嘘其势力，部分讲师留鸡冠头发型、戴金项链、显露文身等，通过制造紧张氛围，让游客产生畏惧心理，后通过“交朋友请吃饭”的模式，先强行把游客的钱刷走，后随意给予游客廉价玉器等方式强迫游客购物。

经营期间，上述被告人在涉案玉器店内以前述方式，先后迫使 78 名被害人非自愿性购物共计 1 277 754 元。经审计，2018 年 5 月到 2019 年 4 月，涉案玉器店累计交易收入流水 1.15 亿余元，各股东获利 2032 万余元。

一审以强迫交易罪对该恶势力犯罪集团的首要分子郭某锋、彭某峰判处有期徒刑五年六个月（附加刑略，下同)。对该集团的其余 17 名成员分别判处有期三年六个月至一年三个月不等的有期徒刑；对扣押的店内物品及办公用品等作案工具予以没收，交由扣押机关依法处理；随案移送的手机 19 部予以没收，上缴国库；各被告人被公安机关查封、扣押、冻结的各类财物、暂扣款，在退赔各被害人、追缴违法所得、作为作案工具没收处理、抵缴罚金之后，剩余部分交由扣押机关依法处理。各被告人被查扣的财物不足以抵缴其违法所得的，继续追缴其违法所得并予没收，上缴国库。

宣判后，郭某锋、彭某峰等八名被告人提起上诉，主要上诉理由和争议焦点为：(1）各被告人在恶势力犯罪集团中的地位认定问题；(2）在案《司法鉴证专项审核报告》能否作为本案的定案依据；(3）各被告人犯强迫交易罪是否属于“情节特别严重”；(4）涉案超出判决认定的犯罪数额范围之外的扣押财物是否应作出退还被扣押人的处置。

二审法院判决：驳回上诉，维持原判。

二、撰写心得

刑事审判执掌生杀予夺权力，刑事裁判文书作为司法的书面总结和最终产品，将司法公平正义以“看得见”的方式展示出来，因此刑事裁判文书在制作上不仅形式上要符合规范要求，在事实认定、证据表达、裁判说理上也要达到严肃、严谨、客观、理性等要求，好的刑事裁判文书制作如盖楼，从设计—基础—主体—装修验收各环节都至关重要且紧密相扣，认真仔细地阅卷、逻辑严密地分析、扎实深厚的法律知识、言简意赅地提炼争议焦点、条理清晰地说理、反复推敲的文字均是盖好文书大楼的必备要素。

（一）设计：吃透案情，全盘考虑

本案属于福建省扫黑办督办的重大案件，是全国为数不多的涉旅恶势力犯罪集团案件，特点是被告人数多、犯罪事实多、证据材料多、涉案财物多、法律适用难度大。裁判文书撰写前要将前述特点全部考虑在内，如同盖楼动工前的设计，需要对地块大小、建筑高度、外观要求等方面都掌握得分毫不差，对承办人的要求就是吃透案情，对案件有一个明确的全局性的把握，对主次关系、案件性质、证据把握、争议焦点都了然于胸。在此基础之上要对文书结构通盘考虑，结构设计是文书的骨架，设计完整的文书不仅要符合最高人民法院发布的裁判文书样式规范要求，同时还要具有整体意识，对诉辩理由、证据的梳理阅卷过程中就在内心形成争议事实与焦点，而后带着争议事实与焦点着重再阅卷分析规划，由此得出的文书设计才能具备严谨的逻辑、清晰的脉络。

（二）基础：抽丝剥茧，慢工细活

文书主要作用即在于依据在案证据还原案件事实真相，阐明法官的心证历程，万丈高楼平地起，一砖一瓦皆根基，在此笔者将认定事实、罗列证据、诉辩意见归为文书大楼的基础部分。

1. 事实认定要遵循证据裁判原则，事实部分要与在案证据相对应，无论是定罪事实还是量刑事实均应有证据支撑，事实部分的表述还要做到全面、客观、严谨。

2. 罗列证据要注重列举顺序、摘录的内容要详略得当，证据如何具体罗列本无定法，但应有原则性要求即符合逻辑、条理清晰、控辩对等，这里特别要点出的是一审、二审文书中证据表述的差别，一审文书证据罗列应当全面、翔实、直观，二审文书在撰写证据部分就要对一审文书中所罗列的证据进行甄别，不宜将一审所列证据全部誊抄。本案卷宗达百册，证据材料众多，笔者在本案撰写过程中将证据部分以犯罪集团成员及人员分工、本案具体犯罪事实、本案涉案财产的情况、本案其他事实分为四类进行罗列，将一审中多达 117 页的证据部分以最简洁明了的方式展示在二审文书中，使读者一目了然，避免了文书冗长。

3. 诉辩意见的表述要全面反映、精准概括、避免遗漏，在制作该部分时注重归纳、提炼，对诉辩意见中不恰当的内容作出必要的调整，剔除完全不合理的内容。文书大楼的基础部分耗时耗力，唯有精心梳理，在大量阅卷并吃透案情的基础上去概括归纳、精准表述，文书大楼才能牢固。

（三）主体：聚焦争议，论证充分

在“建设主体”方面，首先是设置基础“圈梁绑筋”，本案涉案被告人人数众多，涉案玉器店在经营过程中既有表面合法的“平卖模式”，亦有贯穿着虚假宣传、欺骗性销售诱导、质价不符等其他多种经营模式，行为错综复杂，诉辩意见繁杂，因此，笔者根据前期阅卷设计时内心形成的案件事实脉络，对诉辩意见进行综合提炼归纳分类，将本案争议焦点固定为“各上诉人在恶势力犯罪集团中地位作用的认定”“在案《司法鉴证专项审核报告》能否作为本案的定案依据”“各上诉人犯强迫交易罪是否属于情节特别严重”“涉案被扣押财物的处置”“各上诉人的量刑”等五个方面问题。其次就是浇筑一直到主体封顶，二审文书的分析论证应详略得当，并不是说理越长越到位，本案各上诉人及其辩护人提出的部分诉辩意见与一审期间提出的诉辩意见大致相同，在分析论证时对于一审已用大量篇幅论证到位的部分应尽量避免重复论述，应着重围绕本案争议焦点中的证据审查判断、适用法律等方面展开分析。例如，针对在案《司法鉴证专项审核报告》能否作为本案的定案依据的问题，属于审查判断证据说理方面，该部分在撰写过程中根据证据规则，运用逻辑推理和经验法则，围绕证据的“三性”进行全面、客观、公正的审查判断，详细阐明证据采纳和采信的理由，对于一审期间在证据环节已作详细说明和论述的银行流水以及玉器店存在“平卖模式”等相关问题不再赘述；又如，对于本案强迫交易是否属于情节特别严重的问题，属于适用法律说理方面，在该部分撰写中，因目前对强迫交易罪“情节特别严重”尚未出台相关司法解释，笔者援引早前最高人民检察院、公安部对该罪名相关立案追诉标准的规定，结合本案的犯罪手段、侵害对象和范围、交易次数、价格、犯罪数额及社会影响等因素，作出综合分析认定，在说理上做到论证充分且于法有据。

（四）装修验收：字斟句酌，反复推敲

文书大楼盖好后，并非就此大功告成，还需完成装修验收才能交付给当事人。具体来说，一篇好的裁判文书，首先要准确使用法律术语和常用词语，对于常见的错误应尽可能避免，如在不同情况下如何正确使用称谓，以及对于“作出”还是“做出”“和、以及、或者”“应当、必须”“依照、按照、参照”“缴纳、交纳”等极易混淆出错的词语应特别注意区分使用，在使用近义词时要力求妥帖，尽可能使用规范词语，特殊情形下必须使用的，应当注明实际含义；其次，句式要规范，词句应当完整，主动被动分明，词语搭配得当、达意；最后，规范使用标点符号，刑事裁判文书虽部分标点符号应符合文书格式要求，但与其他文字材料一样都必须按照出版总署制定的《标点符号用法》正确使用标点符号，对于句号、逗号、冒号和顿号是裁判文书中使用频率最多的标点符号，使用时务必要反复斟酌，应根据文义和句子的结构联系来考虑断句处该用的符号，尤其要避免一“逗”到底的现象发生。以上三点在文书大楼盖成前后都要反复推敲，不厌修改润色，与此同时在文书印发前仍要通篇核对，避免错漏。

文书大楼凝聚着审判人员的汗水、职责，承载着法律的正义、社会的公平，还饱含着群众的期待、法治的要求。“读书谓已多，抚事知不足”，撰写一篇好的文书不仅需要严谨的工作态度，更需要审判人员持续不断地精进技能、学习专业知识，提高业务水平，最终达到让当事人、社会公众正确理解裁判内容和要旨的目的。

（罗仁清，福建省南平市中级人民法院法官）

三、专家评析

裁判文书的制作是审判人员业务能力的重要体现，裁判文书的质量最能体现法官的业务水平。一份优秀的刑事裁判文书，既要对诉讼程序进行规范审查，以体现对当事人诉讼权利的保障，也要对控辩双方争议焦点总结提炼，以体现法院审理的公平公正，更需要对争议焦点进行与所认定事实、证据和法律规范相符的评判，以体现法院的依法独立裁判。

本案二审裁定书具有以下几个特点。

（一）事实证据表述严谨、结构合理

事实证据是裁判文书的核心内容，该篇二审刑事裁定书将证据以证明对象进行归类，避免了文书冗长，又形成完整的证明体系，充分展示出证据合法有效、证明体系完整严谨、事实认定客观准确，体现了司法公正的基本要求。

（二）归纳焦点准确全面、说理透彻

本案系恶势力犯罪集团案件，该篇文书对争议焦点归纳全面、客观、准确，回应全面、具体、精准。语言平实、流畅，没有直接引用晦涩的学理，而是遵循了事理、法理、情理统一，把道理讲得很透彻，展示了法官内心确

认的过程，通俗易懂，充分回应争议焦点，层层递进，有理有据。如在事实证据的审查判断方面，《司法鉴证专项审核报告》是认定该犯罪集团获利的关键证据，能否作为定案依据将直接影响后续“打财断血”的实际效果，该篇文书从多角度进行了分析论证，在资质审查后先否定了本案重新审核的可操作性，之后对诉辩意见提出涉案玉器店 POS 机存在套现款项及其他经营收入等问题，未直接作出正面回应，而是从涉案玉器店违法使用销售点终端机具的角度，将该部分难以厘清的事实以涉嫌其他违法犯罪为由排除在本案的审查范围之外，最后再对涉案玉器店的经营模式作出整体否定评价，为本案后续涉案被扣押财物的处置奠定了事实基础。该案的审理结果对于打击治理旅游市场购物乱象及助力旅游业正本清源具有重要意义。

（三）裁判文书彰显“三个效果”有机统一

该篇文书坚持罪责刑相适应原则，根据案件的事实、证据、性质、情节和对社会的危害程度，综合考虑认罪认罚的具体情况，确保罪责刑相适应，宽严适度、罚当其罪，取得了良好的政治效果、法律效果和社会效果，增强了人民群众的安全感和政府的公信力，为类案裁判提供了一个可资借鉴的裁判思路。

1. 本案涉案玉器店与相关旅行社相勾结，通过多种固定“套路”迫使旅客购买玉器，既有表面合法的“平卖模式”，也有“富二代模式”“交朋友请吃饭模式”等，但实质上贯穿其中的是虚假宣传、欺骗性销售诱导、质价不符等行为，案涉 20 多家旅行社、200 多名导游、多家旅游运输团队及相关工作人员，处理上稍有不慎势必造成打击面过宽，不仅会对本地涉旅、涉玉器行业产生重大影响，同时还扩大了社会对立面，无论是对社会还是对个人来说都有不利影响。本案对涉案玉器店的销售“套路”中以软暴力相威胁先刷卡后交付物品的强迫游客购物行为进行刑事打击，以强迫交易罪定罪处罚，实现了对旅游乱象的打击与对旅游行业的保护的双重目的。

2. 本案从犯罪手段、侵害对象和范围、强迫交易的次数、价格、数额以及社会影响等方面对涉案犯罪集团所实施的行为进行层层剖析，使披着合法经营外衣的涉案犯罪集团的实质危害历历分明，进而认定其犯罪行为属于“情节特别严重”的情形，提升一个量刑幅度处刑，贯彻了对黑恶犯罪工作中宽严相济的刑事政策，体现了罪责刑相适应的原则。

3. 对涉案被扣押财物的处置，结合在案大量证据对涉案玉器店存在虚假宣传、欺骗性销售诱导、质价不符等行为进行综合分析，对其销售模式作出整体否定性评价，将超出犯罪数额范围之外的被扣押财产，交由扣押机关依法处置，为行政机关后续介入实现“打财断血”和追赃挽损奠定了基石，树立了多部门联合“打财断血”的经典样本。

（点评人：陈捷，福建省高级人民法院刑事审判第一庭庭长、三级高级法官）

（2021）闽 07 刑终 30 号裁判文书原文

第七章 故意伤害罪

12. 尚某某故意伤害案*

【关键词】

正当防卫 不法侵害 互殴 防卫过当

【裁判要旨】

被害人首先挑起事端又接连殴打被告人，虽然尚未达到暴力侵害或者犯罪程度，但已属违法行为。被告人针对不法侵害，为抵抗侵害作出遮挡本身要害部位的动作，或令对方不能继续加害的动作，且没有形成新的反击行为，不应当认定为“互殴”。被告人行为具有防卫性质且没有超过必要限度，属于正当防卫，依法不负刑事责任。

一、简要案情

2019 年 9 月 24 日 22 时许，刘某某与朋友一起前往红桥区丁字沽一号路与五爱道交口的流动餐桌吃夜宵，偶遇被告人尚某某，刘某某遂邀尚某某一同饮酒。其间，刘某某因不满尚某某说话夸张，对其出言教训，二人因此发生轻微口角。后刘某某将尚某某叫出，意欲再次对其教训。此时已至 9 月 25 日 1 时 35 分许。刘某某与尚某某来到附近一变电箱旁边，刘某某首先掌掴尚某某面部一下，后又踢踹尚某某一脚，尚某某回踹刘某某一脚。当刘某某再次用右脚踢踹尚某某时，尚某某顺势将刘某某右脚抱住，并往左侧移动数步，身体前倾，刘某某随即摔倒在地，尚某某同时扑倒在地。后刘某某报警，民警赶至现场将尚某某抓获。

经天津市法医学鉴定中心鉴定，被鉴定人刘某某外伤情况如下：（1）左锁骨中段骨折，评定为轻伤二级；（2）左冈上肌腱全层撕裂，评定为轻伤二

---

* （2021）津 01 刑终 120 号。

级；（3）左锁骨处皮肤瘢痕10.4cm，评定为轻伤二级；（4）右环指远节指骨基底骨折，评定为轻微伤。经天津市津实司法鉴定中心鉴定，被鉴定人刘某某左锁骨骨折在倒地过程中可以形成。刘某某左侧锁骨粉碎性骨折，新鲜性。

本案的焦点问题在于上诉人尚某某的行为是否属于正当防卫。

二、撰写心得

裁判文书的撰写一定要基于庭审查明的事实以及合议庭评议的结论。一篇优秀判决一定要能体现政治效果、法律效果和社会效果的有机统一。所以，审理好每一起案件，从立案审查开始，通过认真细致地阅卷、耐心接待当事人听取利益诉求、严谨公正主持庭审、收集整理涉及的法律规定和类案检索、真实负责进行评议讨论，最终一篇优秀裁判文书就会自然形成。缺少上述任何环节，文书论理再充分、语言再精彩也仅仅停留在“炫技”的层面，难以达到司法规范引领社会行为的终极目标。

基于承办人对文书写作的一贯认识，在审理尚某某案过程中，合议庭成员均对一审移送的卷宗和相关材料进行了交叉阅卷，发现本案虽然案情简单，但当事人双方情绪严重对立，特别是上诉人尚某某对一审判罚结果十分不满，强烈要求改判。为此，庭审前承办人分别将双方当事人约到法院，背靠背听取意见。之后，又听取了辩护人的意见并将一审正卷、上诉状等关联材料移送二审检察机关征求意见。经过充分准备，二审公开开庭进行了审理。庭审中，各诉讼参与人均发表了意见，并在法庭引导下，就本案是否属于正当防卫这一焦点问题进行了深入辩论，达到了查清事实在庭审、明辨是非在庭审、法治教育在庭审的良好效果，也使得当事人对案件处理结果有了合理预期。

庭审后，承办人又梳理了诉讼各方的书面意见及庭审笔录，厘清了裁判思路。本案的焦点问题在于上诉人尚某某的行为是否属于正当防卫。正当防卫是指为了使国家公共利益、本人或者他人的人身、财产和其他权利免受正在进行的不法侵害。对实施不法侵害的人所采取的必要防卫行为，正当防卫是公民依法享有的权利。我国《刑法》明确规定，正当防卫不负刑事责任。我国《民法典》亦明确规定，正当防卫造成损害的不承担民事责任。

2020年8月28日，最高人民法院、最高人民检察院、公安部印发了《关于依法适用正当防卫制度的指导意见》。该指导意见规定：“正当防卫的前提是存在不法侵害。不法侵害……既包括犯罪行为，也包括违法行为。不应将不法侵害不当限缩为暴力侵害或者犯罪行为。”“对于不法侵害是否已经开始或者结束，应当立足防卫人在防卫时所处情境，按照社会公众的一般认知，依法作出合乎情理的判断，不能苛求防卫人。对于防卫人因为恐慌、紧张等心理，对不法侵害是否已经开始或者结束产生错误认识的，应当根据主客观相统一原则，依法作出妥当处理。”“准确界分防卫行为与相互斗殴。防卫行为与相互斗殴具有外观上的相似性，准确区分两者要坚持主客观相统一原则，通过综合考量案发起因、对冲突升级是否有过错、是否使用或者准备使用凶器、是否采用明显不相当的暴力、是否纠集他人参与打斗等客观情节，准确判断行为人的主观意图和行为性质。因琐事发生争执，双方均不能保持克制而引发打斗，对于有过错的一方先动手且手段明显过激，或者一方先动手，在对方努力避免冲突的情况下仍继续侵害的，还击一方的行为一般应当认定为防卫行为。”“准确把握防卫过当的认定条件。根据刑法第二十条第二款的规定，认定防卫过当应当同时具备‘明显超过必要限度’和‘造成重大损害’两个条件，缺一不可。”“准确认定‘明显超过必要限度’。防卫是否‘明显超过必要限度’，应当综合不法侵害的性质、手段、强度、危害程度和防卫的时机、手段、强度、损害后果等情节，考虑双方力量对比，立足防卫人防卫时所处情境，结合社会公众的一般认知作出判断。在判断不法侵害的危害程度时，不仅要考虑已经造成的损害，还要考虑造成进一步损害的紧迫危险性和现实可能性。不应当苛求防卫人必须采取与不法侵害基本相当的反击方式和强度。”“‘造成重大损害’是指造成不法侵害人重伤、死亡。造成轻伤及以下损害的，不属于重大损害。防卫行为虽然明显超过必要限度但没有造成重大损害的，不应认定为防卫过当。”

根据以上指导意见体现出来的法治精神来分析本案。首先，从案件起因上看，本案受害人刘某某先指责上诉人尚某某挑起矛盾，后又主动将尚某某叫出，直接导致了该案的发生。另外，尚某某自述其存在严重听力障碍，虽没有提供相关证明，但从提讯及庭审的情况看，尚某某确有耳背交流困难的现象。不排除其在案发当天无法听清刘某某等人说话而产生误会，并非有意争执，根本不清楚刘某某叫其出去的目的。所以，在案件的起因上，刘某某的过错是十分明显的。

其次，刘某某首先动手殴打对方，虽然打击强度有限，但先是打了尚某某一记侮辱性极强的耳光，后在尚某某并未还击的情况下，继续踢踹对方。刘某某挑起事端又接连打人，其行为明显属于正在进行的不法侵害。虽然刘某某的不法侵害行为尚未达到暴力侵害或者犯罪的程度，但已属违法行为。

尚某某具备了正当防卫的前提。

再次，尚某某在刘某某先打其一个耳光踹其一脚后回踹了刘某某一脚，但并未踹中刘某某，接着刘某某又踹尚某某一脚，尚某某随即抱住刘某某的脚，移动数秒后，刘某某倒地尚某某随之倒地。尚某某的主动行为踢踹一脚并未给刘某某造成任何实质性伤害，而刘某某的伤则是在其主动攻击过程中被对方趁势抱住腿摔倒形成的。尚某某抱住刘某某踢踹过来的腿，是保护自己本能的反应，虽然其抱住腿后没有立即松手，移动了几步才松手，但移动的距离和时间都很短。尚某某在案发时已经60岁，且为酒后面对他人的突然踢踹攻击，重心不稳，出现踉跄具有合理性。即便其是有意为之，但在如此短的时间内，立即做出不伤害到对方的正确选择显然加重了尚某某的注意义务。在针对不法侵害时，防卫一方不仅会作出遮挡本身要害部位的动作，也会作出抵抗侵害令对方不能继续加害的动作，比如迎击、格挡对方打过来的拳脚，只要没有形成新的反击行为，均不应当认定为“互殴”。本案由刘某某引起、其对冲突升级存在明显过错，而尚某某未采用明显不相当的暴力，故不应将尚某某的行为认定为“互殴”。

最后，尚某某的防卫行为没有超过必要限度。鉴定意见证实刘某某的伤情为三处轻伤二级，一处轻微伤。尚某某防卫动作并不激烈，所造成的后果亦不严重。尚某某在刘某某倒地后，也没有再实施任何加害行为。认定防卫过当应当同时具备“明显超过必要限度”和“造成重大损害”两个条件，缺一不可。刘某某在冲突的过程中始终处于主动地位，其在打尚某某耳光而尚某某未还手的情况下，并未收手继续踢踹对方，具有进一步损害尚某某的紧迫危险性和现实可能性。而最终其也只是摔成轻伤，不属于重大损害。故对尚某某的行为不应认定为防卫过当。

正当防卫不仅是防卫人不负刑事责任、民事责任的法律依据，更是公民和不法侵害作斗争的法律武器。我们要坚持主客观相统一原则准确判断行为人的主观意图和行为性质，切实纠正“谁死伤谁有理，谁伤重谁有理”的错误倾向，坚决捍卫“法不能向不法让步”的法治精神。综上，尚某某在遭受不法侵害时，采取了必要的防卫动作，并未造成重大损害，属于正当防卫，依法不负刑事责任。尚某某的上诉理由成立，应予支持。

合议庭经评议形成了一致意见，因本案属于拟改判无罪的案件，根据相关法律规定，经分管院长提交审判委员会讨论，最终以审委会决议的形式同意合议庭意见，改判上诉人尚某某无罪。在文书撰写上，一方面严格执行最高人民法院等上级机关下发的有关裁判禁语的文件，以防犯低级错误；另一方面特别注重论理。裁判文书要求用精练凝缩的文字把理说透说到位，还要特别注意的是加强论理，要求裁判符合天理、国法、人情，三个效果的统一就是要把三个效果有机地融为一体，不可能存在脱离法律规定的政治效果，也不可能存在背离社情民意的法律效果。优秀裁判文书要做到叙述事实清楚，说理充分，引用法律条文准确无误，说服力强、无懈可击，使裁判文书成为向社会公众展示法院文明、公正司法形象的载体，从而弘扬社会主义核心价值观。

（孙健，天津市第一中级人民法院法官）

三、专家评析

本案系因琐事发生争执引发打斗的案件。一审判决被告人构成故意伤害罪，二审抽丝剥茧准确查明争议事实，正确适用《刑法》和司法解释关于正当防卫的规定，依法改判被告人的行为构成正当防卫，并宣告被告人无罪，坚决摒弃了“谁死伤谁有理”的做法，弘扬了“法不能向不法让步”的法治精神。总体来看，本案的裁判文书具有以下特点。

（一）抽丝剥茧全面准确认定事实

准确认定事实是正确适用法律的前提和基础。刑事审判事关人的自由乃至生命，尤其需要重视细节。在刑事审判中，全面准确认定事实，不仅事关对被告人的精准量刑，而且事关对被告人行为的定性。本案中，二审判决结合多名现场证人的证言以及案发现场的视频录像，精准还原了自当事人双方发生冲突至被害人受伤的全过程，详细分析了当事人相互推搡中各方的具体行为及先后顺序，特别是查明了事发前被害人多次指责被告人，并主动将被告人叫至打斗现场，被害人首先向被告人发起攻击，用手打被告人耳光，用脚踹被告人，被告人系在试图阻止被害人脚踹的过程中，顺势抱住和拉拽被害人腿部导致被害人受伤等重要情节，为分析被告人的行为构成故意伤害还是正当防卫奠定了坚实的事实基础。

（二）理性分析正确认定正当防卫

实践中，在因琐事引发的打斗案件中，防卫行为与相互斗殴具有外观上的相似性，极易混淆，因此，需要进行细致理性的分析。《最高人民法院、最高人民检察院、公安部关于依法适用正当防卫制度的指导意见》第 9 条明确规定，为准确区分防卫行为和相互斗殴，应当综合考虑案发起因、对冲突的升级是否有过错、是否采用明显不当的暴力等客观情节，准确判断行为人的主观意图和行为性质。本案二审裁判文书紧紧围绕上述司法文件的规定，通过理性分析指出，本案的起因是被害人多次对被告人进行言语挑衅，冲突升级的主要原因是被害人首先发起攻击并多次击打被告人，而被告人在反击过程中却始终保持克制，特别是在被害人倒地后未再实施任何加害行为，这充分说明被告人对被害人实施加害行为系出于防御目的，其行为完全符合正当防卫的构成要件，一审裁判将被告人的行为认定为“互殴”是错误的。本案二审裁判文书对被告人行为构成正当防卫的论证，紧扣案件事实，逻辑严密，细致入微，环环相扣，说理透彻，充分体现了裁判者的缜密思维。

（三）释法明理提供行为规范指引

一份有理有据的刑事裁判文书，不仅有助于让双方当事人心悦诚服地接受裁判，而且也是一堂生动的法治公开课。本案二审裁判文书结合案件具体情况，严格依据司法文件，运用常识、常情、常理进行充分地释法说理，对正当防卫和互殴行为进行了精准区分，为社会公众面对不法侵害进行正当防卫提供了行为指引，也为动辄对他人施暴者敲响了警钟，既有助于营造勇于同不法行为作斗争的社会氛围，也有助于引导社会公众依法、理性维护自身合法权益。

（点评人：吴纪奎，天津市高级人民法院研究室副主任，三级高级法官，天津法院审判业务专家）

（2021）津 01 刑终 120 号裁判文书原文

13. 王某剑故意伤害案*

【关键词】

故意伤害　正当防卫　无罪

【裁判要旨】

认定被告人是否构成正当防卫，应准确理解《最高人民法院、最高人民检察院、公安部关于依法适用正当防卫制度的指导意见》，全面分析案件起因、整体经过、防卫对象、行为方式、暴力程度、损害后果等因素，精准把握正当防卫的认定条件。特别是对造成对方轻伤以上后果的，要坚持主客观相统一原则，综合判断行为人的主观意图和行为性质，准确界分正当防卫与相互斗殴。

一、简要案情

2018 年 9 月 25 日，被害人姜某某与杨某 1 协议离婚。同年 10 月 14 日杨某 1 因头部受伤至南昌大学第二附属医院就诊。同年 12 月 16 日上午，姜某某与父亲姜某跟踪杨某 1 至某小区，见杨某 1 与王某剑在该小区内小广场附近并排行走，怀疑系王某剑破坏其与杨某 1 感情而导致双方离婚，遂手握一体式汽车钥匙殴打王某剑，致王某剑头面部受伤流血后停手。随后二人在现场争吵，王某剑拨打电话报警。与此同时姜某某用手机对杨某 1、王某剑拍照，杨某 1 遂上前将姜某某手机拍落，姜某某随即殴打杨某 1。王某剑见状上前拉开杨某 1，与姜某某发生打斗，致姜某某面部受伤。双方停止打斗后，王某剑再次拨打电话报警，小区保安也赶至现场。后四人均随民警至派出所接受调查。经鉴定，姜某某面部及肢体部损伤钝力作用可形成，面部外伤致鼻骨粉碎性骨折，损伤程度构成轻伤二级。杨某 1 面部、躯干部及肢体部损伤钝力作用可形成，面部、体表部损伤程度均构成轻微伤。王某剑全身多处损伤钝力作用可形成，头部、面部损伤程度均构成轻微伤。

南昌市东湖区人民法院于 2020 年 11 月 24 日作出（2019）赣 0102 刑初

* （2021）赣 01 刑终 21 号。

740号刑事判决，认为被告人王某剑的行为构成正当防卫，宣告无罪。宣判后，南昌市东湖区人民检察院提出抗诉，南昌市人民检察院支持抗诉，均认为王某剑的行为不构成正当防卫，系以防卫为名实施的故意伤害行为，应认定为故意伤害罪。

本案的争议焦点为王某剑的行为是正当防卫还是故意伤害。南昌市中级人民法院二审认为，原审被告人王某剑的行为符合正当防卫的构成要件，构成正当防卫，不负刑事责任。根据《刑法》第20条第1款规定："为了使国家、公共利益、本人或者他人的人身、财产和其他权利免受正在进行的不法侵害，而采取的制止不法侵害的行为，对不法侵害人造成损害的，属于正当防卫，不负刑事责任。"成立正当防卫的须具备五项条件：一是正当防卫的起因条件，即存在不法侵害。既包括犯罪行为的侵害，也包括一般违法行为的侵害。要防止将不法侵害限缩为暴力侵害或犯罪行为，进而排除对轻微暴力行为或非暴力行为以及违法行为实行正当防卫。二是正当防卫的时间条件，即不法侵害正在进行。不法侵害正在进行，是指使国家、公共利益、本人或者他人的人身、财产和其他权利遭受侵害或处于紧迫的危险之中。判断侵害行为是否已经结束，应看侵害人是否已经实质性脱离现场以及是否还有继续攻击或再次发动攻击的可能。对于不法侵害是否已经开始或结束，应当立足防卫人在防卫时所处情境，按照社会公众的一般认知，依法作出合乎情理的判断，不能苛求防卫人。三是正当防卫的意识条件，即为制止不法侵害。是否具有防卫的意识，是正当防卫与相互斗殴的本质区别。区分正当防卫和相互斗殴，可以从行为人主动实施损害行为还是被动实施反击行为及行为人事后的行为进行分析，从矛盾发生并激化的原因、打斗的先后顺序、使用工具情况、采取措施的强度等方面综合判断行为人是否具有防卫意图。四是正当防卫的对象条件，即不法侵害人。对无刑事责任能力或者限制刑事责任能力的不法侵害人，防卫人具有一定的退避义务，即只有在没有其他方式可以避免、制止不法侵害或者不法侵害严重危及人身安全的情形下，才可以进行反击。防卫人在起因方面有重大过错情形的，也具有退避的义务，即只有在无法避让的情况下才能进行防卫。五是正当防卫的限度条件，即未明显超过必要限度并造成重大损害。具体到本案，姜某某殴打王某剑的行为是本案的起因，与之后双方发生的争执、打斗等一系列行为是一个有前因后果、连贯的有机整体，不能将后面的打斗行为与先前行为割裂，单独分析判断。从姜某某跟踪、殴打、拍照、打斗的行为过程来看，其不法侵害处于持续状态，只是行为方式和对象不同。无证据证实王某剑在本案起因方面存在重大过错情形，姜某某系完全刑事责任能力人，王某剑对姜某某无退避义务，面对姜某某的不法侵害，王某剑可以直接进行防卫。为保护杨某 1 人身安全，王某剑拉开杨某 1，赤手空拳与姜某某打斗，逼退姜某某后并未继续攻击姜某某，而是选择停手并再次报警，案发全程均保持相对克制、被动状态。从行为手段及造成的后果来看，王某剑的行为危害程度及造成的后果与姜某某的行为基本相当。王某剑的行为构成正当防卫，不负刑事责任。

二、撰写心得

裁判文书是人民法院根据国家赋予的审判权，代表国家对纠纷进行裁判而制作的具有法律约束力的法律文书，是法院工作和法官的名片，是整个诉讼活动的最终载体，承载着事实认定、证据采信、释法说理、法律适用和裁判结果，是合议庭裁判思路的集中展现，是诉讼活动的最终载体。裁判文书质量高低，在一定程度上体现了办案法官的职业素养、理论功底和业务能力。刑事裁判文书还事关的生命和自由，所以，如何写好刑事裁判文书，应该是每名法官都应该深入思考的重要问题。本案是检察机关起诉指控被告人犯故意伤害罪，一审法院认定被告人正当防卫并宣告无罪后检察机关抗诉的案件，案件性质较为敏感，通过办理本案，笔者对如何写好裁判文书有了更深刻的感受。

（一）增强案件办理过程中的敏感性

虽然撰写裁判文书是每个法官的日常工作，但要时刻保持对案件敏感性的把握，有些在实践中存在较大争议的案件，在审理裁判及撰写文书过程中应更加注意，需要法官在承办的案件中敏感地捕捉到案件亮点。所谓的亮点如新类型的案件、社会关注高的问题，并不一定都是大案、要案，只要这个案件有特别的点，比如与时代发展相契合的事物、涉及司法理念转变的问题，当然还可以是某个证据的认定、对某个条款的理解存在分歧等情况。法律或司法解释的条文是枯燥的，法官在裁判文书中说理的过程就是把法律具体化的过程，要敢于面对和回应敏感问题，敢于阐释法律，敢于将自己对立法本意的理解融入裁判文书中。

例如本案，能否认定正当防卫，就《最高人民法院、最高人民检察院、公安部关于依法适用正当防卫制度的指导意见》具体如何适用，在司法实践中存在不同的理解，更为重要的是司法理念的转换。而承办法官就是要在存在争议的情况下，对新司法文件有精准的理解，要有自己清晰的裁判理念和思路，并且勇敢面对办理案件过程中的各种压力。秉持公平公正的原则，保持内心的理性，不带个人感情判定案情，不偏向任何一方，依据案件事实及证据作出裁判。

（二）强化文书撰写过程中的说理性

充分实现司法判决的价值功能，必须加强裁判文书的释法说理，这既是裁判文书本身的基本要求，也是解决纠纷、化解矛盾、彰显公正、树立公信的必然要求。裁判文书是案件审判过程的体现，要从包括证据认定、事实认定、法律适用等各个环节进行把握，也就是需要在案件审理、裁判文书制作过程中着重予以审查和论述的点。就本案裁定书的撰写而言，笔者主要是从以下几方面强化说理：一是讲清事理，全面展示举证、质证、认证过程，着重强化对证据的评价和分析，通过对证据的分析，得出案件事实结论，做到言之有理、言之有据。二是论透法理，把法理与是非责任认定结合起来，杜绝机械引用法条的做法，增强法律条文与法律推理的契合度，把是非曲直讲清楚，把责任认定说明白。在查清事实的基础上，既运用必要的法言法语，又结合事实对法言法语进行转换，把事实和法理交融。三是把好文理，在讲清事理、论透法理的同时，笔者在撰写前就已经充分考虑了文书的整体布局，就如何优化文书体例进行了长时间思考，在撰写过程中又逐步进行了优化，包括某个事实的描述是否适当、语句是否会有歧义等细节进行了优化，为的就是面对分歧和争议，如何将裁判思路和裁判理念更完美地在文书中体现，简言之，即用什么样的表述方式去说服自己、说服当事人、说服社会公众。

（三）注重裁判文书修改打磨的必要性

优秀裁判文书之所以优秀，之所以能“出彩”，除文书体例、说理、法官文笔等因素外，还有赖于对文书的进一步修改打磨，字斟句酌。只有注重提高裁判文书的质量和水平，反复斟酌、反复推敲、反复打磨，这样出来的裁判文书才能经得起法律实践检验。在裁判文书打磨过程中，既要措辞准确、说理有据，又要语言简明、表述通俗。在日常的办案过程中，笔者在撰写完成之后，都会进一步修改，从逻辑顺序、法律适用、遣词造句等多个方面进行完善。就本案裁定书的撰写过程而言，笔者已数不清修改了多少次，针对每一个说理环节、每一句话的表述都经过了仔细推敲考量。就像一个雕琢玉器的工匠一样，几乎是逐字逐句地打磨了几遍，每次都感觉还有不够完美的地方，直到最终定稿，仍然还在怀疑有些字句是否还能够表述得更完美。如此忧虑的心情直到宣判完后才最终消散。

（潘建，江西省南昌市中级人民法院法官）

三、专家评析

本裁定书格式规圆矩方。在时间表达上统一采用了阿拉伯码表述法（如2018年12月16日等）；在法条条文序号上统一采用了汉码表述法［如《中华人民共和国刑事诉讼法》第二百条第（二）项等］；在法律文件表达上规范得体（如《最高人民法院、最高人民检察院、公安部关于依法适用正当防卫制度的指导意见》等）。

本裁定书行文结构严谨，论证层次分明。由于检察院坚持认为"一审判决认定王某剑无罪，适用法律不当，确有错误"，因而提出抗诉。本材料对抗诉意见和理由进行了详细展开，继而逐点分析和研判，对相关证据进行了充分的举证和质证，在综合各方意见后作出最后的评判：对检察机关的抗诉意见、支持抗诉意见、被害人姜某某及其诉讼代理人的意见均不予采纳；对原审被告人王某剑及其辩护人的意见予以采纳。材料的表达张本继末，分析鞭辟入里，有效地维持了原审判决在案情事实认定、法律适用、审判程序方面的合理合法性，极大提升了分析结论的可信度。本裁定书事实叙写明确具体，证据列举全面准确。尤其是能够简明扼要、逻辑清晰地将原审被告人王某剑与被害人姜某某之间在供述、陈述和证言等方面相互矛盾的情况完整展示，然后逐点分析提出结论并辅之以合情合理的推理和证明，对矛盾的证据和事实逐一批驳和否定，还原了案情的真实面貌。

本裁定书分析问题焦点分明，切中要害。尤其是把本案争议归纳到是否成立正当防卫，是否符合正当防卫的条件这个核心问题上，在具体理由阐述方面有理有据，推理和分析充实有力、针对性强。在阐述"正当防卫的时间条件"时，一体化地指出"双方发生的争执、打斗等一系列行为是一个有前因后果、连贯的有机整体。判断侵害行为是否已经结束，应看侵害人是否已经实质性脱离现场以及是否还有继续攻击或再次发动攻击的可能"。这种认识和判断符合本案实际情况，符合一般的情理标准。

但裁定书也存在一定的瑕疵：一是条文的引用有待加强。裁定书最后"依照《中华人民共和国刑事诉讼法》第二百三十六条第一款第1项之规定"宜列出具体的条文；二是个别地方材料的规范性有待加强。材料第8页下面一段提到的理由采取了1、2、3、4、5、6的列举法，影响阅读效果。

本裁定书虽存在一定的缺憾，但瑕不掩瑜，总体来看，其结构完整，逻辑严密，说理充分，体例规范，是一份质量上乘的优秀文书。

（点评人：熊永明，南昌大学法学院副院长、教授、博士生导师）

（2021）赣01刑终21号裁判文书原文

14. 黄某华故意伤害案*

【关键词】

故意伤害　认罪认罚　不如实供述　抗诉　上诉

【裁判要旨】

上诉权是法律赋予被告人的权利，即便被告人认罪认罚，仍有权利提起上诉。对于被告人认罪认罚后提起上诉，检察机关就此提出抗诉的，二审要全面审查，严格按照《刑事诉讼法》的规定确认一审判决事实认定和法律适用是否正确、量刑是否恰当，并据此作出裁判，不能仅因被告人上诉及检察机关就此提出抗诉就必然认定其不认罪认罚，并予以改判，加重其刑罚。

一、简要案情

2005年7月1日凌晨1时许，被告人黄某华驾驶一辆皇冠牌小轿车搭载同案人黄某雄（已判刑）、张某和（已判刑）、曹某稳（在逃）在和平县闲逛，发现女青年伍某从××宾馆出来，黄某雄等人强行将伍某带上车里索要保护费，伍某见不能脱身，便打电话叫其朋友、被害人罗某过来协商。不久，罗某驾驶摩托车与朋友一起赶到与黄某雄等人协商。双方协商未果，罗某将伍某拉上摩托车返回县城，黄某华等四人见状便驾车追赶。其间，黄某华打电话叫黄某1等人过来帮忙，并将罗某的摩托车逼停，随后黄某华、黄某雄、曹某稳、张某和从车尾箱拿出刀具追砍罗某，致罗某身体多处受伤大出血死亡。黄某华驾车与黄某雄、张某和、曹某稳一起逃离现场。经法医学尸体检验，死者罗某系生前被他人持锐器砍击肢体引起大出血而死亡。

一审法院认为被告人黄某华伙同他人在索取保护费未果的情况下持刀砍人，致一人死亡，其行为构成故意伤害罪。黄某华自愿认罪认罚，公诉机关对其犯故意伤害罪提出判处有期徒刑十年量刑建议在法定幅度内，符合罪刑相适应原则，予以采纳。

---

* （2020）粤刑终986号。

一审宣判后，广东省河源市人民检察院以黄某华上诉，失去原有的认罪认罚从宽依据为由，提出抗诉，请求加重被告人刑罚。广东省人民检察院支持抗诉。

上诉人黄某华及其辩护人提出黄某华没有持刀砍人且认罪认罚，一审量刑过重，请求二审从轻处罚。

广东省高级人民法院经审理以故意伤害罪改判黄某华有期徒刑十五年，剥夺政治权利五年。

综合检、辩双方的意见，归纳出本案争议的焦点，评判如下：

第一，关于黄某华是否拿刀具与同案人一起追砍罗某。现场目击证人黄某2、黄某1、黄某4作证，案发时，黄某华打电话给黄某1，让黄某2、黄某1、黄某4等人赶去帮忙，三人来到案发现场，看到黄某华持刀和他人一起砍被害人；同案人黄某雄、张某和、曹某稳归案后均指证黄某华参与持刀砍被害人；公安机关起获四把刀具，鉴定意见证实被害人致死原因系生前被他人持锐器砍击肢体引起大出血而死亡，上述在案证据相互印证，足以认定黄某华持刀和同案人一起追砍被害人罗某，应对罗某的死亡结果承担法律责任。

第二，关于黄某华在故意伤害共同犯罪中的地位、作用及相关量刑情节。根据现场目击证人和同案人指证，结合黄某华本人供述，黄某华在故意伤害共同犯罪中行为积极主动，起主要作用，应认定是主犯；黄某华虽主动到派出所，但坦白的是盗窃摩托车的情况，依法不能认定自首。在认定黄某华持刀砍人的证据确实、充分的情况下，黄某华仍拒不如实供述，在不认罪、悔罪情况下对被害人家属进行经济赔偿的行为不是其真诚悔罪、愿意依法接受处罚的真实意思表示；综合考量黄某华的犯罪情节，并与黄某雄（死缓）、张某和（有期徒刑十五年）的犯罪情节、认罪悔罪态度等比较，一审采纳公诉机关量刑建议，判处黄某华十年有期徒刑明显量刑畸轻。

第三，关于黄某华一审认罪认罚，二审上诉是否系推翻认罪认罚。2020年3月19日一审开庭时，公诉机关宣读认罪认罚相关内容，黄某华当庭同意适用认罪认罚，并于次日签署认罪认罚从宽制度告知书和认罪认罚具结书。从庭审录像可知，黄某华系自愿认罪认罚并非其所称头脑不清楚、受骗签署认罪认罚有关文书，一审适用认罪认罚从宽制度程序规范；黄某华由始至终都否认公诉机关指控其持刀砍人的主要犯罪事实，是不认罪，缺乏“认罪认罚从宽制度”适用的实质要件和基础，一审适用认罪认罚从宽制度审理黄某华故意伤害一案不当，二审亦不能对黄某华适用认罪认罚从宽制度。

第四，关于抗诉机关提出一审适用认罪认罚从宽制度判处黄某华有期徒刑十年，现黄某华上诉，失去认罪认罚从宽依据，不能对其从宽处罚。本案中持刀砍被害人的犯罪情节是对黄某华定罪量刑的重要依据，黄某华归案至今，始终不承认公诉机关对其持刀砍被害人的指控，公诉机关在黄某华不认罪的情况下，主动提出对其适用认罪认罚从宽制度，现仅因黄某华上诉，就对其同一行为作出截然相反的法律评价，以不能再适用认罪认罚从宽制度为由抗诉，既不符合一般的司法认知，对被告人也不公平。

第五，坚持以审判为中心，保障被告人行使上诉权，维护认罪认罚制度不被滥用。适用认罪认罚从宽制度，法庭应当告知被告人享有的诉讼权利，依法审查被告人认罪认罚的自愿性和真实性，确认被告人了解认罪认罚的性质和法律后果；我国实行两审终审制度，赋予当事人上诉权，有利于充分发挥二审程序的纠错功能，通过上诉权的行使，使二审法院能够及时纠正一审判决存在的错误，确保实现公正与效率的诉讼价值目标。二审对一审认定的事实、适用法律依法全面审查，重点审查认罪认罚具结书签订的自愿性、真实性、程序规范性，以及一审法院判决是否采纳了公诉机关指控的罪名和量刑建议，黄某华上诉是否有合理事由，等等，在保障被告人上诉权的同时，亦有义务维护认罪认罚制度不被滥用，坚持贯彻宽严相济刑事政策、坚持罪责刑相适应原则、坚持证据裁判原则、坚持公检法三机关配合制约原则。

二、撰写心得

“以审判为中心的诉讼制度改革”要求法官具备庭审技能和裁判文书写作技能，即“审”和“判”的技能。庭审技能是法官司法能力的基础，裁判文书写作是法官司法能力对外延伸的体现。一篇优秀的刑事裁判文书，应该完整体现诉讼过程、案件争议焦点，反映法官对事实的认定，对证据的采信及对争议焦点的论理，一篇优秀的刑事裁判文书传递给社会的，应该是积极的、正义的力量和社会主义核心价值观。如何写好一篇优秀的刑事裁判文书，笔者有以下一些心得体会与大家分享。

（一）裁判文书的撰写基础是法官具有高度负责的态度、深度吃透案情的劲头

好的文书无法凭空产生，需要建立在庭前认真阅卷吃透案情、梳理在案证据并熟悉法律条文及相关法律法规文件精神；庭审听取并引导检辩双方充分发表意见、归纳争议焦点；庭后查找相关裁判案例、翻阅有关专家学者意

见乃至查看现场、调查走访的基础之上。法官平时要做到勤于学习思考、善于积累总结，才有可能较好地完成上述工作，才能为完成一篇优秀的裁判文书打好基础、奠定基石。

（二）裁判文书应充分展现裁判结果形成的过程，展示逻辑推理的过程

刑事裁判文书是对人民法院和人民检察院、诉讼参与人参与诉讼活动的全面记载，是对以审判为中心诉讼制度改革成效的集中体现，是庭审实质化的全面展现。刑事裁判文书不仅要展示事实，更要展示事实认定的法律推理过程，所以对逻辑结构有更为严格的要求。刑事裁判文书应当逻辑清晰、层次分明，文书的总体布局和各部分之间的关系都要符合逻辑。从宏观层面来看，逻辑是否成立，推理结果是否信服的基础是证据，故对定罪量刑有关的证据在裁判文书中应予充分反映，不仅要使案件的当事人，更多的是让与案件无利害关系的旁观者通过阅读裁判文书有抽丝剥茧、豁然开朗、心服口服的感觉；从微观层面来讲，裁判文书对证据的罗列应当紧扣案件事实并遵循一定的内在逻辑，虽然具体到不同的案件对于证据的罗列和归纳有不同的要求，但总原则是繁简得当、言简意赅，对被告人及其辩护人无异议的违法犯罪事实，证据可以简化罗列，对控辩双方有争议的事实，证据可以详加罗列。“依法办案”只是底线要求，法定自由裁量范围内，要在法律空间中寻求最佳处理效果，就要通过展示逻辑推理的过程将模糊的事实清晰化并纠正认识偏差，让人民群众从裁判文书中充分感受到公平正义。

（三）裁判文书应把握时代脉搏，裁判释理应向被告人传递法院的态度，向社会传递法律的温度

刑事裁判文书虽然不能避免“格式”的限制，但通过裁判文书的论证与说理，通过在裁判文书中阐述天理、国法、人情，可以向社会传递法治、司法的基本立场和态度。刑事裁判文书的说理（评判）部分是整篇文书的精髓，也是决定一篇优秀裁判文书的关键。这就要求：第一，法官在裁判文书中既要准确归纳争议焦点，又要对提炼的争议焦点敢于回应，并对涉及的法律难点充分释理；既要对检辩双方提出的理由细致梳理，避免遗漏主要观点造成裁判文书阐述不全，又要善于归纳总结，找准关键的焦点问题，轻重有别。第二，说理（评判）部分要秉持客观公正立场，坚持证据裁判原则，要重视裁判理由的论证和公开，用证据“内容”及证据间的逻辑关系支撑论理，确保证据的充分性、印证性、闭合性，而不是简单罗列证据的种类与名称，最后一句话得出结论“在案证据足以认定”或“上诉人及其辩护人所提均据理不足”。第三，裁判说理的语言要理性、平和，避免情绪化、晦涩化和个性化的表达，要用让诉讼参与人读得懂的方式知晓、理解法院的裁判论理，要用深入浅出的语言风格让人民群众信服、尊重法院裁判的专业性和权威性，提高裁判的可接受性，实现法律效果和社会效果的有机统一。近年来，单纯因法律适用层面的问题引发社会舆情争议的案件并不常见，多数是因裁判文书中对案件事实的认定和评判，与人民群众根据常识、常情、常理和道德标准得出的认知出现明显偏差所致。所以裁判文书说理既要做到理性平和，又要具有一定的担当精神，在吃透案情的基础上，以公平正义之心解释适用法律，根据对法律法规及事理、法理、文理和情理的充分理解，提出法律上的处理意见，必须既有“态度”又有“温度”，融合情理法，符合社会主义核心价值观的导向，才能赢得社会公众的认同，才能彰显公平正义的司法理念。

（四）裁判文书应体现二审法院的司法担当

“刑事二审重在解决事实法律争议、实现二审终审”，这也对刑事案件二审裁判文书的撰写提出了更高的要求。对于一审事实认定、量刑情节、证据采信、法律适用和审判程序等问题，二审均应一一进行梳理并在裁判文书中针对案件具体情况，繁简得当地表明观点。本案是审判实践中非常典型的认罪认罚从宽审理案件，被告人一审认罪认罚后上诉、检察机关抗诉。二审刑事裁判文书围绕主要争议焦点“被告人认罪认罚后上诉是否就是不认罪认罚，检察机关抗诉是否必然加重被告人刑罚”进行充分有效的释法说理，从实体、程序两个角度展开有效论证，充分保障被告人的上诉权，坚持证据裁判原则、维护认罪认罚制度不被滥用并坚守刑事二审程序的全面纠错定位，亮明以审判为中心的观点，充分体现出二审法院的司法担当。

（王雪，广东省高级人民法院法官）

三、专家评析

黄某华故意伤害抗诉、上诉案是推进以审判为中心的刑事诉讼制度改革中坚持以审判为中心、保障被告人行使上诉权、落实二审全面纠错功能、在审判实践中切实维护认罪认罚制度的具体体现，非常具有典型意义。审判实践中以签署认罪认罚具结书代替法庭审理，获得了较高的认罪认罚适用率，但是个别案件背离了“罪责刑相适应”的基本原则，影响法律统一适用，影响认罪认罚从宽制度有效实施。

黄某华一审签署认罪认罚具结书后不服判决上诉，公诉机关因被告人上诉提出抗诉要求加重被告人刑罚。案件争议焦点覆盖了认罪认罚案件中的实体和程序两个方面。二审法院审理过程中，明确认罪认罚案件应当对被告人"认罪"与"认罚"进行实质性审查，不以被告人签署认罪认罚具结书为形式标准即适用认罪认罚从宽制度，牢牢把握住认罪认罚从宽制度"认罪"与"认罚"的实质标准，并在此基础上基于罪责刑相适应的基本原则进行合理量刑。同时，本案审理还体现出不能简单将被告人上诉等同于认罪认罚的反悔，充分保障被告人的上诉权，坚持证据裁判原则，坚持公、检、法三机关配合制约原则和我国刑事二审程序的全面纠错定位，为认罪认罚案件提供了清晰的审判思路和完整的审理模式，实现了办理案件政治效果、法律效果和社会效果的有机统一。本案审理对于如何理解定罪量刑作为法院的专属权力，如何在认罪认罚从宽这一相对简化的诉讼程序中把握起诉与审判的关系以及上诉、抗诉与审判的关系亦具有重要的示范价值。

该案除案件典型以外，裁判文书亦具有以下突出特点：一是在查明事实和证据部分，充分回应了被告人的犯罪情节在量刑上应有的体现，证据罗列繁简得当、重点突出；二是全面准确归纳抗诉、上诉方的观点，回应争议焦点从犯罪构成入手细致分析，层层推进，思路清晰，据法释理充分透彻；三是不避重就轻，针对一审认罪认罚的程序和实质要件进行阐述论理，紧紧围绕争议焦点，清晰、完整地展现裁判推理过程，具有缜密的逻辑性；四是裁判文书格式规范，结构严谨，条理清晰，层次分明，在行文上既注重法言法语，又通俗易懂，用社会大众看得懂的方式从裁判文书中展现公平正义。特别值得肯定的是在法院评判部分亮明以审判为中心的立场，充分彰显健全完善中国特色社会主义司法制度，推进国家治理体系和治理能力现代化要构建以审判为中心的刑事诉讼制度体系为重要内容，具有时代意义。

（点评人：何挺，北京师范大学法学院副院长、教授、博士生导师）

（2020）粤刑终 986 号裁判文书原文

第八章 抢劫罪

15. 李某抢劫案*

【关键词】

间接证据 经验法则 推定 排除合理怀疑

【裁判要旨】

“零口供”犯罪案件，锁定被告人作案可以以视频监控为主线，深入挖掘间接证据与待证事实的客观联系，通过横向对比与纵向衔接，有效运用经验法则和逻辑规则，综合分析判断全案证据，经过缜密的刑事推理，最终排除他人作案的合理怀疑，准确认定犯罪事实。

一、简要案情

2018 年 5 月 1 日 20 时许，被告人李某上身着深色外套与深色 T 恤，T 恤上有暗色印花，下身着深色裤子，到重庆市国本路星月网吧，从 21 时许上网至次日 0 时 30 分左右离开。离开网吧时李某戴口罩，手拿蓝色雨伞，通过步行、乘车等方式至青龙石附近。当日 1 时 45 分左右，李某在北山枇杷坪大巴车站红绿灯路口尾随独自回家的被害人吴某，1 时 49 分左右，李某尾随吴某经过北山新华学校至北山大道小牛金幼儿园对面的人行道时，从后面将吴某控制，并拖至路边一巷口内，以暴力相威胁将吴某装有现金 710 余元的手提包抢走后逃离。公安人员后将李某抓获归案，侦查人员从其家中搜出其作案时穿的黑色外衣、胸前带有图案的 T 恤以及一把蓝色雨伞。

一审认定被告人李某犯抢劫罪，判处有期徒刑五年（附加刑略）。宣判后，李某提出上诉。二审裁定：驳回上诉，维持原判。

二审认为：首先，尽管上诉人李某及其辩护人否认李某实施抢劫，但本

* （2020）渝 02 刑终 35 号。

案破案过程自然，公安机关提供的监控视频清晰地记录了案发当天戴着口罩的嫌疑人尾随、抢劫被害人并逃跑的全过程，且侦查试验证实监控视频的摄像头在空间位置上可以连续覆盖，排除案发时间段抢劫嫌疑人之外有其他可疑人员进入案发现场；其次，公安机关对监控视频中戴口罩的嫌疑人进行顺向与逆向追踪并经人像比对、专业鉴定机构出具的声像鉴定意见，证实戴口罩实施抢劫行为的嫌疑人就是李某；最后，侦查实验、与李某在看守所同监舍羁押的在押人员证言能够进一步印证李某实施了抢劫行为。全案据以定罪证据经法定程序查证属实，且均指向李某实施了抢劫行为，虽然没有被告人供述，但全案证据确实、充分，足以排除他人作案的合理怀疑，故依法作出上述判决。

二、撰写心得

裁判文书是司法裁判的最终产品。裁判文书的质量是法官法律素养和司法能力的直接映射，不仅关系到当事人能否服判息诉，而且直接影响社会风尚的引导和法院公信力的提升。一篇上乘的裁判文书，需要“形神兼备”。“神”即事实清楚、说理充分、严格依法；“形”即要素齐全、语言规范、文笔流畅。本案是一起“零口供”案件，只有串联视听资料、人像比对鉴定意见等间接证据才能最大限度还原客观真实。因此，自承办此案伊始，笔者就将其作为典型案件进行打造，用心、用情撰写裁判文书，以期用充分说理让控辩双方胜败皆明、服判息诉。

（一）调查走访，练好事实认定“基本功”

裁判文书离不开叙事，叙事的前提是查明案件事实。而当卷宗材料无法真实展现案件事实时，为了达到排除合理怀疑的证明标准，承办法官应当拿起调研走访的“法宝”，或实地走访案发现场，场景式地还原案发情况，或要求鉴定人、专家证人出庭作证，解答跨学科专业性问题，实现对客观真实的无限接近。本案中，犯罪嫌疑人深夜作案，佩戴口罩，现场监控模糊，被害人无法准确辨认，亦无目击者，一时无法确认被告人与犯罪嫌疑人是否为同一人。为了查明案件事实，笔者重走、复盘犯罪嫌疑人的行进路线，亲身感受案发现场三个摄像头的拍摄角度。鉴于监控视频系本案关键证据，公安机关进行了人像比对鉴定，但由于人像比对鉴定尚属新鲜事物，司法实践中出现的频次较低，所以，笔者搜索了人像鉴定的相关知识，翻阅了专业书籍，同时，与侦查人员进行了细致的交流，对人像鉴定有了整体性认识。在庭审中，鉴定人出庭作证为控辩双方的举证质证提供专业性解答，在双方的唇枪舌剑与法庭的询问下，案件事实也逐渐明朗。间接证据串珠成链组成完整的证据链，一个个合理怀疑被逐渐排除，达到刑事案件事实认定标准，这成为撰写本案裁判文书最大的底气。

（二）居中裁判，写好控辩双方“攻防战”

法官是居中裁判者，不仅要在庭审中不偏不倚，而且要在裁判文书中完整、准确反映控辩双方的意见。完整反映不是照搬照抄，而是总结提炼，考验的是法官的概括能力；准确反映不是生搬硬套，而是直指要点，考验的是法官的归纳能力。双方精彩的意见是裁判文书的“题眼”，能够体现案件的争议焦点，提升裁判文书说理的价值。写好控辩双方的“攻防战”能够为后面的文书说理奠定坚实基础。本案中，上诉人与辩护人均做无罪辩护，辩护词长达数千字，其中不少为重复叙述。通过概括归纳，总结出辩护方提出的视频监控不连续、鉴定意见不应采信以及其他证据问题等三大要点，并在要点之下阐述具体理由，如此既不会遗漏辩点，又能结构清晰，成为本篇裁判文书的亮点之一。

（三）逻辑严谨，说好案件争议“核心点”

裁判文书是法官司法经验和理性思考的结晶，是一种逻辑严谨、言之有序的创造性成果。刑事裁判文书主体部分的逻辑架构是按照事实认定—证据排列—说理论证的结构展开的。在事实认定部分，叙事应当简明扼要，一般采用顺叙的叙事手法，根据时间、地点、行为、结果、事后表现等叙事要素逐字逐句推敲，做到详略得当、言之有据。本篇裁判文书的事实认定部分就是按照时间顺序，从进出网吧到乘车下车再到作案离场，形成了完整的时间线，叙事简洁明了。在证据罗列部分，既要尊重常规“套路”，又要因案而异、适当调整。因为案有不同，证据间的关系程度亦有差异，只有遵循内在逻辑关系和关联性规则排列，才能使证据的证明力得到强化。本篇裁判文书在罗列证据时，基本遵循着先写明案件侦破情况，再罗列客观证据，再列举被害人陈述、证人证言、被告人供述等主观证据，同时又关注证据之间的逻辑关联，如将能够证明嫌疑人与网吧的李某系同一人的侦查实验笔录、人像鉴定意见书同能够证明网吧男子系李某父亲的辨认笔录、李某前妻的证言及辨认笔录这两类不同类型的证据罗列在一起，增强了证据的说明力。在说理论证部分，要把理说通、说透，逐层递进，以证据的“三性”和每一个合理怀疑为主线，全面分析全案证据与待证事实的客观联系，经过缜密的刑事推定，最终逐个排除合理怀疑，准确认定证据和事实。本案的争议焦点是抢劫行为是否是李某所为。为了实现充分说理目的，本裁判文书从确有戴口罩嫌疑人实施抢劫行为讲起，然后分析嫌疑人当晚的行动轨迹，再结合全案证据证明戴口罩嫌疑人便是上诉人李某，最后结合侦查实验、同监舍羁押的在押人员的证言进一步印证李某实施了抢劫行为，使得整体论证形成了无缝衔接的闭环。

（四）形式美观，用好文书写作“美化术”

裁判文书不是冷冰冰的法律语言的堆砌，而是法官笔下的“艺术品”。裁判文书的写作既不能寥寥数行，也不能复制照搬，更不能带错出门，而应该在充分说理的同时，让裁判文书更好看、更好懂，使其具备语言文字之美、篇章结构之美、逻辑修辞之美。本裁判文书基本要素齐备完整、格式规范、结构清晰，语言风格生动平实，让普通民众看得懂、想得通，行文流畅，根据事实和法律条分缕析，当繁则繁、当简则简，使阅读者具有代入感。

法官是公平正义的守护者，裁判文书就是法官手中的剑，除恶扬善、匡扶正义。每一位法官都应当珍惜它、用好它，让它成为人民法院向社会公众展示司法公正与效率的重要平台，成为引领社会风尚、弘扬法治文明的生动教材。

（刘梅，重庆市第二中级人民法院法官）

三、专家评析

《刑事诉讼法》第 55 条规定了重证据、重调查研究、不轻信口供原则。没有被告人供述，证据确实、充分的，可以认定被告人有罪和处以刑罚。本案系一起“零口供”犯罪案件，焦点集中在认定被告人李某实施抢劫行为的证据是否确实、充分。本裁判文书围绕该焦点，充分运用间接证据梳理还原案件事实，经过缜密的刑事推定，对全案证据进行综合评判，成体系地证明犯罪事实，即本案系李某抢劫作案。具体表现为：首先，本案的定案证据均经法定程序查证属实，具备合法性、真实性、关联性，可以作为认定案件事实的证据；其次，公安机关提供的监控视频清晰地记录了案发当天戴着口罩的嫌疑人尾随、抢劫被害人并逃跑的全过程，且侦查试验证实监控视频的摄像头在空间位置上可以连续覆盖，排除案发时间段抢劫嫌疑人之外有其他可疑人员进入案发现场；再次，公安机关对监控视频中戴口罩的嫌疑人进行顺向与逆向追踪并经人像比对、专业鉴定机构出具的声像鉴定意见，证实戴口罩实施抢劫行为的嫌疑人就是李某；最后，侦查实验、与李某在看守所同监舍羁押的在押人员证言能够进一步印证李某实施了抢劫行为。综合全案证据，足以排除他人作案的合理怀疑。

本裁判文书要素完整，格式规范，行文流畅，证据列举详略得当，以事实和法律为依据，充分说理，层层递进，详细论证了法官是如何综合全案证据认定李某实施了抢劫犯罪，充分体现了新时代法官所具备的优秀素质，展现了裁判文书应有的公正性、说服力与公信力，有力地捍卫了法律的尊严，无论是打击、震慑犯罪方面还是维护社会公平正义方面都具有积极意义。

（点评人：唐艳，重庆市第二中级人民法院党组成员、副院长、二级高级法官）

（2020）渝 02 刑终 35 号裁判文书原文

16. 刘某某抢劫案*

【关键词】

抢劫罪　犯罪构成　社会危害性　无罪

【裁判要旨】

判断一个行为是否构成犯罪应当从两个方面进行全面审查：一是该行为是否符合特定犯罪的全部构成要件，且不能孤立地看行为时的情况，还需结合行为人实施该行为的前因后果综合分析；二是审查该行为的社会危害程度，对于情节显著轻微、危害不大的一般违法行为，不应当认定为犯罪。

一、简要案情

1999 年 8 月 18 日，成某某的丈夫冉某某伙同他人盗窃刘某某电焊门市部的电焊机、切割机、氧气瓶、电钻等电焊设备（价值 5383 元）。刘某某报案后，公安机关立案侦查。在公安机关侦查期间，刘某某发现冉某某盗窃了其电焊设备，其于 2000 年 1 月 7 日到冉某某、成某某租住的院内，以冉某某偷了他的东西为由，要拉走成某某收购的废旧酒瓶、骨头抵偿其损失。当时冉某某不在家，成某某上前阻拦，刘某某打了成某某两耳光，拉走酒瓶 580 个，骨头 1053 公斤（上述物品未经价格鉴定，成某某称价值 1074.2 元），变卖得款 630 元。2000 年 6 月 18 日，阿克塞县人民法院以盗窃罪判处冉某某有期徒刑一年，缓刑一年，并处罚金人民币 1200 元，赔偿刘某某经济损失2586.20元。

本案一审法院认为，被告人刘某某以非法占有为目的，当场使用暴力，强行抢走他人财物，其行为已构成抢劫罪。其辩护人所提被告人的行为不具备抢劫罪的构成要件，应以治安管理处罚条例处理的意见，与事实和法律不符，不予采纳。但被害人成某某之夫冉某某盗窃了被告人刘某某的财物并未处理，且抢劫的暴力手段较轻，可酌情从轻处罚。一审法院判决：被告人刘

* （2021）甘刑再 2 号。

某某犯抢劫罪，判处有期徒刑三年，并处罚金人民币1000元。

刘某某上诉称，其拉走成某某收购的废品是为了抵偿冉某某盗窃给其造成的损失，其没有非法占有他人财物的目的，也没有使用暴力，不构成抢劫罪，请求改判无罪。

二审法院认为，原审认定刘某某强行抢走成某某的酒瓶、骨头等财物的犯罪事实清楚，据以定案的证据由原审当庭质证确认，经二审复核，均来源合法，内容真实、有效，足以证实刘某某所犯罪行。刘某某无视国法，以非法占有为目的，强行劫取他人财物，其行为构成抢劫罪。刘某某经营的电焊门市部被盗后，司法机关已立案处理，但其竟以暴力手段劫取盗窃犯罪人家的合法财产，其行为符合抢劫罪的构成要件，且原判对其量刑时已充分考虑到诱发本案的客观因素而对其作了从轻处罚，故上诉理由不能成立。二审法院裁定：驳回上诉，维持原判。

刘某某申诉认为一审、二审法院认定事实不清，适用法律错误，判决不公，请求改判无罪。

再审判决认为：本案认定刘某某因成某某丈夫冉某某盗窃其财物，使用暴力拉走成某某所收购废品的事实清楚，证据确实、充分，但综合全案证据和具体情节，刘某某的行为不具备抢劫罪的构成要件，且情节显著轻微，不应当认定为犯罪，理由如下：（1）抢劫罪是指以非法占有为目的，当场使用暴力、胁迫或者其他方法强行劫取公私财物的行为。构成本罪，应当具备以下要件：一是行为人具有非法占有公私财物的目的，并且实施了非法占有或者意图非法占有的行为。二是行为人对被害人当场使用暴力、胁迫或者其他方法。本案中，刘某某使用暴力强行拉走成某某所收购废品的事实清楚，但综合全案分析，刘某某不具有非法占有他人财物的目的。首先，从案件起因看，冉某某伙同他人盗窃刘某某电焊门市部的设备，使刘某某失去生产工具，其家庭生活受到严重影响，刘某某拉走成某某收购的废品是出于抵偿被盗损失的目的，而非为了非法占有成某某的财物。其次，刘某某所拉走的财物，系成某某收购的废品，属于其与冉某某的夫妻共同财产，而冉某某盗窃刘某某的财物，负有返还财产、赔偿损失的义务。再次，从刘某某拉走财物的价值看，其仅获利630元，并未超过自己损失的限额。最后，从刘某某变卖废品所得钱款的去向看，系用于家庭基本生活开支。综上，刘某某的行为不具有非法占有他人财物的目的，不符合抢劫罪的构成要件，不构成抢劫罪。（2）构成刑事犯罪，除应当具备具体犯罪的构成要件外，还应当具备应受刑罚处罚性。从刘某某的行为后果看，其打成某某两耳光的行为属于轻微暴力，并未造成成某某身体伤害；其拉走成某某收购的部分废品，未对成某某及其家庭生活造成实质性损害。原审被告人刘某某的财物被盗，在公安机关已立案侦查的情况下，应当通过合法途径主张，但其却使用暴力强行拉走成某某收购的废品，该行为违法，应当承担相应的违法责任，但从本案的具体情节看，刘某某的违法行为情节显著轻微，危害不大，未达到应予刑事处罚的程度，不应当认定为犯罪。

综上，再审法院改判刘某某无罪。

二、撰写心得

本案是最高人民法院指令再审的刑事案件，案情并不复杂，但涉及罪与非罪的问题。原审被告人刘某某是另案盗窃案的受害人，其在财产损失未得到及时赔偿致家庭生活困难的情况下，自行前往盗窃者家中采取轻微暴力强行拉走部分财物以抵偿损失。原审判决将被告人强行拉走他人财物的行为与案件起因割裂开来，也忽视了对行为社会危害性的评判，以被告人的行为具有使用暴力强行拉走他人财物的外观表象，就认定被告人构成抢劫罪，判处有期徒刑三年。被告人刘某某刑满释放后多次申诉，经最高人民法院指令再审，甘肃省高级人民法院再审认为刘某某的行为是为了抵偿自己被盗财物的损失，不具有非法占有他人财物的主观目的，不符合抢劫罪的犯罪构成，且其行为情节显著轻微，危害不大，未达到应予刑事处罚的程度，不应当认定为犯罪，从而改判刘某某无罪。笔者在制作该裁判文书的过程中，进行了认真的思考和推敲，主要着眼于以下几个方面。

（一）立足再审案件特点，合理谋篇布局

本案是按审判监督程序再审改判的案件，在判决书的结构安排上，按照诉讼参与人概况、案件的由来和审理经过、原审认定的事实及判处情况、被告人申诉理由、检察机关出庭意见、再审认定的事实和证据、裁判理由和判决结果的顺序排列，判决书整体结构完整、层次清晰。这样的结构布局在总体上既展现出案件审理的全貌，又做到重点突出、繁简得当。

1. 首部简洁完整。刑事再审裁判文书应列明原公诉机关以及原审被告人的基本情况。本案是再审改判无罪的案件，后续将涉及国家赔偿的问题，故除了被告人的基本信息外，还需要写明被告人被限制人身自由的起止时间。

2. 完整交代案件由来和审理经过。本案再审时距作出生效判决已二十余年，需在裁判文书中写明原一审、二审审理时间及裁判情况，以及于何时以何种方式启动再审，再审审理方式以及出庭人员等，在首部之后应有完整清晰的交代。

3. 原审与再审详略得当。再审案件的审理是在原审裁判的基础上进行的。根据最高人民法院刑事诉讼文书样式的要求，再审裁判文书应写明原审裁判情况，但再审中引述原审裁判情况不能简单照抄原审法律文书，而应当根据案情简略引述。该判决书主文部分，交代原审经过时仅引述一审认定的案件事实及裁判结果，对一审证据简单概括；二审判决仅引述裁判理由和结果，二审认定的事实和证据与一审一致则不再赘述，避免重复。再审裁判文书应将重点和气力放在再审查明的事实和证据以及裁判说理部分，避免头重脚轻、喧宾夺主。

（二）以申诉理由及检辩意见引出再审焦点

本案系因被告人申诉引发的再审程序，应围绕申诉人的申诉请求是否成立进行审理，故在裁判文书的布局上也不同于普通刑事案件先写检察机关的意见，而将被告人的申诉请求和理由、辩护人的辩护意见置于检察机关的出庭意见之前，让各方意见充分表达，引出再审的焦点问题。

（三）详述再审事实证据，凸显改判依据

裁判文书对案件事实的认定应当力求完整、清晰、准确。本案再审认定的事实除一审已认定的事实外，增加案发前被害人成某某的丈夫冉某某盗窃刘某某家电焊门市部，以及冉某某的盗窃行为被人民法院生效判决认定的事实。该部分事实与刘某某行为的定性直接相关，需要详细写明。

认定案件事实的证据应与案件事实相对应，每一个具体事实细节均要有证据相印证，才能做到认定案件事实清楚，证据确实、充分，为接下来的裁判理由及判决结果打好基础。

（四）通过分析论证，阐明裁判理由

说理部分是裁判文书的中心和灵魂，理由是否充分、引用法律是否得当，是评判裁判文书质量优劣的主要依据。该判决书在说理部分先抛出观点："本案认定原审被告人刘某某因成某某丈夫冉某某盗窃其财物，使用暴力拉走成某某所收购废品的事实清楚，证据确实充分，但综合全案证据和具体情节，原审被告人刘某某的行为不具备抢劫罪的构成要件，且情节显著轻微，不应当认定为犯罪"，再分析论证，首先从抢劫罪的法律规定引申出抢劫罪的构成要件，从案件的起因、所抢财物的性质、财物价值和去向四个方面综合分析，阐述刘某某虽然有强行拉走他人财物的行为，但并不具有非法占有他人财物的目的。其次，从刑法中犯罪概念的特征分析，刘某某打成某某两耳光的行为属于轻微暴力，并未造成被害人身体伤害，其强行拉走成某某收购的部分废品，未对成某某及其家庭生活造成实质性损害。刘某某在公安机关已对冉某某盗窃案立案侦查的情况下，应当通过合法途径主张其损失，但其却使用暴力强行拉走成某某收购的废品，其行为违法，但情节显著轻微，社会危害不大，未达到应予刑事处罚的程度，不应当认定为犯罪。笔者从以上两个层面综合分析，论证刘某某的行为既不符合抢劫罪的构成要件，也不属于犯罪，从而作出撤销原判，宣告原审被告人无罪的判决。

（马小琴，甘肃省高级人民法院法官）

三、专家评析

这是一篇再审宣告被告人无罪的判决书。在所有裁判文书中，再审裁判文书的制作难度最大，这是由再审案件的特点决定的。进入再审程序的案件，多是疑难复杂、争议较大的案件，而且案件经过数次审理，环节较多，不但说理透彻难以做到，就是全面、客观反映案件审理全貌也颇为不易。再审程序审理的对象是发生法律效力的判决和裁定，无论再审的结果是改判还是维持原判，再审裁判文书都要对原审裁判正确与否作出评判。因此，再审裁判文书的受众除当事人外，还包括再审法官的同行，它不仅要说服当事人，还要能够说服原审法院和法官，说理要求更高。

该案案情相对简单，判决书的篇幅并不大，但麻雀虽小五脏俱全。该判决书形式上满足格式规范、结构完整的要求；事实和证据认定部分对原审情况进行简述，将重点放在再审认定事实和证据，围绕被告人的申诉理由进行审理，详略得当、重点突出；裁判理由部分层次清晰、逻辑严密、论证充分，体现出作者较高的理论水平和文字功底。裁判文书的灵魂和生命在于裁判结果的正确性，该判决书从抢劫罪的构成要件到行为的社会危害程度，以层层递进的司法论证，公开法官的裁判思路和裁判形成过程，最终得出被告人无罪的判决结果，具有较强的说服力，展示了办案法官的智慧和功底。该判决书融“情、理、法”于一体，通过再审纠错，彰显了公平正义，维护了法律威严，是一篇优秀的刑事再审判决书。

（点评人：曹澜平，甘肃省刑事审判业务专家，甘肃省高级人民法院刑一庭庭长，三级高级法官）

（2021）甘刑再 2 号裁判文书原文

第九章 盗窃罪

17. 闫某某盗窃案*

【关键词】

盗窃 侵占 捡拾 占有

【裁判要旨】

对于“捡拾”财物引发的侵犯财产类刑事案件，必须综合案发环境、场所等各种因素判断涉案财物是否为相关主体合法占有。被害人客观上已经失去对其财物的实际控制或者支配，其主观上也不具备控制或者支配意识，可认定案涉财物已经脱离被害人占有，不属于盗窃罪犯罪对象。

一、简要案情

失主蔡某搭乘同事电动车到南京市某地铁口后，下车与同事面对面聊天。蔡某下车时手机从口袋滑落到地上。原审被告人闫某某路过看到该手机，停车步行折回高某身边，捡起手机离开。蔡某目睹闫某某捡拾手机的全过程，后在准备进地铁站时才发现手机丢失。蔡某用高某手机拨打自己手机，闫某某将手机关机。闫某某到案后如实供述相关事实。涉案手机经鉴定价值人民币 3174 元。

本案争议焦点为原审被告人捡拾他人遗失手机后占为已有，在失主打电话联系时采取关机的手段不予归还，其行为是否构成盗窃罪？

二、撰写心得

裁判文书作为司法裁判的“最终产品”，承载着多项价值。它记载法院审理过程和裁判结果，又是衡量审判工作质量和司法能力的重要标尺。本人承

* （2021）苏刑再 1 号。

办的原审被告人闫某某盗窃再审宣告无罪一案，再审判决书入选第五届全国法院"百篇优秀裁判文书"，于己而言是莫大的肯定和鼓励。

（一）锤炼纠错本领，准确发现错案

审判监督是程序内的最后一道救济程序，是诉讼的最后一个句号。纠错是审监法官的天职，监督是否到位，纠错是否准确，既考验每个审监法官的责任心，也考验每个审监法官的"打铁"能力。

1. 做好日常学习积累。随着社会进步、时代发展，新事物、新类型案件和新法律法规不断涌现，要紧跟时代，面向未来，不断更新知识库。同时，审监工作要面对很多陈年旧案，办案理念、证明标准、政策把握都发生很大变化，要观照过去，培养历史眼光。日常工作中，要保持"活到老学到老"的心态，像海绵汲水一样汲取知识。近年来，江苏高院审监庭党支部积极打造"乐学 慎思 守正"支部品牌，每季度举办审监法官互教互学讲坛交流办案经验，每半年由法官助理汇报审委会讨论本庭案件情况，这种立体式学习为我们识别有价值的案件，做好典型案例培育、优秀文书撰写，搭建了很好的平台。

2. 有效筛选相关案件。审查时应当不放过任何疑点，应当对原审判决、裁定认定的事实、证据和适用法律进行全面审查。实践中，绝大部分案件是事实问题，或者根源于事实问题，法律适用和量刑方面问题较少单独存在。从近年来的审监工作看，往往法律适用存疑的案件具有典型性，存在培育的价值。有的案件当事人长期坚持无罪申诉，有的案件发破案情况存在异常，有的案件在原审时就争议较大、经审判委员会讨论定案等，对此，我们要投入更多精力去阅卷、查证，确保犯罪事实清楚，证据确实充分。

3. 注重案件评议讨论。"乘众人之智，则无不任也。"精品案件的识别、挖掘，有赖于各层级定案把关作用的发挥。笔者所在的部门非常重视这项工作，无论是合议庭评议，还是专业法官会议讨论，大家都结合自身经验，独立发表意见。特别是即便自身属于少数意见，如果形成内心确信，大家还是会坚持己见，不轻易变更观点。审监庭案件类型广泛，涵盖法院除执行案件外的全部诉讼案件。近年来，为促进各团队交流、加强年轻同志培养，庭里要求，无论讨论何种类型案件，全体法官均需参会讨论，法官助理也应列席并发表意见。刑事法官通常从犯罪构成出发，重视言词证据的审查运用，民事法官则更强调法律关系分析且注重书证。一些刑民交叉等疑难复杂案件处理思路借此得以打开，专业法官会议的典型案件"孵化器"作用进一步彰显。

以本案为例，庭里讨论时，不同领域的专业法官基于自身审判经验，提出了很多有价值的看法，我们也在此基础上进一步补充完善意见。本案在高院审委会讨论时，我们的处理意见和理由得到在场委员一致认可。

（二）坚持精品理念，强化系统培育

“一个案例胜过一沓文件。”精品案件在释法说理、普法宣传、办案指导等方面具有重要作用。“良种”播种后需要系统培育，只有扎实办好相关案件，做到实体和程序公正，做好社会面宣传，才会有示范意义的典型案例，才会有经得起检验的优秀裁判文书。

1. 树牢精品培育意识。“100 - 1 = 0”，要围绕“精审监”工作目标，发扬“工匠精神”，努力发现错案，敢于纠正错案，并通过向其他条线反馈，避免错案产生。精品案件需要在事实认定、法律适用等方面具有示范性、典型性。我们要转变就案办案的理念，保持敏感性，保持“时刻准备着”的心态，把握好当下，将典型案件培育融入日常办案。

2. 规范案件办理全流程。优秀文书仅是精品培育的其中一环。本案申诉复查阶段法官会和审委会讨论时，均认为本案值得进一步挖潜。为此，合议庭对再审案件从立案到文书送达进行全流程、全方位规范，抓好每一个办案细节，避免出现任何瑕疵疏漏，力争同步打造优秀庭审、优秀裁判文书、优秀案例。

3. 做好对外宣传工作。执法办案应以追求政治效果、法律效果和社会效果的全面有机统一为价值取向和重要目标。加强社会面宣传，讲好审监故事，对于提升办案的“三个效果”，提升案件“含金量”具有重要意义。本案入选近年江苏法院十大审判监督典型案例，并入选省法院公报案例。案例在江苏高院微信公众号发布后，一周内阅读量突破 2. 8 万。因本案涉及“拾金而昧”这种常见社会现象，各大报刊媒体转载率较高，竞相点赞，取得了不错的效果。

（三）加强释法说理，擦亮司法名片

裁判文书是法官最好的“名片”。为充分发挥法律的指引作用，应加强释法说理以提升文书的可接受性。对于审监案件而言，政治性、政策性、敏感性都比较强，争议较大、裁判结果特殊、审理程序特殊，应该更加规范裁判文书说理，以让当事人服判息诉、让社会公众理解认同、让原审法院真正服气。

1. 做到理论与实践相贯通，国法、天理与人情相统一。再审判决坚持由客观到主观、主客观相统一的分析论证方式，进一步增强了判决结果的说服力。同时，我们也力图将自身专业判断与民众的朴素认知融合起来，让正义更加"看得见""读得出"。本案中，案发现场系人流量较大的公共场所，涉案手机属于小件物品，失落在人来人往的非机动车道上，被害人目睹了行为人当面捡拾手机的全过程，但未作任何反应。可以说，被害人客观上已经失去对手机的实际控制或者支配，其主观上也不具备控制或者支配意识，故案涉手机已经脱离被害人占有，不属于盗窃罪犯罪对象。行为人拒接被害人同伴拨打的微信语音并关机，足可见其非法占有目的。但是，综合案发时的时空环境，行为人关于其认为涉案手机可能是被害人也可能是其他路人的供述确实符合一般社会公众的认知，具有可信度，可以认定行为人并不具备盗窃他人占有财物的故意。整体来看，行为人当面捡拾手机行为并不具备盗窃性质。

2. 充分发挥司法的价值引领作用。近年来，人民法院将积极践行和弘扬社会主义核心价值观，作为不断规范和加强裁判文书释法说理工作的着力点。对于刑事司法而言，虽然主要任务在于罪与非罪、此罪与彼罪、一罪与数罪、罪重与罪轻的区分，但是其价值引领绝不仅限于此，也要体现对非罪行为的违法性评价。拾金而昧并非仅属道德评价范围，严重者或构成侵占罪。本案中，行为人的行为虽然不构成盗窃罪，但是仍然具备非法侵占他人遗失物的性质。为全面发挥刑事司法裁判的评价和指引作用，我们在文书中对行为人侵占他人遗失物行为予以否定性评价。

3. 严格落实文书审签校机制。"文章不厌百回改"，好的文书并非一蹴而就，而是改出来的。虽然不是必须达到"意少一字则义阙，句长一言则辞妨"的程度，但是也要不断"推敲"其中的事理、法理、情理和文理，做到详略得当、言之有物，特别是避免使用那些极易引发当事人及社会公众误解的词句。审签校时，我们不厌其烦，几易其稿，努力给当事人和公众以最好的呈现。本案并无新的证据，但是原审裁判事实认定不完整，一些事实散见于部分证据的证明内容。为便于理解，我们将事实部分予以整合完善，对证据则简单列举。院领导、庭领导倾注了大量心血，在纸质稿上逐字逐句斟酌。总的来说，这一切都是值得的。

（杨朝晖，江苏省高级人民法院法官）

三、专家评析

该文书兼具形式规范、内容完善等多重优点，同时体现了法律效果与社会效果的有机统一。

（一）形式方面，该再审判决结构完整充分、格式规范，全文要素齐全

该文书各个部分内容排列有序，在认定事实上做到了有理有据，为评析部分的具体展开打下扎实基础。与此同时，该文书条理清晰，用语准确规范、流畅严谨、通俗易懂、无歧义之处，认定事实部分详略得当、重点清晰，充分展现了法官扎实的基本功和优秀的法律文书制作水准。

（二）内容方面，该再审判决条理清晰明了、内容全面详实

一方面，该文书适用、引用法律条文正确、规范、全面；另一方面，在该文书中，说法析理得到了充分贯彻，对“捡拾他人遗失物占为己有”与“窃取他人财物”两种行为之间的界限进行了详尽的分析，对照盗窃罪主客观要件的说理逻辑严谨、层次清晰，充分论证了被告的行为不构成盗窃罪而属于非法侵占他人遗失物的原因所在，有很强的针对性和说服力。该份判决不仅具有较强的理论性，且对于捡拾他人手机的罪与非罪的认定方面具有积极的参考价值。综合以上几点，可以看出法官具有良好的法律素养及文字功底。

（三）社会意义方面，该案涉及当面捡拾他人财物的罪与非罪问题，引发社会广泛关注

党的二十大报告提出：“健全共建共治共享的社会治理制度，提升社会治理效能。”这一治理理念也应当具体落实在刑事治理领域之中。具体来说，一味的入罪无法实现良好的社会治理效果，反而会带来一系列负面效应，会造成犯罪防控的体系失衡，弱化社会管控的整体功能，不利于公民法治素养的培育与提升。在健全共建共治共享的社会治理制度的背景下，刑事治理应当不断提升社会治理多元主体协同能力，综合运用多种治理方式和手段，促进不同层次的社会控制措施功能的全面发挥，共同助力社会治理效能的有效提升。本案的再审判决严密契合刑事治理现代化改革的理论思路，彰显了罪刑法定原则与刑罚谦抑性的观念指引，有助于促进人民群众对公平正义的深刻感受，有助于形成人民群众对法治的坚定信仰。

综上所述，本案的再审判决回应了社会公众的司法期待，为公民提供了明确稳定的行为预期，有助于培育和提升民众的法治意识。本案的再审判决不仅在法律空间中求得最佳处理效果，真正做到了法理、事理和情理的完美结合，同时对于推动社会治理现代化改革、健全共建共治共享的良好治理局面具有重要意义。

（点评人：王志远，中国政法大学刑事司法学院副院长、教授）

（2021）苏刑再 1 号裁判文书原文

第十章　职务侵占罪

18. 李某1、李某2职务侵占，吕某某非国家工作人员受贿案*

【关键词】

国有控股公司　全资子公司　临时管理　恶意对账　虚假出资　虚假诉讼　侵占公司股权

【裁判要旨】

被告人未支付任何对价，利用管理公司之便，将公司名下的巨额股权转移至自己控制之下，依法应认定构成职务侵占罪。

一、简要案情

海南赛格国际信托投资公司（以下简称海南赛格公司）于1989年1月成立，注册资本1亿元，国有企业深圳赛格集团为大股东，被告人李某1任法定代表人。2000年10月，李某1因擅自发行公司债券罪被刑事拘留，公司组成由其胞弟李某3（另案处理）与副总经理被告人吕某青等人的临时经营班子。2001年11月，该公司被中国人民银行公告停业整顿，2006年1月依法进入破产清算程序。

杭州西湖高尔夫乡村俱乐部有限公司（以下简称杭州高尔夫公司）于1994年10月由海南赛格公司发起设立，注册资本1亿元，股东为海南赛格公司及其全资子公司。起初由李某1任法定代表人兼董事长、被告人李某2（被告人李某1的叔叔）任副总经理，至2000年2月法定代表人、董事长变更为李某2。

1997年至2007年期间，被告人李某2、李某1等人经共谋，以非法占有

* （2021）琼刑终112号。

为目的，利用掌控海南赛格公司、杭州高尔夫公司以及海南赛格关联公司经营管理权的职务之便，采取非法处置公司股权、恶意对账、虚假出资、虚假诉讼等手段侵吞公司巨额资产，将海南赛格公司及其关联公司所有的杭州高尔夫公司100%股权非法占有。

被告人吕某青擅自同意李某3、李某2双方签订的涉及处置海南赛格公司及其关联公司资产的协议并盖章，导致海南赛格公司及其关联公司持有的杭州高尔夫公司88%的股权被李某1、李某2、李某3等李氏家族成员非法占为己有。事后，吕某青收受李某2给予的好处费共计232万元。

一审判决认为，被告人李某2、李某1以非法占有为目的，利用职务之便，伙同他人共同非法占有海南赛格公司及关联公司、杭州高尔夫公司价值150 553.88万元的资产，数额巨大，其行为构成职务侵占罪，判处被告人李某2有期徒刑十四年（附加刑略，下同），判处被告人李某1有期徒刑十一年。依法追缴被侵占的杭州高尔夫公司的股权及对应的相关资产，即冻结在案的杭州高尔夫公司股权以及查封的杭州高尔夫公司土地应当返还给海南赛格公司（现为海南赛格公司清算组）。

海南省高级人民法院二审裁定：驳回上诉，维持原判。

本案的争议焦点包括：（1）被告人实际控制的北京中投公司通过民事诉讼获得杭州高尔夫公司12%的股权是否构成虚假诉讼。（2）被告人按照人民银行规定的法定利率计算，而非按照母公司对子公司委托投资约定的利率计算，逐步获得杭州高尔夫公司88%的股权，是否构成恶意对账。

二、撰写心得

（一）抓住核心，准确定性

本案案情复杂，犯罪手段高超，需要拨开云雾才得见真面目，该文书把握并论证了本案最核心、最关键的法律关系，即杭州高尔夫公司的股权变动异常，行为人未支付任何对价，仅在技术层面操作就获得了该公司全部股权，本质上讲就是职务侵占。

（二）刑民交叉，攻破难关

本案虽为刑事案件，但涉及民商事领域诸多专业法律问题，是刑事诉讼中的难题。该文书将看似合法的对账、诉讼、走账等经济行为，通过法律及证据分析定性为虚假对账、虚假诉讼、虚假走账等非法手段，为犯罪行为的非法性增强论证。

（三）加强说理，内容全面

本裁判文书先开篇定调、旗帜鲜明定罪，再通过肢解手段逐个击破。内容全面，说理部分涉及程序、事实、证据、定罪、量刑，层层递进，全面回应争议问题。

（王丹丹，海南省高级人民法院法官）

三、专家评析

（一）判决书对案涉犯罪事实的陈述简洁、清楚

本案的三位上诉人涉及两个罪名的犯罪事实，分别包括上诉人李某2、李某1等人职务侵占的犯罪事实，上诉人吕某青受贿的犯罪事实。其中，李某2、李某1等人职务侵占的犯罪行为时间跨度长达十年之久，判决书将其归纳为两方面的犯罪事实，即以虚假诉讼等方式非法侵占海南赛格公司价值11 093.19万元的杭州高尔夫公司12%股权，利用非法转让股权、恶意对账、虚假资金流转等方式逐步侵占海南赛格公司及其关联公司持有的杭州高尔夫公司88%的股权。涉及多个公司，行为极其复杂，判决书通过归纳总结将案件事实梳理清晰，易于案外人迅速了解所有犯罪事实。

（二）判决书全面记载了上诉人的上诉理由和辩护人的辩护意见

法庭审理中既要听取公诉人的控诉意见，又要听取被告人和辩护人的辩护意见，是刑事诉讼法规定的人民法院公正审理案件应当遵守的基本准则。本案判决书对于上诉人和辩护人的辩护意见记载全面，对于上诉人提交的新证据进行了列明，体现了审判工作的客观性和公正性。

（三）判决书逐一对二审中上诉人的上诉理由和辩护人的辩护意见进行了详细分析

判决书综合归纳了上诉人和辩护人的上诉和辩护理由，主要包括“是否违反诉讼程序”等六方面的问题，通过事实认定并结合法律规定的方式，对该六方面的问题逐一进行了回复，论证充分，逻辑清晰。

（四）判决书对于罪名的认定准确，量刑得当

职务侵占罪作为民营企业中常见的财产性犯罪，往往与不当得利而形成的民事纠纷难以区分。这也是本案辩护人提出的上诉人与被害人之间属于民事纠纷的主要原因。判决书从认定职务侵占罪的几个主要核心要素出发，包括杭州高尔夫公司股权被上诉人李某2等人非法占有、是否存在“恶意对账”问题、杭州高尔夫公司的股权转让和变更手续违法，上诉人李某2等人存在侵占的共同故意等方面，通过充分说理，论证罪名认定的正确性。在量刑方面，通过职务侵占的共同犯罪问题的分析，以及受贿数额的认定与退赃的区别的阐释，认定原审量刑上的合理性。

综上，该判决书通过摆事实、讲证据的方式，通过充分论证和说理，结合相关法律规定，作出了客观、公正、合理的判决。

但该判决书也存在个别不足的地方。比如，判决书中指出“依照法律规定，在处置海南赛格公司资产，特别是涉及重大资产处置时，必须经过临时经营班子集体讨论决定，并上报省处置办或国有企业股东所属国资委批准同意后才能执行”。其中，“依照法律规定”表述模糊，如果能够引用具体的法律条文，其说服力必然更强。

（点评人：周兆进，海南师范大学法学院副院长、副教授）

（2021）琼刑终 112 号裁判文书原文

第十一章　伪造公司印章罪

19. 王某伪造公司印章案*

【关键词】

伪造　使用　使用伪造的印章　伪造公司印章罪

【裁判要旨】

行为人没有伪造或者指使、默许他人伪造公司印章的行为，仅具有使用伪造的公司印章的行为，该单纯使用伪造印章的行为本身不构成伪造公司印章罪。

一、简要案情

被告人王某，原广西建工集团第五建筑工程有限责任公司（以下简称广西五建）四川汇鑫分公司经理。因涉嫌犯伪造公司印章罪，于2014年11月28日被刑事拘留，2015年1月4日被取保候审；因涉嫌犯诈骗罪、伪造公司印章罪，于2017年10月17日被刑事拘留，同年10月21日被逮捕；2019年9月14日、同年12月10日、2020年12月10日，先后被取保候审。

广西壮族自治区柳州市城中区人民检察院以被告人王某犯挪用资金罪、伪造公司印章罪，向柳州市城中区人民法院提起公诉。

被告人王某及辩护人辩称：王某没有伪造广西五建公章，不知道有关材料上加盖的广西五建公章系伪造，其使用行为不构成犯罪；涉案“资金”不是广西五建资金，是以王某私企反担保应收的履约保证金，且收取资金的账户均由王某支配、使用，王某不是广西五建员工。故请求法院依法宣告王某无罪。

柳州市城中区人民法院经审理后认为，被告人王某利用担任广西五建汇

---

* （2020）桂02刑终337号。

鑫分公司经理，管理公司财物的职务便利，挪用公司资金，数额巨大，其行为构成挪用资金罪；王某伪造公司印章，其行为构成伪造公司印章罪，但指控中的第三起证据不足，不予认定。遂依照 1997 年修订的《刑法》第 280 条第 2 款、第 12 条第 1 款、第 272 条第 1 款、第 69 条第 1 款、第 64 条，《最高人民法院、最高人民检察院关于办理贪污贿赂刑事案件适用法律若干问题的解释》第 11 条第 2 款、第 6 条之规定，作出判决：一、被告人王某犯挪用资金罪，判处有期徒刑六年；犯伪造公司印章罪，判处有期徒刑二年。决定执行有期徒刑七年。二、责令王某退赔被害单位广西五建 16 661 353. 98 万元。

一审宣判后，被告人王某不服，提出上诉。

柳州市中级人民法院经审理认为，原判认定涉案资金的属性、王某是否实施了伪造印章行为等事实不清，证据不足。遂依照《刑事诉讼法》第 236 条第 1 款第 3 项之规定，作出裁定：一、撤销广西壮族自治区柳州市城中区人民法院（2018）桂 0202 刑初 246 号刑事判决；二、发回广西壮族自治区柳州市城中区人民法院重新审判。

柳州市城中区人民法院经重审后，认为被告人王某伪造公司印章，其行为构成伪造公司印章罪；王某不具有挪用资金罪的主体身份，指控其犯挪用资金罪不成立。依据《刑法》第 280 条第 2 款之规定，作出判决：被告人王某犯伪造公司印章罪，判处有期徒刑二年。

一审重审宣判后，被告人王某不服，提出上诉。

柳州市中级人民法院经审理查明：2010 年 10 月 24 日，广西五建将其下设的四川汇鑫分公司的工程施工业务交由被告人王某所开办、控股的四川汇鑫燚海建设开发有限公司（以下简称汇鑫燚海公司）承包，约定汇鑫分公司不办理四川备案、营业执照，不刻制公章。同年 11 月 26 日，广西五建聘任王某为汇鑫分公司经理职位。2012 年 12 月，广西五建撤销汇鑫分公司；2013 年 3 月 6 日，免去王某汇鑫分公司经理职位。2012 年至 2013 年间，广西五建第二十六分公司成立，王某以广西五建名义承接相关工程。具体如下：

1. 2012 年 1 月 11 日，广西五建第二十六分公司在成都市武侯区登记成立，王某为负责人；后该分公司刻制了公章，并在重庆农商行等开设银行账户。经鉴定，上述用于分公司登记成立的有关材料上加盖的“广西五建”印章系伪造。

2. 2012 年 8 月 23 日，王某代表广西五建就承揽四川省双流县统筹城乡保障性安置小区鸿川小区建设工程项目（以下简称鸿川小区项目）与刘某君、陈某洋的四川嵩亿建筑工程有限责任公司签订《联合投资协议书》；经过洽谈等，广西五建中标鸿川小区项目；10月11日，刘某君代表广西五建与东升街道办签订《投资建设管理合同》等。因承建鸿川小区项目，广西五建于2012年8月30日至2013年1月7日向银行申请开具了受益人为东升街道办、保证金额累计2.6亿余元的投标保函等，王某及其名下公司为反担保人。2012年8月24日至2013年1月25日，陈某洋等累计向广西五建支付投标诚意金等共计2576万元，其中，654万元作为鸿川小区项目投资诚意金转给东升街道办、327万余元用于申请投标保函等，余者被转给他人及王某经营的公司。

经鉴定，前述有关事项中使用的广西五建介绍信、法定代表人授权委托书、公章确认证明、投资建设管理合同、审计报告等10余份材料上加盖的“广西五建”印章系伪造。

3.2013年3月5日，王某以广西五建四川代理公司名义与王甲签订合作协议；7月22日，由王甲经办，广西五建与内江市东兴区住建局签订招商合同。经鉴定，上述招商合同上加盖的“广西五建”印章系伪造。

柳州市中级人民法院认为：首先，无证据证明王某伪造或者指使他人伪造了广西五建印章。王某从未供认过自己或者指使、默许他人伪造广西五建印章（为行文方便，以下统称王某伪造印章）；证人证言不能直接证明王某伪造印章；有关材料上加盖有伪造的“广西五建”印章且利益指向王某不能得出王某伪造印章的结论；无物证或具体制作人直接认定王某伪造印章。其次，何时伪造、伪造几枚广西五建印章事实不清，证据不足。早在本案指控事实之前，在和王某无关的项目材料上，均存在伪造的“广西五建”印章，从证人赵某处亦查获一枚伪造的“广西五建”印章，本案存在的多枚伪造的印章，是否同一，未做鉴定。再次，无证据证明王某明知“广西五建”印章系伪造，并且本人或者指使他人使用了伪造的“广西五建”印章。最后，从现有法律、司法解释等来看，都难以得出单纯地使用伪造的印章的行为构成伪造印章罪的结论。因此，现有举示证明王某犯伪造公司印章罪的证据达不到确实、充分的要求，对所要认定的事实无法排除合理怀疑，不能认定王某有罪。依照《刑事诉讼法》第236条第1款第3项、第200条第3项之规定，作出判决：一、撤销广西壮族自治区柳州市城中区人民法院（2020）桂0202刑初443号刑事判决；二、上诉人（原审被告人）王某无罪。

二、撰写心得

（一）吃透

吃透案情，吃透每一份证据，吃透案件焦点，吃透与案件相关的法律、司法解释等。吃透案情和证据是撰写裁判文书的基础，否则，裁判文书将成为无源之水、无本之木。要对案情了如指掌，比较典型的案件有时会让人“百读不厌”，要沉下心来多阅几遍案卷，只有认真地多阅卷，才能熟悉案情、吃透案情。要对证据“如数家珍”，法律事实的认定依赖于案件的证据，吃透每一份证据是让法律事实无限接近客观事实的基础，尤其是对事实较多、关系较复杂、证据较多的案件，更要熟悉每一份证据。要对焦点了然于胸，重视控辩双方的每一个意见，让意见进行碰撞，同时又不陷入控辩之争，保持独立，思索形成自己对于案件的意见，从而准确提炼案件的实质争议之处。要对相关法律、司法解释的适用轻车熟路。要吃透和案件相关的所有法律、司法解释，不限于和所涉罪名直接相关的法律规定、司法解释，还包括可能相关的规定甚至立法沿革等，从而在罪名适用、罪名沿革、立法体系、同类参考、法理基础等多维度对案件及其焦点进行解析。

（二）归纳

裁判文书是法院与公众之间最直接的桥梁，是法官的脸面、法院的脸面。因此，叙述是否清楚、表达是否准确、逻辑是否合理等至关重要。而如何科学归纳总结无疑起着关键作用，尤其是对事实多、事实复杂、证据多的案件，更要有效归纳。只有证据确实充分，才能做到事实认定清楚，释法说理有理有据，让人信服。本案公诉机关指控 1 起挪用资金事实、4 起伪造公司印章事实，且挪用资金事实和其中 1 起伪造公司印章事实存在关联，案件证据材料 100 多份，单是鉴定文书就有 5 家机构出具了 10 份之多。如何甄选采纳和案件事实有关的证据、如何归纳证据，进而如何认定案件的法律事实，是能否把文书写成功的基石。经过前期阅卷、吃透证据，本案终审文书以时间逻辑为轴，兼顾事实逻辑，对案件事实进行了高度概括；将案件的证据分类整理后，由一审时的 100 多项、重审时的 80 余项概括为 46 项，使得繁简更适当、层次更分明、结构更合理、逻辑更清晰。

（三）说理

释法说理部分最能充分体现法官对案情的理解、对证据的把握、对法律的适用、对法理的驾驭，是法官文书撰写水平的体现，是整篇文书的精髓和灵魂，关乎裁判文书的成功与否。优秀的裁判文书不仅要对案件事实予以充分的认定，还要对适用的法律、司法解释等进行正确援引和充分阐释，更要注重证据与法律的结合判断、法律与法理的贯通运用，只有如此，才能做到对事实的清楚认定、对证据的正确采纳、对定性的准确评价。有时，还需要阅读大量的文献、类案的裁判，从中寻找是否有支持自己意见的观点、是否有类似的案例等。本案审理过程中，笔者就阅读了大量的相关文献，进行了类案检索，并形成了类案检索报告供合议庭、专业法官会议、审判委员会参考。在此基础上，本案文书采取由证据到事实、由法律到法理、事实与法律相结合、法律与法理相融合的递进式层层分析的方式进行。以伪造印章罪为基础，围绕罪名的构造，从现有证据并结合法律规定，直接剖析是否存在该罪“伪造”行为、伪造的时间、伪造的枚数等；进而再剖析是否“明知”印章是伪造的、是否“使用”了伪造的印章；最后从法理上剖析即便使用了伪造的印章，依法也不能成立伪造印章罪。说理看似没有和辩护意见一一对应，实则围绕争议焦点全面回应了控辩双方的意见。

另外，裁判文书的说理不在于长，而在于精和准。裁判文书并非写得越长就越有水平，相反，认定事实不加修改地简单照搬，采纳证据不加归纳地粗暴罗列，释法说理不加取舍地长篇大论，只会让裁判文书变得更加糟糕，离优秀也渐行渐远。优秀的裁判文书要“精”写事实，“精”用证据，“准”用法律，“准”确说理。以客观事实为基础，精写法律事实；围绕法律事实，精准采纳证据；根据案件情况，准确适用法律；围绕争议焦点，精准释法说理。

（四）担当

裁判文书还要体现法院的司法担当。作为中级人民法院，更应当充分发挥二审有效终审、准确定罪量刑的审级职能。本案经过了一审、二审、发回重审、再二审，从判决被告人构成挪用资金罪和伪造公司印章罪，到撤销原判，再到判决被告人构成伪造公司印章罪，最后到被告人无罪。在此过程中，无论是被告人，还是公诉人，抑或法院，都承受着很大的压力。第一次二审时，鉴于案件既存在有罪的证据又存在无罪的证据，诸多事实不清楚、证据不充分，二审法院本着查明案件事实、公正司法，将案件发回重审，是对案件负责、对当事人负责的决心和担当。第二次二审时，再次充分发挥二审终审的作用，对一审认定的事实不清、适用法律不当等问题，坚决予以纠正，依法改判，做到案结事了，切实体现了终审法院的司法担当。

实际上，写好一份优秀的裁判文书，并不只以上几点，优秀的裁判文书还需要学识的提高、经验的积累、时间的沉淀、良好的文风、格式的规范、要素的齐全、结构的合理、反复的修改……回过头来看，优秀的裁判文书，并非买彩票中大奖般的偶然。要沉下心来，花费心力去研究、去写作、去推敲，思考每一段，斟酌字词句。总之，认真对待每一件案件，优秀裁判文书迟早都会问世。

（孙涛，广西壮族自治区柳州市中级人民法院法官）

三、专家评析

本案判决书格式规范，要素齐全，对程序性事项的记载全面，客观完整地反映了案件的审理经过，实现了案件的程序正义，也体现了法官较强的程序理念；文书撰写脉络清晰流畅，篇章结构合理，各部分详略得当，语言文字表达准确，符合法院诉讼文书的制作规范要求。

文书概括辩检主张简明准确，能够抓住辩检双方的实质、有效的诉求，剔除和案件无关的意见，做到归纳焦点准确清晰。文书说理部分虽没有对辩检意见进行一一评价，但实则合乎逻辑地全面回应了辩检意见，体现了对辩检双方的平等对待。

文书审理查明的案件事实清楚，除对公诉机关指控和一审法院认定的事实进行审理查明外，还对和案件有关的其他事实进行查明，使案件的事实更加完整、真实。认定事实的证据确实、充分，和案件有关联，能够充分证明审理查明的事实。文书证据分析认定较为全面、缜密、充分，对证据罗列清晰，能够高度归纳、概括同类证据，而不是简单地一项一项堆砌证据，证据的归纳和排序合情合理、证据所证明的内容表达准确，符合案件的实际情况。

文书说理采用递进式方式进行，层层推进、环环相扣。依据法律的规定，紧紧围绕案件的事实和证据，综合全案证据逐层分析，从认定构成伪造印章罪的最高证据标准到最低证据标准层层分析，说理逻辑严谨，层次清晰，论证有力。

文书的突出亮点在于进一步明确了裁判规则的适用。文书以程序正义保障实体结果公正，立足本案事实和证据，依据现行法律规定，明确了单纯地使用伪造的印章的行为不构成伪造印章罪。对类案的裁判提供了参考的蓝本，具有示范作用，有助于类案裁判标准和尺度的统一。

（点评人：曾艳，广西壮族自治区柳州市中级人民法院院长、广西审判业务专家）

（2020）桂02刑终337号裁判文书原文

第十二章　非法获取计算机信息系统数据、非法控制计算机信息系统罪

20. 朱某海非法获取计算机信息系统数据、内幕交易案*

【关键词】

非法获取计算机信息系统数据　内幕交易　数罪并罚　量刑

【裁判要旨】

被告人非法侵入他人计算机信息系统，并对多台计算机信息系统实施非法控制，而后还利用其非法获取的内幕信息实施内幕交易的，尽管其行为可以分别评价为目的行为（内幕交易）与手段行为（非法侵入计算机信息系统与非法控制计算机信息系统），但非法侵入计算机信息系统、非法控制计算机信息系统罪不能完全评价被告人的内幕交易行为，故应评价为数罪，予以并罚。

一、简要案情

（一）非法获取计算机信息系统数据、非法控制计算机信息系统事实

2004 年至 2016 年间，被告人朱某海违反国家规定，制作并使用木马病毒非法侵入、控制他人计算机信息系统，非法获取相关计算机信息系统存储的数据。其间，被告人朱某海非法控制计算机信息系统 2474 台，利用从华夏基金管理有限公司、南方基金管理有限公司等多家基金公司计算机系统内非法获取的交易指令，进行相关股票交易牟利，共计获利 182 万余元。

---

* （2020）辽刑终 242 号。

（二）内幕交易事实

2009年，被告人朱某海利用木马病毒从中信证券股份有限公司非法获取了《中信网络1号备忘录——关于长宽收购协议条款》《苏宁环球公司非公开发行项目》等多条内幕信息，在相关内幕信息敏感期内与对应敏感信息相关的股票交易。其中，朱某海自2009年3月23日至10月29日，买入股份成交金额共计人民币3 120 904.87元，卖出股票成交金额共计人民币3 140 592.82元。

2019年12月10日葫芦岛市中级人民法院作出（2018）辽14刑初39号刑事判决：一、被告人朱某海犯非法获取计算机信息系统数据、非法控制计算机系统罪，判处有期徒刑三年，并处罚金人民币1800万元；犯内幕交易罪，判处有期徒刑六个月，并处罚金人民币9.8万元，数罪并罚，决定执行有期徒刑三年一个月，并处罚金人民币1809.8万元。二、对被告人朱某海的违法所得人民币1 855 418.22元，依法予以追缴，上缴国库。三、对被告人朱某海作案使用的联想Thinkpad－X230笔记本电脑、服务器主机、U盘、硬盘等作案工具，依法予以没收，上缴国库。

宣判后，公诉机关提出抗诉，被告人朱某海提出上诉。

辽宁省高级人民法院于2021年4月14日作出（2020）辽刑终242号刑事判决：一、维持葫芦岛市中级人民法院（2018）辽14刑初39号刑事判决书的第二、三项。二、撤销葫芦岛市中级人民法院（2018）辽14刑初39号刑事判决的第一项。三、上诉人朱某海犯非法获取计算机信息系统数据、非法控制计算机系统罪，判处有期徒刑三年，并处罚金人民币360万元；犯内幕交易罪，判处有期徒刑五年，并处罚金人民币9.8万元，数罪并罚，决定执行有期徒刑六年，并处罚金人民币369.8万元。

通过二审判决书解决了本案争议的三个焦点问题：一是朱某海非法侵入他人计算机信息系统并实施非法控制，在获取计算机信息系统数据后又实施内幕交易的，究竟应定一罪还是应对之数罪并罚；二是如何理解内幕交易罪中的“情节严重”与“情节特别严重”；三是对朱某海犯非法获取计算机信息系统数据、非法控制计算机系统罪判处十倍罚金是否适当。

二、撰写心得

参评第五届全国法院百篇优秀裁判文书有幸入围，格外惊喜。法律的权威来自社会的认同，社会认同取决于司法裁判，一份优秀的裁判文书不仅是对成文法的最好诠释，也是法官职业生涯的荣誉勋章。作为从业30年的老法官，没有什么比自己的“作品”获得全国性奖项更令人鼓舞与欣慰，回顾案件的审理过程，至今仍记忆犹新。

“凡事预则立，不预则废”，不是每一个刑事案件都具有典型意义和示范价值，案例的遴选是关键，法官要做有心人。朱某海案从案件受理之时，合议庭法官都能感受到它的与众不同，既有检察机关的抗诉，又有朱某海的上诉，且通过非法控制计算机信息系统数据获取内幕信息，进行股票交易，是定一罪还是数罪审判实践中确有争议，法官的责任感和使命感，迫使你必须认真梳理法律事实、严格审查证据，准确适用法律，得出唯一正确结论，而这一切必须从庭审开始。庭审是法官审理案件最重要的环节，通过庭审查明事实、辨别证据，分清是非及责任，听取控辩双方意见，总结争议焦点，为未来制作裁判文书及编写案例评析（本案还被评为“2022 年全国法院优秀案例分析”优秀奖）打下坚实基础。

裁判文书是司法活动的最终成果，承载着事实认定、证据采信、释法说理、法律适用和裁判结果。刑事裁判文书事关当事人的生命和自由，裁判结果要经得起法律和历史的检验。朱某海案证据庞杂，控辩意见针锋相对，合议庭本着认定事实清楚，证据确实充分，释法说理透彻，法律适用准确，语法规范的目标原则，精心制作裁判文书，力求达到精益求精。

（一）注重挖掘案件的典型意义和指导价值，使案件具有示范性

优秀的文书除了核心观点明确、实体结果公正等技术要素外，一定要具备亮点，对于同类型案件具有一定的指导价值和示范作用。刑事判决书不仅是一份具有法律效力的文件，还是引导人们树立正确价值观的重要手段。通过刑事判决的宣读和解析，向公众传递正确的价值观，推动全社会向更公正、更文明、更和谐的方向发展。本案通过二审判决书解决了争议的三个焦点问题：一是朱某海非法侵入他人计算机信息系统并实施非法控制，在获取计算机信息系统数据后又实施内幕交易的，究竟应定一罪还是应对之数罪并罚；二是如何理解内幕交易罪中的“情节严重”与“情节特别严重”；三是对朱某海犯非法获取计算机信息系统数据、非法控制计算机系统罪判处十倍罚金是否适当。

（二）运用法治思维，依法依规辨法析理

刑事判决书的核心是法律适用，要准确认定事实，根据罪刑法定原则，说理要具有针对性。紧紧围绕案件争议焦点，针对控辩双方主张是否成立，控辩意见是否采纳，逐个说理论证，对于双方当事人在事实证明和适用法律方面的不同意见，应当给出明确的回答，分清是非曲直，明确责任，合理论证案件事实和法律适用之间的关系，同时将法理情有机结合，努力做到辨法析理、胜败皆服。

本案中针对控辩双方存在较大争议的“一审法院根据上诉人朱某海的违法所得判处十倍罚金是否过高”这一问题，判决书从我国《刑法》总则第52条规定“判处罚金，应当根据犯罪情节决定罚金数额”，到《刑法》分则对于凡涉及附加刑判处罚金数额一般规定在涉案数额的两倍以下或违法所得一倍以上五倍以下，论述有理有据。

关于朱某海所提“非法获取计算机信息系统数据、非法控制计算机系统罪与内幕交易罪应属牵连犯而择一重罪处罚”的上诉理由，判决书从两个方面进行论述说理。一方面，该行为以实施非法控制为目的，给网络安全带来极大的隐患，对国家信息网络的安全造成严重威胁，严重扰乱了社会管理秩序。另一方面，内幕交易罪侵犯的客体是国家对证券、期货交易的管理制度和投资者的合法权益，是指非法获取证券、期货交易内幕信息的人员，在涉及证券的发行、证券期货交易或者其他对证券期货交易价格有重大影响的信息尚未公开前买入或者卖出该证券，情节严重的行为。本案中，虽然上诉人朱某海均是利用股票信息的非法获利行为，但其实施两个不同的事实和行为，侵犯两个法益，且两种行为均属犯罪既遂，不能评价为刑法理论的牵连犯而择一重罪处罚。驳辩的理由是从犯罪的特征出发，用大量篇幅对法律适用争议问题完整准确地作出回应。

（三）援引证据详略得当、排列有序

对于证据繁多庞杂的案件，庭审前要研透案情，反复推敲卷宗内证据材料，庭审后根据控辩双方出示的证据删繁就简，如果全部照搬原文引用，判决书将会显得过于臃肿冗长，撰写裁判文书时，应在忠于证据原文的基础上，对所有证据材料进行归纳总结，力求做到言简意赅。本案的二审判决书将众多证据按照鉴定意见、勘验检查笔录；书证、物证；证人证言；被告人供述和辩解的顺序，从客观证据到主观证据的逻辑关系依次援引，通过分类整理，一目了然，既有利于法官客观地认定事实，又便于公众全面了解案情。

（四）语法规范，符合裁判文书规则要求

只有通过不断的积累、反复的锤炼打磨，才会制作出高质量的裁判文书。裁判文书的文字是否精准，关键在于案件事实叙述是否层次分明，能否处理好事实叙述和引述证据之间的关系，适用法律条文是否准确、完整等。要真正做到格式规范，结构合理、要素齐全。本案还有值得关注的文字细节：一是原审判决书将驳辩上诉理由论述在前，抗诉意见在后；二审调整将支持抗诉意见表述在前，采纳上诉理由表述在后；原审判决书罗列证人证言时用的是“证言”，二审判决书在援引证人证言时采用了第三人称的方式，用的是“证言证明”；原审判决书在表述罚金时用的是小写的阿拉伯数字，二审判决书改用了大写；等等。

（周发遴，辽宁省高级人民法院法官）

三、专家评析

这是一起上诉和抗诉兼具的案件，也是一起涉及电脑网络知识和证券期货知识的案件。这就要求合议庭特别是主审法官，不但要运用法外的相关知识，将诸多证据证明的事实还原为认定相关犯罪的构成事实，还要在此基础上，对控辩双方的各自诉求及争议焦点问题进行回应和论证，使判决书的判理令各方信服。综观该判决，显然做到了。具体如下：

1. 对于检方关于原审适用法律错误、导致量刑畸轻的抗诉意见和辩方关于罚金刑过重的上诉意见，依法予以支持，并就支持的依据和理由进行了充分的论述。显示了判决书撰写者的丰厚法律素养和释法说理能力，彰显了判理所蕴含的公平正义理念。

2. 对于上诉人及其辩护人提出的关于一审认定其行为属于内幕交易犯罪证据不足，应属于股票的短线操作，以及指控的两个犯罪之间属于牵连犯的上诉和辩护意见，该判决依法不予支持。关于短线操作能否构成内幕交易罪问题，该判决在列明相关证据充分证明上诉人存在内幕交易事实的基础上明确指出：单纯股票的短线操作行为应该与获得内幕信息并无任何关联，利用非法获取内幕信息的操作即使短线行为亦构成犯罪，且与获利与否无关。这段论述，言简意赅，且对短线操作与内幕交易的关系把握精准，令人信服。关于上诉人实施的“非法获取计算机信息系统数据、非法控制计算机信息系统罪”与“内幕交易罪”之间是否存在牵连关系，从而应当认定牵连犯的上诉意见，该判决明确指出，虽然上诉人均是利用股票信息的非法获利行为，但上诉人实施两个不同的事实和行为，侵犯两个法益，且两种行为均属犯罪既遂，不能评价为刑法理论的牵连犯而择一重罪处罚。故该上诉理由无事实和法律依据，本院亦不予采纳。这段判理，蕴含了刑法理论在刑法竞合问题上所坚持的“法益充分保护原则”和“全面评价原则”的通说，使得该判理扎根于坚实的理论土壤，立得住、站得稳。体现了该判决的撰写者深厚的理论素养。

3. 该判决书的判理部分，言简意赅、简单明快、一语中的、不拖泥带水，无论是否为专业人士，透过该判决的判理部分，都能理解撰写者所要表达的思维逻辑和法律理念，都能接受撰写者的论述和观点。这样的判决，为“案结事了”这一解决纠纷的办案根本目的提供了前提。

当然，该判决的判理部分也并非完美无缺，比如，在不支持牵连犯诉求时，如果将学界通说认为的成立牵连犯必须是两个犯罪行为之间具有通常的手段和目的关系这一理论运用到判理中，从而进一步指出“非法获取计算机信息系统数据、非法控制计算机信息系统罪”与“内幕交易罪”之间并不具备这种通常联系，以此作为不支持本案是牵连犯诉求的理由，可能会更加有力；但瑕不掩瑜，毕竟判决书不是学术论文，也不能要求判决书的判理部分去回应学界争论。但如果能运用通说的观点，可能在释法说理方面会更加精彩。

据了解，该判决撰写人也是本案主审的周发遴法官，长期从事经济犯罪和职务犯罪的审判工作，法理基础雄厚、审判经验丰富、业务素养很高，其撰写的判决书，多次获奖或成为范本。因此，该判决如此优秀，绝非偶然。希望周发遴法官再接再厉，写出更多更优秀的判决书。

（点评人：赵丙贵，辽宁大学法学院教授、法学博士、辽宁大学刑法研究中心主任）

（2020）辽刑终 242 号裁判文书原文

第十三章　组织、领导、参加黑社会性质组织罪

21. 周某松等组织、领导、参加黑社会性质组织案*

【关键词】

组织、领导、参加黑社会性质组织罪　“四个特征”　恶势力犯罪集团

【裁判要旨】

黑社会性质组织与恶势力犯罪集团均系有组织犯罪，两者具有高度相似性。对此，应结合组织化程度的高低、经济实力的强弱、有无追求和实现对社会的非法控制等特征加以正确区分。对于虽然具有黑社会性质组织某些形式化、个别化特征，但不符合黑社会性质组织“四个特征”的实质化、整体化判断标准的，不能认定为黑社会性质组织。

一、简要案情

被告人周某松、江某松、高某显、王某、沈某玉、方某峰、彭某颖、金某、方某星、方某主、方某海、吴某、高某等均为江西鄱阳籍老乡。自2016年开始，周某松、方某主、方某星、彭某颖在江西省鹰潭市带失足女卖淫，2017年10月，周某松将其控制的一名失足女带至江西省景德镇市并安排在被告人余某珍开设的卖淫场所卖淫。自2018年2月开始，周某松陆续纠集高某显、方某星、方某主、彭某颖、江某松、方某海等人到景德镇，通过社交软件以及在KTV陪唱人员中物色卖淫人选，以交男女朋友为幌子，以一对一管理模式，采取引诱、欺骗、恐吓、暴力等方式，分别将各自结交的“女朋友”(共11名女性，其中7名未成年人，含1名幼女）介绍或强行安排到余某珍开设的卖淫场所进行卖淫，周某松和余某珍从每单卖淫收入中分别提成10元

* （2020）赣刑终201号。

和40元，其余归失足女和带她卖淫的“男朋友”。该组织卖淫所得近百万元，主要用于团伙成员吃喝玩乐、租房、网上赌博等开销。

2018年5月至10月，被告人金某、沈某玉、王某、吴某、高某、方某峰相继投奔周某松并加入组织，该犯罪组织进一步壮大，经常出入景德镇市火车站、浙江路一带的宾馆、KTV和网吧，通过暴露纹身、逞强耍横、打架斗殴等方式显示其是“混社会”的以及解决日常纠纷，先后实施了组织、强迫卖淫、聚众斗殴、寻衅滋事、妨害信用卡管理、随意殴打他人、任意毁坏财物等一系列违法犯罪活动，造成轻伤1人，轻微伤3人。

为了物色失足女，2018年10月28日，周某松纠集王某、方某星、沈某玉、方某峰以欺骗手段强行将李某2（未成年人）、刘某1（幼女）带到景德镇。当晚，在宾馆当着团伙成员的面，方某峰强奸了李某2，周某松、王某轮奸了刘某1，江某松、高某显趁机抚摸了刘某1的乳房。之后，周某松、王某、高某显、沈某玉通过威逼利诱，方某峰通过强奸刘某1等手段，强迫该两人留下来卖淫，遭到拒绝。后周某松主动将李某2送走，而刘某1趁机逃离宾馆。该以周某松为首、重要成员固定的违法犯罪组织，为非作恶，欺压百姓，扰乱当地经济、社会生活秩序，造成较为恶劣的社会影响，属于恶势力犯罪集团。2019年1月15日，周某松等人被陆续抓获，该组织被摧毁。

生效判决认为，被告人周某松、江某松、高某显、王某、沈某玉、彭某颖、方某峰、金某、方某星、余某珍、方某主、方某海、吴某、高某等人为共同实施组织、强迫卖淫、聚众斗殴、寻衅滋事等违法犯罪活动而组成的较为固定的犯罪组织，为非作恶，欺压百姓，扰乱当地经济、社会生活秩序，造成较为恶劣的社会影响，属于恶势力犯罪集团。以犯组织、强迫卖淫罪、强奸罪、聚众斗殴罪、寻衅滋事罪、猥亵儿童罪、妨害信用卡管理罪等罪分别判处各被告人无期徒刑至一年六个月不等有期徒刑。

该案的争议焦点包括：（1）以周某松为首的犯罪集团是否属于黑社会性质组织，周某松等是否构成组织、领导、参加黑社会性质组织罪。公诉机关、一审法院和江西省人民检察院二审出庭意见，均认为该犯罪集团属于黑社会性质组织，周某松等人构成组织、领导、参加黑社会性质组织罪，而周某松等人及其辩护人认为该犯罪集团不属于黑社会性质组织，而应认定为恶势力犯罪集团。（2）周某松等人是否构成组织、强迫卖淫罪。公诉机关、一审法院和江西省人民检察院二审出庭意见认为，该犯罪集团成员根据组织惯常的模式和套路，通过交友软件以谈恋爱为名结交女性，在骗取女孩的感情和信任之后，采取威逼利诱的方式，介绍、引诱甚至强奸手段强迫各自“女朋友”卖淫赚钱，且在发生纠纷后依托组织出面解决，其所谓的“一对一”管理模式和利益分配方式并不影响构成组织犯罪，应认定为组织、强迫卖淫罪。周某松等人及其辩护人认为周某松等人不构成组织、强迫卖淫罪。

二、撰写心得

本案在当地曾引起广泛关注，属于省督办涉黑恶案件。作为承办法官，要求自己不仅要把案件办成铁案，更要将办案成果体现在高质量的裁判文书之中，使裁判文书充分展现办案严谨的事实认定、正确的法律适用、有力的裁判说理和规范的形式表达，实现“努力让人民群众在每一个司法案件中感受到公平正义”的目标。

（一）全面吃透案情，严谨认定事实

最高人民法院于同志博士在《刑事实务课堂》中说，案件事实是裁判的物质基础，对裁判结论的形成具有关键意义。但事实认定，又必须严格遵守证据裁判原则，坚持一切靠证据说话，有多少证据认定多少事实。本案属于黑恶势力犯罪案件，涉及被告人人数多、事实多、罪名多，案卷材料多达130卷。承办人不厌其烦，仔细审查了全部案卷，边看边记，形成阅卷笔录。同时，根据辩、检提出的意见，重点审查争议焦点问题所指向的事实和证据。其中，周某松组织是否属于黑社会性质组织是本案最为主要的争议焦点。公诉机关、一审法院和二审检察院均认为周某松组织构成黑社会性质组织犯罪，但对照有关法律和司法解释，在对组织构架、经济情况、行为模式和危害程度的证据进行梳理、论证之后，认为认定周某松组织系黑社会性质组织的事实还达不到证据确实、充分的程度。正是因为严把证据关，严谨认定事实，承办人提出的周某松组织不构成黑社会性质组织犯罪而属于恶势力犯罪集团的意见，不仅得到了合议庭成员的认可，也得到本院审判委员会的一致同意，为该案最终改判起到了关键作用，坚守了法律底线。

（二）全面熟悉法律政策，准确适用法律

准确适用法律的前提是全面熟悉法律和政策。当前办理涉及黑恶犯罪案件的法律适用，除了刑法之外，还有大量的司法解释、会议纪要，内容繁多、复杂。特别是对认定黑社会性质组织的“四个特征”的法律和政策散见于司法解释和会议纪要，或前后规定不一，或内容变化很大，需要办案人员根据

形势和司法实践的需要进行仔细甄别，加以准确理解和适用。既要防止降格处理，更要防止人为拔高。在办理该案期间，承办人对所有办理涉黑恶犯罪案件的司法解释、指导性文件，进行全面系统地学习、梳理，充分领会其精神实质。因此，裁判文书关于本案不宜认定黑社会性质组织的说理部分，切实贯彻了最新相关司法解释或指导性文件的精神。承办人认为，“两高两部”在开展扫黑除恶专项斗争之初印发的《关于办理黑恶势力犯罪案件若干问题的指导意见》（法发〔2018〕1号）是三年专项斗争以及今后开展常态扫黑除恶斗争的纲领性文件，对准确理解“打早打小”和“打准打实”有着至关重要的作用，应坚决加以贯彻执行。该指导意见要求，司法实践中应认真审查、分析黑社会性质组织的“四个特征”相互间的内在联系，准确评价涉案犯罪组织所造成的社会危害，做到不枉不纵。周某松组织确实具有黑社会性质组织的某些特征，但根据上述指导意见的内容，对“四个特征”应进行实质化、整体化的把握，不能仅根据该组织所具有某些特征而加以形式化、片面化理解，人为拔高处理，导致法律适用不准，定性错误。

（三）全面归纳控辩意见，释法说理透彻有力

本案被告人数十人，在二审期间，被告人和辩护人提出的上诉理由和辩护意见，既有对事实的异议，也有定性和量刑的意见，要全面评析上诉意见和辩护理由，是一项具有挑战性的工作。争议焦点是周某松组织是否构成黑社会性质组织犯罪，是否构成组织、强迫卖淫罪，对强奸的两名幼女是否明知等三方面，文书严格落实《最高人民法院关于加强和规范裁判文书释法说理的指导意见》精神，全面、精准、有力地对控辩双方争议焦点进行辨法析理。重点在于以下几点：

1. 阐明事理。在分析评判检、辩双方意见过程中，都要根据确认的在案证据阐述案件发生的来龙去脉、案件的真实情况、发生的前因后果。例如，在认定周某松组织是否属于黑社会性质组织时，文书在说理过程中，全面阐述了周某松组织形成过程、经济状况、行为特点和社会危害程度，为后面释法说理进行铺垫，水到渠成，逻辑连贯。

2. 释明法理。既注重阐明所依据的法律规范，包括法律、司法解释，又注重说明适用法律法规的具体理由。例如，辩方提出，周某松强奸李某2、刘某1时，对两人是否是幼女并不明知。为此，文书引用了2013年最高人民法院等部门印发的《关于依法惩治性侵害未成年人犯罪的意见》的相关规定，详细论证了周某松对侵害对象是明知的法律、法理依据。该意见是对《刑法》

适用的明确指引，对于行为人除非双方基于正常交往，且足够谨慎的情况下，仍然产生误判，并与对方自愿发生性关系的情况下，才得以排除其是明知的认定。本案中，周某松等人长期从事组织、强迫多名未成年人卖淫，从未在意被侵害对象是否是幼女，因此可以认为其对被强迫卖淫的女性年龄存在概括的明知故意。同理，周某松等人为强迫李某 2、刘某 1 卖淫而甘冒风险实施强奸，对被害人是否是幼女在所不问，应当认定周某松等人主观明知，且并非属于客观归罪，体现了该意见对未成年女性的保护，符合社会主义核心价值观。

3. 讲究文理。力求语言规范、表达准确，增强说服效果。裁判文书制作数易其稿，反复打磨修改，力求精益求精。

（四）全面规范表达形式，力求繁简得当

参评裁判文书是二审改判一审的判决书，对如何谋篇布局，承办人颇费了一番思考。从认定主要犯罪事实看，一审、二审差别不大，对证据的真实性、合法性也不是辩方关注的重点，焦点在于现有证据能否认定周某松等构成黑社会性质组织犯罪以及部分个罪是否成立。为此，承办人对原判认定的事实和证据进行归纳、概括，避免全部照抄一审判决认定的事实和证据而占用大量篇幅；对辩、检双方的意见进行精当归纳，既不遗漏重要观点，又避免拖沓冗长，以便将更多的篇幅留给对争议焦点的评判，突出二审审理的重点，展示二审裁判核心部分——释法说理，使整个裁判文书结构清晰，布局合理，繁简得当。总之，周某松涉黑恶案二审裁判文书全方位考验承办法官的综合素质，是对承办法官办案能力的全面检验。该案裁判文书有幸入选全国第五届优秀裁判文书，既是对承办人十多年一线工作经历的肯定，也是对承办人今后办案工作的鞭策和鼓励，应制作更多的精品裁判文书，让人民群众在裁判文书中看到更多的司法正义。

（邓扬茂，江西省高级人民法院法官）

三、专家评析

本案二审审理程序合法、定罪准确、量刑适当，实现了政治效果、法律效果和社会效果的有机统一。同时，该案二审判决书是为期三年扫黑除恶专项斗争江西法院系统审理的众多黑恶案件中一篇十分难得的优秀裁判文书。

（一）文书制作规范、体例结构清晰，谋篇布局水平高

本案属于恶势力集团犯罪，涉及被告人人数多、事多、罪名多，但纵观整篇裁判文书，层次分明，结构清晰，繁简得当。对涉及争议焦点的内容，例如是否构成黑社会性质组织犯罪，是否构成组织、强迫卖淫罪，对强奸的两名被害人是否明知是幼女等部分，尽可能详细归纳控辩意见，并一一罗列一审判决的证据，为后面评判控判意见是否成立提供证据支撑，以确保裁判“以事实为根据，以法律为准绳”，而对双方争议不大的内容进行简单概括，在证据上也仅列证据目录，避免文书拖沓冗长，体现承办法官高超的文书制作水平。

（二）文书辨法析理逻辑清楚，说理透彻，反映了承办法官对涉黑恶案件法律适用的精准把握和叙事说理能力

本案审理重点是周某松组织是否构成黑社会性质组织犯罪和组织、强迫卖淫、对强奸两名幼女是否明知，文书用数万字的篇幅，有理有据地对控辩双方争议焦点进行辨法析理，逐一评析、逻辑严密、详略得当、令人信服。其中，对是否构成涉黑犯罪和强奸幼女罪的分析是文书的精华部分。承办法官在全面吃透案情和熟悉掌握相关法律规定的基础上，花费大量篇幅论证周某松组织的定性问题，依法回应被告人及辩护人的每一项辩解意见，条分缕析，有理有据，反映了承办法官较为深厚的法学理论功底和辨法说理能力。

（三）坚守法律底线，统一裁判尺度，指导借鉴意义大

黑社会性质组织往往是从恶势力团伙和普通犯罪集团渐进演变而成的，并逐渐显现出黑社会性质组织的“四个特征”，在很多时候两者特征具有一定重合性。关于周某松组织是否构成黑社会性质组织犯罪的问题，一审法院支持了公诉机关的指控，认定周某松犯罪集团系黑社会性质组织，周某松等人构成组织、领导、参加黑社会性质组织犯罪。二审法院坚守法治定力，准确把握黑恶组织的认定标准，认为周某松组织具备黑社会性质组织某些形态，但又不完全符合黑社会性质组织犯罪的“四个特征”，特别是不符合组织特征和危害性特征，依法不认定为黑社会性质组织，改变定性为恶势力犯罪集团，保证实体公正，防止“拔高”或者“降格”处理。既贯彻了“打早打小”的方针，将其消灭在萌芽状态，同时又严格依法定性，“打准打实”，严格区分黑社会性质组织犯罪与一般恶势力犯罪集团，做到了不枉不纵，为区分黑社会性质组织和恶势力集团提供了范本，对于统一裁判尺度具有较好的指引作用。

（点评人：汤媛媛，江西省高级人民法院刑一庭庭长，刑法学博士）

（2020）赣刑终 201 号裁判文书原文

22. 石某刚等组织、领导、参加黑社会性质组织案*

【关键词】

黑社会性质组织　“四个特征”　基层自治组织

【裁判要旨】

关于村党支部委员会、村委会的干部和工作人员结成犯罪组织实施犯罪，能否认定为黑社会性质组织，应坚持实质判断原则，即犯罪组织控制基层政权后假借村两委会名义实施的，或者个人决定的利用村两委职能实施的违法犯罪活动，应视为犯罪组织的行为。把持基层政权的犯罪组织同时具备黑社会性质组织“组织特征”“经济特征”“行为特征”“危害性特征”这四个特征的，应当认定为黑社会性质组织。

一、简要案情

被告人石某刚自2010年至2013年间，通过拉票、指使他人包办入党材料并违规取得党员身份、控制选举等方式当选北京市丰台区长辛店镇辛庄村党总支委员会书记、村民委员会主任、辛庄农工商联合公司（后更名为北京鑫盛泰投资管理公司）法定代表人，逐渐把持了对辛庄村的控制权。此后，石某刚陆续安插其子被告人石某及被告人于某、于某珍、王某胜、冯某等人进入辛庄村党总支、村委会工作，最终形成了以石某刚、石某为组织者、领导者，以被告人于某、赵某连、于某珍、王某胜、张某为骨干成员，以被告人张某、冯某、庞某峰、曹某、刘某武、罗某俊为积极参加者，以洪某男、韩某龙、程某利、王某庆、张某乐、王某贵、韩某国（以上七人均另案处理）为一般参加者，人数较多、结构稳定、分工明确的犯罪组织，实施了一系列违法犯罪活动。

被告人石某刚、石某及其组织成员多次在辛庄村内有组织地实施贪污、索要及收受贿赂、职务侵占、强迫交易、敲诈勒索、串通投标等违法犯罪活

---

* （2020）京02刑初4号。

动，并在有关国家机关工作人员的纵容下，大肆毁林占地，垄断农村资源，攫取巨额经济利益，将部分财产用于组织的违法犯罪活动、组织成员前往澳门等地赌博娱乐、奖励组织成员，并为组织成员及特定关系人在拆迁中牟取私利、介绍工程、提供住处等，维系组织的生存、发展。

被告人石某刚、石某及其组织成员，为形成强势地位、树立非法权威、逞强争霸，以暴力、威胁等手段有组织地多次对群众实施寻衅滋事、敲诈勒索、强迫交易、故意毁坏财物等违法犯罪活动，为非作恶、欺压群众；对相关执法人员或拉拢腐蚀或打击报复，并公然实施聚众冲击国家机关、阻碍军人执行职务等犯罪行为。被告人石某刚、石某及其组织成员通过上述违法犯罪活动及在国家机关工作人员纵容下，垄断当地相关资源，干扰、破坏当地公司、企业及个人的正常生产、经营、生活，利用组织势力，违规发展组织成员入党，违法获取人大代表政治地位，在辛庄村称霸一方，形成非法控制和重大影响，致使当地群众的合法权益被侵害后，不敢通过正常途径控告、举报，严重破坏了当地政治、经济、社会生活秩序及生态环境，严重干扰国家机关、人民军队在当地的正常工作秩序，破坏基层政权基础、危害国防利益。

二、撰写心得

裁判文书是法院和法官的名片，是整个诉讼活动的载体，承载着事实认定、证据采信、释法说理、法律适用和裁判结果，是合议庭裁判思路的集中展现，同时担负着公平正义宣示和社会主义核心价值观弘扬的作用。刑事裁判文书还事关当事人的生命和自由，裁判结果经得起法律和历史的检验，是一份刑事裁判文书的最低要求。石某刚等人涉黑案涉及21名被告人、17个罪名、60余起违法犯罪事实、1600余册侦查卷宗，系北京市涉及违法犯罪事实最多的一起涉黑案件，具有示范作用和警示教育意义。该案证据庞杂、各方意见繁多，本着认定事实清楚、定案证据确实充分、释法说理透彻、法律适用准确、语法规范、文字严谨精练的目标原则，精心制作裁判文书，力求精益求精。

（一）文书制作以实现“三个效果”统一为导向

涉黑案件社会关注度高，人民群众反映强烈，合议庭从社会大局稳定和国家长治久安的高度，依法推进案件处理和裁判文书制作，努力实现良好的政治效果、法律效果和社会效果。

（二）科学谋篇布局，优化体例

（1）对于庭前会议中解决的程序性事项，如非法证据排除，在文书开篇部分依法作出决定，只有优先解决此问题，才能进行事实查明和证据展示。（2）参考最高人民法院以往判决的案例，区分黑社会性质组织与成员个人所实施的犯罪事实，同时区分犯罪事实与违法事实。将整个案件事实分为三个部分予以表述：组织、领导、参加黑社会性质组织的事实，黑社会性质组织所实施的违法犯罪事实，个人所实施的犯罪事实。如此表述，便于区分组织责任与个人责任，在归责时有利于量刑均衡。同时，为凸显黑社会性质组织的特征，区分犯罪事实和违法事实，重视对违法事实的认定和表述，对认定黑社会性质组织事实具有重要意义的违法事实，予以单独表述。（3）分项辩驳事实证据问题与法律适用问题。对事实证据问题，因需要与认定的事实和证据相对应，采取"一起事实一分析，一起事实一辩驳"的方式，即在每一起违法犯罪事实后对控辩双方出示的证据是否采信进行综合分析，对质证意见进行分析辩驳、充分回应，避免前后衔接不紧密、难以对应的问题；而对法律适用问题，则统一置后回应，集中说理，这样既能保证文书结构清晰、条理分明，又能对控辩双方意见条分缕析、充分回应，保证辨法析理充分。

（三）罗列证据，详略得当

本案证据材料繁多，如一味地原文引用，判决书将会显得过于臃肿。为此，合议庭在忠于证据原意的基础上，对所有的证据材料进行归纳总结，力求做到言简意赅。区分认罪与不认罪部分，对被告人及辩护人无异议的违法犯罪事实，进行简化罗列，对控辩双方有争议的事实、证据部分，详加罗列。合议庭经反复斟酌、删繁留简，最终形成350余页、21万余字的判决书。

（四）辨法析理，全面透彻

充分回应控辩双方意见，做到说理透彻、全面，对控辩双方存有较大争议的组织、领导、参加黑社会性质组织罪，从该罪的四大特征出发，用大量篇幅进行论证，力求有理有据，对其他法律适用争议，均能完整、准确作出回应，让当事人明白，让人民群众明白。

（五）集思广益，反复推敲

多次组织合议庭成员研讨文书体例和写法，尤其是判决书的说理部分，集众人之力不断地修改完善。对于文书校对工作，合议庭坚持分别校对和集中校对相结合，大到案件事实的认定、证据的分析、辩护意见的辩驳，小到语法、标点符号的运用、个别文字的表述，合议庭无不经过数次讨论研究、反复推敲。为了实现语法、标点符号的准确无误，合议庭还专门搜集资料，组织学习。

（吴炎冰，北京市第二中级人民法院法官）

三、专家评析

本案系北京市涉及违法犯罪事实最多的一起黑社会性质组织犯罪案件，案情重大复杂，涉及 21 名被告人、17 个罪名、60 起违法犯罪事实，涉案财物众多，裁判文书 20 余万字，案件在全市干部警示教育大会上作为警示教育案例予以播放，取得了良好的政治效果、法律效果、社会效果和法制宣传效果。此份判决书，形式规范，结构完整清晰，文字表述简练，说理充分透彻，裁判结果公正适当，文书体例参考了最高人民法院以往判决的涉黑案件，采取了“一起事实一分析，一起事实一辩驳”的方式，将对每起事实质证意见的回应与对全案法律适用意见的综合回应分开，避免前后重复。对黑社会性质组织的四个特征进行了充分的论证和准确的认定，特别是专门就涉案财物的权属根据证据逐一进行分析认定，财产处置规范，对审理同类型案件具有重要参考价值。本案被评为北京市法院参阅案例。

（点评人：谭劲松，北京市第一中级人民法院副院长）

（2020）京 02 刑初 4 号裁判文书原文

23. 周某森等组织、领导、参加黑社会性质组织等案*

【关键词】

组织、领导、参加黑社会性质组织

【裁判要旨】

被告人通过拉票等方式当选为村委会主任、村党支部书记，并扶持其他被告人担任周边各村党支部书记、村委会主任等职务，逐步把持、操控多个村基层政权。多名被告人中有组织者和领导者，有骨干成员、积极参加者、一般参加者，骨干成员基本固定，人数较多，有明确的层级和职责分工，符合黑社会性质组织的组织特征。

一、简要案情

被告人周某森组织、领导被告人周某柱、王某峰、赵某、甘某民、赵某利、孙某合、陈某丽、陈某勇、张某印、窦某雷、杨某战、张某、刘某利、李某，形成骨干成员基本固定、组织结构较为稳定的犯罪组织，通过有组织地进行违法犯罪活动或其他手段获取经济利益，以暴力、威胁等手段有组织地多次进行违法犯罪活动，为非作恶，欺压群众，在当地形成非法控制和重大影响，严重破坏当地政治、经济、社会生活秩序；该组织通过把持、操控魏某1镇多个村基层政权，树立非法权威，严重损害基层政权基础。被告人周某森系黑社会性质组织的组织者、领导者，被告人周某柱、王某峰、赵某、甘某民、赵某利、孙某合、陈某丽、陈某勇、张某印、窦某雷系积极参加者，被告人杨某战、张某、刘某利、李某系一般参加者；被告人周某森、周某柱、王某峰、窦某雷、张某等人随意殴打他人，情节恶劣；被告人周某森、王某峰、赵某、张某印、窦某雷、张某持械聚众斗殴，斗殴人数多，规模大，社会影响恶劣；被告人周某森、王某峰、赵某、甘某民、赵某利、孙某合、陈某丽、杨某战故意伤害他人身体，造成一人重伤、二人轻伤；被告人周某森、

---

* （2021）京02刑初121号。

周某柱、甘某民、刘某利敲诈勒索公私财物，其中周某森、周某柱数额特别巨大，甘某民、刘某利数额巨大；被告人周某森、孙某合以牟利为目的，违反土地管理法规，非法倒卖土地使用权，情节特别严重；被告人周某森利用担任东某1村党支部书记、村委会主任、村经济合作社社长的职务便利，伙同陈某丽、李某，将村集体财产占为己有，数额较大；被告人周某森、王某峰串通投标，情节严重；被告人周某森、周某柱、王某峰、赵某、甘某民、赵某利、孙某合、陈某丽、陈某勇、张某印、刘某利诈骗公私财物，数额特别巨大；被告人李某诈骗公私财物，数额较大；被告人王某峰、孙某合为掩饰、隐瞒黑社会性质组织的犯罪所得，通过转账等方式转移资金；被告人周某森伪造国家机关证件；被告人周某森、王某峰非法制造、运输枪支；被告人周某森违反狩猎法规，在禁猎区、禁猎期使用禁用的工具进行狩猎，破坏野生动物资源，情节严重；被告人周某森利用职务上的便利，非法收受他人财物，为他人谋取利益，数额较大，为谋取不正当的利益，给予国家工作人员财物。

二、撰写心得

裁判文书是法院和法官的名片，是整个诉讼活动的精髓，承载着事实认定、证据采信、释法说理、法律适用和裁判结果等重要内容，是合议庭裁判思路的集中展现，还担负着宣誓公平正义和弘扬社会主义核心价值观的作用。刑事裁判文书更涉及当事人的自由甚至生命，裁判结果经得起法律和历史的检验，是一份刑事裁判文书的最低要求。周某森等人涉黑案是一起特大黑社会性质组织犯罪案件，具有重大社会影响，该案是扫黑除恶常态化以来北京第一起涉黑案，中央扫黑除恶专项督导小组及市委均高度重视，该案主案涉及15名被告人、50余起违法犯罪事实、一审判决书近30万字。一审宣判后，15名被告人均表示服判不上诉，取得了良好的政治效果、法律效果、社会效果和法制宣传效果。该案案情复杂，证据材料多，辩护人数多，指控和辩护观点纷繁，该篇文书清晰阐释了各起违法犯罪事实，各被告人所涉犯罪事实及罪名，以及在其中各自的作用，认定事实清楚、证据展示层次分明、结构严谨、语言规范、文字精练、对各辩护观点的回应准确，释法说理充分、裁判结果精准，具有重大刑事案件裁判文书示范指导意义。该篇文书也得到了被告人、辩护人的一致认可，实现了一审服判不上诉、一审宣判后案结事了的双赢效果。

下面笔者结合该案，就撰写裁判文书谈几点心得体会，笔者认为，要写好一篇刑事判决，在定罪准确、量刑适当的基本要求下，还要注重以下三个方面。

（一）事实、证据布局科学，详略得当

涉黑案件社会关注度高，人民群众反映强烈，文书肯定要考虑到政治效果、法律效果和社会效果统一的问题。要重点突出，详略得当，文字要尽可能贴近生活，让尽可能多的群众对判决的事实、证据一目了然。要凸显黑社会性质组织的特征和危害性，对于危害性大，恶性突出的暴力犯罪，要详加表述，对于与黑社会性质组织无关的、没有争议的被告人个人犯罪，则可以略加简述。本案证据材料繁多，针对这种情况，不宜一味地原文引用，避免文书过于臃肿，可在忠于证据原意的基础上，对证据材料进行归纳总结。对被告人及辩护人无异议的证据，进行简化，对控辩双方有争议的事实、证据部分，详加罗列。本案涉及事实多，很多事实涉及的法律适用相似，可以将法律适用问题，统一置后回应，集中说理，这样既能保证文书结构清晰、条理分明，避免重复回应，又能对控辩双方意见条分缕析、充分回应，保证辨法析理充分。

（二）辨法析理，全面透彻

为了达到三个效果的统一，文书的辩驳部分必须详实、充分。要全面回应控辩双方意见，做到说理透彻，例如对控辩双方存有较大争议的组织、领导、参加黑社会性质组织罪，判决从法律规定的构成该罪的四大特征出发，用较多篇幅摆事实、讲证据，进行论证，对其他如从犯、未遂等直接影响量刑的争议问题，依法明确、完整作出回应，让当事人明白，让人民群众明白。

（三）反复推敲，力争精益求精

文书要想经得起历史的考验，必须反复推敲，力求没有瑕疵，做到这点很难，特别是400多页近30万字的文书，体量太大。这就要求承办人、合议庭要有迎接挑战、战胜困难的决心和勇气，这篇文书之所以成功，是合议庭数次讨论研究、反复推敲的结果，是集体智慧的结晶。从确定体例和写法到说理部分的字斟句酌，大到案件事实的认定、证据的分析、辩护意见的辩驳，小到语法、标点符号的运用、个别文字的表述，都是合议庭成员一起一点点修改、一次次完善的结果，成绩的取得，离不开合议庭全体成员认真负责的工作态度和踏实、细致的工作作风。

（韩绍鹏、王敏，北京市第二中级人民法院法官）

三、专家评析

周某森等人涉黑案，是全国扫黑办挂牌督办、北京市影响最大的涉黑案，涉及15个罪名、52起犯罪事实，卷宗材料600余本，视频光盘100余张，判决书400多页、近30万字。案件事实复杂、证据材料多，15名被告人、20多位辩护律师的辩解及辩护意见涉及面广、辩点多，裁判文书用数十页的篇幅，结合本案事实、证据及相关法律规定，以证据链条分析为基础，对黑社会性质组织的4个特征及15个罪名认定、犯罪事实、量刑情节等，从37个方面依法有据地逐一回应，准确阐释了各起违法犯罪事实，各被告人所涉犯罪事实及罪名，以及各自在共同犯罪中的地位和作用。在依法从严打击的同时，对各被告人所具有的自首、未遂、从犯、立功、如实供述、认罪认罚、认罪悔罪等法定、酌定从轻减轻情节，在量刑上予以考虑，充分体现宽严相济刑事政策。在依法有据逐一书面回应的基础上，宣判后又进行了4个多小时的释法答疑，涉黑案15名被告人及关联案件被告人共19人均认罪服判不上诉，取得了很好的裁判效果。周某森涉黑案的稳妥审结，充分彰显了首都法院铲除黑恶势力的坚定决心和增强人民群众安全感的司法担当，用实际行动护卫了首都和谐稳定、人民安居乐业。

（点评人：邱波，北京市第二中级人民法院审监庭庭长）

（2021）京02刑初121号裁判文书原文

第十四章　虚假诉讼罪

24. 唐某某、严某等虚假诉讼案*

【关键词】

虚假诉讼　“无中生有型”　情节严重

【裁判要旨】

被告人之间为达到债权非法担保及优先实现的目的，恶意串通虚增部分债权债务，连同真实债权债务整体向法院提起民事诉讼。被告虚增债权债务与真实债权债务能够明显区分，属于“无中生有型”而非“部分篡改型”虚假诉讼行为，构成虚假诉讼罪。被告通过捏造债权债务，致使法院开庭、出具调解文书、实施强制执行措施等程序，严重妨害司法秩序、损害司法公信力，应当认定为虚假诉讼“情节严重”。

一、简要案情

2015年1月至5月，因修建苍溪县龙王镇“巨龙广场”，四川省润杰置业有限公司（以下简称润杰公司）及实际投资人代某、唐某某夫妇多次向严某借款合计人民币393.2万元。2016年5月，唐某某因润杰公司资金链断裂导致工程停工，欲再向严某借款500万元，严某因担心不能收回借款不愿出借。后经唐某某、严某商量，将原借款393.2万元及新增虚假借款500万元一并提起诉讼，骗取法院裁判文书，在执行中将“巨龙广场”在建项目抵押给严某，以确保债权实现，严某再将新增借款500万元转入苍溪县龙王镇人民政府指定专用账户。之后，严某找来以其嫂王某某的名义转账给吴某510万元的银行转款凭证，虚构严某帮忙偿还唐某某原借吴某510万元借款的事实，由唐某某书写虚假《借条》一张，载明“借到严某人民币510万元，此款用

* （2020）川08刑终52号。

于还吴某借款，请将此款转入吴某账号……借款单位：四川省润杰置业有限公司；法定代表人：李某某；担保人：唐某某、代某；时间：2015 年 2 月 11 日”。

2016 年 5 月 25 日，唐某某代为书写民事起诉状，严某向苍溪县人民法院提起民事诉讼，请求判令润杰公司、唐某某及其妻子代某共同偿还借款 903. 2 万元及资金利息。2016 年 7 月 5 日，苍溪县人民法院作出（2016）川 0824 民初 1825 号民事调解书，确定“由唐某某、代某偿还严某现金 79. 4 万元及利息，润杰公司承担连带偿还责任；由润杰公司偿还严某现金 823. 8 万元及利息，唐某某、代某承担连带偿还责任”。

2016 年 7 月 11 日，严某向苍溪县人民法院申请强制执行。同年 8 月 1 日，严某申请对润杰公司开发的位于苍溪县龙王镇在建“巨龙广场”整体查封，苍溪县人民法院作出（2016）川 0824 执 747 - 1 号执行裁定书，查封润杰公司开发的位于苍溪县龙王镇小西街 5095 平方米的土地使用权及该宗土地上的在建工程，查封期限三年。后因润杰公司、唐某某、代某等人资金链断裂导致“巨龙广场”长期停建，苍溪县城投公司等单位对“巨龙广场”项目进行清算、接管。2016 年 9 月 5 日，苍溪县人民法院扣留、提取了唐某某、代某、润杰公司在龙王镇开发的“巨龙广场”项目清算后的应收款 280 余万元。2018 年 1 月 26 日，苍溪县人民法院解除对“巨龙广场”在建工程查封。在苍溪县人民法院通知债权人申报债权、制定执行款分配方案过程中，唐某某、严某到苍溪县人民法院供述捏造严某借款给润杰公司人民币 510 万元的犯罪事实。同时查明，2013 年 3 月 12 日，唐某某之妻代某投资成立润杰公司，公司类型为有限责任公司（自然人投资或控股），法定代表人（负责人）李某某。但该公司实际投资人为代某，2015 年 8 月因代某生病住院，唐某某于同年 12 月退休，负责润杰公司的管理和经营。

本案的争议焦点为：双方有部分真实债权情况下，为达到非法目的，又串通虚增部分债权，整体提起诉讼，致法院开庭、调解、查封财产、强制执行，是否构成虚假诉讼罪？是否属于情节严重？

二、撰写心得

裁判文书是人民法院司法工作水准的体现，是司法人员的名片，更是人民群众感受公平正义的载体。一份优秀的裁判文书的形成贯穿于阅卷、证据审查、焦点归纳、庭审、文书撰写等全流程，需要提前谋划、精心打造。既能客观反映案件事实、精准无误司法判断，更能彰显宣示、说服和引导的功能。

（一）案情掌握要清晰明了

1. 仔细阅卷、全面掌握案情。对在卷的每一份证据均细致审查、分析，详细制作阅卷笔录，明晰案件焦点，便于在庭审中有针对性的发问、全面查清案件事实。

2. 强化证据审查、分析。精准的案件事实认定来源于充分、完整的证据链。根据刑事诉讼法及司法解释规定，对在案证据的合法性、真实性进行分析，实现定罪量刑的事实都有证据证明、据以定案的证据均经法定程序查证属实、综合全案证据对所认定事实已经排除合理怀疑。

3. 与一审承办法官沟通了解案件一审审理情况；与受理被告人唐某某、严某提起虚假民事诉讼的民事法官、执行法官沟通，了解民事案件、执行案件中的上访、举报情况及被告人的表现、对司法工作造成的影响等，为准确认定犯罪情节奠定基础。

（二）争点归纳要精准全面

法官归纳的争议焦点是案件的审判密码，也是裁判文书的说理核心，因而控辩双方争议焦点的归纳情况关系到文书说理的重点是否突出及说理是否全面、透彻、充分。

1. 合理排列上诉人争点的位序。上诉人往往提出多项争点，或者各上诉人提出争点又不同，各争点表面上各自独立，实际包含逻辑关系，其解决存在先后之分。具体到本案上诉人唐某某与严某各提出三项争点且不尽相同，承办人围绕案件性质予以全盘考虑，厘清各争点间逻辑关系，合理排列出“是否构罪—是否情节严重—是否构成自首—是否从犯”的顺位，提升了审理效率并增强了文书说理的逻辑性及说服力。

2. 复盘检验争点。从案件展现出来的事实与证据重新检验已归纳出来的争点，进行扩充或限缩调整，再返回案件事实与证据进行分析，即通过“来回穿梭观察”检验争点的准确性，奠定后期裁判文书发挥示范功效的基础。

（三）裁判观点要准确无误

1. 居中裁判理念到位。严格按照案件证据认定事实、按照法律规定定罪量刑，不先入为主对被告人作有罪推定。对控辩双方意见保持高度关注，将“存疑有利被告人”原则贯穿案件审理始终。对辩护人有异议的、一审法院认定的“因‘巨龙广场’长期停建，56户拆迁户持续上访”的事实不予认定。

2. 业务知识学习到位。深入学习与虚假诉讼罪相关的法律法规、司法解释，明晰立法原意及司法解释出台过程中分歧较大的问题；扩展学习民事诉讼相关法律规定，了解可分之诉、不可分之诉的区分。检索相关核心期刊论文，了解司法实务及专家学者对虚假诉讼罪的研究情况及主流观点，对“部分篡改型”与“无中生有型”的区分了然于胸。进行类案检索，尤其看是否有指导性案例、本省高院案例，广泛借鉴前人的优秀经验，明确虚假诉讼构罪要件及“情节严重”的认定标准。

（四）文书表述要严谨流畅

裁判文书的撰写不仅需要深厚的法学理论功底，还需要缜密的逻辑思维能力与高超的语言文字功底。具体表现在：

1. 事实认定详略得当。要注重严谨性、精练性，严格按照犯罪构成要件、量刑要件展开且确保事实认定中的每一个字均有确实、充分的证据证实；在证据罗列上，每一项都应与案件事实有关且来源合法、内容真实，内容要繁简得当，过于详细则显得冗长啰嗦，过于精简则让人不明所以。

2. 文书语言通俗易懂。要以法律规定为骨，组织文书语言，用专业而不生涩、通俗而不庸俗的语言将案件背后的法理深入浅出地表达出来，注重一般社会群体的可读性，把法律语言转换成符合法律精神、易为读者理解和接受的公众语言。

3. 文书格式标准规范。严格按照刑事诉讼文书样式呈现；裁判文书要经过书记员、法官助理、承办人、合议庭“四重校对”，确保裁判文书从内容到文字、从用语到标点符号都准确无误，绝不带错出门。

（五）文书说理要透彻充分

一篇好的裁判文书不仅体现在其事实认定准确、适用法律、裁判结果正确上，更在于用“接地气”的语言让老百姓能看得懂。说理是裁判的灵魂，裁判文书是公平正义的载体，只有说理透彻、实现情理法的融合才能具有强的说服力、执行力。

1. 要加强文书说理的针对性。文书说理要紧紧围绕案件事实、法律规定、争议焦点进行，就控辩双方对适用法律的所有争议焦点展开论述，不可回避矛盾、避重就轻。本案上诉人二审辩称其虚增的510万元中有此前真实借款393.2万元的利息60万元，其目的是以此误导法官认定其为“部分篡改型”诉讼，而根据相关规定“部分篡改型”诉讼不构成虚假诉讼罪，从而达到出罪之目的。在裁判文书说理中明确辩解的510万元中包含此前债权的60万元利息查明不属实，真实的债权债务与虚增的510万元均为可分之诉，被告人唐某某的行为属于“无中生有型”诉讼而非“部分篡改型”诉讼，被告人的行为符合虚假诉讼罪的犯罪构成。

2. 加强文书说理的逻辑性。裁判文书认定的事实、论理及裁判结论形成之间必须有严密的逻辑性，认定事实与适用法律之间衔接流畅、不生硬，将法官裁判的心证历程完整地呈现在裁判文书之中。

3. 要加强文书说理的客观性。在文书说理中要坚持“言之有物”原则。未经查明的事实或无充分证据证实且被认定的事实或者法官内心确信但证据不充分的意见、结论，不能写入文书说理部分；可有可无的表述或明显带有倾向性且与犯罪构成、量刑无关的表述，因极易引起当事人及公众的误解，引发不必要的网络舆情，不应写入裁判文书。

（李敏，四川省广元市中级人民法院法官）

三、专家评析

（一）具有规则指导意义

整治虚假诉讼是党的十八届四中全会部署的重大任务，对建设诚信社会、保护群众权利、保障经济发展、维护司法权威、建设法治国家具有重要意义。本案中，法院精准地识别出了被告人虚增的债务是可分之诉，为“无中生有型”诉讼，为准确打击虚假诉讼犯罪奠定了基础。同时，以可分之诉的思路认定虚增的债务，进而认定行为人的行为系“无中生有”，构成虚假诉讼罪，为打击治理此类行为提供了一定的裁判指导。

（二）文书形式规范严谨

文书格式严格按照刑事诉讼文书样式，样式规范；语言表达精练严谨，标点符号、数字序号等使用正确，行文流畅且详略得当，将晦涩的法学理论与通俗的语言相结合，很好地展现了撰写者的语言文字功底及深厚的法学理论功底。本裁判文书为二审文书，在文书中对一审查明的事实与证据的排列组合繁简得当，对一审认定事实是否清楚、全面，量刑是否适当，程序是否合法等进行全面审查与监督。

（三）说理紧扣争议焦点

本案事实关系较为复杂且控辩双方意见分歧较大，文书全面精准地将案件的争议焦点展现出来。裁判文书的说理紧扣双方争议焦点展开，就“无中生有型”虚假诉讼与“部分篡改型”虚假诉讼的区别、虚假诉讼罪情节严重的认定标准、自首情节的认定、共同犯罪中主从犯的认定等进行全面充分透彻的说理。严格按照法律规定、证据情况展开文书说理，言之有物且表达精练，该篇法律文书彰显了司法裁判的公平正义，也呈现了承办人的司法智识。

（点评人：陈东，四川省广元市中级人民法院党组成员、副院长）

（2020）川 08 刑终 52 号裁判文书原文

25. 苏某彤、杨某飞虚假诉讼案*

【关键词】

民事法律关系　诉权　虚假诉讼　兜底条款

【裁判要旨】

行为人虚构、捏造民事法律关系，提起民事诉讼，误导人民法院作出裁判文书的行为构成虚假诉讼罪。《最高人民法院、最高人民检察院关于办理虚假诉讼刑事案件适用法律若干问题的解释》第3条规定了七种虚假诉讼“情节严重”的情形。按此规定，虚假诉讼致使人民法院基于捏造的事实作出裁判文书、制作财产分配方案，或者立案执行基于捏造的事实作出的仲裁裁决、公正债权文书，严重干扰正常司法活动或者严重损害司法公信力的属于情节严重，但该条却未明确何为“严重”。对此，应综合运用文义解释、体系解释、目的解释等多种解释方法，把握适用条件，即其严重干扰正常司法活动或者严重损害司法公信力的程度应当与该条其他“情节严重”情形基本相当。

一、简要案情

被告人苏某彤、杨某飞与张某琦系同学关系。2015年8月，张某琦向苏某彤借款2万元，并约定利息。后张某琦无力清偿，又先后多次向苏某彤借款用于偿还以前借款利息及供个人日常花销。为便于向张某琦索要借款本息，苏某彤每次出借钱款时，或称出借钱款为其同学出借，或称从小额贷款公司、网络借贷平台上所借，均需支付利息。2018年8月中旬，苏某彤认为张某琦所借钱款虽有转账交易记录，但没有借贷字据，遂产生让张某琦书写借条的想法。苏某彤便将想法告知被告人杨某飞，并想通过杨某飞的朋友给张某琦借钱后，收回出借钱款。2018年8月20日，杨某飞谎称朋友借钱，其不便以自己名义出借，请求王某（决定不起诉）作为名义借款人，其充当担保人，王某不实际出借资金。王某同意后，杨某飞告知苏某彤。次日，苏某彤告诉

* （2020）甘10刑终111号。

张某琦其联系了一个借款人，让张某琦给王某书写借条，所借款项用于清偿张某琦之前的借款。当天，张某琦给王某书写了一张 7 万元的借条，双方口头约定利息每月 3500 元，借款期限至 2018 年 9 月 21 日，由杨某飞担保。后王某按照杨某飞教唆，告知张某琦钱款转给苏某彤，并将借条交给杨某飞保管。张某琦向苏某彤索要该笔借款。苏某彤为使张某琦确信王某已支付钱款，仅给张某琦转账 1000 元。2018 年 9 月中旬，杨某飞教唆王某向张某琦索要借款，张某琦拒不归还。

2018 年 11 月 12 日，被告人杨某飞向正宁县人民法院提起诉讼，请求向张某琦、苏某彤行使追偿权，正宁县人民法院受理后由民二庭先后两次公开开庭进行了审理。第一次庭审中，杨某飞向法庭提交了借条，同时用自己与苏某彤之间的支付宝转账记录冒充王某向苏某彤转款的转账记录，法庭审查后未予采信。第二次庭审时，苏某彤向法庭邮寄了一份书面答辩状，谎称该笔借款已由王某的朋友向其支付。2018 年 12 月 27 日，正宁县人民法院作出判决，判令由张某琦归还杨某飞代为清偿的借款本息共计 6. 89 万元。张某琦不服，提起上诉，并向公安机关报案。

一审法院认为，被告人苏某彤、杨某飞为达到向张某琦索要借款的目的，恶意串通，向法庭作虚假陈述，提供虚假材料，故意隐瞒部分关键事实，致使一审人民法院在认定事实和判断民事法律关系时出现错误，妨害司法秩序，其行为已构成虚假诉讼罪。苏某彤、杨某飞不存在非法占用意图，主观恶性不大；犯罪行为对被害人张某琦的合法权益尚未造成实质性损害；二被告人犯罪情节轻微。具有坦白情节。遂判决：被告人苏某彤犯虚假诉讼罪，免予刑事处罚。被告人杨某飞犯虚假诉讼罪，免予刑事处罚。

一审宣判后，检察机关提起抗诉，认为二被告人的虚假诉讼犯罪行为导致人民法院两次开庭审理，并作出判决，属于“情节严重”，一审法院认为二被告人犯罪情节轻微，致案件量刑不当。

二被告人及辩护人认为，二被告人的行为不构成虚假诉讼罪。只是违反了民事诉讼规则，可依情节给予罚款、拘留，不应以虚假诉讼罪论处。

本案二审争议焦点主要包括：（1）二被告人的行为是否构成虚假诉讼罪；（2）二被告人虚假诉讼行为是否属于“情节严重”，量刑如何入档。

二、撰写心得

（一）勇于担当，主动履职

新类型刑事案件的审理，法律规定原则性强，准确把握的难度较大，且缺乏纲领性的操作指引。针对新类型案件，必须要判得有理、判得有力，才能更好地规范社会生活秩序，防范类案再次发生。本案是庆阳市法院受理的第一起虚假诉讼刑事案件。一审判决后，检察机关抗诉，二被告人均提起上诉。检辩双方对该罪名的入罪标准和量刑情节的认定标准存在争议。主审法官充分认识到，新类型刑事案件的二审裁判结果对辖区两级法院今后一段时间内审理该类型案件具有重大指导意义，相应的裁判文书将成为两级法院办理该类案件的重要参考，对统一辖区法院同类案件裁判思路和裁判尺度具有重要的指导意义。必须要以高度的政治担当和责任心对待新类型刑事二审案件的审理工作。不能简单地维持或者发回重审，必须通过透彻的释法明理，精确认定事实，准确适用法律，作出三个效果高度统一的裁判结果。

本案中，检辩双方争议较大，争议的焦点问题有二：一是罪与非罪的问题，也就是该罪名的认定标准问题；二是犯罪情节认定的问题，即司法解释中“情节严重”的相关规定在实践中如何理解和适用的问题。这两个问题是所有刑事案件审理裁判过程中均无法回避的两个基本问题，也是基层法院审理案件过程中容易出现的两个常见问题，二审法院必须通过具体案件的审理来规范和统一同类案件的裁判尺度。合议庭高度重视该案的审理工作。案件办理过程中，主审法官对于该罪名相关法律规定、专家学者的观点进行了全面梳理，结合法律理论知识、刑事司法原则和案件判处后的政治效果、法律效果、社会效果，综合分析形成了裁判思路和裁判观点。经合议庭、刑事专业法官会议充分讨论后，提交审判委员会讨论决定。

（二）析法明理，理法兼具

二审裁判文书应当充分阐明证据采信和裁判的理由。依照刑事诉讼法的规定，刑事二审案件应当对全案进行全面审查。裁判文书不仅是法官案件审理后作出的结论，还应当尽可能地阐明证据采信的依据和作出裁判结果的理由，消除诉讼当事人已经产生或者可能产生的疑惑，做到“案结事了”。

1. 裁判文书中要重视对证据采信方面的论理，尤其是对证据争议较大和对被告人提交的证据不予采信的案件，一定要对证据是否采信的理由进行阐明。本案一审判决认定的事实清楚，检辩双方对证据争议不大，被告人提交的证据属于客观证据，与案卷内的证据重复，对案件裁判没有影响，进行评判的意义不大，但对于被告人及家属来说，这些证据是其能够提供的全部证据且寄予厚望，在裁判文书中应当简要说明是否采信的原因。

2. 对裁判理由应当进行充分阐释，虚假诉讼罪是一个不常见罪名，与民事诉讼中违反民事诉讼规则的一般违法行为具有类似之处，侵害的法益都是正常的民事审判秩序，从行为方式和法益侵害程度上很难区分罪与非罪。审理过程中，主审人查阅研究了大量的法学理论书籍和专家学者的观点，经过反复比较，与合议庭成员及本院民事法官进行充分讨论，确定入罪标准应当是：行为人通过提供虚假证据、虚假陈述，捏造法律关系致使人民法院误以为其具有诉讼权利，并作出裁判结果。主审法官在裁判文书起草过程中抓住主要矛盾，从犯罪构成的角度对定罪的法律依据进行充分阐释，结合犯罪事实进行了充分论证，进而认定被告人的行为属于刑事犯罪。本案的第二个争议焦点是犯罪情节如何认定的问题。被告人的犯罪行为属于“情节严重”，还是一审法院认定的“情节轻微”，抑或辩护人认为的“情节显著轻微”，实质问题是对司法解释中的兜底条款如何理解和适用问题，实践中兜底条款滥用也是导致部分案件裁判结果失当的原因之一，裁判文书中采用比较解释的思路，综合运用文义解释、体系解释、目的解释的方法对兜底条款的适用标准进行了论述，主要是基于对虚假诉讼罪相关司法解释的兜底条款的适用标准予以阐明，同时也考虑到，本案犯罪行为侵害的客体是诉讼秩序，把握犯罪情节认定标准的难度比侵财类、伤害类案件难度更大。也是希望通过对兜底条款的适用原则进行阐释，规范辖区法院审理案件过程中对兜底条款的准确适用。

（三）逻辑严密，主次分明

裁判文书应当具有严密的逻辑性。

1. 裁判文书的论理过程一般应当与审理过程顺序一致。案件审理一般是按照证据审查、事实认定、法律评价几个步骤进行。一般情况下，裁判文书中的论理过程也应当是按照该顺序进行，首先应当对证据审查过程中存在的问题进行论述，得出证据采信的结论，从而固定全案的证据，准确认定法律事实。对于案件中争议的焦点问题也应当是按照证据采信、事实认定、法律评价的顺序进行罗列，并逐个展开论述。

2. 裁判文书对每一个有争议的焦点问题的论述也应当做到逻辑严密，力求无懈可击。起草一份裁判文书后，要从法律规定、法理、社会习惯、生活习惯和事物发展规律等方面对文书的逻辑性和严密性进行审查，审查应当适用刑事案件证据审查中“排除一切合理怀疑”的标准反复审查所起草的裁判文书，排除裁判文书论理部分逻辑上的漏洞。

3. 必须做到详略得当。详略得当是审理报告和裁判文书最重要的区别之一，我们在刑事案件的审理报告中，一般会对案件审理过程中的所有问题全部进行详细论述，但裁判结果确定以后，起草裁判文书的过程中就应当结合案件审理过程，根据证据采信、事实认定、法律适用中争议的大小、对案件判决结果影响的程度，确定裁判文书论理的详略情况，如审理过程中证据瑕疵经补正后，辩方无异议，在裁判文书中就可以不写或者简写，对于存在争议的焦点问题，一般就应当详细论述，一般情况下，争议越大的问题，裁判文书中论述得就应当越详细、越透彻。争议相对较小的问题，文书论理中进行简要论述即可。

（四）认真校对，查缺补漏

随着裁判结果的确定，思想上的松懈，往往是瑕疵文书滋生的原因。作为主审法官，在裁判文书经过审签、校对之后，一定要在文书定稿之前再次进行审查，对修改后的裁判文书进行一次全面审查，避免修改的过程导致论理部分出现逻辑矛盾，并最后对文书的格式、形式要素、错别字等方面的瑕疵进行检查，坚决杜绝裁判文书中的瑕疵问题。

（陈金学，甘肃省庆阳市中级人民法院法官）

三、专家评析

虚假诉讼罪是《刑法修正案（九）》规定的新罪名。苏某彤、杨某飞虚假诉讼一案是审理法院维护正常民事诉讼秩序、保护司法公信力、惩治虚假诉讼的第一案，在辖区内具有典型意义。从发案线索移交到准确适用法律，体现了人民法院高度的政治担当、主审法官深厚的法律素养和坚定的职业操守，是司法护航经济社会建设的鲜活案例。

该裁判文书从事实、法律、逻辑、表达等方面审视，完全符合刑事裁判文书的要求，是一篇优秀的法律文书。

1. 文书叙述事实清楚，详尽准确地还原了案发过程，特别是对被告人犯意形成过程，主观罪过的发展过程呈现完整逼真，是非曲直，在文书的叙述中，常人即可判断。

2. 准确援引法律规定，精确把握立法意图，法律适用在活生生的案件上。

尤其是在新规定罪名的个案具体落实上，将模糊的规范性概念进行精确的法律解释，体现在文书说理中，法、理、事实现了高度的内在统一，法律效果、社会效果良好。

3. 逻辑严密，说理周全，论证有力。事实客观，法律确定，需要借助严密的逻辑，充分有力的论证，经受事实、法律、时间的检视。该文书在论证说理时，逻辑严密无漏洞，论证严谨，类比精当，逻辑力量强大。

4. 表达简洁规范，详略得当，重点突出。

（点评人：左文盼，陇东学院政法学院讲师）

（2020）甘 10 刑终 111 号裁判文书原文

第十五章　拒不执行判决、裁定罪

26. 汪某某拒不执行判决、裁定案*

【关键词】

认罪认罚　上诉　抗诉　支持抗诉范围

【裁判要旨】

上诉权是被告人法定的诉讼权利，被告人上诉不是评判人民法院判决是否确有错误的标准。对于一审确认了检察机关起诉指控的犯罪事实、罪名并采纳了量刑建议的认罪认罚案件，不能仅因被告人上诉、检察机关因此抗诉而认定一审量刑畸轻。

上一级人民检察院在抗诉期限满后，超出下级人民检察院抗诉书范围提出新的支持抗诉意见，没有法律依据，二审法院不予支持。

一、简要案情

2018 年 8 月 23 日，进贤县人民法院作出民事判决，判决汪某某偿还李某 280 万元人民币借款及利息。同年 9 月 11 日判决生效后，汪某某未履行义务，李某于当月 25 日申请强制执行，进贤县人民法院同日立案执行，同年 10 月 8 日依法向汪某某送达执行通知书、报告财产令等执行文书。汪某某通过转移财产、拒绝报告财产情况、设置通讯障碍等方式拒不配合执行，且名下银行账户内钱款被其用于赌博和高消费，致使法院判决无法执行，具体包括：（1）2018 年 8 月 28 日将其名下凯迪拉克小汽车以 15 万元价格过户给他人；（2）2018 年 9 月 28 日从其名下银行账户转出的 45.1 万元在澳门用于赌博，10 月 10 日转出 8560 元用于手机赌博；（3）2018 年 9 月 27 日至 2019 年 5 月 15 日，其名下银行信用卡发生多笔共 38 万余元存款和消费记录。

---

* （2020）赣 01 刑终 244 号。

进贤县人民检察院以拒不执行判决、裁定罪对汪某某提起公诉，建议判处有期徒刑一年八个月。汪某某对指控事实、罪名及量刑建议均无异议，同意适用简易程序并签字具结，在一审开庭审理过程中亦无异议。一审对公诉机关的量刑建议予以采纳。宣判后，汪某某以量刑过重为由提出上诉，进贤县人民检察院以汪某某提出上诉、对其不再适用认罪认罚从宽制度，致一审量刑畸轻为由提出抗诉。南昌市人民检察院支持抗诉，在抗诉期限届满后提出，原审认定汪某某将凯迪拉克小汽车过户给他人的行为发生在民事判决书生效之前，该起事实系认定错误。二审审理期间，汪某某申请撤回上诉。

南昌市中级人民法院二审认为，抗诉书在法定期限内形成，是人民检察院提起抗诉的标志，是人民检察院表达抗诉意见、阐明抗诉理由的法律文书。启动抗诉、提出具体抗诉意见的权力在下级检察院，上一级检察院并没有代替其提出新的抗诉意见的职权。虽然《刑事抗诉案件出庭规则（试行)》第6条规定上级人民检察院可以在支持抗诉意见书中提出新的抗诉意见，但该规定仅是最高人民检察院公诉厅2001年发布的人民检察院内部司法文件。根据最高人民检察院2014年印发的《关于加强和改进刑事抗诉工作的意见》第21条、2018年印发的《人民检察院刑事抗诉工作指引》第24条及2019年公布实施的《人民检察院刑事诉讼规则》第589条的规定，上一级人民检察院支持或者部分支持抗诉意见的，可以变更、补充抗诉理由。上述司法文件均未规定上一级检察机关可以超出抗诉意见范围提出新的抗诉主张。进贤县人民检察院抗诉意见为原审判决量刑畸轻，并不涉及原审判决的事实认定问题，南昌市人民检察院认为原审判决认定事实错误并据此支持抗诉，属在抗诉期限届满后超出下一级人民检察院抗诉书范围提出新的抗诉主张。虽然支持抗诉意见书于庭前10日送达给了上诉人，但本案系适用二审程序审理的案件，二审即终审，上诉人汪某某对南昌市人民检察院的新抗诉主张，无法再行使上诉权，即便新的抗诉主张对其有利，仍然剥夺了上诉人汪某某的法定诉讼权利。故检察机关的抗诉意见和支持抗诉意见均不予支持。

二、撰写心得

裁判文书是法院和法官的名片，是整个诉讼活动的载体，承载着事实认定、证据采信、释法说理、法律适用和裁判结果，是合议庭裁判思路的集中展现，同时担负着公平正义宣示和社会主义核心价值观弘扬的作用。刑事裁判文书还事关当事人的生命和自由，裁判结果经得起法律和历史的检验，是一份刑事裁判文书的最低要求。汪某某拒不执行判决、裁定上诉、抗诉案，系认罪认罚从宽制度全面适用以来，南昌地区具有示范意义的一起案件。该案涉及认罪认罚被告人的上诉权、检察机关的抗诉权以及支持抗诉的范围问题，合议庭本着认定事实清楚、定案证据确实充分、释法说理透彻、法律适用准确、语法规范、文字严谨精练的目标原则，精心制作裁判文书，力求精益求精。结合本案的办理经过和文书的撰写过程，就如何撰写一份优秀的裁判文书，笔者有以下六点体会。

（一）文书制作以实现“三个效果”统一为导向

认罪认罚从宽这一理念已深入人心，越来越多的被告人主动要求适用该制度程序。但是，司法实践中如何妥善处理认罪认罚后被告人的上诉问题，不仅关系到当事人诉讼权利的保障，而且直接影响认罪认罚从宽制度的良性发展。因此，裁判文书撰写应从社会大局稳定和国家长治久安的高度，依法推进案件处理和裁判文书制作，努力实现良好的政治效果、法律效果和社会效果。

（二）全面高效阅卷，吃透案情

撰写裁判文书，最基础的工作就是有效的阅卷，通过案卷中的证据来了解案件事实。只有研透卷宗，才能吃透案件基础事实，只有对案件事实有了清楚的掌握，下一步才能进行准确的法理分析，才有裁判文书撰写的前提和基础。在日常的办案过程中，笔者习惯收到案卷后第一时间即把案卷材料理清楚，整理案卷的过程也是熟悉案情的过程。在整理清楚后，对全案的证据情况便有了初步的掌握，在此基础上再逐字逐句阅卷并做好阅卷笔录，对基本案情和在案证据情况进行更为深入准确的了解，理顺和掌握控辩双方的主要意见和法律依据，对案件争议焦点了然于胸。在开庭审理时有效引导控辩双方对争议焦点进行辩论，通过庭审进一步全面、明确掌握控辩双方意见，为合议庭讨论及后续文书的制作打下基础。

（三）科学谋篇布局，优化体例

对于刑事诉讼中的程序性事项，如上诉、抗诉，在文书开篇部分进行客观叙述，依法确定认罪认罚被告人的上诉权，之后再进行事实查明和证据展示。比如办理认罪认罚上诉类案件，区分指控犯罪事实、审理查明犯罪事实与认罪认罚事实。如此表述，便于以查明的犯罪事实为基础，找出认罪认罚后被告人上诉的原因、理由，从而有针对性地予以评析、回应。分项辩驳事实证据问题与法律适用问题。对事实证据问题，因需要与认定的事实和证据相对应，采取“一起事实一分析，一起事实一辩驳”的方式，即在每一起违法犯罪事实后对控辩双方出示的证据是否采信进行综合分析，对质证意见进行分析辩驳、充分回应，避免前后衔接不紧密、难以对应的问题；而对法律适用问题，则统一置后回应，集中说理，这样既能保证文书结构清晰、条理分明，又能对控辩双方意见条分缕析、充分回应，保证辨法析理充分。

（四）罗列证据，详略得当

对证据材料繁多的案件如果一味地原文引用，判决书会显得过于臃肿。为此，撰写文书时，在忠于证据原意的基础上，对所有的证据材料进行归纳总结，力求做到言简意赅。对被告人及辩护人无异议的犯罪事实，进行简化罗列，对控辩双方有争议的事实、证据部分，详加罗列。

（五）辨法析理，全面透彻

充分回应控辩双方意见，做到说理透彻、全面，对控辩双方存有较大争议的案件，要从该罪的特征出发，用大量篇幅进行论证，力求有理有据，对其他法律适用争议，均能完整、准确作出回应，让当事人明白，让人民群众明白。优秀的裁判文书不仅要让当事人从文书中看到查明的事实，更要让当事人看到查明事实后的法理论证过程，这个过程集中体现在文书说理部分，该部分直接体现全案的裁判思路和裁判理念，直接体现整篇文书制作水平，是整篇文书的精髓。通过阅卷、庭审，明确控辩双方意见，归纳案件争议焦点，在制作裁判文书时有针对性回应控辩双方的意见，说理全面、透彻，力求有理有据，对法律适用问题作出准确回应。本案围绕的是两个核心问题，即上一级人民检察院在抗诉期限已满之后，能否超出下级人民检察院抗诉书范围提出新的支持抗诉意见，及检察机关因被告人认罪认罚宣判后上诉而提起的抗诉能否支持。

（六）集思广益，反复推敲

组织合议庭成员研讨文书写法，尤其是判决书的说理部分，集众力不断修改完善。对于文书校对工作，坚持分别校对和集中校对相结合，大到案件事实的认定、证据的分析、辩护意见的辩驳，小到语法、个别文字的表述，都反复推敲，实现准确无误。

（潘建，江西省南昌市中级人民法院法官）

三、专家评析

该刑事裁定书要素齐全、格式规范，行文流畅、用语比较准确，事实清晰、层次分明、详略得当，对诉辩意见归纳简洁、比较准确，说理比较透彻、论证有力。更值得赞赏的是二审把好了终审关，裁判正确。该文书总体上堪称优秀。其主要亮点如下。

（一）条理清楚

该文书首先列出控辩双方的基本情况，然后简要说明案件来由，接着详略得当地阐述控、辩、审各方的观点和理由，在认定事实和综合评判控辩意见的基础上最后依法作出裁定结论，一锤定音。

（二）定性和适法正确

上诉人对法院生效民事判决，有能力执行而拒不执行，情节严重，其行为已构成拒不执行判决、裁定罪。因其符合该罪的犯罪成立要件，故其定性正确。而且，考虑到上诉人自动到案，归案后如实供述犯罪事实，具有自首情节，依法可以从轻处罚。一审原判认定的主要事实清楚，证据确实、充分，适用法律正确，量刑适当，审判程序合法。二审法院依法作出终审裁定，“不准许上诉人撤回上诉”“驳回抗诉、上诉，维持原判”，适用实体法和程序法正确。

（三）说理充分

二审法院分别对控辩意见作出综合评判。

1. 针对上诉人及其辩护人的意见，法院主要从三方面进行评判。一是认为上诉人将其小汽车过户的行为发生于民事判决书生效之前，依法不能认定该行为属于拒不执行判决的行为，而原公诉机关起诉指控及原审判决对此认定不当，二审应予以纠正，故对上诉人撤回上诉的要求不予准许；二是认为原审判决已考虑其认罪认罚及自首的情节，予以从轻，且量刑系在法定幅度内作出，并无不当；三是认定其转让汽车的行为不属于拒不执行法院生效判决的行为，并不影响其行为的整体定性，也未改变生效判决未得到有效执行的现状。因此对上诉人及其辩护人的意见均不予采纳。

2. 针对县检察院的抗诉意见，法院也主要从三方面进行评判。一是检察院认为法院裁判确有错误的，应当提出抗诉，但原审判决系根据当时的证据、认罪认罚情况作出，认定的事实、罪名均未超出检察院起诉指控的范围，并采纳了检察院的量刑建议；二是被告人认罪认罚后又提出上诉，检察院据此提出抗诉认为原审判决量刑畸轻，而刑事诉讼法并没有限制自愿认罪认罚的被告人行使上诉权，且是否上诉的决定权在于被告人；三是被告人上诉也不是评判法院判决是否确有错误的标准，不应将被告人依法行使上诉权的行为归咎于原审判决量刑不当。因而对县检察院的抗诉意见不予支持。

3. 针对市检察院的支持抗诉意见，法院从四方面进行评判。一是上一级检察院没有代替下级检察院提出新的抗诉意见的职权；二是虽然司法解释明确上一级检察机关可以变更、补充抗诉理由，但仅限于支持或部分支持的抗诉意见范围内，并未规定上一级检察机关可以超出抗诉意见范围提出新的抗诉主张；三是县检察院抗诉意见为原审判决量刑畸轻，并不涉及原审判决的事实认定问题，而市检察院认为原审判决认定事实错误并据此支持抗诉，属在抗诉期限届满后超出下一级检察院抗诉书范围提出新的抗诉主张；四是本案二审即终审，上诉人对市检察院的新抗诉主张，无法再行使上诉权，即便新的抗诉主张对其有利，仍然剥夺了上诉人的法定诉讼权利。因此对市检察院的支持抗诉意见不予支持。

总之，该文书具有上述诸多优点，值得参考和借鉴。其中对控辩意见的综合评判，若能以先控后辩的顺序阐述，则在形式上会与其前述的顺序保持一致。瑕不掩瑜，其仍不失为一篇优秀的刑事裁定书。

（点评人：曾明生，华东交通大学人文社会科学学院教授，法学博士，硕士生导师，江西省高级人民法院专家咨询委员会委员）

（2020）赣 01 刑终 244 号裁判文书原文

第十六章　污染环境罪

27. M 公司污染环境案*

【关键词】

刑事合规　非法处置　危险废物

【裁判要旨】

被告人委托无危险废物经营许可证的他人非法处置危险废物，严重污染环境，构成污染环境罪。在人民法院积极促进下，被告单位完善环境刑事合规体系建设，并经过企业合规整改评审和判前社会效果评估。被告单位合规整改到位后，评审、评估结果作为企业悔罪表现，与认罪认罚情节相结合，可作为酌情从轻处罚情节认定。

一、简要案情

M 公司是一家经营食品类金属外包装加工的企业，生产过程中需使用涂料，装有涂料残液的铁质废包装桶经环保部门认定系危险废物，依照国家相关规定应当交由具有资质的企业进行处置。2016 年下半年至 2020 年 9 月，被告单位 M 公司在明知被告人王某某、姚某某等人无危险废物经营许可证的情况下，将装有涂料残液的废包装大桶以 7 元一个的价格出售给王某某、姚某某等人进行非法处置，小桶随车带走不计价。废包装桶几经周转，最终被作为废铁运至下游钢厂进行熔铁炼钢等，严重污染大气生态环境。其中 M 公司非法处置危险废物达 500 余吨，违法所得 160 余万元。

在法院阶段，M 公司履行了生态环境损害赔偿款及鉴定评估费用共 230 余万元，退缴了违法所得，并预缴了罚金。案发后，M 公司通过停产整顿、修订环评报告、由第三方环评机构重新制作危废核查报告、修正和更新环评

* （2021）浙 0604 刑初 475 号。

相关数据、提升改造环保设备、整改落实危废产生、管理与处理流程、制定企业合规制度、引入专业团队协助合规建设等方式积极进行合规整改，并通过改进涂料包装，对涂料包装铁桶进行循环回收利用，实现了节能减排和低碳绿色发展。法院通过实地走访、座谈交流、专家咨询等方式，督促企业细化落实整改方案，健全内控机制，推动M公司合规整改工作取得实效，并启动了评审评估会议，专家一致认为，M公司合规整改措施取得了较好成效。

最终，上虞法院认定被告单位M公司等均构成污染环境罪，结合M公司、沈某某等人自愿认罪认罚、合规整改成效、专家评审意见、补植复绿行动及判前社会效果评估结果等，对M公司及涉案人员酌情从宽及从轻处罚。判处被告单位M公司罚金160万元，被告人沈某某有期徒刑三年，缓刑五年，并处罚金30万元；被告人姚某某等人有期徒刑二年六个月至一年不等，并处罚金25万元至1万元不等；对沈某某等6名被宣告缓刑的被告人同时宣告禁止令，禁止其在缓刑考验期间内从事与危险废物处置有关的经营活动。宣判后，M公司、沈某某等人未提出上诉，检察机关未抗诉，判决已发生法律效力。

该案主要争议焦点包括以下内容。

（一）关于涉案废包装桶的危险废物性质认定、鉴别及是否属于危险废物豁免范畴的问题

对《国家危险废物名录》所列的废物，可以依据涉案物质的来源、产生过程、被告人供述、证人证言以及经批准或者备案的环境影响评价文件等证据，结合环境保护主管部门等出具的书面意见作出认定。结合相关证据，涉案废包装桶属危险固废，废物代码为900－041－49，认定涉案废包装桶属于列入《国家危险废物名录》的危险废物，则无须再对内附物进行危险特性实物检测鉴别。

《国家危险废物名录》（2021年版）仅规定危废代码为900－249－08的废铁质油桶（不包括900－041－49类）封口处于打开状态、静置无滴漏且经打包压块后用于金属冶炼，利用环节不按危险废物管理，危险废物豁免范畴已明确排除900－041－49类。

（二）关于被告单位及各被告人非法处置危险废物的行为定性问题

对委托无危险废物经营许可证的他人非法处置危险废物的情形，应当结合无证经营危险废物人员对危险废物的实际处置情况，以及违法造成环境污染的实害后果或现实危害，进而认定是否构成污染环境罪。

本案中，M公司及各被告人违反国家规定及行业操作规范，将含有涂料残液的废包装桶进行出售获利，且明知相关人员及单位均无危险废物经营处置资质，主观上具有放任危险废物或者其有毒有害成分扬散、流失、泄漏、挥发并污染环境的故意，客观方面被告人沈某某、证人沈某持均提到M公司的废包装桶用完后不清洗，结合被告人周某某、姚某某前往废包装桶处置现场查看以及冯某某、张某某、叶某某、陆某某等对涉案废包装桶处置情况的介绍，可以认定M公司铁质废包装桶处置方式系简单地切碎压块打包，改变其物理特性的方法，处置过程与外环境直接接触，存在造成环境污染的危险或现实危害，最终运至下游废钢铁综合利用单位进行熔炼钢铁等，而熔炼方式不是危险废物的处置方式，没有采取与危险废物处置相应的废气处理工艺、与技术规范相应的污染防治措施，在综合利用过程中会产生大气污染物，严重污染大气生态环境，符合非法处置危险废物违法造成环境污染的情形，应认定构成污染环境罪。

（三）关于M公司合规整改及评审评估的量刑问题

审理过程中，我们注意到M公司在案发后已经自行开展合规整改，相关措施极具经济生态价值，具备合规改革基础。2022年1月，上虞法院成立以院长为组长的工作专班，经走访调查、审慎研判，层报上级法院同意，开启了审判阶段涉企合规改革的个案探索，促进M企业完善环境刑事合规体系建设，推动企业实现绿色低碳转型升级，并在法律框架内探索启动涉案企业合规整改评审和判前社会效果评估。在企业合规整改到位后，经评审将整改行为与结果作为企业悔罪表现，予以正向激励与肯定，并与认罪认罚情节相结合作为酌情从轻处罚情节认定。

二、撰写心得

M公司等污染环境案是上虞法院在法律框架内探索涉企合规改革兼顾社会效果的积极尝试，有幸获评2022年度全国法院系统年度优秀案例分析，并入选第五届全国法院“百篇优秀裁判文书”、最高人民法院第133期《刑事审判参考》指导案例，还作为全国法院依法能动履职、实现“三个效果”有机统一的涉案企业合规改革四个典型案例之一，笔者作为承办法官于2022年7月6日受邀在最高人民法院第31期案例大讲堂上作经验交流分享。2023年4月17日，《人民法院报》头版头条点赞关注报道本案，认为上虞法院率先探索在审判阶段以法院为主导推动涉案企业合规改革，成功办结审判阶段企业合规改革第一案，实现了“办理一个案件，挽救一个企业，带动一个行业”的良好效果。

一滴水能折射阳光，每一个司法案例，都是法治中国建设的生动实践。本案探索涉案企业合规改革，始于谋划、基于创新、成于实干。成功审结的背后，是领导支持和重视，专班研究细化落实合规整改方案，听取专案汇报，审核把关并及时动态调整、优化合规整改方案；是专家助力，全面审查企业合规整改材料、跟踪指导企业整改到位，客观公正评审；是团队协作，发挥专业化审判优势；是部门联动，实地走访抽查督查回访，推动后续整改的完善。实干、担当、务实的工作作风贯穿于该案的整个审理过程，充分保障了刑事合规整改机制在案件审理中的正确适用。

裁判文书是司法裁判的最终产品，它是记录裁判过程、公开裁判理由、向社会展示法院公正司法形象的载体。从打造优秀裁判文书的角度来看，还需要三种理念与精神的支撑。

（一）善于发现典型案例的洞察力

本案是人民法院在环境资源刑事案件中启动涉企合规改革的先行先试，案件具有典型性和代表性，具备打造优秀裁判文书的先天条件。审理过程中，我们注意到M公司在案发后已自行开展合规整改，公司与上游供应商合力研发，在包装桶内加设内衬袋，改进涂料包装方式，实现危废物大幅降低至原来的2.7%，该技改举措极具经济生态价值，具备合规改革的基础。而环境资源审判工作更应坚持以习近平生态文明思想和习近平法治思想为指导，充分运用司法智慧，准确把握好绿色司法导向原则，以促进人与自然和谐共生的中国式现代化建设为基本目标。

回顾本案，M公司合规整改点虽小，但意义重大。法院最终找准依法惩治犯罪和避免企业因案而亡、助推企业良性发展之间的司法平衡点，紧盯企业高质量发展“生命线”，以合规赋能发展，企业通过合规整改有效堵塞管理漏洞，优化治理结构，减成本增收益，降低刑事风险，推进技术提升和转型升级，提高市场竞争力，促进企业实现可持续高质量发展。合规整改以来，95%的涂料桶实现循环利用，同步降低了处理危废物产生的碳排放量。公司经营管理规范，判后多次回访情况良好。2022年度公司销售额达2.8亿元，税收516万元，参与制定两项国家标准，获评国家科技型中小企业。技改措施一经推出，行业内企业争相效仿，带动了整个包装行业的低碳绿色发展，实现了以“个案合规”带动“行业合规”，环资审判的预防性、恢复性功能充分得以显现。

正因为我们从一开始就发现了本案自身存在的亮点，而引起重视、加以培塑，用调研思维去精心培育，才有后续改革探索创新举措的成功推进和优秀裁判文书的精心打造。如果缺乏精品意识和辨识能力，好的案件也可能错过；反之，以工匠精神去认真对待每一个案件，产出精品案件的概率会大大增加。

（二）用心培育精品案例的创新力

涉企合规改革是一项重要制度创新，与“枫桥经验”蕴含的法治思维、群众路线、前端预防、综合治理的核心要义高度契合。从人民法院探索做好涉企合规改革这项工作的司法需求来看，一是营商环境优化之需。人民法院探索助推企业合规建设，是贯彻落实习近平总书记关于“民营企业和民营企业家要筑牢依法合规经营底线”① 的重要指示精神，助力优化安商惠企的法治化营商环境，深化能动司法的具体实践。二是基层治理之需。推进企业合规整改，可以避免企业因不规范经营衍生出各类民商事、行政、刑事案件，从源头推动企业“治未病”，从而预防和减少矛盾的发生，这也是坚持和发展“枫桥经验”的题中之义。三是企业发展之需。企业在生产经营过程中不可避免会存在各种经营风险。企业若能针对自身存在的违法违规风险构建起防范员工、第三方等出现违法违规行为的合规体系并加以落实，便能堵塞经营管理漏洞，实现长远发展。

在M公司污染环境案办理过程中，我们准确把握贯彻落实习近平总书记关于企业要依法合规经营的系列重要指示精神，把“枫桥经验”的理念机制方法和环资审判绿色司法导向有机融合，做深做实为大局服务、为人民司法。改革探索中，我们创新制定出台涉企刑事合规从宽处理和判前社会效果评估两项机制，聘请专家审查督导企业合规整改，组建由代表委员、专家学者、环保高级工程师等组成第三方专业团队评审评估，召开合规整改暨评审重大案件判前社会效果评估，落实行政机关不定期抽检等，确保合规程序实体公正、裁判结果合法，避免出现量刑畸轻、社会质疑，以“法治”促“自治”，引导企业强化合规体系建设。

---

① 《习近平在看望参加政协会议的民建工商联界委员时强调　正确引导民营经济健康高质量发展》，载《人民日报》2023年3月7日，第1版。

案件的复杂性和典型性，决定了法官要花费更多的时间和心力去打造精品案例，磨合出准确的裁判思路，通过全面检索合规案例，广泛查阅相关资料，对接沟通有关部门，实地走访调查核实等，尽最大努力确保案件的实体与程序公正。特别需要注意的是在庭审过程中要充分保障被告方的辩护权，围绕争议焦点让控辩双方充分发表意见，让不同观点有序碰撞，让各种疑问浮出水面，这是其后评审评估会议的顺利进行，裁判文书说理全面、透彻的前提条件。

（三）精心打磨裁判文书的工匠心

法律的权威来自社会认同，社会认同取决于司法裁判。优秀的裁判文书表现为裁判结果的精准、裁判说理的精当、裁判文字的精练，这是依靠不断锤炼、精心打磨、反复修正而成的。首先，要做到格式规范、结构合理，要素齐全，文字运用恰当，归纳概括精准，法律适用正确，引用法律条文准确、完整。让当事人或案外人在看了裁判文书后，能对整个案件有个清晰的认知。其次，裁判文书写作的逻辑性至关重要，如果说裁判思路是文书的脉络精华，那么逻辑性则是文书的关键所在，优秀的裁判文书应当是逻辑清晰、层次分明，文书总体布局和各部分之间的关系都符合逻辑。最后，深入全面地展开辨法析理，要从不同方向论证分析，对可能被质疑的问题作出回应和阐释，让说理更为充分，说服力更强，尤其是对被告人的辩解和辩护人的辩护意见应逐一进行回应，既是展示对诉讼参与人的尊重，也是司法文明的体现，更有利于案件的服判息诉。本案中 M 公司的辩护律师在其撰写的《刑事案件审判阶段涉案企业合规整改中的律师作用——全国首例法院合规从宽案件办理回顾》一文中写道："任何司法创新，都不能抛开'以事实为依据，以法律为准绳'的办案前提。这个案件不是一件'疑罪从宽'的案件，法院并未降低对全案事实证据的审查要求，在判决中对所有争议问题一一作出正面回应，没有任何回避。判决书拿到后，所有被告单位和被告人无一人上诉，全部息诉服判。若上虞法院没有这份将案件事实证据全面查清的司法底气，恐怕也就不会有司法探索创新的勇气。"

（孙芳芳，浙江省绍兴市上虞区人民法院法官）

三、专家评析

绿水青山就是金山银山，良好的生态环境是人类生存发展的基本条件。该案是人民法院在审判阶段启动涉案企业合规整改，并将整改结果作为酌情从轻处罚的第一案，对人民法院探索涉企合规改革工作具有示范意义。值得肯定的是，上虞法院在推进合规改革中，妥善处理好依法办案与能动司法的关系，坚持治罪与治理并重，打击与防范并举，坚守法治思维和法治方法，坚持对整改效果开展实质性审查，推动企业从外部监管走向自我监管，形成合规管理体系，实现办理一个案件，救活一个企业，规范一个行业的良好成效，为探索法院参与涉案企业合规改革提供了法院独立评估模式的经验范本。

该案的处理和裁判文书均体现了有效合规的三要素：一是有效合规计划制定的有效性，M公司针对性地查找出了犯罪的结构性原因，提出了有针对性的纠错方案和体系化方案；二是合规计划执行的有效性，M公司与上游供应商合力成功研发出新产品内衬袋，替代了原先的包装桶直接装涂料的方式，渗透到具体的业务流程中，建立了有序的管理体系，合规计划成功被激活了；三是合规计划结果的有效性，通过行政机关的随机抽查、飞行检查、合规整改资料检查等，确定企业确实改变了过去有问题的经营管理模式，堵塞了经营漏洞，消除了生产缺陷，真正实现了有效合规的制度纠错和合规体系化构建，还带动了行业内企业的争相效仿，实现了绿色低碳转型发展。

案件审理过程中，法院厘清了委托无危险废物经营许可证的他人非法处置危险废物的定性问题，在量刑中贯彻落实恢复性司法理念，并依据宽严相济的刑事政策，探索环境资源修复性建设整改评审和重大案件判前社会效果评估，并将之与认罪认罚从宽制度结合起来，对被告方酌情从宽处罚，充分彰显生态文明的社会主义核心价值观，引导民营企业通过自身改革发展、合规经营、转型升级不断提升发展质量，促进民营经济做大做优做强，实现了办理案件政治效果、法律效果、社会效果、生态效果的有机统一。

该案除案件典型以外，裁判文书格式规范，结构严谨，在行文上，既注重法言法语，又通俗易懂，说理释法，层次分明，思路清晰，充分保障了被告单位、各被告人及辩护人的辩护权，客观准确地归纳诉辩观点，突出辨法析理重点，在判决说理部分紧紧围绕争议焦点，结合实际，据法释理，就相关争议问题，逐一予以准确到位的回应，具有缜密的逻辑性。适用法律正确，判决结果明确具体。特别值得肯定的是，法官在说理时加入了生态文明是包括人与自然和谐共生的文明形态的说理内容，充分彰显生态文明的社会主义核心价值观，是一篇不可多得的情理法相融的优秀裁判文书。

（点评人：陈瑞华，北京大学法学院教授、中国刑事诉讼法学研究会副会长、中国法学会常务理事）

（2021）浙 0604 刑初 475 号裁判文书原文

第十七章　非法采矿罪

28. 彭某明等非法采矿、寻衅滋事、重大安全事故案*

【关键词】

环境资源　恶势力犯罪集团　非法采矿　公益诉讼

【裁判要旨】

违反矿产资源法的规定，未取得河道采砂许可证在河道管理范围内擅自采砂，情节严重，构成非法采矿罪。事前通谋，形成采砂销砂体系的，对购销者以非法采矿共同犯罪论处。行为人纠集多人实施非法采砂犯罪行为，同时为了扩大实力，为非法采砂提供非法保护而纠集多人多次实施寻衅滋事违法犯罪活动，共同为非作恶，欺压百姓，扰乱经济、社会秩序，造成恶劣社会影响的，应认定为恶势力犯罪集团。

在依法追究被告人非法采砂犯罪行为刑事责任的同时，附带民事公益诉讼中还可以判令非法采砂人承担包括矿产资源损失、生态环境修复损失以及为生态环境损害赔偿磋商和诉讼支出的调查、检验、鉴定、评估等费用。

一、简要案情

2012年3月开始，被告人彭某明明知湘江水域禁止采砂，为获取非法利益，在没有取得采矿许可证的情况下，购买并改造非法采砂船在湘江长沙段、湘潭段水域非法采砂。2015年起，被告人杨某辉先后纠集被告人石某、张某、张某季、张某财、张某明、张某辉等人为工地、企业等提供非法保护，在长沙市天心区新开铺区域形成了恶劣影响力。2016年6月，被告人彭某明采用

* （2020）湘0121刑初370号。

合伙开设海鲜店、入干股合伙租赁“华盛8号”采砂船非法采砂、合伙经营洗砂场等方式，拉拢被告人杨某辉。被告人杨某辉带领被告人石某、张某、张某季、张某财、张某明、张某辉等人通过处理纠纷、打压同行为彭某明非法采砂提供帮助。被告人曾某、李某按照彭某明的指使实施寻衅滋事等行为帮助彭某明非法采砂。被告人张某胜、周某兵、刘某、张某明知被告人杨某辉等人为被告人彭某明非法采砂提供保护，仍以管理、望风、“顶包”代替接受处罚、转移非法所得等方式帮助彭某明非法采砂，形成了以被告人彭某明、杨某辉为首要分子，被告人曾某、石某、张某、张某季、张某财、张某明、张某辉、李某、张某胜、周某兵、刘某、张某为成员的恶势力犯罪集团。该恶势力犯罪集团在长沙市、株洲市围绕非法采砂，多次实施寻衅滋事等违法犯罪活动，为非作恶，扰乱经济、社会生活秩序，造成较为恶劣的社会影响。2012年3月至2019年8月期间，该恶势力犯罪集团非法吸砂751 000吨，价值30 182 693元。前述期间，该恶势力犯罪集团成员共同或单独实施寻衅滋事8起，其中被告人彭某明、杨某辉参与5起，被告人石某、张某参与6起，被告人张某季、张某辉参与3起，被告人张某财、张某明、曾某参与2起。控辩双方争议焦点在于是否形成恶势力犯罪集团、非法采矿数额和获利以及主从犯认定、寻衅滋事是否为纠集他人多次、附带民事公益诉讼赔偿范围等问题。

二、撰写心得

裁判文书是人民法院司法审判工作的最终产品，也是法官办案思路的最终体现。撰写裁判文书的过程，是法官根据案件的具体情况将法律条文应用于案件中，并按照一定逻辑推理出最终裁判结果的过程，也是人民法院能动司法的实现过程。一审刑事裁判文书制作要把握好宏观、中观、微观三个维度，全面反映案件事实、证据和法律适用问题，实质化解决控辩双方争议焦点以及定罪量刑所需的基本问题。

（一）从宏观上把握刑事裁判文书的整体要求和政策理念

一方面，刑事裁判文书格式要严格按照最高人民法院发布的《法院刑事诉讼文书样式》撰写。该样式中一审普通程序刑事裁判文书是重要参考标准，所有使用普通程序审理的案件裁判文书都不能突破该样式的整体要求。当然，该文书样式的整体要求与具体案件符合案情的行文方式要紧密结合，既不能生搬硬套也不能杜撰体例，要兼顾原则性和灵活性，制作出符合样式要求和具体案情的裁判文书。另一方面，刑事裁判文书要体现法理情，贯彻落实好社会主义核心价值观。刑事审判兼顾法理情，就是要将案件置于国法、天理、人情中综合考量，遵循国之常法、世之常理、人之常情，把国法作为裁判的底线不可逾越，把天理作为裁判的精神予以彰显，把人情作为裁判的温度可触可感，做到既恪守法律，又通情达理，回应人民群众新期待新要求，不断提升裁判的法律认同、社会认同和情理认同。

（二）从中观上把握刑事裁判文书的局部构造和逻辑关系

裁判文书一般包括首部、当事人情况、审理过程、控辩意见、查明事实和证据、裁判说理、法律适用、判决结果、权利告知、合议庭署名。上述要素都是裁判文书必备要素，缺一不可。对于被告人人数和罪名少的案件，撰写裁判文书一般比较容易。但对于被告人人数多、罪名多、每项罪名事实多的案件，在坚持上述基本要素的基础上，还应对各被告人在犯罪组织中的层级、犯罪事实由重至轻依次撰写。例如，在被告人排序方面，首先应区分组织领导者、积极参加者、一般参加者并按顺次列明，然后对每一层级被告人按参与时间先后、涉及犯罪事实多少、量刑轻重等要素依次列明，并且将该顺次与判决结果刑期由重至轻相互对应。在控辩意见方面，首先对控方意见要高度概括、详略得当，对控方意见与审判意见一致部分可以高度概括，对控方意见与审判意见不一致部分应详细列明，以便在后续认定和分析说理部分相互呼应。其次对辩方意见要全面总结、避免遗漏，通过查阅对起诉书的意见、质证意见、讯问意见、辩论意见、最后陈述意见以及辩护词等材料予以梳理总结，再按对事实认定、证据采信、法律适用等顺次将辩方意见总结分类撰写至裁判文书。在查明事实和证据方面，要按照总分原则进行归纳整理，即首先撰写犯罪组织的形成经过及涉及的犯罪事实总笔数，其次将涉及罪名由重至轻依次列明，每个罪名中按时间先后具体载明每笔事实的经过，最后把每笔事实对应的证据一一列明，罗列证据可以按证据类型、罪状构成等方式展开，证据内容摘录需详略得当，无争议部分略写，有争议部分详写，以便分析论证时引用证据内容。在裁判说理方面，首先要论证罪名是否成立，构成此罪还是彼罪，然后评价主从犯和认定各种从重从轻情节，数罪并罚的还要说明并罚原则以及结果等。

（三）从微观上把握刑事裁判文书的争议焦点和释法说理

一篇优秀裁判文书除了对基本要素的制作外，最为关键和重要的是对控辩双方争议焦点以及改变控方指控意见部分的说理。一方面，对争议事实要坚持证据确实、充分，排除合理怀疑的认定标准。查明案件事实是一审法院的主要任务，争议事实必须坚持证据裁判原则。通过对每一份证据对待证事实的证明力以及对多份能够证明待证事实的证据归类进行分析说理，同时就控辩双方意见一一予以回应。以正向说理方式展示法官认证意见和理由，以反向说理方式回应控辩双方的意见和理由，达到层次分明、说理充分的效果。另一方面，法律适用要准确理解、精准适用。首先要对刑法分则以及司法解释中构罪要件按文义解释方法作出准确理解，并在裁判文书中用法言法语作出分析。避免主观作出扩大或限缩解释，必要时查阅刑事审判参考以及最高人民法院关于相关司法解释的理解与适用，帮助法官准确理解构罪要件。其次要结合案件事实精准适用，在裁判文书中将案件事实与构罪要件如何切合作出论证。除了充分说明法官适用意见外，还需针对法律适用争点予以剖析和回应，达到采信和驳回法律适用意见均有理有据。

（卜俊勇，湖南省长沙县人民法院法官）

三、专家评析

裁判文书是司法环节的最终产品，格式规范、事实认定和证据采信全面准确、说理精准透彻是基本前提，贯彻新时代司法理念是灵魂所在，两者统一于让人民群众真正感受到公平正义。本案文书值得肯定之处有以下 5 个方面。

（一）贯彻多赢共赢司法理念

湘江是湖南省第一大河流，水能资源丰富，湘潭段至长沙段系城市生活用水取水口，江面上横跨多座桥梁和隧道，沿途有著名的橘子洲风景名胜区和昭山风景名胜区，同时还是野鲤国家级水产种质自然保护区，湖南省水利厅将湘江湘潭段和长沙段划定为砂石禁采区。砂石矿产资源兼具经济属性和生态属性，非法采砂行为不仅造成国家资源损失，还对生态环境造成损害，致使国家利益和社会公共利益遭受损失。判决在依法追究各被告人非法采砂犯罪行为刑事责任的同时，发挥民事公益诉讼的审判功能，判令非法采砂人承担民事责任，赔偿生态环境损害并赔礼道歉，达到惩治违法犯罪、修复生态环境、赔偿经济损失“一判三赢”的法律效果，对切实营造守护一江碧水的社会氛围起到了重要的指引作用。

（二）严谨论证恶势力犯罪集团

在事实认定部分清晰，以时间为经，以恶势力犯罪集团从事的非法采砂犯罪活动主业为纬，明确各成员的地位、作用，清楚展示了该恶势力犯罪集团的形成、发展、壮大过程。在证据部分，详略得当，逻辑严密，一方面，详细罗列了各被告人关于组织成员加入时间、层级地位、所起作用，组织的社会影响的供述等证据，对恶势力犯罪集团的认定形成有力支撑；另一方面，避免了对具体违法犯罪事实的详细罗列，较好地避免了与具体罪名证据的重复。

（三）全面准确认定犯罪事实

以非法采矿罪为例，该犯罪集团非法采矿犯罪涉及人数多、持续时间长、犯罪事实多、造成的损失大。文书采用总分的结构，在总述部分概述参与人员、地位和作用、损失数额，呈现非法采矿犯罪组织的概况，在分述部分详细列明24笔具体犯罪事实，呈现非法采矿犯罪组织的全景，总分结合，各有侧重，相互补充。

（四）文书说理精准透彻

以罪名为划分标准，全面梳理控辩双方意见，全面准确归纳争议焦点。围绕争议焦点，以事实为依据、用证据说话，对于成立的意见建议依法予以采纳，对未予采纳的意见条分缕析说明不予采纳的理由，较好地做到了讲明法理、讲透情理，努力做到胜败皆服。

（五）贯彻依法从严刑事政策

本案系恶势力犯罪集团犯罪，又系破坏生态环境的犯罪，应当依法从严惩治。犯罪集团首要分子彭某明所犯三罪名的总和刑期为十三年六个月，数罪并罚决定执行十二年六个月；犯罪集团首要分子杨某辉所犯两罪的总和刑期为十年六个月，数罪并罚决定执行九年六个月；全案32名被告人均判处实刑，充分体现了依法从严的政策。

（点评人：李买生，湖南省高级人民法院刑事审判第三庭副庭长）

（2020）湘0121刑初370号裁判文书原文

第十八章　毒品类犯罪

29. 童某连走私毒品案*

【关键词】

刑事审判　妨害社会管理秩序　走私毒品　主观明知　推定　无罪

【裁判要旨】

被告人否认明知是毒品的，可以根据被告人实施毒品犯罪的方式、过程等情况，综合分析判断。运用此种推定方法认定明知的，在被告人有相反证据足以推翻该推定的情况下，推定不成立，应作出有利于被告人的裁判。被告人反证的证明标准低于公诉机关的证明标准。公诉机关的证明标准须达到“案件事实清楚，证据确实、充分”，而反证标准只要达到排除合理怀疑的证明标准即可。

一、简要案情

本案由广州白云机场海关缉私分局侦查终结。2019 年 12 月 4 日，广州市人民检察院以被告人童某连犯走私毒品罪提起公诉。广州市中级人民法院受理后，依法组成合议庭，公开开庭进行了审理。2021 年 2 月 22 日，公诉机关以证据发生变化，不符合起诉条件为由向法院撤回对被告人童某连的起诉，法院不予准许。

法院经审理查明，2012 年间，被告人童某连与 JOJO 相识。此后，JOJO 经常到童某连的化妆品店购货。2014 年 5 月 25 日至 2015 年 8 月 14 日期间，JOJO 从童某连店里等地购买假发、口红、面霜、眉笔、内衣等物品作为样品，多次让童某连带到马来西亚、泰国等地，并支付佣金。2018 年 11 月 6

* （2019）粤 01 刑初 557 号。

日，童某连从广州前往荷兰，随后从荷兰乘机直飞泰国，帮助JOJO的客户带货至泰国，童某连先垫付机票及食宿费用后再收取费用及佣金。2019年2月22日，童某连再次从广州前往荷兰准备帮助JOJO的客户带货至泰国，JOJO要求童某连从荷兰直接乘机到泰国，但是，童某连为了节省费用，私自将直飞泰国的航班改为便宜几千元的阿姆斯特丹—香港—广州—曼谷路线。2019年3月2日，童某连乘坐KA782航班（香港至广州）从广州白云机场入境拟转机飞泰国，过海关时走无申报通道。海关人员依法对童某连所带的两件托运行李进行开箱查验，从两件行李箱背部夹层缴获3包可疑药品，共净重8134.55克（经鉴定，3包药品均检出3、4-亚甲二氧基甲基苯丙胺，含量分别为38.2%、32.8%、41.2%）。

法院认为，现有证据不足以认定被告人童某连具有走私毒品的主观故意，不能排除其被蒙骗的可能，理由如下：（1）童某连不吸毒，在案证据不足以证实童某连能够认知毒品。（2）童某连辩解对JOJO形成信任关系、未怀疑所带样品有问题而未申报有一定合理性。童某连与JOJO认识时间长，JOJO经常到童某连商店采购物品，久而久之形成商业信任关系；随后两人成为朋友，在交往中产生信任感，随后JOJO请求帮忙带样品也顺理成章。此后童某连帮忙运送七八次样品出境，均先由童某连垫付费用，JOJO再结算，由此形成了互相信任的兼职带货模式。微信聊天记录也无涉毒等异常信息。童某连对JOJO对其关爱有加的照顾和深厚感情深信不疑，故童某连主观上只是帮朋友携带一些衣物样品出境而未申报的辩解有一定合理性。（3）所获报酬不属于不同寻常的高额或不等值的报酬。童某连停薪请假10天时间送样品，仅收取5000元的报酬并不算高。且第一次荷兰之行JOJO和客户不但未及时支付童某连垫付的费用，后又以样品出了问题没有支付报酬，导致童某连亏了钱，须借支工资才能偿还信用卡，而第二次荷兰之行也未谈及报酬。更何况，走私如此大数量的毒品承担如此高风险，却仅仅获得5000元报酬也与惯常的毒品犯罪不相符。（4）本案不属于采用高度隐蔽的方式交接物品的情形。童某连作为受雇佣的带货者，事前货比三家，精打细算，订最便宜的夜间航班，住私密性差的多人一间的酒店，童某连考虑的是能否更便宜，而非是否更“安全”。童某连经常在朋友圈晒行程，所有按客户要求报告之事均是其公开的行程，符合正常的商业交接方式，故而不符合以往毒品犯罪采用高度隐蔽的方式交接物品的情形。（5）采取人工带货而不是邮寄的方式的解释有合理之处。在JOJO解释国际快递与人工带货的利弊之后，才使童某连消除疑惑，帮助带货，案发前童某连所带样品均正常出境，并未发现有违禁物品。（6）毒品是用强力胶紧贴在行李箱的夹层，不知情者不剪开夹层一般不能直接通过触摸而发现其中藏有毒品，且毒品上没有童某连的生物痕迹，因此，童某连没能发现他人送来的行李箱内藏有毒品合乎情理。（7）带货目的地非中国，童某连擅自改变路线的做法与正常人趋利避害的做法相悖。童某连发现荷兰—香港—广州—泰国的路线比从荷兰直飞泰国便宜4000元左右，但没有联程航班，需要在香港、广州重新办理入境手续及提取托运行李过海关，而其为了节省并自己赚这几千元，故意隐瞒JOJO变更运送路线。如果童某连明知所带系毒品，作为正常思维方式应当走更安全路线，最大限度减小犯罪被发现的风险。聊天记录亦证实童某连向JOJO抱怨客户“为何不让选廉价航空公司”，更印证她不知道行李箱藏有毒品。故其舍弃更安全路线与走私藏匿毒品的惯常方式不相符合。（8）童某连在带货过程中没有以虚假身份、地址或者其他虚假方式办理托运、订票、订房等情形，且其每到一地均在微信朋友圈晒旅游照片，其所带样品均拍照留念，其接收物品的地址、接收酬金的账号均是个人真实的信息，其电话号码、地址、个人信息、行程等均真实、公开，与一般涉毒嫌疑人躲躲闪闪、假冒他人信息不同。（9）童某连在机场被检查并发现毒品时，仍然神情镇定自若并配合检查，且一直稳定如实供述，积极配合侦查机关的侦查，没有任何阻碍、逃避侦查的行为，上述表现与明知有毒品被发现而惊慌失措、逃跑截然相反。（10）童某连到荷兰之后即在当地购买新手机卡，是旅客为避免拨打国际长途而节省手机话费的惯常行为，不足以证实是逃避犯罪侦查行为。（11）童某连有着一定的社会阅历，对行李箱内藏有毒品过安检会被发现并会被判重刑等基本常识应当明知，故其断然拒绝为涉毒嫌疑人Lee做事，甚至删除Lee的联系方式。同时，童某连有房有车有小孩，有正当工作，其收入也足以在当地正常生活。

现有证据不足以证实童某连明知是毒品而走私入境，公诉机关指控童某连犯走私毒品罪不能成立，遂作出被告人童某连无罪的判决。

二、撰写心得

有人说，裁判文书是人民法院司法审判工作的最终产品，是展示人民法院司法公正的“窗口”，也是体现法官办案质量和司法能力的“名片”，笔者深有同感。每办结一案，笔者都努力追求制作出“事实清、论证明、说理透、裁判公、效果好、人心服”的裁判文书，但确实不易。对于如何撰写裁判文书，现结合童某连案判决书谈谈自己的粗浅体会。

（一）吃透案情，集思广益准确认定事实

走私毒品犯罪案件属于一种隐蔽性较强、主观故意往往难以认定的案件。童某连案虽然间接证据多，但除了现场查获的毒品之外，被告人一直作无罪供述，因此，查清童某连是否知道或者应当知道其携带的行李箱内藏有毒品而走私入境的事实是本案的关键问题。合议庭对此高度重视，不仅组织全员阅卷，仔细研究卷宗，反复推敲证据材料，而且在庭审中组织控辩双方针对关键问题进行深入辩论，更好地还原案件事实，最终作出现有证据不足以认定童某连具有走私毒品的主观故意的结论。同时，业务庭内还组织专业法官会议深入讨论，并将尊重常识常理常情贯穿到对案件事实认定全过程中，使案情更清晰，更符合客观实际，不偏离人民群众根据人情事理、道德标准得出的认知。由于经过多次讨论，本案认定的事实已较为客观、明晰，在撰写判决书时更容易按照“清晰有序、真实客观和详略得当”的要领写好查明事实部分。

（二）依法办案，裁判结果依法公正

公正裁判是司法的灵魂，是审判工作的生命线，不仅使人民群众在每个具体案件中感受到公平正义，而且对社会公正是一个推动和引领。一篇优秀的裁判文书不管要素多齐备，格式多规范，但其前提必须是裁判结果公正。本案查获毒品 8134.55 克，数量大，如定罪则应判处被告人无期徒刑直至死刑，故收案以来受到社会各界和当事人家属的高度关注。合议庭在审理过程坚持证据裁判，严格依法办案，坚持“疑罪从无”，最终判处被告人无罪，公正的裁判结果为本案判决书添上画龙点睛一笔。

（三）要素齐备，说理严谨透彻

裁判文书是对整个诉讼的归纳和总结。一篇好的裁判文书，首先，格式要规范，内容要素要齐全，适用法律要正确，引述法律条文要准确、完整。其次，对控辩双方的意见回应要到位。裁判文书对于控辩双方的意见要认真回应，解答好控辩双方提出的问题，展示对诉讼参与人的尊重，体现司法文明。最后，说理要严谨透彻。裁判文书对案件事实、法律责任、适用法律的论证，都必须以逻辑思维形式为载体，做到说理时逻辑严谨，论证时充分周密，使理由与事实和裁判结果一致。本案结合查明的事实围绕诉讼主张和诉讼争点进行了充分的回应和评判说理，特别是围绕童某连是否具备走私毒品的主观明知的关键问题，结合被告人的职业特点、交往过程、交易方式、交接途径、报酬高低等 11 个方面进行了递进式的论证，从而准确地揭示出裁判结果与事实和法律依据之间的内在逻辑联系。

（四）敢于担当，公正促公信

在审判实践中，每一个裁判文书均承载了法官对法律的理解、对当事人的交代和对社会的责任，也记录着法官用良心办案和对法治理想的执着。有时，一个公正的裁判，还需要法院人不忘初心甘于奉献、坚持原则中立裁判、司法为民敢于担当的不懈努力。童某连案广受关注，但合议庭坚持以事实为根据，以法律为准绳，坚守司法中立和维护司法权威，没有准许公诉机关的撤诉决定，坚持判处被告人无罪。宣判后，公诉机关未提出抗诉，社会各界反映良好，实现了办案的政治效果、法律效果、社会效果的有机统一。

作为一名普通刑事法官，笔者将继续按照“公正与效率”的主题要求，积极践行社会主义核心价值观，公正办案，更好地为大局服务、为人民司法，为法治建设贡献力量。

（陈骏涛，广东省广州市中级人民法院法官）

三、专家评析

本案是一起因证据不足而改判无罪的走私毒品案件。被告人童某连作为一名有正当职业、稳定收入来源的公司雇员，因工作关系认识某外籍人员后，利用业余时间多次帮助该名外籍人员采购百货样品，后被人利用，案发时在其运输入境服装样品的行李中发现了涉案的毒品。公诉机关坚持认为，被告人并非受人欺骗，而是故意携带毒品入境，企图蒙混过关。被告人则辩称，其系受人蒙骗而实施犯罪行为。案件事实的扑朔迷离，使罪与非罪成为本案焦点。

针对该案的特殊情况，在案件事实部分，文书并未照抄起诉书所认定的事实，而是采用准确、客观的语言，详略得当地概述了案件背景，描述了案发起因、案发过程，展示了案件事实认定的客观性、公正性和准确性。

在证据罗列部分，文书结合庭审举证、质证、法庭辩论以及法庭调查核实证据的情况，重点针对裁判所认定的事实与事实争点进行了详尽的证据罗列，详细还原了案件事实，体现了办案法院的公正与严谨。

在说理部分，文书结合查明的事实围绕诉讼主张和诉讼争点进行了充分的评判说理，对公诉机关的指控、被告人的辩解以及辩护人的辩护意见均进行了认真细致的分析与回应，特别围绕被告人是否具备走私毒品的主观明知，结合被告人的自身情况、交易方式、交接途径、报酬高低等 11 个方面进行了递进式的论证，完整反映了推理过程，做到了层次分明。

该案主要体现了以下三个特点：

1. 再一次为“疑罪从无”的刑事诉讼原则作了有力的背书。“疑罪从无”是人权保障理念的内在要求，是程序法治原则的重要体现，也是遵循司法规律的必然要求。该案间接证据多，查清事实和证据的难度大。在案件审理过程中也曾存在不同意见与观点。从全案证据来看，并不能完全否定公安机关认定童某连具有作案嫌疑的证据。办案法院在公诉机关已提出撤诉的基础上，坚持“疑罪从无”，最终判处被告人无罪，宣判后，检察机关也未提出抗诉，取得了良好的法律效果与社会效果。

2. 案件审判体现了法院中立裁判、依法独立行使审判权的坚定立场。现代刑事司法体系以审判为中心，人民法院坚守司法中立，树立司法权威。该案收案以来受到社会、当事人家属的关注，舆情复杂多变。无论舆论如何，审判活动关注的核心始终是证据和事实。经办法院在审理过程严谨、审慎，坚持证据裁判，对案件保持了客观的态度，坚持以事实为根据、以法律为准绳，公正无私、不偏不倚、居中裁判，体现了办案法官坚持原则，敢于保障无罪的人不受刑事追究的担当。

3. 案件坚持以习近平新时代中国特色社会主义思想为指导，坚持中国特色社会主义法治理念，体现了社会主义核心价值观，对于司法实践中如何防范冤错案件，指导类案的审判实践和丰富法律理论均具有重要的参考意义。

（点评人：徐兵，广东省广州市中级人民法院刑事审判第一庭庭长）

（2019）粤 01 刑初 557 号裁判文书原文

30. 方某辉运输毒品案*

【关键词】

庭审实质化　诉讼权利　程序合法　毒品称量　上诉不加刑

【裁判要旨】

毒品犯罪案件中，公安机关组织称量毒品的证据材料是基础性、根本性证据。被告人对毒品称量证据提出异议，侦查人员出庭说明称量过程和称量器具的来源、相关使用情况，并当庭用称量查获毒品的器具和其他检定合格的称量器具分别称量标准砝码，可以验证称量查获毒品器具所称量结果的准确性。

一、简要案情

2017 年 5 月 3 日 20 时许，方某辉驾驶藏匿毒品的云 AB××××号汽车途经昆明轿子雪山旅游专线寻甸县柯渡镇路段公开查缉点时被公安人员抓获，公安人员当场从该车后备箱内的备胎空隙处查获毒品吗啡 6972.13 克。2018 年 4 月 20 日，公安人员根据方某辉的供述，又从已被扣押、封存的云 AB××××号轿车后备厢夹层中查获毒品吗啡 8788 克。

一审法院以运输毒品罪判处被告人方某辉无期徒刑，剥夺政治权利终身，并处没收个人全部财产。

方某辉上诉请求二审法院撤销原判，宣告其无罪。具体理由如下：(1) 一审审判程序不合法。重一审过程中，审判长剥夺其话语权，多次打断其自我辩解和辩护人的辩护发言，庭审走过场，裁判草率；且 2019 年 12 月二审发回重审后，重一审于 2020 年 12 月才重新开庭，严重超审限。(2) 原判认定事实不正确，证据不真实，证人证言虚假，DNA 鉴定有多种可能性。(3) 公安机关从扣押长达一年的车上查获了部分毒品，是对其栽赃陷害。据此提出，原判用错误的事实，虚假的证人证言，违法的审判程序作出了错误的判决，使其被无故羁押 4 年之久。请求二审法院撤销原判，宣告其无罪，

---

* (2021) 云刑终 233 号。

并将违法违纪的有关公安人员交由相关部门依法严肃处理。

辩护人除提出与上述内容相同的辩护意见外，还提出：本案认定方某辉对毒品具有主观明知的直接证据不足；本案有特情介入、公安机关诱惑侦查情形存在，应认定为犯罪未遂；公安机关的证据收集工作存在瑕疵；请求返还被公安机关扣押的财产。

二审经过开庭审理，认为方某辉及其辩护人针对原判程序和实体问题的上诉理由、辩护意见均不能成立；综合方某辉的犯罪事实、犯罪性质、情节，以及其运输的毒品种类和数量，其行为的社会危害性，其到案后的认罪态度等各项因素，原判对其所作量刑偏轻，但根据上诉不加刑原则，二审对原判所作量刑予以维持，最终作出裁定，驳回上诉，维持原判。

二、撰写心得

裁判文书的制作是一个法官业务能力的重要体现。外界评价一名法官业务水平的高低，往往就是从考量其制作的裁判文书质量开始。因此，“法官不需要其他名片，裁判文书就是法官最好的名片”。要写好一篇裁判文书，笔者有以下五方面的体会。

（一）高度负责任的态度

从理论层面来说，态度决定思想，思想决定行为，行为决定结果。因此，想要一个好结果，就必须先有一个好态度。从实践层面来说，法官办案办的是别人的人生。刑事审判动辄剥夺他人的自由、财产甚至生命，因此一定要有一种高度负责任的态度。司法体制改革也要求，让审理者裁判、由裁判者负责。从法官的职业要求来说，必须要用战战兢兢、如履薄冰的谨慎态度对待办理的每一个案件。

从工作层面来说，写好裁判文书才能践行好习近平总书记对法院干警提出的要求，让人民群众在每一个司法案件中感受到公平正义。法为民所用，文为民所需。只有用心、用力、用情写好每一份裁判文书，才能有效回应民众的诉讼需求。同时，随着全国法院裁判文书公开上网，诉讼参与人、社会民众对裁判文书的质量有更高的期待、更高的要求。只有切实提升裁判文书的质量，才能进一步提高人民法院裁判的可接受性，从而实现政治效果、法律效果和社会效果的有机统一。从具体案件来说，只有以高度负责任的态度写好裁判文书，有效回应诉辩观点，才能促使被告人认罪服判，才能让社会民众充分感受裁判的权威性、法律的严肃性。

（二）深度吃透案情的劲头

全面做好案件审理工作，才能夯实裁判文书的写作基础。要审理好一个案件，首先必须全面查阅案卷、深度吃透案情。作为二审，虽然审理的重点是上诉理由、辩护意见所针对的问题，但刑事诉讼法规定二审负有“全面审查”职责，而且如果不对案件进行全面审查，就无法把握上诉理由和辩护意见是否有足够的事实依据和法律依据、是否应予采信。侦查、起诉、一审卷中的相关材料，都与案件直接相关，需要仔细查阅、认真梳理，研判犯罪有无发生、被告人与犯罪的关联性、被告人的罪责如何等几个核心问题。通过提炼案件的重点问题、争议焦点，做到心中有数、有的放矢。具体来说，在阅卷时要采取“六何分析法”进行思考，即刑事犯罪发生于何时、何地、何人、何因、经过、何果。对基本案件要素了解透彻后，再围绕犯罪构成要件梳理案件情况。笔者在阅卷过程中，还时刻提醒自己要勤于思考，注意发现问题，保有一种考问的态度来查看案件，用怀疑的眼光来审视材料，切忌先入为主、主观臆断。这其中，还要注意不同案件审查审理的侧重点是不同的，一审案件审查审理重点是指控事实，而二审案件审查审理重点是一审认定的事实。

本案中，被告人方某辉是以无罪为由提出上诉的，而且针对重一审的程序问题、案件的事实和证据问题、法律适用问题都提出了多项质疑，甚至还指证公安人员对其栽赃陷害。如果不深入阅卷、吃透案情，二审就不能准确回应、有效裁判。因此，笔者在收到案卷后，首先详细查看了被告人的上诉状，然后仔仔细细审阅本案的 10 本卷宗、12 张光盘，阅卷过程中尤其注重审查被告人及其辩护人在历次诉讼阶段尤其是本次二审期间所提出的各项理由和意见，不放过任何一个疑点。

（三）准确适用法律的能力

准确、严格地适用法律，就要做到以事实为依据，正确认定案件事实；以法律为准绳，准确适用法律规范；以审慎为原则，公正作出实体裁判。在二十多年的办案经历中，笔者深深感受到一点，世界上没有完美的犯罪，也没有完美无瑕的刑事案件。尤其是作为经济欠发达的云南，受制于科技水平运用和法治思维固化，很多刑事案件的侦查、起诉质量仍有待提高，导致案件的事实和证据不够完善，但“法官不得拒绝裁判”。既然如此，我们就需要准确地发现案件中存在的事实和证据问题，然后针对这些问题，充分发挥审判职能，调查补证，有效解决。在解决了事实和证据的基础问题后，我们就具备了准确适用法律的条件。

就本案而言，因为公安机关在查办案件、收集固定证据过程中，确实存在一些工作瑕疵，因此在一审宣判、被告人上诉之后，第一次二审的承办法官就以“事实不清、证据不足”为由对本案作了发回重审。重一审之后，被告人又以无罪为由提出上诉。第二次二审的案件分配给笔者办理，此时已经不能再简单化地以事实和证据问题作发回重审处理了，必须作出实质性处理。为了准确认定事实，保障无罪的人不受追究、有罪的人受到应有惩处，笔者对被告人和辩护人所提的审理程序合法性、案件线索来源、侦查行为合法性、主观明知、毒品称量证据是否具有可采信、量刑是否恰当等几个主要问题进行了逐一分析，对于证据不够完善的问题，要求公安机关和检察机关补充完善，对于存疑的问题通过座谈了解、开庭审理来解决。尤其是毒品称量证据可采信问题，在之前较多的毒品案件中均未被重视、处理过。本案中，方某辉和辩护人在本次二审之前的诉讼阶段曾提出，“公安机关称量本案查获毒品时称量结果超过了所使用的称量器具的最大称量值，故称量结果不可信，该项证据不具有可采性”。虽然本次二审中方某辉和辩护人没有过多提及这个问题，但毒品的称量证据是认定一个毒品犯罪案件的最基础性的证据，因此务必要把这个问题搞清楚、搞透彻。合议庭讨论后，决定采取通知侦查人员出庭作证、当庭校验称量器具、当庭称量的方式，以公开、透明的方式，在检、辩、审三方都在场的情况下进行充分调查。根据这个思路，我们在二审开庭时通知侦查人员出庭说明称量过程和称量器具的来源及相关使用情况，并当庭用称量查获毒品的器具和另外一台检定合格的称量器具分别称量标准砝码，以此验证称量查获毒品器具所称量结果的准确性。当庭校验、称量的结果显示，两个称量器具对同一个标准砝码分别称量后，称量的数值误差仅为2～3克左右。而云南省计量测试技术研究院证实，电子秤的最大称量值以生产厂家标牌标识为准，但实际称量一般可超过标牌标识最大称量值的10%～20%。由此我们得出结论：公安机关的称量结果客观、可信，称量笔录具有证据效力，应予采信。

（四）严格遵循文书格式体例要求

根据最高人民法院的要求，裁判文书的撰写应当做到格式统一、要素齐全，结构完整、繁简得当，逻辑严密、用语准确。当前刑事裁判文书样式规范的主要依据是三份司法政务文件，即1999年7月1日开始施行的《法院刑事诉讼文书样式》（样本）、2001年6月15日发布的《最高人民法院办公厅关于实施〈法院刑事诉讼文书样式〉若干问题的解答》、2001 年 6 月 11 日发布的《最高人民法院办公厅关于印发一审未成年人刑事案件适用普通程序的刑事判决书等 4 份补充样式的通知》。另外，2016 年 6 月最高人民法院发布的《人民法院民事裁判文书制作规范》也是我们制作刑事裁判文书的重要参考依据。

刑事裁判文书的格式分为首部、正文、尾部三个部分。其中最核心的内容是正文部分，包括事实和证据、理由、裁判结果。对事实和证据问题，一审文书要写明指控事实及依据、辩方所提意见及依据、法院查明事实及据以定案的证据情况。二审文书要写明原判认定的事实、原判据以定案的证据、原判的定罪处罚情况、抗诉及上诉方的意见、二审审理查明的事实和证据情况。这部分写作要注意简繁适度把握，即起诉简，认定繁；一审简，二审繁，或反之。要做到简而有序，无论如何简写，都应该在裁判文书中如实反映案情的基本发展脉络。要做到简而不漏，应当确保案件事实认定与论证清晰，不得遗漏基本内容。

事实和证据部分的写作，还应该注意以下几个问题：一要结构严谨。应当严格遵循控辩双方的顺位格局以及法院审理查明的逻辑前提，控辩审三方要素应该完整体现。二要逻辑严密。对案件事实的概述应当是一个完整的犯罪行为系统，包括何人、何时、何地、何种动机、何种手段、实施了何种行为、造成了何种危害后果。以是否具备犯罪构成要件为重点，兼叙影响定性处理的各种情节。三要条理清晰。一般而言，事实论证可以按照时间发展的先后顺序展开；一人犯数罪的，适宜按照罪行的主次展开；对于共同犯罪案件，可以主犯为主线进行叙述。四要内容完整，要写明经审理查明的事实和证据。五要用语规范，应当注重用语规范、流畅，行文符合基本的语法、句法和词法。

（五）充分论证说理，以法服人

理由是判决的灵魂和生命，是把犯罪事实和裁判结果有机联系在一起的纽带和桥梁。裁判文书释法说理的目的，既是要阐明裁判结论的形成过程和正当性理由，也是为了增强裁判行为公正度、透明度，提高裁判的可接受性，最终实现政治效果、法律效果和社会效果的有机统一。一份小小的裁判文书，体现的是裁判过程，承载的是司法文明。当前我们尤其要重视裁判文书说理评判，才能更好提升司法公信力和司法权威。最高人民法院为加强裁判文书说理工作，于 2018 年专门出台了《关于加强和规范裁判文书释法说理的指导意见》，其中提出，说理要恪守五项原则，即合法性原则、正当性原则、层次性原则、针对性原则和繁简适度原则。笔者经常把这份指导意见拿出来反复看，不断在办案过程中践行其中的精髓要义和实质要求。

这部分的写作最考验法官法律功底，但同时也最能彰显法官智慧。既不能简单粗暴，采取“上诉理由和辩护意见无事实和法律依据，不予采信”的千篇一律式说理，也不能天马行空、洋洋洒洒、空洞无物。本案的说理过程中，笔者主要围绕证据审查判断、事实认定、法律适用问题，针对诉讼主张和诉讼争点、结合庭审情况展开说理。针对被告人和辩护人质疑公安机关的案件线索来源存疑、侦查行为不合法、认定被告人主观明知的证据是否充分、DNA 鉴定的检材来源和证据效力问题、原判量刑是否恰当等几个最主要的问题进行了逐一分析、论证，说清道理和法理。笔者还注意针对方某辉供述与辩解的矛盾性作了分析，说明其翻供的不可信。最后，针对量刑问题，结合案情和方某辉的主观恶性等进行了说理，并明确提出二审认为原判量刑偏轻但依法不再予以改判的观点和理由。

这部分的写作中，笔者感受最大的是对下面两个问题的认识：

1. 在越来越强调程序公正的当下，作为法官尤其要重视对程序问题的说理。对程序问题的说理，实践中确实有一定的难度。如果一审的审判程序确实违法，那么就足以让人质疑一审裁判结果的公正性，因此作为二审首先必须审查和判断一审的审判程序是否合法的问题。如果审判程序确实不合法，那么实体公正也就无从谈起，二审就必须依法处置，只有如此才能让当事人和民众更加信服裁判的公正性。因此，当事人和辩护人对程序问题所提出来的意见法官不应当回避，而应当做到敢于审查、勇于发声，表明立场。本案中，被告人提出“重一审审判程序不合法，剥夺其发言和辩护权利，且超审限结案”，但经过庭前查证、当庭调查、双方质辩，二审得出结论“方某辉和辩护人的发言及辩护权利并未被剥夺或限制”“重一审的审理程序合法，不存在超审限问题”，由此确认了一审法院审理程序的合法性，为二审终审裁判奠定了坚实基础。

2. 有的案件从程序到实体都要进行全面说理，在需要回应的观点和意见繁杂、说理内容较多的情况下，针对各个问题的说理尽量各自成段、分别设置几个小标题。这样做的好处是便于行文，可以在某一个小标题下集中讨论某一个问题，让阅读者一目了然、清晰读懂该问题，理解其中蕴含的法理。笔者在办理案件过程中，发现有些一审法官的裁判文书说理很多、很周全，但全部说理都堆砌在一个段落中，令人眼花缭乱，阅读效果不佳，因此这些年笔者逐渐形成了分段落分别说理的习惯。最高人民法院也认可并鼓励"本院认为"部分的个性化，《关于加强和规范裁判文书释法说理的指导意见》提出，"可以根据案件情况合理调整事实认定和说理部分的体例结构"。同仁们可以在这方面多做尝试。

总之，优秀裁判文书的终极目标是语言运用严谨、规范，事实认定准确、全面，证据采信合法、合理，裁判理由清晰、透彻，裁判结果公平、公正。只要我们把认真当作一种品格，把学习当作一种习惯，用法治初心撰写每一份裁判文书，我们就一定能让社会民众对裁判文书有更多的法律认同和情感认同。

（杨丽娟，云南省高级人民法院法官）

三、专家评析

优秀的裁判文书不仅要形式完备、逻辑清晰、查清事实、判断准确，而且应释明法律关系、厘清法律适用标准，进而要对同类案件具有指导意义，树立一种价值导向促进社会发展。本裁定书作为刑事二审案件裁判文书，符合上述要求，具有示范价值。

（一）该裁判文书格式规范，结构完整，内容齐全，层次分明

该裁定书对案由、一审诉讼情况、原判认定、原判判决依据、上诉理由、二审辩护补充意见、二审出庭检察员意见等基础信息均作了简明扼要地叙述，文字用语准确，语言流畅精炼，通俗易懂，叙述事实清楚。不仅全面反映了刑事二审案件的审理程序，而且为审判程序的客观性和公正性奠定了坚实基础。值得赞许的是，文书结构繁简得当，没有对一审认定的事实和判决结果作大篇幅摘录，而是紧扣重点、有效归纳，同时对二审认定的事实、证据、评判和说理尽可能详尽、充分，从而提高了二审裁判结论的正当性和可接受性。

（二）该裁判文书重视证据，严守规则，尊重客观，还原事实

裁判文书最重要的是基于证据还原法律事实，该文书能够把证据核查部分作为着力最多的部分之一，难能可贵。具体而言：

1. 该文书正确运用刑事案件证据规则，充分反映了举证、质证和认证的全过程，说明了二审对于证据审查判断的过程。

2. 该案的特殊性在于公安机关从同一辆车上先后两次查获毒品，该两次查获的毒品与被告人的关联性是本案的焦点问题。围绕两次查获毒品的不同过程和具体情况，文书证据部分分别作了罗列和详细说明，让社会民众一目了然，增强了执法司法透明度。

3. 被告人对侦破过程、证据提取等问题提出的各项质疑，二审通知侦查人员出庭作证，侦查人员当庭提供的证言对具体侦破过程、细节情况都作出了合理性解释。因此裁判文书对侦查人员的当庭证言内容表述非常详细，非常具有说服力。

4. 当前司法实践中，辩方对于毒品的提取、称量、鉴定等取证程序合法性问题多有质疑，本案中的称量器具准确性问题直接影响到证据效力和对犯罪事实的认定，故文书对于毒品称量的证据情况、核查情况都作了详细地叙述，表述客观、全面，阐明了人民法院采纳、采信该项证据的充分理由。

（三）该裁判文书重点明确，逻辑清晰，有理有据，评判得当

裁判文书说理的难点在于抓住重点，以理服人，该文书能够厘清诉辩焦点问题，依法依规进行说理，从而保证了评判的准确性和公正性。具体而言：

1. 刑事二审案件遵循的是全面审查原则，但在查明原判认定事实清楚，证据确实、充分，定罪准确，量刑适当，审判程序合法的基础上，应当结合庭审情况，重点针对上诉理由和辩护意见进行评判，将二审对原判实体和程序方面的评判过程和结果予以公开，以使二审裁判结果的形成过程透明化、逻辑化，有利于消除民众对于司法暗箱操作的猜疑，也能增强司法裁判的说服力，达到使人信服的目的，从而促进司法公正。该文书即是根据上述要求，针对被告人和辩护人提出的关于原判审理程序、实体处理方面的不同意见，分别进行论证和法律评断，让人信服。

2. 针对上诉人提出一审法院剥夺其发言机会、限制其诉讼权利的意见进行了分析，阐明一审法院的审理程序合法，上诉人的诉讼权利已得到有效保障，由此确认了一审法院审理程序的合法性，有理有据地驳斥了上诉理由，肯定了一审法院的依法履职行为，同时为二审维持原判奠定了坚实的基础。这是坚持程序正义的具体体现。

3. 针对上诉人对案件线索来源、证人证言、毒品来源等实体性问题所提意见，文书进行了逐项、充分论证。针对 DNA 鉴定的检材来源和证据效力问题，分别进行了分析论证，说明该证据具有效力；针对上诉人供述与辩解的矛盾性分别作了分析，说明其翻供的不可信。通过以上评判说理，充分说明了人民法院对于案件事实和证据的裁判依据和标准。

4. 针对本案量刑问题，文书结合上诉人的犯罪事实、性质，以及其多次无端控告、指证侦查人员等行为反映出的主观恶性问题等进行了说理，阐明了被告人的罪与责，并明确说明二审认为原判量刑偏轻但依法不再予以改判的理由，对人民法院的依法裁判立场作了生动诠释。

总之，该裁判文书在“说理和评判”部分对于被告人和辩护人所提关于案件程序、事实、定罪、量刑等方面的各项主张，逐项论证，准确回应，说理透彻、充分，针对性强，有力地驳斥了被告人、辩护人的各项意见，从而充分阐明了裁判结论的形成过程和正当性理由，使裁判文书真正成为向社会公众展示司法公正形象的载体。

综上所述，该裁判文书是一篇既有专业性又能体现公正性的优秀裁判文书，同时能够展现出良好的法律效果和社会效果。

（点评人：吕涛，云南财经大学法学教授，经济刑法研究中心主任，最高人民法院评审专家，云南省公安厅法律顾问，昆明市人大常委会立法专家）

（2021）云刑终 233 号裁判文书原文

第十九章　贪污贿赂类犯罪

31. 邹某甲行贿、对有影响力的人行贿、利用未公开信息交易案*

【关键词】

证据判断　间接认定　合理排除

【裁判要旨】

1. 利用未公开信息交易罪的犯罪行为通常内外勾结，作案前计划周密，作案时手段隐蔽，作案后不易留下犯罪痕迹，导致发现难、取证难、认定难，故在刑事证明上更宜采用“间接认定”的证据标准。

2. 间接证据的运用须形成完整的证据链条。可以通过被告人的专业背景、特殊身份，以及取得未公开信息的便利性、与私人账户操作人的关联性、特殊时间内二者进行信息传递的可能性、公私账户的吻合度、操作波段的重合度、选股品种的趋同率等间接证据，对其进行综合分析运用，使证据之间相互衔接、相互印证、相互支撑，形成完整的证据链条。

3. 认定案件事实须排除合理怀疑。对于与证据链条相反的信息，如交易时间段内公开信息的存在、非同向交易的操作等，需针对合理性、正当性进行客观分析，判断是否与间接认定的案件事实存在实质矛盾，能否削弱证据链条的证明力，确保证明结论的唯一性。

一、简要案情

公诉机关指控被告人邹某甲、邹某乙犯利用未公开信息交易罪，邹某甲犯行贿罪，对有影响力的人行贿罪。

经查，2010 年 3 月至 2015 年 1 月，邹某甲在担任诺安公司投资部执行总

* （2020）渝 01 刑初 24 号。

监兼基金经理期间，利用管理操作“诺安股票证券投资基金”账户的职务便利，掌握该机构账户投资股票的品种、动向等未公开信息。二被告人通过电话、微信、聚会等多种方式，就股票投资进行交流。邹某甲会就其掌握分析的股票情况、业务进展等向邹某乙进行股票推荐，并建议其买入或卖出相应股票。经上海、深圳证券交易所认定，邹某乙操控的涉案私人账户与“诺安先锋”基金股票交易的股票大量趋同，非法获利达2300余万元。另外，被告人邹某甲还构成行贿罪、对有影响力的人行贿罪。

重庆市第一中级人民法院认为，被告人邹某甲身为基金管理公司的基金经理，利用其管理并操作机构基金账户的职务便利，获取该账户的投资信息等未公开信息并泄露给他人，他人从事与该信息相关的证券交易活动，非法获利达2300余万元，情节特别严重，其行为已构成利用未公开信息交易罪；为谋取不正当利益，向国家工作人员行贿350万元，向离职的国家工作人员行贿80万元，其行为已构成行贿罪和对有影响力的人行贿罪。被告人邹某乙明知其兄的职务及提供的信息系与邹某甲的职权相关，是应予保密的投资信息，仍从事与该信息相关的证券交易活动，非法获利达2300余万元，情节特别严重，其行为已构成利用未公开信息交易罪。据此判决：被告人邹某甲犯利用未公开信息交易罪、行贿罪、对有影响力的人行贿罪，决定执行有期徒刑十一年，并处罚金人民币1445万元；被告人邹某乙犯利用未公开信息交易罪，判处有期徒刑三年，并处罚金1000万元。宣判后，检察机关未抗诉，被告人未上诉，判决已生效。

二、撰写心得

趋同交易既是认定利用未公开信息交易罪的前提，也是该罪的重要特征、指向标；还是审理该类犯罪实务中认定的难点。但如何确定趋同交易，尤其是“前五后二”（机构交易日的前5个工作日至后2个工作日）期间涉及的反向交易等能否否定趋同的性质，应否剔除在外，无论在实证案例、立法解释，还是理论研究中，均无充分的研究和规定。承办人立足于刑法及相关司法解释的规定，从证据认定标准入手，判断本案是否属于趋同交易。再针对辩解辩护意见逐一分析，判断被告人是否具有正当理由，以排除合理怀疑。

《刑法》规定：金融机构的从业人员，利用因职务便利获取的内幕信息以外的其他未公开信息，违反规定，从事与该信息相关的证券交易活动等，或明示、暗示他人从事相关交易活动，情节严重的，构成利用未公开信息交易罪。《最高人民法院、最高人民检察院关于办理利用未公开信息交易刑事案件适用法律若干问题的解释》对该罪犯罪构成中“未公开信息”“违反规定”等作了明确规定；并明确“明示、暗示他人从事相关交易活动”应综合考虑以下内容：行为人具有获取未公开信息的职务便利；行为人获取未公开信息的初始时间与他人从事相关交易活动的初始时间具有关联性；行为人与他人之间具有亲友关系、利益关联、交易终端关联等关联关系；他人从事相关交易的证券品种、交易时间与未公开信息所涉内容基本一致；他人从事的相关交易活动明显不具有符合交易习惯、专业判断等正当理由；行为人对明示、暗示他人从事相关交易活动没有合理解释。

因该犯罪行为本身具有高度隐蔽性，且行为人一般不亲自从事相关交易活动，更难以收集证据。故该罪名的司法解释，暗含了一种刑事推定规则，收集的证据仅需证实：（1）特定人员可利用职务便利获取未公开信息；（2）特定人员将未公开信息违规泄露给与其有特殊关系的人；（3）与其有特殊关系的人从事了与未公开信息相关的交易；（4）该交易明显异常。由此可得出构罪的结论，无须直接证明该交易系利用了未公开信息，除非被告人对此有合理解释。

确定该证据判断规则后，结合本案查明的事实：被告人邹某甲系诺安公司的基金经理，管理并操作“诺安股票证券投资基金”账户。其通过职务便利获取了该基金账户投资股票的品种、投资方向等未公开信息，并将该信息泄露给其弟被告人邹某乙。邹某乙（不具有证券专业背景）使用其实际控制的两个私人账户进行了大量股票操作，其中相当部分与基金账户投资的股票重合，且交易频繁，多个操作波段重合，据此可以认定与机构账户的股票存在高度趋同。即二被告人的相关行为已构成利用未公开信息交易罪。

关于提出二被告人之间仅进行股票的技术交流，未针对具体股票给予明确交易指令，并非泄露未公开信息的抗辩理由。经审查认为，二被告人每次通过电话、微信、当面交流等方式，由邹某甲告知邹某乙其分析研究相关股票的信息、业务进展等，再由邹某乙买卖具体股票。邹某甲身为基金管理公司的基金经理，所进行的相关技术交流，均是在获取大量公司掌握的未公开信息支撑下，所得出的调研成果。故不能以此割裂与未公开信息的关联，从而否定其行为性质。

关于提出私人账户的交易系基于公开信息独立进行的操作的抗辩理由，并举示了长城信息于2012年12月29日发布的公开信息《长城信息产业股份有限公司对外投资公告》，以及光大证券根据该信息发表的一份调研报告，以证明私人账户先后于2013年1月9日、1月15日、1月17日大量买入该支股票，并非利用未公开信息。经审查认为，交易发生在该信息发布的6个交易日后，无论是利好或利空消息，价值均已出尽。以此作为买入操作的抗辩理由不成立。同时，A股市场每日将公开发布大量的股票信息及投资机构、投资人的股票分析与投资建议，仅以私人账户操作时间段存在对应的公开信息，来对抗利用未公开信息的行为性质，明显不当。

关于提出指控的趋同交易中，趋同率不高，无明显异常；并有反向交易，对前期操作的延续交易及偶发重合的同向交易等，均应扣减的抗辩理由。经查，1号私人证券账户通过深圳证券交易所交易的股票共43支，与“诺安先锋”基金股票交易趋同交易的股票数达20支，占比46.51%，趋同交易额21 822.3万元；通过上海证券交易所交易的股票共7支，与“诺安先锋”基金股票交易趋同交易的股票数达3支，占比42.86%，趋同交易额19.87万元。2号私人账户通过上海证券交易所交易的股票共53支，与“诺安先锋”基金股票交易趋同交易的股票数达34支，占比64.15%，趋同交易额19 879万元。在A股市场3000余支股票中，涉案私人账户大量频繁交易的股票与机构账户投资的股票，品种趋同率高达近50%，且多个操作波段重合，并非偶发，交易明显异常。认定非法获利金额所依据的“前五后二”同股票同向交易金额，系按照证券业的行业惯例，仅是一种有利于被告人的原则确定的计算标准与方式。该时期内的反向交易、混合交易及前期的延续交易等均不影响该罪的构成及趋同交易的认定，不应予以扣减。

（谢懿，重庆市第一中级人民法院法官）

三、专家评析

趋同交易既是认定利用未公开信息交易罪的前提，也是该罪的重要特征、指向标；还是审理该类犯罪实务中认定的难点。该类犯罪专业性强，被告人获取、泄露及传递未公开信息的过程通常比较隐蔽，相关证据难以获取，如何认定趋同交易显得尤为重要。但无论在实证案例、立法解释，还是理论研究中，对于如何确定趋同交易，尤其是“前五后二”期间涉及的反向交易等能否否定趋同的性质，并剔除在外，均无充分的研究和规定。本裁判文书分析、说理明确，与刑法及金融法规的相关规定契合，说服力强，与行政监管相互配合，对类似案件审理有重要的参考与借鉴意义。

（点评人：陈远平，重庆市第一中级人民法院党组成员、副院长）

（2020）渝01刑初24号裁判文书原文

第二编　行政类

第一章　行政处罚

32. 何某诉某交警支队交通行政处罚案*

【关键词】

交通　行政处罚　技术　电子证据　简易程序

【裁判要旨】

声呐探测电子设备自动生成的照片等电子证据系定案证据的形式，而形成该照片的设备系统系证据的本质。照片和设备系统均属审查范围。对技术设备及其生成的照片等电子证据，可从以下方面进行审查：一是“形成过程”审查，即审查该套设备系统投入运行前是否经过了充分的论证、检测合格。二是“明显性”审查，即设备系统是否存在明显的违反逻辑和科学性的情形，而行政机关对此难以解释。三是“实际效果”审查，即设备系统投入运行后，是否存在明显大量的异议（复议或诉讼），导致产生科学性上的合理怀疑。

以电子警察执法方式作出处罚，被处罚人到交警部门接受处罚，符合条件的可视作当场处罚情形，并适用简易程序。简易程序的适用不以当事人未提出异议为前提。

---

* （2019）沪行终204号。

一、简要案情

原告何某诉称：2018年5月12日18时许，其驾驶小型轿车在徐家汇路由东向西行驶至蒙自路遇红灯停车时，收到上海交警短信通知，称“涉嫌鸣号违法”，但原告在此时并无按喇叭鸣号的行为。5月12日当天，事发处摄像头上并未安装声呐设备，某交警支队提供的照片缺乏真实性，照片中原告车辆上的椭圆形黄色标记系事后叠加，照片中的波段曲线图没有计量单位，没有图例说明，仅凭该照片无法证实违法行为的存在；被诉处罚决定程序违法。原告在收到违法告知短信后曾提出异议，但在现场处理时，却被告知如不在《交通违法行为处罚事先告知书/确认单》上勾选“无异议”，将无法获得行政处罚决定书，故其勾选了“无异议”，因此本案适用简易程序不当。

被告某交警支队辩称：被诉处罚决定认定事实清楚。照片证据系违法鸣号电子监控设备系统自动生成，不存在人为事后添加因素。有关椭圆形黄色标记系系统自动标记发声点，波段曲线图亦是系统自动生成。该设备系统经过国家检验机关检验合格有效，2017年起经市交警总队统一部署，在全市逐步推广设置。事发当时是双杆设置，声呐设备并未安装在摄像头上，之后改进为单杆设置。该设备系统捕捉到违法鸣号行为后，均由市交警总队统一人工审查校准，最终确认违法行为。被诉处罚决定认定的违法事实能够成立；不存在原告所称若不在《交通违法行为处罚事先告知书/确认单》上勾选“无异议”就无法获取处罚决定书的事实，本案按照简易程序处理合法。

法院经审理查明：2018年5月12日18时2分，何某驾驶车辆牌号为沪BQV×××的小型轿车在上海市徐家汇路近蒙自路路段实施了鸣喇叭的行为，该行为被电子监控设备予以记录。同年6月30日，何某前往某交警支队处理上述事项，某交警支队向何某作出《交通违法行为处罚事先告知书/确认单》，对何某进行处罚事先告知，何某在申辩、陈述内容项下的“你对由本部门实施处罚是否有异议”及“你对实施本起违法行为是否有异议”栏内均勾选“无异议”，并签署本人姓名。同日，某交警支队作出编号为310101－1850605020的《公安交通管理简易程序处罚决定书》，主要内容为何某于2018年5月12日18时2分，驾驶车辆牌号为沪BQV×××的小型轿车在本市徐家汇路近蒙自路路段实施在禁止鸣喇叭的区域或者路段鸣喇叭的违法行为（代码10480），违反了《道路交通安全法实施条例》第62条第8项之规定，依据《道路交通安全法》第114条、第90条的规定，决定予以人民币

100 元罚款。该处罚决定当场向何某送达。何某不服，遂诉至法院请求予以撤销。

上海市第一中级人民法院于 2019 年 4 月 8 日作出（2018）沪 01 行初 216 号行政判决：驳回何某的诉讼请求。何某不服，向上海市高级人民法院提起上诉。上海市高级人民法院于 2020 年 5 月 21 日作出（2019）沪行终 204 号行政判决：驳回上诉，维持原判。

二、撰写心得

这是一份涉及交通行政处罚的判决书，公安机关交通管理部门根据“电子声呐探测电子设备”自动生成的电子证据，对违法鸣号行为作出行政处罚，引发行政诉讼。因为案情具有一定的新颖性，该案在一审时就成为社会关注的热点，多家媒体进行了报道。案件一审时，在一次很偶然的情况下，笔者在手机上看到了某个新闻 App 报道的关于本案的部分庭审录像，这一媒体出于炒作新闻的目的，片面地截取了原告方的部分陈述，却没有相应的被告的意见，给人的感觉就是公安机关的处理没有道理，但笔者总感觉这个案子的报道似乎不全。没想到没过多久，案件的当事人上诉到了我院，根据随机分案规则的分配，笔者成为这个案件的主审人。通过审理，笔者全面了解了案情，得出了和那个新闻媒体所渲染的内容完全不同的结论。笔者觉得有责任和义务将这一案件全面地展示给社会，全面地分析和处理，让事件的来龙去脉客观完整地展现出来，在撰写本案判决书的时候，还是十分用心的，虽然案件是一起普通的交通处罚案件，但认真细致地分析了所有涉及的问题，并得出最终结论。整个撰写过程中只是想着怎么把道理说透彻，说清楚，说明白。

事后笔者觉得在当下信息量爆炸的社会里，我们看到的和听到的不一定是真实的，还需要全面深入了解情况，自己认真仔细思考，在不具备条件的情况下，既不能轻信、偏信，也不能随意发表意见。在当下信息爆炸、利益多元的形势下，司法很容易被诋毁、误解，司法机关承受了前所未有的压力和挑战。

在这个过程中，司法判决承载着极其重要的功能，是正本清源、定分止争的重要渠道和手段。法官无须多言，公正的司法判决能够消除社会误解，彰显公平正义的价值。如果司法判决都不全面细致深入，那对整个社会的伤害会是巨大的。

在行政诉讼中，判决书的重要性更为突出。因为行政诉讼处理的是行政争议。在这一关系中，原告往往是弱势群体，而行政机关处于强势地位，在实际生活中，群众可能会对行政审判有偏见，认为法院偏袒行政机关。因此，要消除这种偏见和误解，行政法官更要注重写好行政判决书，让优秀的司法判决彰显公平正义的价值。

根据笔者的理解，判决书的首要功能是裁判，其写作方法要有利于裁判。

理是判决书的首位和灵魂，文无定法但判决有定理，怎么写判决书，取决于多种因素，没有定论，但判决书必须要讲理、说理、明理。如果一篇判决书只有空话套话，泛泛而谈，是无法说服人心，取得共识的。没有说理的判决书，只是一个形式，说理是判决书的精神实质、核心内核。判决书可以没有固定形式，但判决书不能没有说理。

首先，说理要讲求逻辑，逻辑应当贯穿通篇，体现在事实认定、法律适用的全过程。逻辑是办案的思路和心路，必须顺畅而非颠倒，必须一致而非矛盾，必须清晰而非混沌，必须客观而非臆想，逻辑性是办案思路是否清晰的重要标志。

其次，说理要讲求确信，要能做到深入人心。判决书的说理先要说服自己，如果法官自己都不确信，是无法说服他人的。如果撰写的理由法官自己都觉得站不住脚，那就可能要重新检视自己的结论是否存在问题。撰写判决书，就是法官找寻人心的过程，人心中共同认同的价值、观念、逻辑，进而让判决获取当事人认同和社会公众的共识。

最后，说理要依据充分，理据合一。法官撰写的判决理由要有充足的法律和事实依据。这里的“依据”应当是主要依据，案件的元素很多，法官要善于找寻到决定案件走向的关键因素和关键证据。让关键证据和关键材料自己说话是非常重要的，法官的职责就是及时发现和找寻到这些理的载体。

除了裁判之外，判决书也是一种表达，判决书的裁判功能是通过书面表达实现的，判决书是法官的书面语言，是法官思想和思维的书面表达。表达需要技巧，需要不断的实践、总结和提高。同时，笔者认为判决书不仅是法官的一张名片，更应该立足解决争议，明晰裁判规则，判决书是感情、道理和思想的传播，对人们的行为和社会规则的形成具有一定的引领作用。

笔者撰写这篇判决，主要有以下三个具体方法。

1. 精心审理、做足功课、水到渠成。审理是判决的基础，没有高质量的审理是无法形成一篇优秀的判决的。二审期间，笔者很早就布置了开庭，全面了解了案情，并走访了相关技术部门和专业人士，做了很多调查研究工作，审理过程是扎实细致的，因此在撰写判决书的时候，自然水到渠成，一气呵成。

2. 细致全面、认真讲理、不留死角。对案件涉及的专业技术问题以及相关程序问题，合议庭多次讨论，达成共识，在具体写作的时候，笔者没有回避原告方提出的任何一个异议，全面回应，全面解释，不留死角，增强了判决书的说理性，对一些似是而非的问题也进行了明确，不回避矛盾，判决书的可接受度也相应提高。

3. 注重分析、突出重点、提炼概括。本案既涉及法律问题，也涉及事实问题，笔者试图从众多的案件元素中努力找寻、提炼主要矛盾和主要线索，抓住实体技术性问题的审查以及简易程序的适用两个核心关键问题，概括出这两个争议焦点，进行细致分析，去繁化简，最终判决书重点突出，说理清晰，取得了一定的效果。

（汤军，上海市高级人民法院法官）

三、专家评析

本案是2020年上海市高级人民法院审理的全国首例以“声呐探测电子设备”自动生成的电子证据为依据，对汽车违法鸣号行为作出行政处罚引发的行政诉讼案件。案件主要涉及行政处罚中电子证据的审查问题，法官通过判决对电子证据的实体审查以及以电子证据为依据的执法程序等问题进行了积极探索。尤其是在2021年新修订的《行政处罚法》将电子证据纳入规定之后，本案的判决不仅为交通类案件的审判提供了值得参考的有益经验和思路，更为法院审查其他涉及电子证据的行政处罚案件提供了一种可资借鉴的框架，其意义已经超越了交通行政处罚的范围。

该案的判决具有较强逻辑性与层次性，对诉辩双方的主张概括十分清晰，对争议焦点的提炼也非常准确，很好地体现了法官的思维过程。判决既全面论述又重点突出，既认真说理又不回避问题，是一份以理服人的优秀判决。最重要的是，本案通过判决主要解决了行政诉讼在审理涉及电子证据的行政处罚案件中的两个关键点：一是针对电子证据的实体审查，提出了实体审查的三要件，即“形成过程”“明显性”和“实际效果”。二是针对涉及电子证据的行政处罚简易程序适用条件的认定，提出行政相对人的主观态度不影响行政处罚简易程序的适用。这两方面的内容论述如下。

（一）电子证据的实体审查要件

在传统的执法模式下，法院对电子证据的审查一般聚焦于电子证据的载体，即电子监控设备的记录资料，在其呈现内容的客观真实性与取得方式的合法性方面，以此作为认定违法事实是否成立的基础。然而传统的审查思路难以适应信息化时代下新兴的电子警察执法模式，容易使法院的审查陷入专业技术问题的泥沼之中。因此，法院对行政处罚案件的审查应当充分考虑到电子警察执法模式的特殊性，在关注电子证据载体的同时将审查的焦点置于电子设备系统上，抓住电子证据的“形成过程”“明显性”和“实际效果”等三个关键要素，着重审查电子设备系统投入运行前是否经过了充分的论证、检测合格；电子设备系统是否存在明显的违反逻辑和科学性的情形，而行政机关对此难以解释；电子设备系统投入运行后，是否存在明显大量的异议，导致产生科学性上的合理怀疑。新修订的《行政处罚法》对此也有所规定，明确要求用于收集、固定违法事实的电子技术监控设备，应当事先经过法制和技术审核，确保电子技术监控设备符合标准、设置合理、标志明显、地点公开。

（二）电子证据的行政处罚简易程序适用条件

根据《行政处罚法》第51条的规定，执法人员可以当场作出的处罚适用简易程序。然而在电子警察执法模式下，执法时间和执法空间在一定程度上产生了分离，执法人员依据电子证据作出处罚决定时实际上并不在违法现场，这一特殊性可能会引起依据电子证据作出行政处罚的案件是否适用简易程序的争议。《行政处罚法》设置简易程序的价值在于缩短行政过程、降低行政成本、提升行政效率，所以规定对事实清楚、证据确凿、处罚轻微的违法行为适用简易程序处理，免去了复杂冗长的调查取证过程，才使得执法人员可以当场作出处罚决定。因此就理论而言，是由于案件“事实清楚、证据确凿、处罚轻微”才使简易程序具备了适用条件，而不是由于执法人员处于违法现场才使简易程序具备了适用条件，即作出处罚的地点并不是决定是否适用简易程序的要素。在此基础上来认识电子警察执法方式的特殊性，就可以理解为什么电子警察执法方式同样可以适用简易程序。进一步而言，无论是传统的现场执法，还是电子警察执法，行政处罚简易程序的适用都是条件相对明确的，并不受到处罚对象的主观态度影响，《行政处罚法》并没有规定简易程序的适用以处罚对象不存在异议为前提。

（点评人：练育强，华东政法大学教授）

（2019）沪行终 204 号裁判文书原文

33. 瑞华会计师事务所等与中国证券监督管理委员会证券监管行政处罚案*

【关键词】

证券市场　勤勉尽责义务

【裁判要旨】

在认定注册会计师是否勤勉尽责的问题上，应对其过程性特征而非单纯的审计结论给予充分关注，应当考虑注册会计师是否遵循审计准则，是否获取合理保证，是否在整个审计过程中始终运用职业判断和保持职业怀疑，在识别评估重大错报风险，设计实施应对措施，获取评价审计证据，形成审计意见等重要审计环节体现出注册会计师的高度专业性和应有的职业水准，从而减少发表不恰当审计意见的可能性，降低审计风险。

判断注册会计师勤勉义务履行的标准为：客观上，评价注册会计师是否勤勉尽责可以同样的专业人士在办理类似专业工作中所应秉持的勤勉和注意程度作为参照标准，考察被评价对象是否有进一步作为的空间和余地，而非被评价对象主观的认知与能力。作为判断勤勉尽责的外化标准则是，有充分证据证明注册会计师已经按照审计准则的要求，保持职业怀疑，运用职业判断，获取合理保证。

行政程序和行政诉讼程序中关于勤勉义务履行证明责任应由行政相对人承担。

一、简要案情

中国证监会经调查认定瑞华会计师事务所在对成都华泽钴镍材料股份有限公司2013年度、2014年度财务报表审计时，未勤勉尽责，出具了标准无保留意见的审计报告，该审计报告存在虚假记载。基于此，中国证监会依据《证券法》第223条规定，对瑞华会计师事务所和在审计报告上签字的注册会计师分别作出相应的行政处罚决定。

---

* （2020）京行终618号。

被处罚人认为其严格按照审计准则规定执行了相关审计程序，在审计过程中保持了必要的职业谨慎，已履行了勤勉尽责义务，同时认为行政处罚程序违法，故诉至法院，请求撤销被诉处罚决定。一审法院判决驳回原告诉讼请求。

被处罚人遂上诉，二审法院判决驳回上诉，维持一审判决。

二、撰写心得

较之于法学专著、理论文章、调研报告和案例分析，裁判文书对于个案法律问题的阐释无疑来得更直接、更原汁原味，天然去雕饰，免去了斧凿之痕。这就要求法官面对案件中的疑难法律问题，探究法理、诠释条文、答疑解惑，以谋求理论与实务相互沟通、共依共荣、互不偏废。理论经由规则恰当地运用于司法实践，达致“运用之妙，存乎一心”的境界，恐怕确需一番苦心经营，尤其要在“运用”一节上下功夫，致力于从学理中提炼、细化可供审判实践操作的具体规则，应用于个案的裁断之中。对于牵涉专门性知识的领域，还要努力寻求法律规则与专业领域的视域融合，以提升司法裁判的公信、公平与公允。

资本市场发展的历史与实践表明，证券公司、资产评估机构、会计师事务所、律师事务所等中介机构的参与扩大了证券融资和交易的规模，减少了各主体之间信息不对称的程度，发挥着证券市场“看门人”的作用。随着我国证券发行注册制改革的推进，将更加强化证券服务机构的勤勉尽责义务。而进一步明确其职能与责任的边界，恰恰是证券服务机构各司其职，根据其专业知识分别对信息开展调查和审核，提供翔实、客观、准确的中介机构意见的前提和基础。

本判决对于会计师事务所在为上市公司财务报表出具审计意见过程中，注册会计师勤勉义务履行的标准作出了较为清晰、明确的认定，提出了判断注册会计师勤勉义务履行需要考虑的因素、标准及具体内容，明确了行政程序和行政诉讼程序中关于勤勉义务履行证明责任的分配问题，使该标准具备现实操作性。本判决语言规范、条理清晰、逻辑严谨、层次分明、论证充分，为审判实践中长期存有争议的问题提供了解决思路与方案。

（霍振宇，北京市高级人民法院法官）

三、专家评析

会计师事务所作为证券服务机构，发挥着证券市场“看门人”的作用，翔实、客观、准确的中介机构专业意见能够提高证券市场的透明度和安全性。同时，证券服务机构作为发行人或上市公司的受托人，又有着为委托人利益服务的因素。当委托人利益与公众利益发生冲突时，证券中介机构难免面临利益权衡的困境，需要有一个外在的职责履行边界来规制中介机构的行为。这个案件主要涉及会计师事务所和注册会计师在为上市公司财务报表出具审计意见过程中勤勉义务履行标准的问题。在裁判文书的说理部分，作者首先结合注册会计师审计准则的相关规定，提出了判断注册会计师勤勉义务履行需要考虑的因素和评价标准，随后结合行政程序和行政诉讼程序中证明责任的分配规则，使勤勉义务履行的认定标准在具体的行政处罚诉讼案件中通过证据的分析与取舍更具有客观外化性和实操性。接下来，依据注册会计师审计准则的规定，结合查明的案件具体事实，针对当事人的诉辩意见，逐一分析了上诉人未履行勤勉尽责义务的情形，从而论证了证监会认定其应承担相应行政责任的合法性。这个案件的事实具有相当的专业性，可以看出作者以注册会计师审计准则为依据，结合行政法和行政诉讼法相关理论与规则，对涉及专业领域的行政案件审理与裁判所进行的努力和探索。该文书整体具备较强的逻辑性和层次感，用语、表述也规范准确，是一篇较为优秀的裁判文书。

（点评人：陈良刚，北京金融法院审判三庭庭长，首届北京市审判业务专家）

（2020）京行终 618 号裁判文书原文

34. 张某与南京市秦淮区综合行政执法局责令限期拆除案*

【关键词】

无证房屋　信赖利益　违法添附　区分处理

【裁判要旨】

行政相对人对拆迁安置房享有信赖利益，执法机关以拆迁安置房未办理建设工程规划许可证，属于无法采取改正措施消除影响的违法建筑为由，作出限期拆除决定，侵犯相对人的合法权益，人民法院不予支持。

认定无证房屋是否属于无法采取改正措施消除影响的违法建筑时，规划部门的意见仅为协助执法机关进行事实认定的专业性意见，人民法院应当在查明房屋来源、建造年代等要素的基础上进行综合评判。

行政相对人取得安置房屋后，未经职能部门许可擅自进行搭建，对安置房屋进行添附，执法机关未作区分，责令将全部建筑物一并拆除的，人民法院不予支持。

一、简要案情

南京市秦淮区四方新村六村10幢外侧有四处建筑物，系张某所有。2017年6月至7月，南京市秦淮区综合行政执法局对涉案建筑物进行现场调查、拍照取证，认为上述四处建筑物涉嫌违法建设。张某未能提供涉案建筑物的所有权证或相关合法建设手续。2017年10月17日，秦淮区执法局就涉案建筑物向张某送达了《限期拆除告知书》，告知张某涉案建筑物未取得建设工程规划许可证，拟对张某作出限期拆除决定，责令张某在收到限期拆除决定书之日起3日内自行拆除涉案建筑物。2017年11月8日，秦淮区执法局作出宁城法秦限拆字（2017）第284375号《限期拆除决定书》，限张某在收到决定书之日起3日内自行拆除涉案建筑物，并送达给张某。

张某遂向原南京铁路运输法院提起诉讼，请求法院判决撤销《限期拆除

* （2021）苏行再31号。

决定书》。原南京铁路运输法院一审判决驳回张某的诉讼请求。

张某不服上诉，江苏省南京市中级人民法院二审判决驳回上诉，维持原判。

张某申请再审，江苏省高级人民法院判决撤销江苏省南京市中级人民法院（2019）苏 01 行终 471 号行政判决，撤销原南京铁路运输法院（2019）苏 8602 行初 86 号行政判决，撤销南京市秦淮区综合行政执法局 2017 年 11 月 8 日作出的宁城法秦限拆字（2017）第 284375 号《限期拆除决定书》中关于限期拆除拆迁安置房的部分内容，驳回张某的其他诉讼请求。

二、撰写心得

2015 年 5 月 1 日，修改后的《行政诉讼法》颁布实施，此后行政诉讼经历了一个高速增长期。最高人民法院同时期编发了《行政诉讼文书样式（试行)》，有效规范了各类行政裁判文书基本格式，又于 2018 年印发了《关于加强和规范裁判文书释法说理的指导意见》，对文书释法说理提出了具体要求。虽然撰写裁判文书是一名法官应当具备的基本技能，但囿于庞大的案件数量和繁重的裁判压力，大部分行政裁判文书依然缺乏充分的说理，仅仅实现了最基本的宣示功能，即回应当事人的诉讼请求，对当事人的权利义务进行分配，对诉讼争议作出司法裁判。当然，化繁为简是适用行政简易程序审理的案件应当遵循的要求，但此类案件不是本部分讨论的范畴。笔者想从目前行政审判中普遍存在的以行政行为作为切入点进行案件审理的思路说开，以张某案为例，讨论明确诉讼标的对于案件审理和裁判方式选择的重要意义，并兼顾一些裁判文书写作的具体方法。

行政行为不等同于诉讼标的。长期以来，行政诉讼以审查行政行为的合法性为主要任务，以配合撤销诉讼的需要。但《行政诉讼法》的修改增加了履行诉讼、给付诉讼、确认诉讼等诉讼类型，将行政行为统一确定为行政诉讼标的难以统领所有类型诉讼。即便在撤销诉讼中，诉讼标的也不仅是行政行为的合法性，而应当是“行政行为违法并损害原告权利这样一个原告的权利主张”。

具体的权利主张来源于具体的诉讼请求和理由。要明确诉讼对象，就要固定当事人的诉讼请求。准确归纳诉讼请求，才可以找到裁判文书的落脚点。要客观，不要杜撰；要简洁，不要重复啰唆；要有逻辑章法，不要前后颠倒；更重要的，要为释法说理埋下伏笔。张某有三点主张：一是案涉房屋是 2002

年拆迁补偿取得的安置房，二是案涉房屋不具备建设工程规划许可证、未能办理产权证的原因不在张某本人，三是案涉房屋的加固维修取得了原秦淮区城管局的同意。基于这三点理由，张某认为限期拆除决定书证据不足，损害了其合法权益，请求予以撤销。从诉讼请求来看，这是个典型的撤销诉讼。本案原告的权利主张是，违法行政决定侵害了张某对案涉房屋的合法权益。秦淮区执法局的辩称同样重要，与诉讼请求结合起来，形成了本案的争点。执法局主张，建设档案资料和房产局关于房屋性质的复函都证明案涉房屋未核发建筑工程规划许可证，属于无法采取改正措施应当限期拆除的情形；执法程序合法；张某提交的证据无法证明案涉房屋的合法性，因此限期拆除决定书合法有效。通过诉讼请求和答辩意见的比对，张某对房屋是否享有合法权益、房产局的复函效力如何认定、房屋加固部分是否可以区分处理、能否部分拆除，成为本案的审查重点，庭审中围绕相应的事实证据和法律依据进行查证辩论，文书的基本结构也就了然于胸了。

案件审理过程中，我们发现，案涉房屋从 129 平方米扩建为 445 平方米，是在未改变房屋主体结构的基础上，在拆迁安置房的南侧、北侧进行了搭建和扩建而成，除南侧搭建的楼梯未被拆除，其余扩建部分均已被秦淮区执法局拆除。这部分作为补充认定的事实被写入了再审查明部分，同时我们也确信，案涉房屋是可以做区分处理的，文书结构因此被分为了四大部分：拆迁安置房是否应当拆除，房屋其余部分是否应当拆除，拆除程序是否合法，限期拆除决定书是否应当撤销。在开庭审理时，各方当事人之间、法官和当事人之间需要通过对话共同完成一场力量博弈，但庭审对法官而言，更重要的是“倾听”。在文书写作时，我们也需要和各方对话，此时法官扮演着全知视角叙述者的角色。首先要和张某对话：要有的放矢，逐项回应其再审理由。还要和秦淮区执法局对话：行政裁判是行政行为合法性的试金石，对话越充分，方向越明确，就越接近依法行政的目标。比如文书中明确了房产局的复函对于违法建筑的认定并非“一锤定音”，能否采信有待法院依法审查；执法机关在纠正违法建设行为时，应当采用对相对人权益损害最小的方式，做到处理结果和处理目的的适当。作为再审法院，我们也要和下级法院对话：讲明白错在哪里，才能统一法律适用的尺度，发挥对下指导功能。张某案中，一审法院简单认为 445 平方米的案涉房屋均未取得建设工程规划许可手续，违法状态一直持续，故应当作为违法建设予以拆除。二审法院虽然认可 129 平方米系拆迁安置取得，但因缺乏建设规划手续，房屋被认定为违法建设亦无不当。二审法院同时提出，拆迁安置与违建治理是两种不同的法律关系，应当另寻救济。这里我们再重回开篇讨论的何为诉讼标的的问题。两级法院仅将被诉行为作为审理对象，忽略了行政行为对张某合法权利造成的影响，犯了将行政行为和原告权利割裂开来的错误。张某案是一个典型的既得权利和违法建设混同的情况，两级法院在审理过程中，未对权利混同的情形详加审查，而是简单机械地认为，拆违归拆违，补偿归补偿。对此，我们在文书中指出："纵观本案，对于涉及民生的行政争议，无论是执法机关还是人民法院，在处理时均应当慎之又慎。秦淮区执法局在违法建筑治理过程中发现存在未办理建设工程规划许可证的拆迁安置房，应当坚持执法为民的理念，尊重补偿安置成果，而不能一拆了之。人民法院在审理该案时，也应当避免机械司法，充分考虑房屋来源、未能办理建设工程规划许可证的原因及责任，积极协调拆迁人、不动产登记机构等有关部门，协助张某办理不动产权证书，彻底解决本案纠纷，从源头上化解行政争议，而不能一判了之。"

由于拆除对象可分，张某案采用了部分撤销判决的方式，判决撤销行政决定书中关于限期拆除拆迁安置房的部分内容，自然是顺理成章的。再审期间，经过各方努力，拆迁安置房办理了不动产权证书，房屋合法性得到有权机关的最终确认，案涉争议得到了初步解决。实质性化解矛盾争议也是行政审判的目标之一，因此这些案件外取得的进展也被写入了判决书。本案入选了2021年度江苏省十大征收补偿案件，起到了很好的宣传引导效果。从这个意义上说，裁判文书又是重要的普法平台，通过阐明事理，释明法理，讲明情理，可以引导公众理性行使诉权，规范行政机关依法行政，培养全社会的法治意识。

裁判文书的分析和探索涉及多个方面，语言风格、排篇布局等写作方法固然重要，但要写好一篇行政裁判文书，首先依靠的不应是写作技巧，而是司法理念。正如最高人民法院在《关于加强和规范裁判文书释法说理的指导意见》中提到的：裁判文书的主要价值体现在发挥裁判的定分止争和价值引领作用，弘扬社会主义核心价值观，努力让人民群众在每一个司法案件中感受到公平正义，切实维护诉讼当事人合法权益，促进社会和谐稳定。法律制度、价值目标等司法理念如同乐团的总指挥，跟随它的引领，我们的说理方法、裁判方式、写作技巧才能演奏出和谐的乐章。

（朱慧珺，江苏省高级人民法院法官）

三、专家评析

本案的争议焦点是未取得规划许可证的房屋是否都属于违法建筑。

根据《城乡规划法》第64条的规定，对于违法建筑应当采取不同的处理方式进行分析，本判决书认为，只有无法采取改正措施消除影响的，才责令限期拆除；对尚可采取改正措施消除对规划实施的影响的，应当采用对当事人权益损害最小的方式，做到处理方式和处理目的的恰当平衡。从而推导出，无证房屋并非均是应当拆除的违法建筑。并提出，评判无证房屋是否属于无法采取改正措施消除影响的违法建筑，应当综合考量房屋来源、建造年代等因素。

在法律规定的大前提下，对本案的被诉行政行为的合法性进行了全面分析。本案中，因拆迁公司在建造房屋前未依法取得规划许可证，导致相对人在取得拆迁安置房后多年未能办理房产证，这一历史遗留问题的不利后果不应当由相对人承担。原审判决机械地将依法取得的拆迁安置房认定为应当拆除的违法建筑，不仅侵犯了权利人的信赖利益和合法权益，而且违背了治理违法建筑的初衷，再审法院依法予以纠正。再审期间，经法院多方协调、沟通，为安置房办理了产权证书，使相对人长期悬而未决的拆迁补偿利益具备了合法性。本案再审裁判既监督依法行政，纠正了错误的违法建筑认定行为，又切实保障了权利人的合法权益，实质性化解了行政争议，彰显行政执法以人民为中心的价值导向，对今后类案的审理具有一定的参考价值。

在执法机关对无证房屋进行性质认定的过程中，规划部门的复函几乎具有一锤定音的作用，本案原审法院亦未加审查，导致事实认定上的重大偏差。再审法院确立了对规划部门的专业性意见应当适度审查的裁判规则，起到了很好的示范作用。在法律适用方面，再审法院对比例原则的运用也有所突破。《行政处罚法》第5条第2款、《行政强制法》第5条，均将比例原则作为对行政机关行使处罚权、强制权时的一个必要限制。如果说经典比例原则主要体现为对权力行使“度”的限制，再审法院本案中对比例原则的运用突破，则表现在对其内涵的进一步丰富，即突出了对权利的“尊重”。比例原则的核心是一套目的手段衡量方法，从经典的“三阶论结构”看，比例原则遵循适当性审查、必要性审查和均衡性审查的三阶审查步骤。原审法院认为执法部门将拆迁安置房一概认定为违法建筑违反了《城乡规划法》第64条确立的适当性原则，论述略显仓促，还可以进一步深入。

（点评人：蔡小雪，最高人民法院行政审判庭原审判长、一级高级法官、首届全国审判业务专家）

（2021）苏行再31号裁判文书原文

35. 深圳市联建光电股份有限公司与深圳证监局证券行政处罚及行政复议案*

【关键词】

行政处罚　信息披露　信息控制　对赌协议

【裁判要旨】

行政处罚原则上以当事人有主观过错为条件。上市公司披露的信息不实，但该信息系由与上市公司"对赌"的一方而非上市公司控制的，证券监管机构处罚上市公司时应以上市公司主观上能发现该信息不实为前提，不能仅因客观上信息不实就予以处罚。

一、简要案情

原告深圳市联建光电股份有限公司（以下简称联建光电）2013 年年底收购分时传媒 100% 股份。收购时，按惯例联建光电与分时传媒何某伦等 12 位股东签订业绩"对赌"协议，何某伦等原股东承诺收购 5 年内分时传媒归属于联建光电的扣非净利润共不低于 5.5 亿元，否则对联建光电予以补偿，其中何某伦为主要补偿义务人，5 年业绩承诺期内，分时传媒日常经营仍由原股东管理，联建光电不加干扰。2014 年 5 月起，联建光电将分时传媒纳入合并报表范围。2015 年 3 月至 2017 年 8 月，联建光电陆续发布 2014 年年报至 2017 年半年报，合并计入了分时传媒的营业收入和利润。

2018 年年底，被告深圳证监局作出行政处罚，认定分时传媒虚增 2014 年至 2016 年营业收入、利润，导致联建光电的 2014 年年报至 2017 年半年报存在虚假记载，根据《证券法》第 193 条的规定，对联建光电给予警告，并处 60 万元罚款，对相关责任人员也分别予以处罚。

联建光电向被告证监会申请行政复议，证监会复议维持上述行政处罚。

联建光电仍不服，向法院提起行政诉讼，请求判决撤销上述行政处罚的第一、三、四、五、六项和行政复议决定。广东省深圳市中级人民法院一审

---

* （2020）粤行终 883 号。

判决驳回联建光电的诉讼请求。

联建光电上诉后，广东省高级人民法院二审判决驳回上诉，维持原判。

二、撰写心得

（一）裁判文书认定的要件事实要清楚，让事实说话

以本案为例，证监局行政处罚是否合法，联建光电的违法事实就是最基本的要件事实，判决书应介绍清楚。联建光电的违法事实必须由法院认定，行政机关认定的事实，法院必须审查取舍，不能以行政机关的判断代替自身的判断，转述行政处罚决定书而不置可否，这也是行政审判实质化的应有之义。

当然，审查判断证券法上的事实，涉及财税，有一定的专业性，其中财报虚假陈述类行政处罚案件，涉嫌造假的财务数据从上市公司多年的多笔业务逐级汇总而来，底层数据和证据庞杂，公司自查或证监局调查尚有可能出现出入，而为了给虚假陈述民事赔偿诉讼的审理腾出时间，作为先决诉讼的行政审判的可用时间又不多，这是本案一审面临的困难。二审法院免除了时间压力，故能利用一审证据，对联建光电的基本违法事实独立作出认定，经过仔细审核，还对证监局认定的虚增营业收入的瑕疵予以纠正。

（二）裁判文书适用法律要符合司法理性

司法理性首先表现在认真思考当事人的诉辩意见，尊重当事人的主体地位，不武断恣意上。以本案为例，联建光电从行政复议到一审、二审一直强调，涉案业务是继续控制分时传媒的对赌方何某伦等分时传媒原股东为了达成对赌协议约定的业绩，逃避赔付联建光电补偿款而实施的，联建光电囿于对赌协议，无法对分时传媒实际经营施加干涉，但穷尽了可以行使的监管办法，联建光电作为企业，非行政执法者，可采取的调查渠道及手段有限，没有监管部门那样的调查权限和调查能力，无法查出监管局经过一年多的调查才查出的事实，质疑证监会当前的行政执法尺度是无论谁的过错导致了上市公司信息披露内容有错误，上市公司都要被处罚，上市公司无论是否尽责，结果都一样，监管部门没有对尽责给予激励。如果不对这一主要诉讼理由加以正面分析回应，则裁判难以服人。

司法理性还体现在法律适用符合法学方法特别是体系思维上。法条不是孤立地存在，法官适用法律时不是适用单一的法条，而是适用整个规范体系。以本案为例，既要适用《证券法》，也要适用《行政处罚法》。体系思维要求

具体问题抽象思考，实现类案同判。在行政处罚法上，本案属于“因他人行为导致当事人违法”案型，此时当事人能否免罚，在市场监管、安全监管、税收等领域也有立法例；在证券法上，本案属于“信息披露人与信息控制人分离”案型，目前信息披露执法实务中对上市公司及其董监高分别采取不同的处罚主观要件，对前者实行结果归责，对后者实行过错推定，这种区别对待有无法律依据、在“信息披露人与信息控制人分离”案型中是否正当，都是审理本案时应思考的。

（三）裁判文书的表达要适应阅读习惯

首先要归纳争议问题，便于读者了解分析问题的出发点和眼下所处位置，这一点目前民事判决书整体上做得较好。问题的颗粒度以下降到要件程度为宜，“被诉行政行为是否合法”这种问题太粗，与裁判理由的层级距离过远，等于没有归纳。要件之下的某个子问题太细，读者无法理解为什么这个问题重要、级别这么高。问题罗列要自上而下，层次分明，逻辑上递进、连贯，适当衔接过渡。其次措辞要简洁规范，避免过于个性化、情感化的表达，不带法官个人色彩。最后说理应以与案件有密切联系为限，不作不必要的引申。

（戴剑飞，广东省高级人民法院法官）

三、专家评析

裁判文书是审理思路的表达。人民法院审理行政案件，对行政行为是否合法进行审查。固定被诉行政行为，是审理思路的起点，是明确原告资格和庭审重点的需要。本案判决书沿着这一审理思路，首先固定了被诉行政行为，指出被诉《行政处罚决定书》六项处罚主文中，仅第一项被处罚人是联建光电，联建光电可就此提起行政诉讼，其他五项的被处罚人不是联建光电，联建光电无权起诉，不属于本案审查范围。

贯彻行政诉讼法合法性审查原则，要循着行政行为理想的合法路径来对照审查行政行为实际的具体表现，一般可以分为职权职责、事实认定、法律适用、行政程序 4 个方面来对照审查，审查过程中要对行政机关的专业判断给予尊重，审查强度适当。本案判决书沿着这一审理思路，在全面审查的基础上，重点对证监局对上市公司定期报告披露的财务数据不符合会计准则有无管辖权，客观上联建光电涉案定期报告披露的营业收入和利润是否符合企业会计准则及是否构成虚假记载、涉案行政处罚是否以信息披露义务人主观上有过错为要件、联建光电主观上有无过错、涉案行政处罚是否超出处罚时效等问题展开审查，审理思路清晰，详略得当。

总体来看，本案判决书结构完备，基本要素齐全，诉辩主张概括简要准确，归纳焦点全面准确，逻辑严密，层次明了，法条引用完整，文字简洁，提出的裁判规则，对信息披露行政处罚案件有一定参考意义，不足之处是说理分析还可以更充分一些。

（点评人：林俊盛，广东省高级人民法院行政庭庭长，全省法院审判业务专家）

（2020）粤行终 883 号裁判文书原文

36. 海南世外桃源休闲农业有限公司与海口市琼山区人民政府土地行政处罚案*

【关键词】

处罚合理性 关联事实考量 政府信赖利益保护 过错责任

【裁判要旨】

政府在招商引资过程中，就建设用地供应等作出并不明显违反法律规定的承诺，要求企业加快建设进度、先行启动建设，企业在完成多项行政审批之后，按政府要求施工建设，由于其他或上级部门的工作迟延造成非法占地，过错责任不能完全由企业承担。行政机关查处相关案件，应当遵守诚信政府建设要求，查清关联事实，兼顾行政处罚的合理性，充分考虑信赖利益保护，而不能简单罚款没收。

一、简要案情

2009 年，海口市琼山区政府招商引资旧州镇堆插村新农村建设项目，在项目推介时宣称该项目政策上可行，符合规划，具有公益性，要求建设周期为 2 年，承诺在立项、规划审批、土地供应、财政补贴、税费减免等方面实行绿色通道，对利用集体土地发展旅游项目给予政策支持。《旧州镇土地利用总体规划（2010—2020）局部图》载明：风景名胜设施用地 7456. 56 平方米，农村居民点用地 1. 41 平方米，项目建设符合规划。2009 年 12 月，堆插村以土地使用权入股的形式与海南世外桃源休闲农业有限公司（以下简称桃源公司）签订协议，约定利用空闲土地建设乡村休闲旅游项目，桃源公司须先出资进行环境整治。旧州镇政府在该协议上签章确认。2010 年 6 月，琼山区政府批复该项目规划设计方案。2011 年 1 月，琼山区发改委同意“旧州桃源寻古绿色慢行系统”项目备案。2012 年 7 月，琼山区政府向海口市国土局发函申请在堆插村规划预留的宅基地用地指标中调取 12 亩土地用于项目建设，并办理相关的农地转用手续。市国土局没有回函。

* （2020）琼行终 484 号。

2012 年 12 月，市国土局认定涉案项目用地不符合海口市土地利用总体规划，以桃源公司和堆插村违法占地为由作出处罚决定，责令退还非法占用的土地，没收在非法占用土地上新建的建筑物和其他设施，并处罚款 203 801 元。桃源公司不服，申请行政复议，海口市政府复议决定予以维持。2013 年 3 月，桃源公司向琼山区法院提起行政诉讼。2013 年 5 月，琼山区法院一审判决撤销该行政处罚决定，二审判决驳回上诉，维持原判。

2019 年 4 月，琼山区政府以桃源公司非法占地为由作出处罚决定，责令退还非法占用的土地，没收地上建筑物和其他设施，罚款共计 144 169. 8 元。

桃源公司不服，提起行政诉讼。2020 年 6 月 9 日，海南省海口市中级人民法院作出一审判决，驳回桃源公司的诉讼请求。

2020 年 12 月 8 日，海南省高级人民法院作出（2020）琼行终 484 号行政判决，撤销一审判决，撤销被诉处罚决定，同时向琼山区政府发送《司法建议函》。

二、撰写心得

本判决在司法理念上，坚持客观公正、利益衡平的基本原则，不偏不倚，有理有据。一方面，实事求是，依法认定涉案项目应依法依规按建设用地管理，构成非法占地的事实，以及桃源公司关于重复处罚的主张不成立；另一方面，明确指出被诉处罚决定认定事实不清，遗漏共同违法行为人，没有根据规划调整情况确定处罚的内容，以及法律适用错误、程序违法。二审从事实脉络、问题起因、法律规定出发，坚持严格依法办案，依法保护企业合法权益，体现了行政审判的责任担当。

在办案方法上，注重事实的归类、剖析，同类事实分组处理，从一个证据、文件分解列出多项事实，系统完整连贯地还原案件全貌；注重探讨请教，与合议庭成员、其他同事、院庭长、最高人民法院资深法官以及行政人员、专家学者沟通交流，在辩论中多角度全面看问题，寻求利益最大公约数；注重理论学习，本案处理的核心原因是信赖利益保护，为此承办人查阅大量论文，力求准确把握该原则的内涵、构成要件和适用情形；注重案例支撑，从类案处理中寻求答案，《中国审判案例要览》的两则相关案例，以及本院、海口中院类似案件的生效判决，坚定了按照查清关联事实原则、信赖利益保护原则、比例原则下判的信心。

本案处理最大的特点是在作出行政判决的同时发放司法建议函，告知案件处理的深度考量并对政府如果继续违法行政予以劝诫。司法建议函也是本案裁判文书的重要组成部分。之所以未将核心理由放进判决，目的是防止产生“多米诺骨牌”效应，影响当时备受关注的招商引资强拆案件的审理。本案中，被诉处罚决定明显不当，一审判决仅看违法占地的表层事实，不顾问题产生的关联事实，有违政府信赖利益保护原则。我国实行严格的土地用途管制制度，对非法占地行为依法应予严处。同时，行政处罚应当遵循公正、违法行为性质与处理结果相均衡、教育与查处相结合的原则。从行政执法目的和手段关系而言，即使行政目的是正确的，也必须选择合适的手段。行政机关必须选择成本最低的执法手段，选择对行政相对人侵害最小的方式。最高人民法院在哈尔滨市规划局与黑龙江汇丰实业发展有限公司行政处罚案中指出：“规划局所作的处罚决定应针对影响的程度，责令汇丰公司采取相应的改正措施，既要保证行政管理目标的实现，又要兼顾保护相对人的权益，应以达到行政执法目的和目标为限，尽可能使相对人的权益遭受最小的侵害。而上诉人所作的处罚决定中，拆除面积明显大于遮挡面积，不必要地增加了被上诉人的损失，给被上诉人造成了过度的不利影响。原审判决认定该处罚决定显失公正是正确的。”在此，最高人民法院明确表述了行政法比例原则的“必要性原则”的核心含义。此后，最高人民法院公报案例刊载的田某诉北京科技大学拒绝颁发毕业证、学位证案中关于“程序正当原则”的表达，以及益民公司诉河南省周口市政府等行政行为违法案中“信赖保护原则”的采用，说明行政裁量的司法审查中边界模糊的“合理性原则”，逐步演化为以平等、比例、信赖保护等客观性较强的原则作为标准。最高人民法院在（2014）行提字第21号郑州市中原区豫星调味品厂诉河南省郑州市人民政府行政处理决定再审案中指出：“从利益保护的角度看，本案最大的问题在于，由于被诉行政行为对错误颁证归因有误，客观上不利于豫星调味品厂主张信赖利益的保护。且涉案土地使用证从发证到被注销的时间长达九年，该厂在此期间如有合理投入，应当认定为应受法律保护的信赖利益。为了保护相对人的信赖利益，应当对被诉行政行为的违法性尤其是错误颁证过程中行政机关未尽审慎审查职责的行为作出确认。”行政机关“未充分考量各种因素，加之涉案土地很快用于房地产开发，无疑增大了后续权益实现、矛盾化解的难度。故综合权衡公共利益和个体利益全面保护的需要，根据行政诉讼法有关规定，本案最为适当的判决方式就是确认4号决定违法但不撤销”。

综合全案情况，涉案项目是琼山区政府为发展地方经济，借助海南国际旅游岛开发的热潮，决定在堆插村建设的招商引资项目、新农村建设项目，主导、扶持的重点旅游项目和绿色慢行系统配套工程。政府公开招商引资，对外宣介项目的可行性、公益性，桃源公司积极响应，通过政府的引荐与堆插村签订协议，参加项目建设。涉案项目时间紧、任务重，鉴于政府在土地供应上作出允诺，在项目落地上给予支持，在建设进度上提出时间要求，桃源公司基于对政府的信赖，依据政府的审批，按照政府的要求，先行启动建设，加快建设进度，对堆插村的荒弃地、边角地加以利用。项目建成后，有效地改善了生态环境，增加了农民收入，打造了品牌效应，取得了较好的经济、社会效益。主观上，各方都致力于项目落地、合作多赢，无论琼山区政府还是桃源公司、堆插村，都没有非法占地的故意。琼山区政府为推进重点项目建设，专门成立琼山区领导小组，召开专题会议研究和解决项目开发过程中遇到的各种问题和困难，要求相关政府部门给予协调、审批的配合支持。桃源公司基于政府信赖进行建设行为，没有证据证明系恶意为之。行政相对人因信赖行政行为，而对自己的生产生活作出安排的，应当予以保护。行政机关作出的不违反法律法规规定的自设义务和承诺，应当予以遵守。行政相对人因招商引资或行政允诺而为的经营行为，不宜简单认定为违法行为；应从维护政府公信力、营造海南自贸港最优营商环境的角度，依法保护行政相对人正当的信赖利益，充分考虑裁决的公平正义价值和实际效果。

信赖利益保护的措施，一般有三种方式，一是存续保障，二是损失补偿，三是采取过渡措施。此三种方式既可以单独适用，也可以同时适用。选择信赖保护的具体措施和方式，须综合考量多重因素：信赖基础的性质、公权力机关的信赖基础形成时机和存在的时间长短、行政相对人实施信赖行为时的可选择方式以及相对人信赖利益中止后的实际影响，行政相对人的前期信赖投入与信赖利益大小，综合权衡公共利益和行政相对人利益全面保护的需要，选择适当的处理方式。本案中，琼山区旅游局向市法制局作出1号《说明》，“建议国土部门免除对桃源公司和堆插村民小组的行政处罚，责成桃源公司和堆插村民小组补办用地等相关手续，帮助调转项目用地指标，督促其按照要求加快建设，早日发挥其应有的作用”，即琼山区旅游局基于信赖利益保护原则，建议采取存续保障、采取过渡措施的方式，有其现实合理性。

结合以上分析，本院向琼山区政府发放司法建议函，指出琼山区政府应查清关联事实，充分考虑当时招商引资的大环境、项目推进的政府主导性、行政相对人的信赖利益保护以及用地手续尚未办结的政府原因；充分考虑责令职能部门补办用地手续的适用可能性，尽可能给予一定时间，按照现行法律规范补办手续、限期改正；充分考虑 2019 年修正的《土地管理法》已经删除 2004 年修正的《土地管理法》第 43 条关于申请使用国有建设用地的规定，152 号处罚决定认定涉案项目非法占地的法律依据已经废止；充分考虑 2017 年中央一号文件、农业部 1 号意见、省政府 67 号意见、省政府 65 号意见、省委省政府 54 号通知等关于鼓励社会资金投资开发乡村休闲旅游项目，放宽社会资本进入农村的限制，要求对乡村旅游用地实行差别化管理，予以用地扶持，优先保障用地需求，支持依法办理农用地转用等审批手续的政策精神，尊重历史、面对现实、着眼未来，依法兑现承诺，积极履行职责，采取补救措施，完善相关手续，弥补项目缺陷。如果继续作出处罚决定，予以没收、拆除等处罚措施，亦应根据比例原则，充分考虑案件的历史成因、违法情节、各方主观过错程度等因素，选择适当、合理的处罚方法、种类和幅度；同时做好法律政策说明等善后工作，切实依法给予行政相对人公平、合理、不低于实际投入和预期损失的合理补偿，以既保证行政管理目标的实现，又兼顾保护行政相对人的合法权益，既体现对非法占地行为的惩戒，又落实对行政相对人信赖利益的保护，以达到行政执法的目的为限，尽可能使行政相对人的权益遭受最小的侵害，为海南自贸港建设营造良好的营商环境。

（聂海波，海南省高级人民法院法官）

三、专家评析

该案是一起涉及多方主体，社会关注度和敏感度比较高的土地行政处罚案件。法官在案件审理过程中事实认定清楚，证据认定准确，论理充分。判决书撰写格式规范，层次分明、逻辑清晰、论证严密、说理透彻，展现出法官在应对社会问题与社会治理难题时的理性、审慎与担当。该判决中，本案法官查明了诸多重要事实，坚持以事实为依据，以法律为准绳，深入审查的是 152 号处罚决定的合法性问题，围绕涉案项目建设是否构成非法占地及 152 号处罚决定认定事实是否清楚，适用法律是否正确，程序是否合法等争议焦点进行了详细事实分析和法理阐释，厘清了涉案项目建设构成非法占地的事实；正确认定 152 号处罚决定遗漏共同违法行为人，通过充分的说理阐释提出堆插村与桃源公司都是涉案项目非法占地的行为人，152 号处罚决定只处罚提供资金的一方，对涉案项目建设的违法行为实施主体认定事实不清，堆插村作为提供土地的一方，只按份额获取收益而无不利后果，显失公平，应当对村集体非法供地行为予以处罚惩戒；正确认定琼山区政府对涉案项目用地2017年土地利用现状地类调整、海口市“多规合一”规划调整的情况没有调查清楚并相应地确定行政处罚的内容。在适用法律方面，本案法官通过充分说理，指出152号处罚决定认为涉案项目建设必须申请使用国有土地的处罚依据不当，152号处罚决定对涉案项目建设是否具有公益性，涉案项目用地是否属于“公共管理与公共服务用地”“公用设施用地”“乡（镇）村公共设施和公益事业建设”用地，没有作出分析认定。在程序违法方面，本案法官认定涉案项目企业投资较大，责令退还土地和没收地上建筑物属于较重的行政处罚，琼山区政府作出152号处罚决定，未提交相关证据证明由本级政府行政机关负责人集体讨论决定，并在作出决定之前由从事行政处罚决定审核的人员进行审核，属于程序违法。此判决书展示了法官缜密细致的事实查明能力、法律适用和释法说理能力，展示了法官扎实的法学理论功底。案件对焦点问题所涉及的核心要素的认定上把握准确，有理有据，做了学理、法理、实践三个层面的细致分析，采取审慎、负责任的态度理解法律条文，最终以152号处罚决定认定事实不清、适用法律错误和程序违法，一审判决认定事实不清、适用法律和判决结果错误，撤销了海口市琼山区人民政府作出的琼山土资执字〔2019〕152号《行政处罚决定书》和海南省海口市中级人民法院作出的（2019）琼01行初694号行政判决。本案审理有助于为法官审理后续类似案件提供重要指导，且判决结果具有教育性、指引性与导向性价值，有助于纠正违法行政行为，规范行政权的行使，通过司法权对行政权的监督，提高政府及其执法人员法治思维、法治意识和依法行政的能力，有效促进法治政府建设，提高政府治理能力，体现了司法审判法律性、社会性与政治性的统一。

该判决书的不足之处在于，判决书语言表述上稍显冗杂，可以选择更凝练简洁的表述方式。

综上所述，该判决书是一篇优秀且具有代表性的行政判决书。

（点评人：林必恒，海南师范大学法学院党委副书记、副教授）

（2020）琼行终484号裁判文书原文

37. 许某某与济南市公安局历下分局行政处罚案*

【关键词】

性骚扰 行政处罚 社会主义核心价值观

【裁判要旨】

依照中国传统行为规范，陌生异性之间应以常人可以接受的方式进行沟通交流。公共场所亲吻陌生异性面部、触摸腰臀等行为，属于《治安管理处罚法》第44条规定的猥亵行为，公安机关对该行为作出行政处罚具有事实和法律依据。

一、简要案情

2019年10月6日15时55分许，许某某酒后在济南市历下区环山路某饭店二楼大厅，趁张某趴在桌子上看手机时亲了张某左脸一下；16时13分许，在二楼走廊趁孔某某开酒瓶之际摸了孔某某左侧屁股一下。16时23分，济南市公安局历下区分局接到报警后出警并立案受理，对当事人进行了询问，监控录像显示许某某确实对第三人孔某某、张某实施了上述行为。同日，历下区分局对许某某作出行政拘留10日的行政处罚。许某某不服，向历下区人民政府申请行政复议，历下区政府作出复议决定，维持了该处罚决定。

许某某仍不服，向济南市天桥区人民法院提起诉讼。一审法院经审理判决驳回原告许某某的诉讼请求。

一审宣判后，许某某提起上诉。济南市中级人民法院判决驳回上诉，维持原判。

二、撰写心得

这篇判决书是笔者荣获的第一篇全国法院百优文书，开心了很久，因为这是笔者心目中作为一名法官的最高职业荣誉。然而，这个奖很大程度上是

* （2020）鲁01行终1034号。

机缘巧合。该案系大学老师实施性骚扰，非常敏感，容易引发负面舆情，文书并不适合宣传或评奖，所以在写作时并未刻意追求其成为优秀文书。但上诉人许某某在二审判决之后申请再审、被再审驳回后申请检察院抗诉并要求举行听证的一系列做法，使该案在市域范围内的影响力大大提升，舆情风险反而明显消减，也使笔者放下了最初的担忧而将本判决书报送参评。未曾想，这份判决竟一路过关斩将终折桂冠。随后该判决书被"铜川检察"公众号发布在今日头条，一经刊发即受到广泛关注，收获网友留言500余条，最多一条留言点赞近600人。从留言内容看，判决书受到的好评主要来自两点：一是判决对于程序正义与实体正义之间辩证关系的讨论；二是判决将社会主义核心价值观融入裁判说理。如果说前一点是判决的点睛之笔，那么后一点则是判决的腾飞之笔。

许某某作为大学老师，有着博士学位和较高的社会地位，本应在社会生活交往中保持严格的自律。依照常理常情，其对他人作出令人不齿的骚扰行为之后，应当是悔不当初、羞愧难当、诚恳道歉，争取受害人谅解并给予自己改过自新的机会。但是，从上诉状内容和二审庭审表现看，其非但丝毫没有认错悔错之心，反而对自己所犯错误矢口否认，百般指责公安机关，认为行政处罚存在认定事实不清、程序违法等诸多问题。在上诉状和书面陈述中，发挥其在言辞辩论上的特长，洋洋洒洒慷慨陈词，展现出誓死捍卫自己清白、洗脱冤屈的气势。但事实上，其违法事实证据确凿充分，行政处罚程序也不存在违法环节。

许某某毫不悔改的态度和偏执的法律认知，激发了笔者在判决书中讲法理、讲道理、讲价值的念头。许某某所强调的程序正义，实质仅是为揪出执法机关程序错误、瑕疵进而逃避法律的制裁。为了纠正这种偏见，笔者在判决书中着重论述了行政法的基本精神、解读了程序正义的价值，取得了较好的普法效果。关于运用社会主义核心价值观进行批评教育的内容。法律不能简单地与道德两分，判决不能只评价行为而不关注原因。这是笔者对许某某在判决书中进行批评教育的思想起点。至于判决书所呈现的语言表达，多为即兴发挥，个别词句不经意间收获了不少网友的好评。回顾至此，要感谢行政庭的多位法官和助理石璐璐对判决初稿提出的修改意见，这些意见成功帮助笔者删除了语句中过于情绪化的表达。

下面分享一下优秀判决书的写作经验。

（一）要有追求

美国心理学家马斯洛提出人的需求分为五个层次，自下而上依次为生理需求、安全需求、社交需求、尊重需求和自我实现需求。人的需求决定人的行为。法官亦是如此。法官是有尊严的职业，法官的需求必然是高层次的——被尊重或自我实现。一份优秀判决书可以承载一个法官的良知，体现法官的职业素养，彰显法律的温度，获得同行的认可和社会民众的信任，进而自我实现。当然，冰冻三尺非一日之寒，临时抱佛脚式的努力写作不可取，要功夫下在日常，持之以恒，养成规范的写作习惯，掌握文书提升的思维和方法，方可在写作时手到擒来。

（二）要有策略

优秀判决书的核心特征是“优秀”，要实现优秀必然要在写作时高标准。高标准体现在很多方面，个人认为权重最大的标准是判决书公布之后的深远影响力，这种影响力是超越个案的。要超越个案就要在说理时做到以点带面，以个案指引类案的处理。例如，指导性案例 24 号“蛋壳脑袋案”，法官在判决书中并未局限于讨论案件中具体的争议焦点，而是将论证重点放在“受害人在交通事故中没有过错，其体质状况对损害后果的影响是否成为减轻侵权人责任的理由”这一更宏观的命题上，成功构建了类案的裁判规则，该案也因此成为指导性案例制度实施以来，被法院参照适用次数最高的案例。总而言之，优秀判决书的写作，要求法官必须具有超越个案的眼界和思维，发挥主观能动性，跳出个案看争议，将个案中的争议解决提升为同类案件的规则构建。

（三）要有方法

法学论文写作时，必须要进行文献梳理和观点引用，优秀判决书的写作也需要博采众长，而不能闭门造车，向同行先进和学者学习必不可少。向同行学习的主要途径是类案检索，通过类案检索获取优秀文书，其中的观点和语言表达，无疑是最好的借鉴资料。向法学家学习的途径是阅读著作和论文，用法学理论提升写作层次，展开深入透彻的理论探讨，特别是在法律规定有歧义、有漏洞的案件中，法学理论是法官裁判最有力的支撑。

（曹磊，山东省济南市中级人民法院法官）

三、专家评析

本判决书细致重述和解释了法院对公安机关作出的行政处罚决定的合法性进行形式和实质审查的过程，实现了说理的全面和充分。法官依据相关证据认定了本案被处罚人存在的违法行为，对违法行为性质进行确认——构成性骚扰，得出了涉案行政处罚在实体与程序层面均不存在违法情形的裁判结论。整体而言，该判决法律推理严谨、结论正确、结构完整、繁简得当、说理充分，是一篇理论与实践融合、形式与内容兼备的优秀判决书。

本判决书出彩之处在于将社会主义核心价值观融入释法说理之中。基于事实认定和法条适用，法官确定了案件的基本判决结论，这种合法性结论集中体现了案件审判的法律效果。在此基础上，法官有效引入了社会主义核心价值观作为说理理由，在依法裁判的同时，以情理法相结合的方式对被处罚人进行教育和说服，宣示了社会主流价值和中国传统优秀道德，有利于规范和引导社会民众的行为，构建良好的社会秩序。

社会主义核心价值观是新时代司法工作必须给予认真对待的法治核心要素，对于辅助法律规范的有效适用有着重要实践意义。社会主义核心价值观是高度抽象的、整体性价值观念的集合，迥异于具体的法律规则，其没有可供直接操作的规范结构，不能像法律条文一样直接指引人们的行为并预测其后果。因此，社会主义核心价值观要完成从抽象到具体的转换，在司法裁判中需要与具体案件事实相结合。司法裁判通过法律规范的适用将“纸面上的法”激活为“行动中的法”，将法律中蕴含的价值直接输送给社会民众，这是践行社会主义核心价值观最优质、最高效的途径之一。

最高人民法院通过《关于加强和规范裁判文书释法说理的指导意见》和《关于深入推进社会主义核心价值观融入裁判文书释法说理的指导意见》等文件，对裁判文书引述社会主义核心价值观进行释法说理作出了较为明确的规定，显示了最高人民法院对此问题的高度重视。但是，很多论及社会主义核心价值观的裁判文书只是泛泛提及而没有具体展开详细论述，本判决书在解决这一问题方面树立了良好榜样，起到了重要的示范作用。

社会主义核心价值观运用于裁判文书的释法说理，部分源于情理法相结合的审判传统，包含着丰富的道德因素。当案件牵涉道德评判时，在保证判决合法性的基础上，法官通过对主流价值的明确宣示，可以让判词更加讲

“礼”，从而实现法律效果和社会效果的全面统一。中国传统法律文化中，情理法相结合的司法正义观有着不可动摇的地位。情理法结合可以增加判决的温度和人文关怀，提升判决的可接受度。把社会主义核心价值观融入司法裁判，是坚持依法治国和以德治国相结合的应有之义。实证研究显示，越来越多的法官已经主动尝试在裁判文书中援引核心价值观，现有案例中核心价值观的功能主要分为道德教育宣示型、直接证成结果型与补强证成结果型三种类型。本案判决总体上属于第一种情形。

具体来说，许某某品行不端，严重违反教师德行，公安机关认定许某某骚扰他人并对其作出治安拘留，该处罚在法律适用上完全成立，并无瑕疵，法院的判决结论指向是非常明确的。但如果仅仅一判了之，只有冰冷而简单的理由说明，就失去了一次对违法者进行道德教化的良好机会，难以使其真正反省自身的错误之处，这样的判决在社会效果上是存在一定欠缺的。而本案法官敏锐地发现了这一点，通过引入社会主义核心价值观进行充分地说理，较为典型地体现了能动司法的立场，展现了司法者的社会责任与担当。法官在依法说理的前提下，不吝笔墨地对许某某的行为从师风师德、人情事理的角度作出负面评价，并给予严肃的批评教育。判决书结合了社会主义核心价值观，从道德层面对违法者的行为作出评价，这样的说理比形式简单的三段论推理论证更能深入人心，也取得了更加积极的社会影响。

对违法者许某某而言，有理有力有节的判词无异于一声响亮的警钟，有助于促使其认真反省、改正错误，提升自身的道德水平，杜绝将来再犯类似错误。对社会公众而言，判决书借助社会主义核心价值观展开的分析论证体现了朴素的法治观、自然正义观，有利于民众理解行政处罚的正当性，使执法机关获取民众的法律认同和情感认同。更重要的是，判决书所包含的价值宣示可以让民众认清是非对错、明辨可为与不可为，有助于通过反面教材树立正确的道德理念和价值评价，规范自己的行为方式，自觉按照社会主义核心价值观的要求进行社会交往。在社会主义核心价值观已经入宪、不断入法的背景下，司法审判是社会主义核心价值观融入法治建设的基本领域，判决书直接引述社会主义核心价值观则是其中的具体表现，这也对法官进行相关案件的释法说理提出了更高要求。本案判决书的有效说理能够成为撰写其他类似判决书的优质研习素材。当更多裁判文书结合社会主义核心价值观展开有效释法说理时，社会主义核心价值观融入法治建设就能够得到更加普遍地落实，社会主义核心价值观也能够由此得到更加有效地弘扬。

［点评人：孙光宁，山东大学法学院（威海）教授、博士生导师，泰山学者，山东省十大优秀中青年法学家］

（2020）鲁01行终1034号裁判文书原文

第二章　行政登记

38. 周某甲、王某某与海安市民政局收养登记案*

【关键词】

收养登记　实质审查　法定程序

【裁判要旨】

收养登记行为关系到相关当事人特定身份关系的解除和建立，关系到未成年人的合法权益，登记机关应当谨慎履行审查职责，不仅应对申请材料进行形式审查，还应对申请材料的内容进行实质性审查，对有效线索进行调查，并对存在的疑点进行核实和排除。同时，法定程序是依法行政的根本保障，也是行政行为的有机组成部分，收养登记机关在履行登记职责时应恪守法定程序，其未履行公告程序，于申请当日即作出收养登记行为，违反法定程序。

一、简要案情

2016 年 4 月 21 日，周某甲、王某某经法院调解离婚，婚生子周某乙随周某甲生活。周某甲因外出打工，将周某乙寄养在其朋友金某的母亲崔某处。2017 年 2 月 14 日，因长时间无法联系到周某甲，金某报警称其母亲在家门口捡拾一男婴。当地派出所将该男婴交由海安市社会福利院代养，海安市社会福利院在《扬子晚报》刊登寻找弃婴生父母公告，期满后无人认领。公安机关遂向海安市民政局出具捡拾弃婴（儿童）报案证明，在查找弃婴（儿）生父母经过及结果一栏记载“经调查未找到弃婴亲生父母”。同年 6 月 30 日，鲍某某、郑某向海安市民政局提出申请，要求收养周某乙。同日，海安市民

* （2020）苏 06 行终 171 号。

政局为收养人鲍某某、郑某办理了收养登记。半年后，周某甲向海安市民政局提出申请，要求撤销案涉收养登记未果。周某甲、王某某提起行政诉讼，请求撤销海安市民政局作出的收养登记行为。

南通经济技术开发区人民法院一审认为，周某乙不属于找不到生父母的弃婴，不符合《收养法》规定的可以被收养的条件，故判决撤销了被诉收养登记行为。鲍某某、郑某不服，提起上诉。

江苏省南通市中级人民法院二审认为，金某关于捡拾婴儿的报警内容系虚假，周某乙不属于查找不到生父母的弃婴，不符合法定的收养条件。民政局未依法履行审查义务，对公安机关提供的材料审查流于形式，未能对领养人申请材料中存在的疑点进行核实，未能对有效线索进行调查，导致错误地将周某甲寄养的婴儿认定为弃婴并确认了收养关系。同时，民政局未履行公告程序，于申请当日即作出收养登记行为，违反了法定程序，故被诉收养登记行为应予撤销。生效判决强调，维护社会最基本的秩序是法律的终极使命，这比彰显个人内心的道德准则和情感更为重要。审判机关解决纠纷的根本标准不仅仅是道德上的对错或是非，也不仅仅是情感上的共鸣或偏好，而是权利的存在或是否受到侵犯。在法律规则与道德情感发生冲突的情形下，法律的使命就是用权利来划清人们行为的边界。公民因婚姻、家庭而产生的人身权利受法律保护，父母与子女是血浓于水的亲情关系，更应受到特别保护。二审判决驳回上诉，维持原判。

行政判决虽已生效，但周某乙要回到生父母身边，在法律程序上并不能一蹴而就。为此，南通市中级人民法院基于保障未成年人权益和实质化解争议的考虑，与生父母、养父母做了大量的沟通工作，最终和民政局携手将孩子接回亲生父母身边，并组织召开了由多个职能部门参加的座谈会，就孩子回家后面临的落户、入学、卫生防疫等后续问题，建议各部门大力协助，共同为孩子营造良好健康的成长环境。相关部门均表示，将积极关注孩子后续生活中的各项需求，为孩子的成长打开绿色通道，让孩子尽快融入新的学习、生活环境。通过回访了解到，周某乙已融入与生父母的共同生活环境中，本案最终实现案结事了。

二、撰写心得

裁判文书是裁判的载体，是整个司法过程的总结，是所有审判结果的结晶。作为司法的最终产品，裁判文书凝结了法官在事实认定、法律适用、价值衡平、遣词用句等方面的多维度思考。因此，谈及裁判文书的制作，必然离不开对整个审判过程的总结与提炼。

一名寄养婴儿因为一个虚假的报警被认定为查找不到生父母的弃婴，民政部门在未尽审查核实职责的情况下办理了收养登记。数月后，得知真相的生父母提起行政诉讼，要求撤销收养登记。几经波折，案件到笔者手上时，孩子已经跟随养父母共同生活了将近三年的时间，双方之间已产生难以割舍的感情。从纯粹的法律适用角度来看，孩子并非查找不到生父母的弃婴，故不符合被收养的条件，收养登记行为不具有合法性，理应撤销。但一想到孩子就要因此与眼前的父母经受离别之痛时，难免于心不忍，且养父母的家庭条件优越于原生家庭。此时，呈现在笔者面前的，是寻子心切的生父母、纯真懵懂的孩子、执意坚持的养父母以及深陷纠结的其他合议庭成员……多种情感交织，剪不断、理还乱，不断冲击着笔者内心所恪守的法律底线。

面对纷繁复杂、瞬息万变的社会现实，法官审理案件的理想状态应当是实现情法理的有机统一，即在依法裁判的同时也能够契合普通人的情感与价值判断。但也有一些时候，法律与情感似乎难以实现同频共振，甚或呈现背道而驰的迹象。本案即属于法律规则与个人情感发生激烈碰撞的情形。裁判文书不仅是法官与当事人及社会公众展开对话的载体，更是一把可以打开人们心结的钥匙。考虑到本案的特殊性，笔者将裁判文书的内容确定为三个方面：明示一种立场、探索一套规则、传递一份温情。

（一）亮明立场：法律与情感孰轻孰重

当个人情感与法律规则发生冲突时，法官应当如何抉择？坚持法律至上还是委曲求全于看似更为妥当的现实？这是本案无法回避的首要问题。有别于涉及公民财产利益的案件，本案关系着年幼孩子的未来成长，也关系着两个家庭的身份人伦，为此，笔者感受到了一份沉甸甸的责任。在对案件的来龙去脉进行全面了解后，笔者对各个主体的权利义务关系一一进行了梳理，最终决定将“权利”作为价值判断的逻辑起点，而这也与“以人民为中心”“司法为民”等社会主义核心价值理念相契合。笔者在文书中写道：“维护社会最基本的秩序是法律的终极使命，这比彰显个人内心的道德准则和情感更为重要。审判机关解决纠纷的根本标准不仅仅是道德上的对错或是非，也不仅仅是情感上的共鸣或偏好，而是权利的存在或是否受到侵犯。在法律规则与道德情感发生冲突的情形下，法律的使命就是用权利来划清人们行为的边界。公民因婚姻、家庭而产生的人身权利受法律保护，父母与子女是血浓于水的亲情关系，更应受到特别保护。法律保护正当的利益和感情，至于抚养子女的态度、生活条件的优劣、家庭的状况，都不是影响本案结果的决定性因素。”不难看出，这段话意在昭示法院的基本立场：坚持法律至上。情感总是变动不居、因人而异的，只有凡事讲规则、重秩序，才能跳出个案中的情感羁绊，拥有更为广阔的视野与格局，进而作出客观、理性、公正的判决。

（二）探索规则：明确收养登记的合法性审查思路

在法律与情感之争落下帷幕后，本案复归于常规案件的审理轨道。首先是归纳争议焦点。行政案件的特殊之处在于，不仅要围绕诉辩意见，还应结合合法性审查需要提炼焦点，通常集中于事实、程序、定性、法律适用等方面。就本案而言，笔者将争议焦点归纳为四个方面，即当事人是否符合起诉条件、孩子是否符合被收养的条件、被诉收养登记行为是否符合法定程序以及行政机关是否依法履行了审查义务。其后，围绕各个争议焦点，结合收养登记的有关法律规定，笔者对被诉行为的合法性进行了抽丝剥茧的分析。值得一提的是，案件审理过程中，对于孩子是否属于查找不到生父母的弃婴，各方曾存有争议。为了正本清源，合议庭前往当地对报警人、街坊邻居、社区工作人员等进行调查，经多方核实，最终形成了内心确信：孩子并非查找不到生父母的弃婴。在此基础上，文书中指出孩子不符合法定的收养条件，民政局未经公告，于申请当日即作出登记行为，违反了法定程序。民政局未依法履行审查义务，对公安机关所提供材料的审查流于形式，未能对领养人申请材料中存在的疑点进行核实，未能对有效线索进行调查，导致错误地将寄养的婴儿认定为弃婴。我们最终认定收养登记行为违法，并判决予以撤销。

（三）传递温情：让判决更有温度

在对案件整体方向的把握上，我们不应被个人情感迷惑了双眼。与此同时，法官并非冰冷的法条售货机，而是有情有义之人。裁判是对是非曲直的判断，其中不乏正义与非正义、合理与无理、善良与丑恶的较量，这就决定了裁判文书必然会融入法官的情感因素。在法律框架内，我们可以表达出对弱者的同情和对违法行为的指责，努力打造出有温度、有力量的判决。本案中，由于行政机关的审查疏于形式，孩子被错误收养，戏剧性的情节让人唏嘘不已，而判决之后孩子能否平稳地回归也牵动着我们每个人的心。庭审当天，我们邀请了人大代表、政协委员以及教育、民政等部门负责人 50 余人旁听了庭审，宣判时，笔者特别补充道：“本案还暴露出收养流程和环节中存在着明显的漏洞，一个原本被寄养的婴儿，却因为一个经不起推敲的谎言而

'名正言顺'地被他人收养。在此过程中，社会福利院、公安机关、民政部门在履行各自职责的过程中流于形式，审查核实职责形同虚设。相关部门和机构均应反思其中所存在的问题，举一反三，进一步明确查找的责任主体、查找的程序和方式，确保收养行为能够真正做到依法进行，不再出现形式合法而实质违法的情形。解铃还须系铃人，本案终审判决之后，民政局应当敦促各方当事人积极履行相应义务，确保各方当事人的利益得到及时修复，确保未成年人的合法权益得到应有保障。"笔者是想通过这种"敲打"与"叮嘱"让行政机关认识到他们所肩负的职责之重，同时督促民政部门妥善地做好后续工作。这段话也写进了裁判文书中，以此警醒有关部门认真对待公民权利，审慎履行法定职责，不再重蹈覆辙。

判决之后，我们通过努力让孩子回到了原生家庭。一边是骨肉重逢的欢喜，另一边则是泪眼婆娑的分别，那一幕已永远定格在记忆之中。每每想起这个案件，总觉得自己利用一纸判决安排了一个孩子、两个家庭的命运轨迹。而在决定他人命运的同时，自己也经历了一场在情感与法律之间的徘徊和洗礼。

（高鸿，江苏省南通市中级人民法院法官）

三、专家评析

从纯粹的法律适用角度而言，"寄养婴儿被收养案"的裁判并不存在争议。法院在查清事实的基础上，通过法律解释和分析，判决撤销了一个被诉机关违反法定程序、未依法履行审查义务作出的收养登记行为。既保障了被收养人生父母获得救济的权利，又监督了行政机关依法行政，与行政诉讼制度的宗旨和功能完全一致。

案件给审理法院提出更棘手挑战的是：一纸撤销判决意味着收养关系将不复存在；但是，被收养人与养父母毕竟共同生活将近三年，双方已有深厚感情，且养父母的生活条件优于生父母；由于收养关系的废除，不仅养父母和被收养人会经受情感上的伤害，而且被收养人的未来是更好还是更差，实在无法确定。

《民法典》第 112 条规定："自然人因婚姻家庭关系等产生的人身权利受法律保护。"可见，父母子女之间因血缘所产生的身份关系是一项基本的人身权利，确认和保障该权利体现了法律对作为社会基本细胞的家庭的高度重视。该权利的拥有和行使不受父母收入、生活条件、家庭状况等的影响。非法成立的收养关系，即便可以给被收养人提供更好的生活和成长条件，即便已经在收养人和被收养人之间形成深厚的感情，也不能因此就剥夺亲生父母的权利和亲生骨肉之间的抚养和被抚养关系。否则，不仅以婚姻或血缘为基础的家庭以及以家庭为基础的社会秩序会受到破坏，也潜藏着助长违法犯罪的危害和风险。

最终，法院以保障亲生父母抚养权、保护原生家庭的完整性作为解决纠纷的逻辑起点，坚持了法律的使命是维护社会最基本的秩序，坚持了解决纠纷的根本标准在于权利的确认和保障，坚持了司法裁判应当用权利划清人们行为的边界，而不能纯粹彰显情感的共鸣或偏好。坚持以权利为本位，既是法院解决多元价值冲突时所应遵循的基本规则，也是对“以人民为中心”理念的生动诠释，更是保障人民权益实现的必然选择。

难能可贵的是，本案审理法院并未一判了之。收养关系的解除不只是单纯人身关系的改变，更多的则是情感的剥离以及未成年人成长环境的变化。为了让年幼的孩子尽快从是非纷扰中解脱出来，缓解因离别之痛而给孩子、养父母带来的心理伤害，法院和民政局共同携手将孩子从养父母处接回生父母身边。以人民为中心的司法，让人民群众不仅感受到了法律的公平和正义，也感受到了法律的关怀和温度！

（点评人：沈岿，北京大学法学院教授）

（2020）苏06行终171号裁判文书原文

第三章　行政确认

39. 韩某强与北京市海淀区人力资源和社会保障局工伤保险资格认定案*

【关键词】

视同工伤　脑死亡　经抢救无效死亡

【裁判要旨】

职工突发疾病，经抢救48小时内死亡结果已不可逆转。家属不愿放弃抢救，仅靠医疗手段强行延缓心肺死亡时间，致使宣布死亡时间距医生初次应诊时间超过48小时13分钟。家属在救治无望的情况下出于情感原因不愿放弃无实际意义的抢救，属人之常情，法律不应该苛责，家属不应因此承担不利的法律后果。立足《工伤保险条例》最大程度保障劳动者权益的立法目的，结合社会伦理，认定上述48小时内死亡已不可逆转的情况符合《工伤保险条例》"在48小时之内经抢救无效死亡，视同工伤"的规定。

一、简要案情

郭某某原系中国教科院职工。2018年11月13日上午7时50分，郭某某到单位上班并打卡签到。8时15分左右，郭某某突发疾病。随后，单位同事驾车将其送往北医三院，并在神经内科急诊室挂号。北医三院当天急诊病历记录记载，郭某某来诊时间为当日8时39分，医师应诊时间为8时48分，医师应诊时间上方有护士签名。该急诊病历记录中的病程记录处记载："9:35，患者返回诊室，头CT：……考虑蛛网膜下腔出血……建议进抢救室，告知患者家属病情，患者病情有进一步加重甚至死亡风险，患者家属知情和同意，

* （2019）京0108行初1045号。

已签病重通知，同意有创抢救……10:35 介入血管外科口头会诊意见：建议完善头颈部 CTA 检查……”根据病历记录记载，当日 14 时 40 分，“患者突然出现心率快……呼吸停止，急征求患者家属意见，同意气管插管及心脏按压……予呼吸机辅助呼吸……再次向家属交代病危，随时死亡”。次日，郭某某处于深昏迷状态，气管插管接呼吸机辅助呼吸，压眶肢体无反应。根据抢救记录记载，11 月 15 日 5 时 55 分，郭某某“出现血压下降……昏迷，双侧瞳孔不等大，d =5mm，对光反射消失，疼痛刺激无反应……至 7 时 15 分患者逸搏心率，予持续心外按压，肾上腺素 1mg 静推，每 5 分钟重复 1 次……至 7 时 45 分患者自主心率仍未恢复，再次向患者家属告知病情，患者家属要求继续抢救，至 9 时 1 分患者自主心率、呼吸仍未恢复。副主任医师向患者家属交代病情，患者家属放弃抢救……宣布临床死亡……”同日，北医三院出具居民死亡医学证明（推断）书，记载郭某某于 2018 年 11 月 15 日死亡，死亡原因为蛛网膜下腔出血。

2019 年 3 月 8 日，中国教科院向北京市海淀区人力资源和社会保障局（以下简称海淀区人保局）提出工伤认定申请，一并提交了相关材料。海淀区人保局于同年 3 月 14 日受理工伤认定申请。海淀区人保局于同年 4 月 23 日对中国教科院职工进行调查询问，了解事发经过，并制作调查笔录。经海淀区人保局调查，认定《工伤保险条例》第 15 条第 1 款的适用，必须要同时满足死亡时间不超 48 小时及经医疗机构认定为死亡。《北京市工伤认定办法》规定“48 小时之内”是指从医疗机构的初次诊断的时间到职工死亡时间不超过 48 小时。根据病历显示，“医师应诊时间：2018 年 11 月 13 日 8 时 48 分”。据医院抢救记录记载，2018 年 11 月 15 日，经抢救“至 9:01……宣布临床死亡”。郭某某的死亡过程超出“48 小时”的时间范畴。2019 年 4 月 24 日，海淀区人保局作出不予认定工伤决定。郭某某之夫韩某强不服，向法院提起行政诉讼，要求撤销该不予认定工伤决定。

该案系职工因突发脑出血经抢救超过 48 小时 13 分钟被宣告死亡，未予认定工伤而引发的行政争议。在现代医学条件下，家属坚持抢救，致宣布死亡时间超过 48 小时，如何排除“48 小时内经抢救无效死亡”的工伤认定情形，个案常存争议。本案的争议焦点及审查重点即在于郭某某的情形是否属于“在 48 小时之内经抢救无效死亡”。

二、撰写心得

审判实践中，因工伤而引发的行政诉讼案件，绝大部分是职工或单位对是否认定工伤不服所致。有些行政机关仅根据《工伤保险条例》的字面含义来理解相关规定，但由于工伤认定的复杂性、法律的本意等诸多原因，经常存在明显的分歧。这些认识上的分歧，一方面影响了法律的稳定性，另一方面也背离工伤保险制度设立的初衷。因此，为了全面准确地审理好工伤保险行政案件，既要严格依照法律条文来审判，也要通过适当的解释，以实现抽象法律条文与复杂多变的现实生活之间的衔接。

本案简单来说，就是职工在工作岗位突发疾病，从抢救到医生宣布死亡超过 48 小时 13 分钟。海淀区人保局认为超时了 13 分钟，不符合视同工伤的条件，不予认定工伤。职工家属不服，提起行政诉讼。本案从法条的文义进行解释，不予认定工伤，从表面上看，似乎没有任何问题。因为抢救时间和宣布死亡时间相对都是明确的。但是在审理案件过程中，我们发现这名职工是因蛛网膜下腔出血（俗称的脑出血）被送到医院，进到医院没多久就进入了深度昏迷的状态，直至宣告死亡，都没有再醒过来。抢救期间，医生多次宣布病危，并询问家属是否继续抢救。家属抱着能够出现医学奇迹的希望，一直不愿放弃治疗。这名职工实际上一直就是靠呼吸机、心肺按压及注射肾上腺素，在强行维持生命体征。

基于这种情况，我们又找医生仔细研究了这名职工的抢救病历，发现这名职工在 48 小时内就呈现了一种脑死亡的状态。脑死亡即死亡是不可逆的，只是靠机器和药物维持心跳和呼吸，迟早会进入临床死亡。也就是说，郭某某在现有医疗条件下，一段时间内可以不“死”，但也永远活不过来了。这和我们常说的植物人是不一样的，植物人的脑部功能没有全部丧失，有自主的呼吸和心跳，不需要靠呼吸机来维持。植物人没有的是思维、意识、知觉，但是并没有脑死亡。此外，我们也考虑到现实中的医患矛盾非常突出，即便一个人临床抢救没有意义，一般家属不同意放弃抢救，医生也不会轻易停止抢救。本案这名职工，最后也是因为如果再进行心外按压，肋骨就会骨折，她的丈夫才放弃这种事实上已经无效的抢救。

在讨论本案时，有人觉得这 48 小时规定得不合理，但这 48 小时规定是一条现行有效的规定。而且法律只有确定权利的界限，才能定分止争。因此，即便是面对异常复杂的突发疾病情形，法律也必须要在工亡和非工亡之间画定一条时间线，这条线无论划在24小时、48小时还是72小时，都会有临界的情况发生，仍然会继续存在争议。所以，我们分析，真正堵在大家心里的、过不去的，也许并不是这条48小时的时间线，大家所真正不满的，是因为执法过于僵化，没有处理好这块临近时间线的模糊区域，从而出现了违背工伤保险制度立法初衷以及社会伦理道德的一系列问题。

本案中，针对双方当事人争议的问题，我们有必要进行进一步的目的解释及社会学解释，防止单一的文义解释曲解法律条文的真正含义。首先，从目的解释出发，我们认为，48小时内抢救无效条款中的抢救效果，应当要有改变死亡结果的可能性，而非单纯地延缓死亡。如果能够确定48小时内已无抢救意义，即便经医疗延长至48小时后死亡，仍应属于视同工伤的法定情形。同时，《工伤保险条例》具有社会法属性，其立法目的就在于最大限度保障劳动者的权益，使符合工伤认定标准的劳动者尽可能地享受相应待遇。对于48小时内死亡已不可逆的情形视同工伤，更符合该条例的立法本意。其次，从社会学解释出发，法律不应强人所难。在救治无望的情况下，家属坚持抢救，希望尽最大可能挽回家人生命，或者家属不愿让家人承受痛苦，放弃已无实际意义的抢救，都是人之常情，法律不应该苛责，家属不应因此承担不利的法律后果。对于家属出于抚慰、心理缓冲、期待奇迹等情感原因不愿放弃，而导致不予认定工伤的不利法律后果，并非对生命权的尊重和保护。

最终，本案合议庭结合工伤保险条例的立法目的以及社会伦理，考虑现代医学水平和医患矛盾突出的社会现实，以及职工在48小时内死亡是不可逆的具体情况，撤销了海淀区人保局不予认定工伤的决定。本案通过进一步的目的解释及社会学解释，得出了比生硬地套用具体法律条文更接近立法者原意，也更接近公平正义宗旨的裁判结果，实现了“情、理、法”的统一。

（王茜，北京市海淀区人民法院法官）

三、专家评析

本案系职工经抢救超过48小时13分钟被宣告死亡，未予认定工伤而引发的行政争议。该职工在工作场所突发脑出血被送入医院抢救，后自主呼吸停止，靠呼吸机等外力维持部分生命体征，在48小时内已无生还可能，但家属仍坚持抢救，后因继续救治将导致骨折才肯放弃，最终导致宣布死亡时间超过48小时13分钟。劳动行政部门据此作出不予认定工伤决定。

在现代医学条件下，家属坚持抢救，致宣布死亡时间超过48小时，如何排除“48小时内经抢救无效死亡”的工伤认定情形，个案常存争议。人在面临生死时，无论是放弃治疗，减轻痛苦，还是坚持救治，不放弃一丝一毫的可能性，都是人之常情。就该案而言，家属在抢救过程中的艰难抉择，是本能更见真情，合常理更合人情。而法律是理性的，只有通过确定权利的界限，才能定分止争。对法官而言，只要有界限在，就会有临界值存在。法律不强人所难，法官也不是机械套用法条的工具，需要合理地去解释规则、界定边界。法官对法律文本的解释必须坚守公平、公正、合理的基本精神，不能仅在形式上具引法条、照例行事，不能是只知砌砖而不对自己所建房屋负责的泥瓦匠。适用法律时有必要通过法理对僵硬的条文进行解释，特别是在疑难案件中解释法律时，需要法官综合运用法律解释方法不断验证结论，预防武断、机械和偏见。

本案结合医院对职工发病、急救、门急诊过程的客观记载，对《工伤保险条例》第15条关于“48小时之内经抢救无效死亡”的时间规定进行解释，不拘泥于条文字句的表面含义，将各种实质性因素和价值判断进行考虑，就本案是否属于“48小时之内经抢救无效死亡”的情形，进行了充分分析和论证，最终撤销了不予认定工伤决定。该案通过对法律条文的适当解释，弥合了法律规范与社会现实的裂痕，使解释结果与《工伤保险条例》自恰，与社会价值观相符。裁判结果既维护了法律的稳定性和可预期性，又保持了法律与时俱进，充分实现了行政诉讼保护当事人合法权益的立法目的。该案裁判理念对类案具有参考价值。

在我国，脑死亡虽尚未被广泛接受，但在医学、伦理、法律等方面产生了深刻影响。该案虽不是严格意义上的将脑死亡还是心肺死亡作为死亡判断标准的医学学术之争，但在解释应如何适用“在48小时之内经抢救无效死亡”条款时，必然会对两种标准所产生的后果予以考虑。而这直接关系到工伤认定的结果，对职工及其家属的切身权益有着巨大影响。脑死亡较之心肺死亡，最大的区别在于脑死亡靠呼吸机和药物维持血压、心跳等生命体征。但在现有医疗条件下，无法改变最终心肺死亡的结果。医学界也存在类似困扰。如果按照自然规律抢救30分钟，病人对救治无反应就可以宣布临床死亡。但考虑到医患关系，医院都会征求病人家属意见，同意停止抢救才会停止。在这种情况下，医生和家属都面临巨大的伦理风险。因此，有必要对涉及脑死亡标准的法律适用问题逐步规制，也许目前尚不具备单独立法的条件，但可以尝试通过类案予以指引，使死者安息、生者释然。

（点评人：张力，中国政法大学法学院副院长）

（2019）京 0108 行初 1045 号裁判文书原文

40. 魏某敏与重庆市南岸区人力资源和社会保障局工伤保险资格认定案*

【关键词】

工亡认定 突发疾病 视同工伤

【裁判要旨】

《工伤保险条例》第15条第1款第1项规定的“突发疾病死亡或者在48小时之内经抢救无效死亡”属于描述性概念，该情形并非仅局限于职工突发疾病立即死亡和突发疾病经抢救无效48小时内死亡两种情形，还包括突发疾病未立即死亡而事后未历经抢救死亡等情形。职工在工作时间和工作岗位因突发疾病无法坚持工作，之后离开工作岗位就近休息缓解症状，有正当理由未能及时送医抢救而死亡的，应当视为工伤，该情形符合工伤保险法律规范要旨。

一、简要案情

魏某敏系死者傅某木之妻，傅某木生前是第三人重庆诚业建筑工程有限公司的职工，在其承接的工程从事木工工作。2017年10月31日16时，傅某木在工地关模时感到身体不适，便离开工地现场独自回到毗邻工地的宿舍休息。19时许，工友下班后发现傅某木躺在床上昏迷不醒，遂拨打120急救电话。120急救车到达现场后经诊断为突发呼吸心跳停止2小时余，结果为心脏性猝死。

重庆市南岸区人力资源和社会保障局（以下简称南岸人社局）于2017年11月15日作出《不予认定工伤决定书》（南岸人社伤险不认字〔2017〕34号），认定傅某木于2017年10月31日死亡，不符合《工伤保险条例》第14条、第15条规定的情形，决定不予认定为工伤。魏某敏不服该决定，向重庆市九龙坡区人民法院提起行政诉讼，请求法院依法撤销南岸人社局作出的《不予认定工伤决定书》，判令其重新作出认定工伤决定。

* （2020）渝行再1号。

重庆市九龙坡区人民法院于2019年5月23日作出（2019）渝0107行初467号行政判决，判决驳回魏某敏的诉讼请求。魏某敏不服一审判决，提起上诉。重庆市第五中级人民法院于2019年11月5日作出（2019）渝05行终419号行政判决，驳回上诉，维持原判。魏某敏仍不服，向重庆市高级人民法院申请再审，该院提审后于2020年12月23日作出（2020）渝行再1号行政判决，撤销重庆市第五中级人民法院作出的（2019）渝05行终419号行政判决和重庆市九龙坡区人民法院作出的（2019）渝0107行初467号行政判决；撤销南岸人社局作出的《不予认定工伤决定书》，责令其在本判决生效之日起60日内重新作出工伤认定决定。

法院生效判决认为：《工伤保险条例》第15条第1款第1项规定的“突发疾病”结果仅包含死亡一种情形，而对于突发疾病导致的其他后果不能视同工伤。“突发疾病死亡或者在48小时之内经抢救无效死亡”状态包括突发疾病立即死亡、突发疾病未立即死亡而事后未历经抢救死亡、突发疾病历经抢救无效死亡等情形。端视上述规制“突发疾病”死亡的态势描述均系“危重病患”所导致的死亡，这些“突发疾病”发作之初即呈现“危重状态”，致使劳动者不能继续从事正常工作，并非一般身体偶感小恙所致轻微病患症状。“突发疾病”死亡虽不是因工作原因发病而导致死亡，但是因其病情的突发性和后果的严重性，为了减轻死者家属所承载的创伤和遭受的损害，因此立法特别将在工作时间和工作岗位上的突发疾病死亡“视同工伤”，该“视同工伤”对“突发疾病”状态和结果作出严格的限制，这也契合了设立“视同工伤”制度既特殊保护又严格限制的工伤保险立法精神。

《劳动法》第1条规定：“为了保护劳动者的合法权益，调整劳动关系，建立和维护适应社会主义市场经济的劳动制度，促进经济发展和社会进步，根据宪法，制定本法。”《社会保险法》第2条规定：“国家建立基本养老保险、基本医疗保险、工伤保险、失业保险、生育保险等社会保险制度，保障公民在年老、疾病、工伤、失业、生育等情况下依法从国家和社会获得物质帮助的权利。”第36条规定：“职工因工作原因受到事故伤害或者患职业病，且经工伤认定的，享受工伤保险待遇；其中，经劳动能力鉴定丧失劳动能力的，享受伤残待遇。工伤认定和劳动能力鉴定应当简捷、方便。”《工伤保险条例》第1条规定：“为了保障因工作遭受事故伤害或者患职业病的职工获得医疗救治和经济补偿，促进工伤预防和职业康复，分散用人单位的工伤风险，制定本条例。”上述法律规范开宗明义地表明：劳动立法的重要目的旨在保护劳动者的合法权益。工伤认定的立法精神就是最大限度保障主观上无恶意的劳动者因工作原因或与工作相关活动中遭受事故伤害或者患职业病后能够获得相应医疗救济、经济补偿和职业康复的权利，故在劳动关系上遵循劳动者利益优先保护的原则，实质为劳动者的权利保障。工伤责任的归责原则，经历了从劳动者个人责任发展到雇主过失责任直至现在的无过错责任三个阶段。迄今，无过错责任原则已成为世界各国工伤保险法律制度公认的原则。任何行政法律规范的制定都只是对特定历史阶段社会关系的记载，虽然不可随意变动，但法律是一种动态的利益博弈，不是非此即彼的静态零和博弈，公正是社会多元利益关系多次复杂博弈的相对均衡，法律制度的形成与实施实际上就是对这种博弈均衡的确认与保障，同时也只有法律的制定与实施体现社会主体的利益博弈的相对均衡才能形成公正和良好的法律制度。当现实社会关系伴随社会转型而发展变化时，面对具体社会情境的变化，考证和体察法律规范的立法本意及解释，还需要根据社会的真实需求赋予法律规范以更为丰富的内涵，这同样也是适用法律应当秉承的基本原则。《工伤保险条例》第14条侧重强调因工作原因导致的伤亡，该类伤亡的发生常与工作有直接关系，属于通常意义上的因工伤亡，第15条第1款规定则为视同工伤情形，第16条为工伤认定排除情形，由于工伤范围和情形不同，工伤认定的法律适用需要做到区别对待，宽严适度。一般来讲，对第14条规定的传统工伤解释应当从宽，对视同工伤认定解释适度从宽，而对排除工伤认定解释应当从严。突发疾病原本不属于因工伤害范围，但基于社会保险制度的发展，国家对弱势群体的关怀，体现对人的尊严的尊重，凸显对劳动者的现实保护需要而纳入工伤保险范围，并随着国家社会保障水平的逐步提高，其工伤保障范围也并非一成不变，法律适用可以适度从宽解释。因此，在工伤保险认定法律条文比较抽象，内容笼统、原则和列举不明等情况下，可以在维护职工合法权益和目前社会保障水平之间进行衡量的基础上恪守法律目的和基本原则的立法要旨下，将工伤认定中涉及公民基本权利的予以适当延伸保护，进行有利于劳动者利益且合乎生活情理的解释，使处于弱者地位的劳动者能够获得更为优厚的社会保险给付，从而使他们的自由和生存等基本权利得以切实有效的保障。普通劳动者个人由于缺乏医学专业知识，自身对病情的严重性难以做出客观科学鉴识，未及时选择治疗而请假休息缓解也符合常情常理，且由于身体素质的个体差异，不同疾病的表现严重程度也不尽相同，而苛求职工一旦突发疾病后就径直送往医院救治，不符合客观实际状况，且与人们生活情理相悖。突发疾病发作之初劳动者即处于“危急状态”则应及时抢救不言而喻，但突发疾病发作时尚处于较次“重症状态”且有正当理由事后未能及时送医施救导致死亡若排除在视同工伤的范围之外，不仅有悖于日常生活经验，也难以取得社会公众的普遍认同。鉴于此，在维持基本的社会道德观念前提下努力实现劳动者权益的最大化，并结合遵循按照社会法的法律规则运转的工伤保险基本理念予以统筹考虑，寻求更为公平、公正、合理并使社会公众普遍认同的解决方案，这是作为裁判决断的法院的应有之责。因此，职工在工作时间和工作岗位突发疾病处于“重症状态”导致无法坚持工作，之后离开工作岗位就近休息缓解症状，该就近缓解病情符合生活情理具有合理性，将因正当理由未能及时送医施救且在合理时间内确系疾病恶化死亡的情形视同工伤，符合作为社会法调整适用的工伤保险规则要旨。

本案中，傅某木上班期间突患重症无法坚持工作是疾病突发初始症状，而一般疾病从病发、恶化至死亡有一个渐进的演变过程，其请假休息符合一般的生活情理。之后傅某木在毗邻工地宿舍独自休息期间因无人在场照顾，致其在病因损害作用下发生异常生命活动而使个人行为能力陷入无法自主决定状态并引发猝死，且该猝死距离突发疾病时间仅2小时左右，魏某敏提出傅某木的死亡系因未及时送往医院抢救的主张具有正当理由，其死亡则应纳入“视同工伤”范畴给予保护。南岸人社局仅泛言魏某敏的申请工伤理由不备实体法律要件，而非具体表明魏某敏的理由如何之不当，其将“视同工伤”情形仅局限于职工突发疾病立即死亡和突发疾病48小时内经抢救无效死亡两种情形，而忽视劳动者突发疾病离开工作岗位之后因病情骤然加重恶化且确系无法克服原因所致难以就医之特殊情境，遂将这种具有正当理由未能及时送医施救死亡的情形予以排除“视同工伤”之外，缺乏将生活情理元素融入工伤保险旨意进行综合性考量，其存在对工伤保险法律的限缩理解适用。故南岸人社局作出不予认定工伤的决定不符合社会生活常理和法律原旨，难以认定该决定具有实体合法性，对此再审法院予以否定性法律评价。

二、撰写心得

行政法的适用过程与其他法律领域不同者，在行政法的领域，负责法律解释与适用的国家机关分别为行政机关与司法机关（法院）。也就是说，首先由行政机关适用法律以达成其行政目的，其次由司法机关适用法律后，进行法律评价。不确定法律概念，可以区分为描述性概念（或称为经验性概念）

和规范性概念。行政法比其他法律领域更重视不确定法律概念，因为行政法律法规采用不确定法律概念时，不但有行政机关如何解释及适用的问题，还有人民法院对行政法律规范的解释适用，以及在何种程度内加以审查的问题，后者涉及法院的司法审查密度。法律的构成要件采用不确定法律概念时，其解释及适用虽然较为困难，但基于法律优位原则的要求，行政机关仍应将不确定法律概念适用于具体事件，而作出合法且正确的行政行为。人民法院对于起诉至法院的行政争讼，基于保护当事人权利的精神，当然可以审查行政决定中法律解释及适用的合法性问题。

不确定法律概念首先是法解释论问题，必须就法律概念厘清其内涵核心要素，再于具体案件探究是否有符合该意涵要素，如果欠缺该要素，即可判断不符合该概念。不确定法律概念的判断并非证据法则的问题，故不可以通过证据法则判断是否符合某一不确定法律概念，而应就具体的事实，依照“解释”及“涵摄”程序进行。而作为判断的依据，应依“通常该领域人”的知识和经验作为依据。由于不确定法律概念具有一种“只能描述，无法定义”的特性，所有的不确定法律概念的判断，都必须经过两个阶段，第一阶段系就法律所使用的文字，在法律概念上的文义意涵，抽绎出核心的要素，称为解释程序。法律解释除非系法律漏洞填补或矛盾立法的解决，基本上，不加入法律体系及规范本身所未包含的道德命题，因为“道德命题”往往过于抽象以及主观，加入道德命题的法解释，将导致法的不安定及欠缺客观性。第二阶段系就具体事实予以判断其是否合致的程序，称为涵摄程序。涵摄程序主要是在法律概念要素归纳清楚之后，将具体事实作成与该法律概念具有“关联性”及“合致性”的说理，故涵摄是一种“说理”使人信服的过程，而行政机关的处置理由，即说理内容是某一“具体事实”与该法律概念具有关联性，且属于该法律概念所包含的范畴。

法律适用是一种逻辑上三段论法适用的结果。通常法律的适用从过程论看，依顺序包括下列四个阶段：（1）调查证据而认定事实，亦即现实社会中究竟发生什么事实，存在哪些证据；（2）解释及确定法律构成要件的含义，亦即法律构成要件具体的确认及其规范的范围；（3）涵摄，案件的事实与法定构成要件之间是否恰当；（4）确定法律效果，即案件最终如何予以处置。本案例的论理部分逻辑大体分为四步：

1. 从《工伤保险条例》第 15 条第 1 款第 1 项“突发疾病死亡或者在 48 小时之内经抢救无效死亡”规定的文义解释出发，通过阐述劳动法和社会保险法优先保护劳动者利益的立法宗旨，从而推导出“突发疾病”死亡虽不是因工作原因发病而导致死亡，但是因其病情的突发性和后果的严重性，为了减轻死者家属所承载的创伤和遭受的损害，因此社会保险立法特别将在工作时间和工作岗位上的突发疾病死亡“视同工伤”，且对“突发疾病”状态和结果作出严格的限制，契合了设立“视同工伤”制度既特殊保护又严格限制的工伤保险立法精神。

2. 梳理《工伤保险条例》第15条第1款第1项条文中关于“突发疾病死亡或者在48小时之内经抢救无效死亡”的规范内容涉及不确定法律概念，而不确定法律概念的判断，首先需要对不确定法律概念本身，从解释学的观点，寻绎出“概念要素”。探求上述法律条文中描述性不确定法律概念的意义内涵要素，应依据一般人的生活经验或专家知识经验去探求判断，解释阶段则须将该概念的要素“找出来”。从解释学来看，视同工伤的“死亡”应指非外部因素所致的伤害死亡等，仅指自身疾病原因导致死亡，此为事件要素，同时“死亡”与死亡标准、时间与空间也有关系，须一并予以考虑，故视同工伤的“死亡”概念应包括事件、死亡标准、时间与空间要素。就死亡标准而言，依据医学专家知识的判断来看，死亡包括心肺死亡和脑死亡两个标准，对此标准本身又会产生不确定法律概念更进一步解释问题。实务中通常以医院出具的医学死亡证明记载为准。在时间要素方面，应指一段时间，即从发病至死亡时间最长不超过48小时。该48小时的法定“时间”不能再进行法律解释，因它涉及立法论层面问题，并无法律解释空间存在。在空间要素方面，指疾病死亡事件必须发生于工作场所内，或发生于医疗救治场所以及处于救护车辆等特定救治延伸场所等，或发生于“工作空间”与“救治空间”之间的过渡空间。若死亡事件发生于其他无关地点，因难以与职工“工作空间”“救治空间”等建立密切关联性，故认定为不符合死亡情境的空间要素。结合《工伤保险条例》旨意和目的来看，死亡情形并非仅局限于职工突发疾病立即死亡和突发疾病经抢救无效死亡两种情形，立法者显然并不是有意排除其他死亡情形，只是隐匿于文义之中而已。仅从空间要素来看，死亡事件发生于“工作空间”与“救治空间”之间过渡空间仍有客观可能，故解释还应当涵盖突发疾病时未立即死亡而事后未历经抢救死亡等情境。当然，不可否认这种“临界案型”也是导致当事人常常发生争执的原因，即可被争议为是否属于不确定法律概念的意涵所涵盖。有关职工疾病死亡事件的“工作场所”，即工作空间要素相关规范，系属于工伤保险法律从立法论层面基于保障职工特殊权益而设。而“救治空间”死亡情景为法律条文所直接规范，当然并无法律上争议；职工死亡事件发生于“工作空间”与“救治空间”之间的过渡空间且未历经抢救死亡时，从法律解释层面而言，具体个案中若将其纳入不确定法律概念的涵盖范围，应当谨慎地综合各种因素且有正当理由，不得失之于宽泛无度。

3. 解释不确定法律概念时，结合法律目的的理解，并巧妙地融入生活常识、常情、常理进行理由阐述，有利于充分理解工伤保险法律对职工权益的关怀和保障的必要。文中载明：“普通劳动者个人由于缺乏医学专业知识，自身对病情的严重性难以做出客观科学鉴识，未及时选择治疗而请假休息缓解也符合常情常理，且由于身体素质的个体差异，不同疾病的表现严重程度也不尽相同，而苛求职工一旦突发疾病后就径直送往医院救治，不符合客观实际状况，且与人们生活情理相悖。突发疾病发作之初劳动者即处于‘危急状态’则应及时抢救不言而喻，但突发疾病发作时尚处于较次‘重症状态’且有正当理由事后未能及时送医施救导致死亡若排除在视同工伤的范围之外，不仅有悖于日常生活经验，也难以取得社会公众的普遍认同”。

4. 根据《工伤保险条例》第 15 条第 1 款第 1 项和第 16 条规定的积极构成要件和消极构成要件，从正反两个层面肯定了该职工死亡事件是否已达成所预期的“视同工伤”具体法律效果。

行政法上抽象的权利义务是通过行政机关行政行为等涵摄从而落实到社会生活方方面面并形成具体的法律效果，以此实现行政秩序管理和社会服务的行政目的。行政机关作出的行政行为涉及不确定法律概念判断时，应有说理的义务，亦即适用该不确定法律概念的行政机关必须说明将特定具体事实“认定成”特定的法律概念的理由。本案中，行政机关仅仅泛称死亡职工近亲属的申请工伤理由不符合实体法律要件，而非具体表明理由如何之不当，其将“视同工伤”情形仅局限于职工突发疾病立即死亡和突发疾病经抢救无效死亡两种情形，排除“死亡”其他情形，存在对工伤保险法律的限缩理解适用。故难以认定行政机关的该行政行为对不确定法律概念解释和适用具有合法性，法院对于实体合法性即不予认定工伤的法律效果应当予以否定性法律评价，并同时责令行政机关依据裁判指引重新作出特定的行政行为。

（邬继荣，重庆市高级人民法院法官）

三、专家评析

法律是为了塑造特定的生活事实而创制的。这种生活事实可能发生变迁，解释时就不能对此视而不见。如果我们希望诉诸此来偏离对一项法律迄今为止的解释，则必须阐明这种变化建立在什么基础之上：是建立在一项法事实的变迁之上，还是建立在法律评价的变迁之上。如果法律通过时对特定版本的法律具有决定性的事实发生变化，则解释时必须对此予以考虑；法秩序则体现着特定的评价，若基于法律上评价的变迁时，必须和当前的评价相协调。法律需要经解释方能适用，在处理法律案件时，经常会遇到必须首先澄清法律中某个特定用语之含义的问题。如果对于某个表达尚无解释或尽管存在一些解释，但是各有不同的结果，那么解释者必须在现存的诸多解释中作出恰当选择。

基于法律明确性原则的要求，立法者于制定法律构成要件时，其使用的概念或文字，应力求明确，以方便民众理解。但因规范事实的多样性与异质性，立法者有时候无法明确规定，而须选用不确定法律概念，以涵盖错综复杂的社会事实。不确定法律概念，其语义文字表达内容存在空泛抽象性、多义性等特征，不具明确性。立法者于立法定制时，衡酌法律所规范生活事实的复杂性及适用个案的妥当性，故从立法上适当运用不确定法律概念而为相应规定，并无不可。立法权与行政权各自承担不同功能作用，其运行方式上也不相同。尽管在依法行政原则要求下，行政机关须依立法指示执行国家任务，但立法权的功能主要发挥在一般性、抽象性事务的规范层面。至于特定、具体事务的处理，则仰仗行政的实际执行。也因此行政权在执行国家事务上，应存有一定的裁度空间，以期进一步做到“个案正义”的维护。就“行政受法的羁束”而言，行政机关负有形成公共事务及实现公共利益的职责，行政机关不应只是单纯的“执法机器”，基于行政事务的多元复杂性，自有必要赋予行政机关享有某种程度的权宜性与自由性，始能合乎“个案正义”的要求。于是在立法技术上，立法者一方面经常在“法律构成要件”中使用“不确定法律概念”；另一方面立法者又在“法律效果”部分，借由“可为”的规定，使法律效果的发生与行政手段的择取，取决于行政机关的“裁量”。于此规定下，行政机关便可以通过不确定法律概念的解释与裁量权的运用，获得一定程度的行政自我形成（活动）的空间。唯不免令人担忧的是：怎样确知行政机关没有违背立法权的意旨而滥用其裁量权力？此际，司法权的事后控管确认，便显得尤为重要。不确定法律概念是一种“不能定义，只能描述”的概念，因为不确定法律概念系指法律所使用的文字具有文义的核心意义，但外延定义不明确的法律概念，亦即其无法通过文字的表意，无法同时完成“内涵”与“外延”的定义内容，而在具体案件发生时，仍然可以依据内涵的要素，作出是否符合特定法律概念的判断。之所以称为不确定法律概念，即意味着该构成要件存在多种解释可能。然而，基于个案正义维护的思考，理当仅存在一种最契合个案正义的解释结论。因为个案正义的维护，取决于个案事实的认知，而事实的认知是可以客观判断的，故行政机关要尽最大的努力去找出这唯一正解。然而，麻烦的是每个行政机关对于不确定法律概念构成要件的解释结果，一定是行政机关心目中那个唯一正解，但这不一定是该行政行为相对人能接受的正解。当双方对此唯一正解认知产生分歧时，行政相对人就可能提起行政诉讼，诉请位居“中立者”的法院主持公道，进行司法上的最终法律评价。

法律文本是专业语言的文本，对于法律中的表达必须“在法学的意义上”加之理解。如果法律规定的旨意，自立法目的与法律体系整体关联性并非难以理解，且个案事实是否属于法律所欲规范的对象，为一般受规范者所得预见，当然可经由司法审查加以认定及法律评价，并不违反法律明确性原则。因“突发疾病死亡或者在48小时之内经抢救无效死亡”属于描述性概念，针对不确定法律概念意涵的探求，法院可以在维护职工合法权益和目前社会保障水平之间进行衡量的基础上恪守法律目的和基本原则的立法要旨，将工伤认定中涉及公民基本权利予以适当延伸保护，进行有利于劳动者利益且合乎生活情理的解释，使处于弱者地位的劳动者能够获得更为优厚的社会保险给付，并对逝者亲属给予体恤和安慰，从而让职工自由和生存等基本权利纳入司法保护范畴则是法律应有之义。法律固然应当理性、客观和中立，裁判文书固然理当分析事实和证据、构成要件、法律适用等，但情理、价值观与法律的交融，文书中必要的人性化、个性化，才是民众需要并能理解的司法裁判。本案例裁判理由梳理和阐述并未超出法律学理框架，其根据法条援引和法理论证得出的法律评价“视同工伤”法律效果正当，裁判所言亦未超出普通大众对于该行为的认知和公众朴素的法律情感。“劳有所得，病有所医，诉有所应，判有所据”，本案例释法说理融入“天理国法人情”，使得司法裁判从仅仅是“看得见的正义”转变为“说得出的正义”。法律并非纯粹的理性，其最大的功能在于指引。我们期待有力量、有深度的裁判，既有法律的逻辑，也有人性的关照，才能彰显和弘扬社会主义核心价值观。

（点评人：王彦，重庆市高级人民法院二级高级法官）

（2020）渝行再1号裁判文书原文

第四章 行政裁决及行政复议

41. 临武县水东镇深渡村村民委员会第五村民小组与临武县人民政府、郴州市人民政府等林业行政裁决及行政复议案*

【关键词】

程序重开 行政纠错

【裁判要旨】

行政行为一旦作出非因法定原因不能随意更改，若确实有误，也应依程序由行政机关依法纠错或由当事人通过申请复议、提起诉讼等方式寻求救济。当事人虽因法律救济期限届满等原因，不能通过诉讼途径请求撤销或者废止行政行为，但却可以请求行政机关重开行政程序，当行政行为所认定的基本事实不能成立或适用法律错误时，行政机关应当依申请启动重开程序纠错。

人民法院审查行政机关程序重开的合法性时，应当追溯到原行政行为作出之前，审查作出原行政行为的证据是否充分，基于原行政行为作出之后产生的基本事实不能作为认定原行政行为正确的事实依据。

一、简要案情

1974 年 7 月 15 日，原湖南省临武县汾市人民法院作出“74 年协议”，原汾市公社横山大队林场与原沙田公社旺田大队大冲坪村（现旺田村七组）就“火烧岭顶”山场的权属达成协议，主要约定：由大冲公社来之路，在火烧岭沿公路下的第二个拱湾路上麻石，直上岭圭，沿岭圭直上岭顶，由岭顶转弯往北垂下沿自然流水沟直下岭脚为止，界东归大冲坪村所有，界西归横山大

* （2020）湘行终 856 号。

队所有。1981 年 12 月 26 日，原汾市公社上乐大队林场与原沙田公社大冲坪村（现旺田村七组）签订 1981 年划界认定书，该认定书载明“火烧岭顶”山场属原沙田公社大冲坪村（现旺田村七组）所有。1982 年 12 月 29 日，临武县人民政府（以下简称临武县政府）向原金江公社旺田大队大冲坪生产队（现旺田村七组）颁发 3157 号山林证，该证载明：第一栏地名“火烧岭顶”。1983 年 4 月 29 日，原金江公社作出 31 号仲裁，其中第三项内容为：桐油坪、千家冲、韭菜岭东西倒水东面一带归上深渡村管辖。第四项内容为：凡属韭菜岭西面倒水一带至矿水岭归大冲坪营辖（火烧岭在内）。1983 年 9 月 27 日，临武县政府向原金江公社深渡大队上深渡生产队（现深渡村五组）颁发 3290 号山林证，该证载明：第一栏地名“韭菜岭”。1998 年 3 月 28 日，临武县政府作出 1998 年处理决定，认定：1982 年，临武县政府已经向旺田村七组（原沙田公社旺田大队大冲坪村）颁发山林定权证，“火烧岭顶”应属旺田村七组所有。1982 年，原临武县山林定权发证办公室将“火烧岭”山场中下部，仲裁给深渡大队，应属深渡村五组（原金江公社深渡大队上深渡生产队）所有。“韭菜岭”山场上的旱土历来由旺田村七组耕作，其旱土及在原旱土上种植的杉林应属旺田村七组所有。1982 年，临武县政府将“韭菜岭”山场的山权、林权明确给深渡村，应属上深渡村（现深渡村五组）所有。旺田村七组不服〔1998〕2 号处理决定，于 1998 年 5 月 19 日向湖南省临武县人民法院提起行政诉讼，该院一审判决驳回旺田村七组的诉讼请求。旺田村七组仍不服，向郴州市中级人民法院提起上诉，二审判决驳回上诉，维持原判。2010 年 10 月 23 日，临武县政府向深渡村五组颁发 B4300235415 号林权证。

2019 年 4 月 12 日，临武县政府作出的临政林决字〔2019〕2 号处理决定，深渡村五组不服该处理决定，向郴州市人民政府（以下简称郴州市政府）申请行政复议。郴州市政府作出郴政行复决字〔2019〕46 号复议决定，决定维持〔2019〕2 号处理决定。

深渡村五组仍不服，向郴州市中级人民法院提起行政诉讼，郴州市中级人民法院一审判决撤销临武县政府作出的〔2019〕2 号处理决定和郴州市政府作出的 46 号复议决定。

临武县政府和旺田村七组不服一审判决，向湖南省高级人民法院提出上诉。湖南省高级人民法院二审判决，撤销一审判决，驳回深渡村五组的起诉。

二、撰写心得

众所周知，裁判文书是诉讼活动的总结性成果，是展示人民法院司法公正的窗口，也是体现法官办案质量和司法能力的名片，是司法职业化水平的重要标尺。优秀的裁判文书不仅能客观地反映案件审判过程及审判结果，还能起到案结事了、定分止争的作用。下面结合荣获第四届“百篇优秀裁判文书”的（2020）湘行终856号林业行政裁决及行政复议一案裁判文书，谈以下四点体会。

（一）撰写裁判文书要充分熟悉案情

全面了解案件基本情况，对案件的具体细节都了然于胸是写好裁判文书的基础。充分熟悉案情，首先要认真研究案卷材料。研究案卷材料是了解案情最直接的方式。要想写出优秀的裁判文书，就必须反复推敲证据材料，根据证据材料最真实地还原案件事实。本案系山林权属争议案件，承办人在研究案卷材料时发现本案所涉及的“火烧岭”中下部林地所有权争议由来已久，进行过数次确权处理、复议及诉讼、争议较大。关于争议地块的权属证明，既有政府的确权决定、颁发的山林权证，也有原公社的仲裁、法院的判决，且不同的权属证明之间存在矛盾。为厘清案件事实，承办人对争议地块的多次处理情况按照时间顺序进行列表，整理出每次处理的所涉地块和处理结果，并将各方当事人的证据一一列出进行分析。其次要充分听取当事人的诉辩意见。山林权属争议案件因涉及专有地名及图纸，在理解上相较于其他类型案件更困难。除阅读当事人提交的诉状和答辩意见外，还需通过电话沟通、组织当事人进行听证调查、前往争议地现场进行调查等方式，除弄清案件基本事实外，同时尽可能多地综合了解案外的其他因素，才能作出更加准确、全面的裁判文书。

（二）撰写裁判文书要熟练掌握法律法规

真正好的判决是在对案件充分了解、系统理解法律的基础上自然而然形成的。写好判决不仅要充分熟悉案情，还要熟练掌握法律法规。熟练掌握法律法规，是正确作出裁判、写好裁判文书的前提条件。法律法规是法官判案的最好的工具和依据，对于不同的案情和不同的诉讼请求适用不同的法律法规。在撰写裁判文书前，需充分查找相关法律法规，只有准确、完整、具体地适用法律法规，才能依法正确判定案件。本案系山林权属争议案件，除需掌握《森林法》《林木林地权属争议处理办法》外，还需要认真学习《湖南省林木、林地权属争议处理办法》，确保裁判文书的合法性。

（三）撰写裁判文书说理要充分透彻

《最高人民法院关于加强和规范裁判文书释法说理的指导意见》中明确：裁判文书释法说理的目的是通过阐明裁判结论的形成过程和正当性理由，提高裁判的可接受性，实现法律效果和社会效果的有机统一。说理并不是说教，裁判文书作为一项司法活动的最终成果，最终是要给当事人看，要全面、准确地把握案件当事人的诉求，同时在裁判文书中对这些诉求要准确、全面地予以回应。说理要具有针对性，紧紧围绕个案争议焦点，针对诉辩主张是否成立，诉辩意见是否采纳，逐个展开说理论证，对于双方当事人在事实证明和适用法律方面的不同意见，应当给出明确的回答，并且说明理由，分清是非曲直、明确责任。在对本案裁判文书进行说理时，承办人首先通过分析案情及当事人的诉辩意见，确定本案当事人争议的焦点问题，再针对焦点问题所涉的具体问题进行具体分析。本案承办人在判决说理部分既对政府撤销原行政行为是否正确进行分析，又对政府作出新的行政行为是否有事实和法律依据详尽地进行了说理，充分体现行政案件的特点。并且，紧紧围绕争议焦点进行分析论证，环环相扣，层层推进。本案是因政府程序重开引发的纠纷，在审查程序重开是否正确时，追溯到原行政行为作出之前，以原行政行为作出之前的基本事实作为认定原行政行为是否正确的依据，符合纠错的实际，为今后类案在证据适用上提供了借鉴和参考。

（四）裁判文书要体现终审法院的司法担当

二审法院应当充分发挥二审有效终审、精准定分止争的审级职能。对于一审判决存在的认定事实不清、适用法律不当等问题，不应轻易发回重审，而应当尽量通过二审改判予以纠正或调解化解纠纷，从而真正发挥二审终审的作用。本案争议地已经过多次确权处理，当事人也多次复议、诉讼，本案二审通过改判而不是发回重审的方式，减少了当事人的诉累，也符合行政诉讼化解争议的目的，充分体现了终审法院的司法担当。

（张兰，湖南省高级人民法院法官）

三、专家评析

综观本篇文书，具有以下三个方面突出特点。

（一）逻辑结构清晰、层次分明

该判决书首先展示案件由来、一审认定的案件事实和适用法律、判决的理由及结果，为二审审查行政行为、一审判决正确与否作了铺垫。其次，分别叙述上诉人的上诉理由及请求，明确了双方争议的焦点。再次，简要列明二审对事实和证据的分析与认定情况，随后说明裁判理由，重点围绕争议的焦点进行说理论证。最后，得出判决结论。

（二）叙述事实简繁得当、重点突出

对本案涉及的主要事实，通过对一审判决认定事实描述、双方当事人诉辩主张的归纳以及二审查明的情况，将这些事实、争议焦点具体、准确地表述出来。本案是山林权属案件，争议已久，且经过多次确权处理，本案被诉的行政行为正是政府的一次纠错行为，推翻了之前的处理，重新对争议地作出处理。由于本案审查的主要内容是纠错这一具体的行政行为是否合法正当，因此，制作者针对双方没有争议的纠错程序仅简要分析，对于纠错的实体内容着重单独叙述，使人感觉中立性强、一目了然。而对与一审认定相同的部分事实，则以“再审查明的其他案件事实与原审认定的事实无异”一笔带过，惜墨如金。对于争议焦点方面的裁判理由的论述，则用墨如泼，不吝语词。通过对争议双方的证据进行分析归纳，层层深入进行说理，突出对行政行为的合法性审查。

（三）说理充分透彻、论证有力

制作者在判决说理部分既对政府撤销原行政行为是否正确进行了分析，又对政府作出新的行政行为是否有事实和法律依据详尽地进行了说理。并且，在确定争议焦点后根据案件实际情况明确了两个需重点审查的方面，在说理时紧紧围绕这两个方面进行分析论证，环环相扣，层层推进。行政行为一旦作出非因法定原因不能随意更改，若确实有误，也应依程序由行政机关依法纠错或由当事人通过申请复议、提起诉讼等方式寻求救济。当事人虽因法律救济期限届满等原因，不能通过诉讼途径请求撤销或者废止行政行为，但却可以请求行政机关重开行政程序，当行政行为所认定的基本事实不能成立或适用法律错误时，行政机关应当依申请启动重开程序纠错。本案是因政府程序重开引发的纠纷，在人民法院审查行政机关程序重开的合法性时，应当追溯到原行政行为作出之前，审查作出原行政行为的证据是否充分，基于原行政行为作出之后产生的基本事实不能作为认定原行政行为正确的事实依据。该文书的上述观点为今后类案在证据适用上提供了借鉴和参考。

需要指出的是，该判决书也存在一些不足之处，如山林权属案件因涉及专有地名等原因，裁判文书相对较难理解；虽然该裁判文书已经将案件事实准确表述出来，但不够简洁清晰。

（点评人：张坤世，湖南省高级人民法院研究室主任）

（2020）湘行终856号裁判文书原文

42. 殷某诉中华人民共和国司法部撤销行政许可决定及行政复议案*

【关键词】

超计划生育　开除公职　提供虚假证明材料　撤销法律职业资格决定

【裁判要旨】

原告提起诉讼时，一并要求对规章进行审查的，应根据《行政诉讼法》第53条规定认定其无权以提出诉讼请求的方式要求审查规章，但法院可以依据《行政诉讼法》第63条第3款的规定，对规章是否应当参照予以考虑。

依照《行政许可法》的相关规定，撤销被许可人以欺骗等不正当手段取得的行政许可，是对违法行为的纠正，不属于行政处罚。

作为被诉行政许可行为基础的其他行政决定或者文书不存在明显缺乏事实根据或法律依据、超越职权以及其他重大明显违法情形的，法院可以予以认可。

一、简要案情

2016年6月24日，原秦皇岛市抚宁区监察局作出《关于给予殷某开除公职处分的决定》，因殷某存在超计划生育行为而给予殷某开除公职处分。后经复审和复核，上述开除决定仍被维持。2017年，殷某报名参加当年国家司法考试，承诺无《国家司法考试实施办法》规定的不能报名参加考试的情形，亦承诺无《国家司法考试违纪行为处理办法》第7、8、9、10条规定情况，无被国家机关开除公职等情形，后殷某取得法律职业资格。2020年1月3日，河北省司法厅向司法部报送《关于撤销殷某法律职业资格的请示》，建议司法部撤销殷某2017年参加国家司法考试取得的法律职业资格，收回、注销《法律职业资格证书》。2021年1月21日，司法部对殷某作出《撤销行政许可决定书》（文号：2021—005号），决定撤销授予殷某法律职业资格的决定，收

---

* （2021）京行终9805号。

回、注销法律职业资格证书。殷某不服，向司法部申请行政复议。司法部于2021年6月17日作出《行政复议决定书》[（2021）司复决52号]，决定维持上述撤销决定。

殷某仍不服，向一审法院提起行政诉讼，请求撤销被诉复议决定、被诉撤销决定，请求审查《国家司法考试违纪行为处理办法》第5条。一审法院判决驳回殷某的诉讼请求。

殷某不服，向二审法院提起上诉。二审法院对被诉行政行为的事实认定、行政程序、法律适用进行了全方面的合法性审查，认定被诉撤销决定事实清楚、证据确凿，适用法律正确，符合法定程序。司法部作出被诉复议决定维持被诉撤销决定，亦无不当。殷某要求撤销被诉撤销决定和被诉复议决定的理由不能成立，一审法院判决驳回殷某的诉讼请求正确，故判决驳回殷某的上诉，维持一审判决。

二、撰写心得

作为一名法官，接手一起"好"案，当有如获至宝之感。当事人对法律应该如何适用存在若干争议，需要法官在判决书中正本清源、"有话要说"，当属于"好案"中的一种。本案中，司法部对殷某作出《撤销行政许可决定书》，以殷某存在隐瞒被开除公职的事实、提供虚假证明材料骗取报名并获得法律职业资格的行为为由，决定撤销授予殷某法律职业资格的决定，收回、注销法律职业资格证书。殷某不服上述撤销决定及行政复议决定，提起撤销之诉。在诉讼理由中，殷某提出了如下关于适用法律的问题：没有援引具体条款是否属于适用法律错误；二年内未发现殷某的违法行为是否不应再作出撤销决定；《律师法》《国家司法考试实施办法》《国家司法考试违纪行为处理办法》的相关规定是否与修改后人口和计划生育法相互抵触、是否与国家新的计划生育政策相违背；司法部适用《国家司法考试违纪行为处理办法》是否已经不合时宜；等等。针对殷某提出的上述问题，一审、二审法院通过作出判决，在对被诉行政行为全面合法性审查的基础上，重点对相关法律适用质疑进行了回应和充分说理，认定殷某要求撤销被诉行政行为的理由均不能成立，被诉行政行为并无不当。

本案存在撤销行政许可、行政复议、计划生育行政处理、公职人员行政处分等多重法律关系交织的情况，法律适用上需要抽丝剥茧以取得良好的法律效果；本案亦存在公职人员超生、公职人员被开除、司法考试人员因骗取报名被撤销资格等备受关注的社会热点问题，对相关问题的认定处理影响案件处理的社会效果；本案也关涉我国计划生育政策、法制调整和变迁对相关人员的利益影响问题，正确分析认定政策、法制变迁也是案件取得政治效果的必然要求。本案二审文书在对被诉行政行为的事实认定、法律适用、行政程序进行合法性审查的基础上，针对上诉人历经复议程序、一审程序后仍抱有的相关质疑，尤其是针对其提出的相关法律适用争议，作了有针对性的析法说理，力求取得法律、社会和政治效果的统一。

在针对法律适用问题进行说理的过程中，应当做到说理有据，即说理要有法律、行政法规、地方性法规、司法解释等法律规范上的依据。例如，针对殷某提出的司法部作出的被诉撤销决定属于行政处罚的主张，本案二审判决除了引用行政许可法的相关基础规定之外，又引用了全国人民代表大会常务委员会法制工作委员会于 2017 年 2 月 23 日作出的《关于公司法第一百九十八条“撤销公司登记”法律性质问题的答复意见》，从而增加了本案被诉撤销决定不属于行政处罚行为的说理引据权威性；又如，关于殷某提出的本案新旧法律规范的选择适用的相关主张，本案除了引用《立法法》第 93 条规定外，实际上还引用了最高人民法院印发的《关于审理行政案件适用法律规范问题的座谈会纪要》中的相关内容，因座谈会纪要不宜在判决中直接写明，故以直接说理的方式呈现在判决书中；再如，关于殷某主张的司法部作出被诉撤销决定的基础存在问题的相关主张，本案直接引用了《最高人民法院关于审理行政许可案件若干问题的规定》第 7 条规定作为说理的依据，本案直接被诉的行为是撤销决定，撤销决定的直接基础是开除决定，而开除决定的直接基础是关于计划生育的处理决定。如何在审查被诉撤销决定的过程中审查开除决定和计划生育处理决定，依据上述司法解释条款的规定，应当坚持重大明显标准，即无效的标准：存在重大明显违法的，不能作为被诉撤销决定的合法基础，不存在重大明显违法的，则可以作为被诉撤销决定的合法基础。经审查，本案中涉及的计划生育处理决定、开除决定均不存在重大明显违法的情形，故可以作为被诉撤销决定的基础，殷某对上述决定存在的质疑在本案中不应得到支持。

另外，在裁判文书说理过程中，也应尽量做到“情理法”相统一。本案中，殷某因存在超计划生育行为而被计划生育行政部门处理，进而被监察部门开除公职，再被司法行政部门撤销法律职业资格许可，一切的源头是其存在的超计划生育行为，但在事件发展过程中，我国的计划生育政策及法制发生变迁，从“一孩”陆续变迁为“两孩”“三孩”政策，此时应如何应对上述生育政策与法制的变迁？政策与法制有变迁，就要做好政策与法制衔接，确保相关工作稳妥有序。对此问题进行说理，一定要正确理解和适用国家针对政策衔接的有关基本对策。本案二审判决中，分别引用了2015年出台的《中共中央、国务院关于实施全面两孩政策改革完善计划生育服务管理的决定》，2021年出台的《中共中央、国务院关于优化生育政策促进人口长期均衡发展的决定》，又引用了国家卫生和计划生育委员会办公厅《关于印发中共中央、国务院关于实施全面两孩政策改革完善计划生育服务管理的决定学习宣传提纲的通知》（国卫办指导函〔2016〕38号）和国家卫生健康委员会办公厅《关于印发中共中央、国务院关于优化生育政策促进人口长期均衡发展的决定学习宣传提纲的通知》（国卫办人口函〔2021〕421号）。上述决定和通知中对于生育政策实施前已经作出的相关决定如何处理，生育政策实施后如何作出行政行为等情形，都作了明确规定。通过引用上述规定，可以有针对性地回应殷某所提出的有关政策与法制变迁情况下应如何适用法律和政策的质疑，同时也可以有效地增加本案二审判决的情理性，促进“情理法”相统一。

（赵世奎，北京市高级人民法院法官）

三、专家评析

该篇裁判文书结构规范、行文流畅、说理充分、通俗易懂、详略得当，既遵循了法院对行政行为合法性审查的规律和特点，又充分体现了二审程序的递进性和监督性，无论是在实体审查标准和裁判尺度上，还是在文书论证和说理方面，都具有较好的指导和示范意义。其中如下几个方面尤其值得称道。

（一）文书说理充分展示了行政行为合法性审查的复审性特点

该文书说理在涉及事实认定焦点的阐述中，严格遵照行政机关负举证责任、复议维持决定中复议机关举证义务的规范展开合法性审查，既体现司法权监督行政权的职能定位，又以复审性体现对行政权依法合理行使的尊重。

（二）文书有效厘清了规范性文件一并审查与法律适用问题审查的联系和界限

本案裁判通过层层分析说理，明确了规章不属于当事人以提出诉讼请求方式进行一并审查的范围，但属于“参照规章”的法律适用问题审查范围，对澄清实践中的模糊认识很有裨益。

（三）案件裁判和文书说理对行政行为合法性审查强度的把握适度均衡

对于复议决定和一审判决认为原行政行为法律援引上的瑕疵予以尊重，并没有代替进行重复评价，而且对于二审中发现的原行政行为和复议决定均存在的法律适用有失周延的地方予以指正而没有动辄简单认定为适用法律错误，此外还有对作为被诉行政许可行为基础的其他行政决定遵循重大明显违法的审查标准，而不是“眉毛胡子一把抓”进行同等强度的合法性审查，都鲜明地体现出行政权和司法权的法治边界。

（四）文书说理有效贯彻了中央关于将社会主义核心价值观融入司法裁判的要求，是政治效果、法律效果与社会效果有机统一的典范

案件主体涉及公职人员，涉及公职人员违纪行为处理，涉及公民个人诚实信用和社会治理秩序，还涉及备受社会关注的计划生育政策调整及其对相关行为性质的认定和处理，行为实施、行政处理和救济跨越计划生育政策重大调整前后，审查和裁判涉及多层法律规范，需要考量权衡多重法律关系。本案裁判结合案情充分融合情、理、法，认定事实清楚且有说服力，适用法律正确且顺其自然，文书说理水到渠成具有较强的可接受性，无论是实体裁判还是说理论证，都符合公正司法、为民司法的价值导向。

（点评人：刘行，北京市审判业务专家，北京市东城区人民法院党组成员、副院长）

（2021）京行终 9805 号裁判文书原文

第五章 行政协议

43. 星华公司、鸥富公司诉梧州市人民政府继续履行合作投资行政协议案*

【关键词】

行政协议僵局 请求解除合同权 行政单方解除权

【裁判要旨】

在行政协议履行过程中，若出现协议难以为继或事实上不可能实际履行等“行政协议僵局”情形，为避免不必要损失，行政机关可依据“合同僵局”的解除之法理作出单方解除行为。人民法院在审理前述单方解除行为合法性时，应参照适用《民法典》、《全国法院民商事审判工作会议纪要》（以下简称《民商事审判会议纪要》）关于“合同僵局”违约方请求解除合同权的规定，全面审查行政协议的履行情况，双方的过错程度，评判协议是否处于僵局状态，最终依法评价履行诉请合理性及单方解除行为的合法性。

一、简要案情

2013年2月，经梧州市人民政府（以下简称梧州市政府）研究批准，商贸园区管委会对园区中南部片区实施地质灾害综合整治和土地一级开发建设。同年5月，鸥富公司中标，并与商贸园区管委会签订《梧州市商贸物流园区中南部片区地质灾害综合整治项目合作投资协议书》（以下简称《合作投资协议书》），约定：本项目属地质灾害综合整治及土地一级开发项目工程，商贸园区管委会经批准并通过公开招标确定鸥富公司为本项目建设业主；鸥富公司应在合同生效之日起30日内设立本项目的项目公司，注册资金不少于人民

* （2020）桂行终838号。

币 2000 万元，以货币出资形式一次性到位，并办理项目公司成立所需的全部审批、登记手续，取得工商核发公司的营业执照。鸥富公司具体负责项目开发建设工作，所有本项目的建设工程立项、报建、施工许可证等相关政府审批手续，选聘相关测绘、勘察、设计、施工、报建、监理等单位，组织实施项目范围的建设工程均要求以鸥富公司名义报出，各项前期工作费用由鸥富公司负责，列入土地开发成本；同时，根据商贸园区管委会、鸥富公司双方成本投入比例约为 3∶7，确定两方按 4∶6 比例对本项目综合整治后一级开发增值收益进行分配。商贸园区管委会承诺按园区项目整治综合片区全部出让土地收入，减去整治综合项目合作总投入和国家、自治区规定的政策性基金及征收缴纳的专项费用后余额部分的 60%，支付给鸥富公司作为其投入项目的投资固定回报（包含劳务费、服务费等一切回报）。此外，还约定，如当项目综合整治开发的每期土地招拍挂无人报名竞买时，可逐步降价出让，仍无人竞买时，由乙方以不低于成本价作为起始价进行抄底摘牌。双方再根据出让收入的"收支两条线"程序进行结算。同年 6 月，鸥富公司成立星华公司。2014 年 12 月，商贸园区管委会、鸥富公司、星华公司签订《梧州市商贸物流园区中南部片区地质灾害综合整治项目合作投资补充协议》（以下简称《补充协议》），约定鸥富公司在商贸园区中南部地质灾害综合整治项目中的所有的权利、义务均由星华公司承担，并由星华公司直接负责开展项目具体工作；亦约定《补充协议》属于《合作投资协议书》不可分割的部分，具有同等法律效力。2019 年 7 月 25 日，商贸园区管委会以梧商物园函〔2019〕8 号《梧州市商贸物流园区管理委员会关于解除合作投资协议的函》（以下简称 8 号解除函）函告鸥富公司及星华公司，《合作投资协议书》及《补充协议》因政策调整原因已无法继续履行，决定与星华公司、鸥富公司解除上述两份协议，并请其做好解除协议的后续工作。

2019 年 10 月，星华公司、鸥富公司提起本案诉讼，请求判决梧州市政府继续履行《合作投资协议书》《补充协议》。梧州市中级人民法院于 2020 年 4 月 23 日作出（2019）桂 04 行初 53 号行政判决，以涉案《合作投资协议书》《补充协议》违反国有土地使用权出让金"收支两条线"规定，协议无效不应继续履行为由，判决驳回星华公司、鸥富公司的诉讼请求。星华公司、鸥富公司不服一审判决，向广西壮族自治区高级人民法院提起上诉。广西壮族自治区高级人民法院于 2020 年 12 月 27 日作出（2020）桂行终 838 号行政判决，认为《合作投资协议书》《补充协议》并未违反国有土地使用权出让金

"收支两条线"规定，但是该协议已经陷入了"行政协议僵局"，无继续履行的可能，一审处理结果正确，故判决：驳回上诉，维持原判。

二、撰写心得

本案例涉及两个问题：一是涉案协议是否违反国有土地使用权出让金"收支两条线"规定？二是涉案协议陷入"行政协议僵局"后，应当如何处理？

（一）国有土地使用权出让金"收支两条线"的理解

依据《国务院办公厅关于规范国有土地使用权出让收支管理的通知》及《国有土地使用权出让收支管理办法》第4条规定，国有土地使用权出让金实行"收支两条线"管理，严禁以"招商引资""旧城改造""国有企业改制"等各种名义减免土地出让收入，实行"零地价"甚至"负地价"，或者以土地换项目、先征后返、补贴等形式变相减免土地出让收入。在司法实践中，如何理解"收支两条线"规定存在分歧。

《民法典》第347条第2款，[①]《招标拍卖挂牌出让国有建设用地使用权规定》第3条、第4条第1款规定，[②] 工业、商业、旅游、娱乐和商品住宅等经营性用地以及同一土地有两个以上意向用地者的，应当采取招标、拍卖等公开竞价的方式出让，且应当遵循公开、公平、公正和诚信。因此，国有土地使用权出让金"收支两条线"规定，不仅是实行国有土地出让金的专款专用，更重要的是确保土地使用权出让"招拍挂"程序的公开、公平、公正和诚信，防范控制出让土地价格，以不正当方式强化"招拍挂"程序中一方竞买者的竞争优势，排挤并损害了其他竞买者参与竞买的权利的，致使国有土地出让金减少。本案中，涉案地质灾害综合整治及土地一级开发项目工程，实际是土地出让前的地质整治工程，因政府资金能力有限而引入社会投资主体参与地质灾害治理，符合相关文件政策精神，不涉及国有土地使用权出让的问题。而且，民间资本参与投资建设也并非无偿，是需要投资回报的，否则不符合

① 《民法典》第347条第2款规定："工业、商业、旅游、娱乐和商品住宅等经营性用地以及同一土地有两个以上意向用地者的，应当采取招标、拍卖等公开竞价的方式出让。"

② 《招标拍卖挂牌出让国有建设用地使用权规定》第3条规定："招标、拍卖或者挂牌出让国有建设用地使用权，应当遵循公开、公平、公正和诚信的原则。"第4条第1款规定："工业、商业、旅游、娱乐和商品住宅等经营性用地以及同一宗地有两个以上意向用地者的，应当以招标、拍卖或者挂牌方式出让。"

市场经济规律。因此，将土地治理后并经“招拍挂”程序取得的出让金约定为回报计算及支付方式，并无不当；在具体结算时，只要严格按照“收支两条线”模式予以结算支付即可。此外，该约定没有变相减免国有土地出让金，也没有控制出让土地价格，以不正当方式强化“招拍挂”程序中一方竞买者的竞争优势，排挤并损害其他竞买者参与竞买的权利，故没有违背“招拍挂”的公开、公平、公正和诚信原则，不属于违反国有土地使用权出让金“收支两条线”的情形。

（二）“合同目的不能实现”时非违约方享有合同法定解除权

契约是当事人之间的法律，必须严格遵守。根据《民法典》第143条（民事法律行为有效的条件）、[①] 第465条（依法成立的合同效力）、[②] 第509条（合同履行的原则）[③] 以及第577条（违约责任）等规定，[④] 在不违背法律、行政法规的强制性规定的情况下，合同一经有效成立便具有法律效力，在当事人之间形成法律拘束力，各方都应当严格遵守并按照约定全面履行自己的义务，否则承担相应的违约责任。在合同缔结后于实际履行过程之中，若出现不可预计或一方当事人违反合同义务等情形，致使合同履行难以为继时，为避免不必要损失，当事人可以约定解除合同，或者由非违约方行使法定解除权解除合同。约定解除是当事人意思一致的结果，不宜作过多干涉，故《民法典》第562条对合同约定解除也仅作了原则性规定。法定解除则不同，这是法律赋予当事人单方消灭合同的权利，须由法律明定解除的正当化事由以示慎重；故《民法典》第563条（合同法定解除权）[⑤] 承继原《合同

① 《民法典》第143条规定：“具备下列条件的民事法律行为有效：（一）行为人具有相应的民事行为能力；（二）意思表示真实；（三）不违反法律、行政法规的强制性规定，不违背公序良俗。”

② 《民法典》第465条规定：“依法成立的合同，受法律保护。依法成立的合同，仅对当事人具有法律约束力，但是法律另有规定的除外。”

③ 《民法典》第509条规定：“当事人应当按照约定全面履行自己的义务。当事人应当遵循诚信原则，根据合同的性质、目的和交易习惯履行通知、协助、保密等义务。当事人在履行合同过程中，应当避免浪费资源、污染环境和破坏生态。”

④ 《民法典》第577条规定：“当事人一方不履行合同义务或者履行合同义务不符合约定的，应当承担继续履行、采取补救措施或者赔偿损失等违约责任。”

⑤ 《民法典》第563条规定：“有下列情形之一的，当事人可以解除合同：（一）因不可抗力致使不能实现合同目的；（二）在履行期限届满前，当事人一方明确表示或者以自己的行为表明不履行主要债务；（三）当事人一方迟延履行主要债务，经催告后在合理期限内仍未履行；（四）当事人一方迟延履行债务或者有其他违约行为致使不能实现合同目的；（五）法律规定的其他情形。以持续履行的债务为内容的不定期合同，当事人可以随时解除合同，但是应当在合理期限之前通知对方。”

法》第94条，[①] 将“不能实现合同目的”作为法理之基础，以“具体列举+概括规定”的方式对合同法定解除事由予以明文规定。值得注意的是，无论是原《合同法》第94条第2、3、4项，还是《民法典》第563条第1款第2、3、4项，均贯彻“合同严守原则”，在根本违约情形下，唯有非违约方才享有合同法定解除权，违约方不享有法定解除权。

然而在司法实践中，还存在合同确实难以为继、事实上也不可能实际履行等“合同僵局”情形，此时，违约方仅能援引《民法典》第580条第1款主张实际履行抗辩，[②] 但却无权请求解除合同；若非违约方拒绝行使合同法定解除权，将使得各方陷入合同履行不能之囹圄，导致双方权利义务失衡，亦违背了诚信和公平原则，有必要予以纠正。因此，自“新宇公司诉冯某梅商铺买卖合同纠纷案”以来，[③] 立法机关、司法机关及理论实务界广泛关注“合同僵局”下，如何破解僵局以及违约方解除合同请求权等问题。

（三）“合同僵局”时违约方的解除合同请求权

“合同僵局”并非严谨、明确的法律概念，主要是指合同在履行过程中出现了难以继续履行，或者事实上不可能实际履行，一方需要解除合同，另一方却拒绝解除合同之情形。这与《民法典》第533条第1款“情势变更”规定显然不同，[④] 不能适用“情势变更”的变更、解除合同请求权。

诚然，“合同僵局”情形的出现与原《合同法》的立法不周延有关；原《合同法》第94条赋予了非违约方合同法定解除权，但是该权利属于形成权，是否行使由非违约方决定，法律不宜干涉；此外，原《合同法》第110条虽然规定了违约方的实际履行抗辩事由，但是却没有规定履行不能时合同自动

---

① 原《合同法》第94条规定：“有下列情形之一的，当事人可以解除合同：（一）因不可抗力致使不能实现合同目的；（二）在履行期限届满之前，当事人一方明确表示或者以自己的行为表明不履行主要债务；（三）当事人一方迟延履行主要债务，经催告后在合理期限内仍未履行；（四）当事人一方迟延履行债务或者有其他违约行为致使不能实现合同目的；（五）法律规定的其他情形。”

② 《民法典》第580条第1款规定：“当事人一方不履行非金钱债务或者履行非金钱债务不符合约定的，对方可以要求履行，但是有下列情形之一的除外：（一）法律上或者事实上不能履行；（二）债务的标的不适于强制履行或者履行费用过高；（三）债权人在合理期限内未要求履行。”

③ 参见《新宇公司诉冯玉梅商铺买卖合同纠纷案》，载《最高人民法院公报》2006年第6期。

④ 《民法典》第533条第1款规定：“合同成立后，合同的基础条件发生了当事人在订立合同时无法预见的、不属于商业风险的重大变化，继续履行合同对于当事人一方明显不公平的，受不利影响的当事人可以与对方重新协商；在合理期限内协商不成的，当事人可以请求人民法院或者仲裁机构变更或者解除合同。”

消灭规则。[1] 因此，在合同难以为继、非违约方又拒绝解除合同的情形下，违约方便陷入合同履行不能，又无法从中脱身之囹圄，“合同僵局”由此而生。为回应实践需求，《民法典》第 580 条新增第 2 款，[2] 该条款在承继《民商事审判会议纪要》第 48 条的基础上，[3] 明确了“合同僵局”下的违约方可以向法院或仲裁机构请求解除合同；[4] 目的是解决实践中存在“合同僵局”问题，完善合同违约责任制度。[5] 学界认为，该条款不仅弥补了合同法定解除权的漏洞，也是我国《民法典》的重大变革和大胆创新。[6]

值得注意的是，违约方的解除合同请求权与非违约方的合同法定解除权全然不同。简言之，前者属于一项请求权，受诉讼时效限制，只能通过起诉或仲裁的方式行使，并由法院或仲裁机构予以评价，且评判的实质在于合同是否已陷入僵局之中，合同的解除时间由法院、仲裁机构确定；后者则属于一项形成权，受除斥期间限制，只要符合法定事由便可行使，可以以通知对方的方式行使，也可以通过起诉、仲裁的方式行使，合同的解除时间为对方收到解除通知之日，等等。此外，参照《民商事审判会议纪要》第 48 条规定，“合同僵局”的违约方解除合同请求权应当符合三个条件：一是违约方不

---

① 《德国民法典》《法国民法典》中均有关于合同永久履行不能的状态下合同应“自动”解除，给付义务当然发生消灭的规则。参见最高人民法院民法典贯彻实施工作领导小组主编：《中华人民共和国民法典合同编理解与适用》（二），人民法院出版社 2020 年版，第 741 页。

② 《民法典》第 580 条第 2 款规定：“有前款规定的除外情形之一，致使不能实现合同目的的，人民法院或者仲裁机构可以根据当事人的请求终止合同权利义务关系，但是不影响违约责任的承担。”

③ 《民商事审判会议纪要》第 48 条规定：“违约方不享有单方解除合同的权利。但是，在一些长期性合同如房屋租赁合同履行过程中，双方形成合同僵局，一概不允许违约方通过起诉的方式解除合同，有时对双方都不利。在此前提下，符合下列条件，违约方起诉请求解除合同的，人民法院依法予以支持：（1）违约方不存在恶意违约的情形；（2）违约方继续履行合同，对其显失公平；（3）守约方拒绝解除合同，违反诚实信用原则。人民法院判决解除合同的，违约方本应当承担的违约责任不能因解除合同而减少或者免除。”

④ 在《民法典》编纂过程中，该条款几经删增。《民法典合同编》（草案）（二次审议稿）曾在合同解除条款中增加第 3 款（第 353 条第 3 款）规定，“合同不能履行致使不能实现合同目的，有解除权的当事人不行使解除权，构成滥用权利对对方显失公平的，人民法院或者仲裁机构可以根据对方的请求解除合同，但是不影响违约责任的承担”。但争议较大，最终在《民法典合同编》（草案）（三次审议稿）中将该款删除。2020 年 5 月 22 日，《民法典（草案）》公布，前述二审稿中关于违约方解除合同的规定出现在违约责任章节第 580 条第 2 款，变动后的条文对违约方申请解除合同的要件进行了简化，删除了“解除”一词，并代之以“终止”。

⑤ 参见最高人民法院民法典贯彻实施工作领导小组主编：《中华人民共和国民法典合同编理解与适用》（二），人民法院出版社 2020 年版，第 736 页。

⑥ 参见石佳友、高郦梅：《违约方申请解除合同权：争议与回应》，载《比较法研究》2019 年第 6 期；王利明：《论合同僵局中违约方申请解约》，载《法学评论》2020 年第 1 期。

能存在主观恶意，以防止违约方恶意违约并解除合同，侵犯非违约方的合法权益，危害交易秩序和交易安全。二是违约方继续履行合同会显失公平。赋予违约方解除合同请求权是为了纠正当事人利益失衡现象，以期平衡权利义务关系，若不存在显失公平的情形，合同还应继续履行。三是非违约方拒绝解除合同违反了诚信原则。在合同无法履行的情况下，非违约方不愿行使合同法定解除权的目的在于索要高额赔偿，显然违背了诚信和公平原则，造成双方利益失衡，法律上有必要予以纠正。[①]

（四）“行政协议僵局”的行政机关单方解除行为

行政协议兼具“行政性”和“协议性”的双重特征。《行政诉讼法》第12条第1款第11项，[②] 将行政协议纠纷纳入行政诉讼受案范围；同时，第78条第1款确立了审理行政协议案件的基本规则，[③] 既要对行政机关行使优益权的履行、变更及解除协议行为进行合法性审查，亦要对行政机关履行协议进行合约性审查。《最高人民法院关于审理行政协议案件若干问题的规定》（以下简称《行政协议司法解释》）明确了“让行政的归行政，协议的归协议”的基本理念，[④] 该解释第27条规定了法律适用原则，[⑤] 即优先适用行政法律规范，并可参照民事法律规范。[⑥] 这就意味着，出现“行政协议僵局”情形时，行政机关可以参照“合同僵局”的解除法理作出单方解除行为；法院在审理该解除行为时，要参照适用《民法典》《民商事审判会议纪要》关于“合同

① 参见最高人民法院民事审判第二庭编著：《〈全国法院民商事审判工作会议纪要〉理解与适用》，人民法院出版社2019年版，第317～318页。

② 《行政诉讼法》第12条第1款第11项规定：“人民法院受理公民、法人或者其他组织提起的下列诉讼：……（十一）认为行政机关不依法履行、未按照约定履行或者违法变更、解除政府特许经营协议、土地房屋征收补偿协议等协议的……”

③ 《行政诉讼法》第78条第1款规定：“被告不依法履行、未按照约定履行或者违法变更、解除本法第十二条第一款第十一项规定的协议的，人民法院判决被告承担继续履行、采取补救措施或者赔偿损失等责任。”

④ “基于行政协议的不同阶段、行政机关不同的行为状态，司法解释最终借鉴了大陆法系国家的‘两阶段论’，确立了行政协议纠纷‘两分法’的思路。让行政的归行政，协议的归协议。突出行政协议纠纷的行政纠纷特点，适当参照民事合同纠纷处理方式。”参见梁凤云：《行政协议司法解释讲义》，人民法院出版社2020年版，自序第2～3页。

⑤ 《行政协议司法解释》第27条规定：“人民法院审理行政协议案件，应当适用行政诉讼法的规定；行政诉讼法没有规定的，参照适用民事诉讼法的规定。人民法院审理行政协议案件，可以参照适用民事法律规范关于民事合同的相关规定。”

⑥ “人民法院在审理行政协议案件时，在实体法方面，应当优先适用有关法律、法规或者规章的特别规定，没有特别规定的，适用合同法。”参见全国人大常委会法制工作委员会行政法室编著：《中华人民共和国行政诉讼法解读》，中国法制出版社2014年版，第45页。

僵局”的违约方解除合同请求权规定。

在司法实践中，并不乏“行政协议僵局”情形，多数情形下，行政机关会单方作出解除决定，解除已经陷入僵局之中的行政协议；虽然不失为解决“行政协议僵局”的办法，但是根据《行政协议司法解释》第16条第1款规定，[①] 只有在可能出现“严重损害国家利益、社会公共利益”时，行政机关才能基于行政优益权，行使单方解除权。可见，以“国家利益、社会公共利益”为正当事由的单方解除权，与“合同目的不能实现”的合同法定解除权、“情势变更”的变更解除合同请求权以及“合同僵局”下的解除合同请求权之间的性质、适用条件、法律效力等全然不同，要予以厘清。人民法院在审理“行政协议僵局”案件时，除适用《行政诉讼法》《行政协议司法解释》规定外，亦要参照《民法典》《民商事审判会议纪要》关于“合同僵局”的违约方解除合同请求权规定，全面审查行政协议的履行情况，双方的过错程度，评判协议是否处于僵局状态，最终依法评价履行诉请合理性及单方解除行为的合法性。

值得注意的是，“合同僵局”的违约方解除合同请求权需要通过提起诉讼、申请仲裁的方式行使，合同违约方处于本（反）诉原告的诉讼地位。而根据《行政诉讼法》的规定，行政机关不能作为原告提起行政诉讼，也不能在行政诉讼中提起反诉。因此，在“行政协议僵局”情形下，行政机关行使解除合同请求权存在诉讼制度障碍。对此，笔者认为不宜以诉讼制度障碍而否认“行政协议僵局”解除合同请求权的法理基础，实践中，应当允许并尊重行政机关作出单方解除行为，解除已经陷入僵局的行政协议。在单方解除行为作出后，可以在引起的履行协议、解除协议的行政诉讼中，对单方解除行为是否符合“行政协议僵局”解除合同请求权构成要求进行全面审查。

本案情形亦是如此，涉案的地质灾害综合整治及土地一级开发项目工程已经实质停滞多年，各方当事人对此均有过错。虽然各方曾多次协商、接洽，但均无实质性结果，现又相互推诿责任，经协调也无法化解各方矛盾，可见各方已经失去信任、互助和协作的意愿；涉案行政协议已陷入无法为继的“行政协议僵局”，为避免损失扩大，应当予以解除。故星华公司、鸥富公司要求继续履行协议的诉请，应不予支持；而商贸园区管委会的8号解除函的

---

① 《行政协议司法解释》第16条第1款规定：“在履行行政协议过程中，可能出现严重损害国家利益、社会公共利益的情形，被告作出变更、解除协议的行政行为后，原告请求撤销该行为，人民法院经审理认为该行为合法的，判决驳回原告诉讼请求；给原告造成损失的，判决被告予以补偿。”

解除事由，虽然没有事实和法律依据，但是解除的处理结果与“行政协议僵局”解除协议请求权行使的结果是一致的。此外，从实质解决行政争议的角度出发，也不宜撤销8号解除函，以避免引起新的行政诉讼。宣判后，各方当事人均服判息诉，不再就协议是否继续履行、是否予以解除等问题申请再审，而是在裁判指引下，就行政协议解除后的赔偿或补偿问题另案诉讼。

综上，行政机关基于行政优益权而享有的单方解除权，与“合同目的不能实现”的非违约方合同法定解除权、“合同僵局”的违约方请求解除合同权等不同，须予以厘清。在行政协议履行过程之中，若出现协议难以为继、或事实上不可能实际履行等“行政协议僵局”情形，为避免不必要损失，行政机关可依据“合同僵局”的解除之法理作出单方解除行为。人民法院在审理前述单方解除行为合法性时，应参照适用《民法典》《民商事审判会议纪要》关于“合同僵局”的违约方请求解除合同权规定，全面审查行政协议的履行情况，双方的过错程度，评判协议是否处于僵局状态，最终依法评价履行诉请合理性及单方解除行为的合法性。

（罗伊里，广西壮族自治区高级人民法院法官）

三、专家评析

行政协议兼具“行政性”和“协议性”双重特性，既区别于传统的行政命令、决定等单方行政行为便可产生的行政法律关系，亦不同于平等民事主体间因意思自治所形成的债之关系。所以，行政协议纠纷属于民事诉讼受案范围，还是通过行政诉讼予以调整，历来存在较大的争议。2020年1月，《行政协议司法解释》正式施行，确立了“让行政的归行政，协议的归协议”的基本理念，即在行政协议案件中，既要坚持对行政机关行使优益权行为的合法性审查，确保行政机关“法无授权不可为”原则的坚决落实；也要参照适用民事法律规范对行政机关的履约行为进行合约性审查，确保国家利益、社会公共利益和个人合法权益的平衡。但是，行政协议性质仍过于特殊，无法完全适用民事合同的法理和规则。因此，审理行政协议案件时，仍有待司法实务进一步探索、挖掘、厘清。本案裁判针对行政协议出现僵局的情形，引入民事“合同僵局”的基本法理和处理规则进行了有益探索。

“合同僵局”，是指合同在履行过程中出现了难以继续履行或事实上不可能实际履行，一方需要解除合同，另一方却拒绝解除合同之情形。在此情形下，若一概不赋予合同违约方解除合同的权利，不仅导致合同难以继续履行，也会进一步损害合同双方权益，长此以往不利于交易秩序。因此，需要赋予违约方请求解除合同的权利，即“合同僵局”时违约方的解除合同请求权。《民法典》新增第 580 条第 2 款，以立法形式赋予违约方请求解除合同的权利，即“合同僵局”时违约方的解除合同请求权。

在司法实务中，并不乏行政协议难以为继的情形，行政机关在单方解除协议后，法院一般会援引行政优益权法理去审理和解释前述的单方解除协议行政行为。但值得注意的是，《行政协议司法解释》第 16 条第 1 款规定，已经将行政优益权的行使限制为“严重损害国家利益、社会公共利益的情形”。换言之，并非所有行政协议难以为继的情形，都会涉及“国家利益、社会公共利益”；即便涉及“国家利益、社会公共利益”，也并非达到了“严重”损害程度。因此，在行政协议难以为继，但又不涉及或不“严重”损害“国家利益、社会公共利益”时，法院是不能随意援引行政优益权规则的。否则，会在行政诉讼中盲目地扩张“国家利益”和“社会公共利益”概念，放大了行政优益权的适用范围，造成司法的不稳定性。鉴于此，参照适用民事合同法律规范，援引“合同僵局”法理和规则，让已陷入“僵局”的行政协议不再继续履行，使行政机关和行政相对人从“行政协议僵局”解脱，极为重要，也十分必要。

本案在行政诉讼中首引“合同僵局”法理，提出了“行政协议僵局”概念，并对陷入僵局的行政协议提出了处理规则，具有十分重要的实践意义，故向司法实务同仁予以推荐，仅供参考。

（点评人：梁炳扬，广西壮族自治区高级人民法院审判委员会专职委员、全区法院审判业务专家）

（2020）桂行终 838 号裁判文书原文

44. 漳州市福景房地产开发有限公司诉漳州市芗城区人民政府单方解除片区开发合作行政协议案*

【关键词】

行政协议　单方解除　根本违约　确认违法

【裁判要旨】

行政机关单方解除行政协议不符合法定或约定的解除条件，且未依法履行必要的告知义务，未保障相对人陈述、申辩等程序性权利，根据《行政诉讼法》第70条之规定，依法应予撤销。

但是，如果客观上已不具备继续履行的条件，判决撤销行政机关作出的解除行政协议的行为并责令行政机关重新作出处理已没有实际意义。应当判决确认行政机关作出解除行政协议的行为违法。对解除行政协议给相对人造成损失的，行政机关应当采取补救措施或赔偿损失。

一、简要案情

2005年5月8日，漳州市福景房地产开发有限公司（以下简称福景公司）与漳州市芗城区人民政府（以下简称芗城区政府）签订《漳州市丹霞路南段片区开发合作协议书》（以下简称《合作协议书》）。双方对权利义务、利益分配、违约责任进行了详细约定。此后，双方又分别于2006年1月6日、9月30日，签订了《补充协议一》和《补充协议二》。福景公司在完成《合作协议书》中A地块的前期开发工作后，该A地块进入土地一级市场进行交易，福景公司竞得该地块的土地建设用地使用权。2018年10月26日，福景公司与芗城区政府对福景公司在丹霞路南段片区开发项目中所投入的综合成本进行了核算，形成了《成本核算确认书》，确认福景公司在丹霞路南段片区前期开发中投入的综合成本、芗城区政府应支付的违约利息等内容。2019年4月21日，芗城区政府向福景公司发出《关于〈漳州市丹霞路南段片区开发

* （2021）闽行终589号。

合作协议书〉相关事宜的回复函》，以福景公司因未完成建设总投资，拖延履行应承担的拆迁安置费的投资义务已构成根本违约为由，告知自福景公司收到该函之日起《合作协议书》正式解除。2019 年 5 月 27 日，福景公司以芗城区政府单方解除《合作协议书》没有事实和法律依据为由提起本案诉讼，请求：(1) 依法判决确认芗城区政府作出的解除《合作协议书》的行政行为无效。(2) 请求依法判决芗城区政府继续履行《合作协议书》。

一审法院认为，芗城区政府通知福景公司解除本案《合作协议书》的行政行为，因芗城区政府具有签订本案《合作协议书》的行政主体资格，并依法有权作出与本案《合作协议书》有关的行政行为，故不存在重大且明显违法的情形，依法不应确认为无效。但芗城区政府通知福景公司解除本案《合作协议书》的行政行为，主要证据不足、适用法律、法规错误，依法应予撤销。芗城区政府应对福景公司提出的关于继续履行本案《合作协议书》的请求区分案涉 B 地块的客观情况依法重新作出处理。判决：一、撤销被告芗城区政府于 2019 年 4 月 21 日作出的解除《漳州市丹霞路南段片区开发合作协议书》的通知；二、被告芗城区政府应对原告福景公司提出的关于继续履行《漳州市丹霞路南段片区开发合作协议书》的请求依法重新作出处理；三、驳回原告福景公司的其他诉讼请求。案件受理费 50 元，由被告芗城区政府负担。

福景公司与芗城区政府均不服一审判决，提起上诉。福景公司认为，原审认定芗城区政府解除协议缺乏事实和法律依据，也就足以证明芗城区政府解除协议存在重大违法情形，应确认该行为无效。芗城区政府认为，福景公司已构成根本违约，其已丧失继续履行合作协议的能力，且《合作协议书》客观上已不具备继续履行的条件。

二审在分析双方当事人签订的各份协议、实际履行情况的基础上，通过分析芗城区政府是否有法定职权，福景公司是否构成根本违约，芗城区政府是否在法律规定或者当事人约定的解除期限内行使单方解除权，芗城区政府作为违约方是否有权解除合同等，认定芗城区政府解除案涉《合作协议书》，没有相应的事实和法律依据，且超过行使解除权的合理期限。认定芗城区政府具有签订《合作协议书》的行政主体资格，其单方解除《合作协议书》，虽不符合原《合同法》规定的解除条件，但不存在重大且明显违法的情形，依法不应确认为无效。但芗城区政府作出通知福景公司解除《合作协议书》的行为，主要证据不足，且未依法履行必要的告知义务，未保证福景公司的陈述、申辩等程序权利，根据《行政诉讼法》第70条之规定，依法应予撤销。因《合作协议书》客观上已不具备继续履行的条件，合同目的已无法实现，故一审判决撤销芗城区政府作出的解除《合作协议书》并对福景公司提出的关于继续履行的请求依法重新作出处理已没有实际意义。根据《行政诉讼法》第74条之规定，二审确认芗城区政府作出的解除案涉《合作协议书》的行为违法。相对人关于继续履行行政协议的诉请，客观上无法支持，对解除行政协议给相对人造成的损失，行政机关应当采取补救措施或赔偿损失。二审判决：一、撤销泉州市中级人民法院（2021）闽05行初1号行政判决；二、确认上诉人芗城区政府于2019年4月21日作出的解除《漳州市丹霞路南段片区开发合作协议书》的通知的行为违法；三、上诉人芗城区政府应对解除《漳州市丹霞路南段片区开发合作协议书》采取相应的补救措施；四、驳回上诉人福景公司的其他诉讼请求。二审案件受理费50元，由上诉人芗城区政府负担。

二、撰写心得

法谚有云："法官是会说话的法律。"法官的能力不仅体现在公正裁判，也体现在精确的法律诠释。一篇好的裁判文书，需要将法律与文学有机融合，既要有深厚的法学理论功底，言之有理、言之有据、言之有物，又要注重结构严谨、逻辑清晰、表达精准，读来如行云流水，读完令人信服。法官应当把裁判文书当作一件艺术品，细细打磨，"运用之妙，存乎一心"。行政协议案件之审理和裁判文书的写作，主审法官主要考虑以下三点。

（一）在公法上的监管行为与私法上的契约自由之间找到平衡点

行政协议兼具行政性与合同性，对行政协议进行司法审查应当兼顾行政性与协议性的总体思路，优先适用行政法律规范，在行政法律规范对行政协议的订立、履行没有规定时，适用相关民事法律规范。行政协议是一项制度创新，人民法院对行政协议案件的审理，有助于改善营商环境，有助于推动社会主义市场经济更有效率、更加公平、更可持续发展。同时对行政法官也提出了更高的要求，既要熟练掌握行政法律规范，亦要熟练掌握民事法律规范。倘若对其中某个领域一知半解，或对法律条文首尾难顾，司法审查则容易陷入审查逻辑单一、审查内容片面、裁判理据不充分的困境。主审法官首先适用《最高人民法院关于审理行协议案件若干问题的规定》第11条规定，对芗城区政府解除行政协议的行为是否具有法定职权、是否滥用职权、适用法律法规是否正确、解除行政协议的程序是否符合法定程序及正当程序原则、是否明显不当等进行合法性审查，并在合法性审查的基础上，依照行政诉讼法规定的裁判方式，确认被诉解除行政协议的行为违法，并判决行政机关采取补救措施。需要注意的是，行政优益权中的解除权与合同法上的解除权可能存在竞合。本案中，芗城区政府是以福景公司根本违约为由，行使合同法上的法定解除权，而不是以国家利益、社会公共利益为由，行使行政优益权中的解除权。因此，在审查中，应适用原《合同法》第 94 条、第 95 条，审查行政机关解除行政协议是否有相应事实根据，相关证据是否确凿、充分，福景公司是否构成根本违约，行政机关是否在合理期限内行使解除权等。

（二）在维护国家利益、社会公共利益和保护个人利益之间找到平衡点

行政协议的缔结、履行通常与实现公共利益密切相关，其目标在于既充分调动市场主体及社会主体的积极性，又始终确保公共利益能够得到持续且恰当的维护。行政协议司法审查考验行政法官衡平公共利益和个人利益的能力，既要坚持公益优先原则，不得损害国家利益、社会公共利益，又要注重对相对人私益的保护，遵循诚实信用、合同自由、信赖保护原则。既要维护行政行为的安定性，保证行政行为的稳定性、可预期性，防止引发社会秩序混乱，又要均衡行政机关与相对人之间的权利义务，对被诉行政行为造成相对人损失的，判决行政机关采取补救措施、给予公平合理赔偿。本案中，由福景公司负责进行前期投资开发的 B 地块，已公开出让拍卖，案涉行政协议客观上履行不能、合同目的无法实现。福景公司在履行案涉行政协议过程中，所投入的成本，应作为其损失予以考量。对此，芗城区政府亦出具《成本核算确认书》，确认了福景公司前期投入的成本。主审人考虑客观实际情况，判决确认芗城区政府作出的解除案涉行政协议的行为违法，并判决芗城区政府采取补救措施（同时函告芗城区政府，尽快完成涉案地块的结算工作应是补救措施的重要一环），对福景公司的合法权益进行了充分的救济与保护，有利于行政争议实质化解。此外，保留芗城区政府解除案件行政协议的效力，避免对国家利益、社会公共利益、第三人利益造成重大损害。

（三）在法律规定和个案具体适用中找到平衡点

每个案件也许看似相似，其实都有自己的特点，案件审理和裁判文书制作，应当结合个案案情，正确适用法律，解决实践问题。本案中，《行政诉讼法》第 70 条第 1、2 项规定，行政行为有主要证据不足、适用法律、法规错误的，人民法院判决撤销或者部分撤销，并可以判决被告重新作出行政行为。

一审法院认为，芗城区政府通知福景公司解除本案《合作协议书》的行政行为，主要证据不足、适用法律、法规错误，依法应予撤销。芗城区政府应对福景公司提出的关于继续履行本案《合作协议书》的请求区分案涉B地块的客观情况依法重新作出处理。主审人考虑到案涉行政协议客观上履行不能、合同目的无法实现，且二审中福景公司亦表示同意解除案涉行政协议，此时，判决撤销芗城区政府作出的解除案涉行政协议的行为并责令芗城区政府重新作出处理已没有实际意义，程序空转只会平添当事人诉累，浪费行政资源和司法资源。主审人根据《行政诉讼法》第74条，判决确认被诉行政行为违法，对一审适用撤销判决予以纠正。虽然双方当事人在二审中均同意解除案涉行政协议，但由于福景公司一审诉讼请求为确认芗城区政府解除案涉行政协议的行为无效，对其因解除案涉行政协议造成的损失未予主张及提供证据，考虑到本案已发回重审过，无法通过发回重审释明福景公司变更诉讼请求后再行审理，故主审人判决确认芗城区政府作出的解除案涉行政协议的行为违法，并判决芗城区政府采取补救措施，同时释明福景公司，对于解除案涉行政协议造成的损失，可另行起诉，符合客观情况，判决方式恰当。

（覃丹，福建省高级人民法院法官）

三、专家评析

本案是履行行政协议过程中产生的纠纷。行政协议具有行政性和合同性双重属性，涉及行、民交叉，因此审理行政协议案件的难点在于既要准确把握行政协议的行政性，对行政机关解除行政协议的行为是否具有法定职权、是否滥用职权、适用法律法规是否正确、是否遵守法定程序、是否明显不当进行合法性审查；又要准确适用民事法律规范，注重民法中的意思自治、诚信、公平原则的运用。

该裁判文书结构严谨、逻辑缜密、理据充分、行文流畅。在审查福景公司是否构成违约，芗城区政府单方解除案涉行政协议是否合法问题上，该裁判文书能够把握住案件的争议焦点，根据《最高人民法院关于审理行协议案件若干问题的规定》，参照原《合同法》进行审查分析，对双方当事人的上诉意见及答辩意见归纳全面，并从多个维度层层论证、一一回应，说理透彻，结论令人信服。

该裁判文书就行政协议客观上履行不能、合同目的无法实现情况下的裁判方式树立了裁判典范。福景公司一审诉讼请求为判决确认被诉行政行为无效。虽然芗城区政府单方行使合同解除权不符合原《合同法》规定的解除条件，但不存在没有法律依据等重大且明显违法情形，依法不应确认为无效。因案涉行政协议客观上已不具备继续履行的条件，判决撤销芗城区政府作出的解除案涉行政协议的行为并责令芗城区政府重新作出处理已无实际意义。该裁判文书考虑客观实际情况，判决确认芗城区政府作出的解除案涉行政协议的行为违法，对一审适用撤销判决予以纠正，同时保留了芗城区政府解除案件行政协议的效力，避免浪费行政资源和司法资源，造成福景公司诉累，有利于行政争议的实质性解决。

该裁判文书准确把握行政协议与公共利益密切相关特点，注重衡平公共利益和个人利益，在保障公共利益优先前提下，尽量保护个人利益，防止个人合法权益不合理减损。由福景公司负责进行前期投资开发的 B 地块，已公开出让拍卖，如果要求芗城区政府继续履行案涉行政协议，无疑对国家利益、社会公共利益、第三人利益都将造成重大损害。故本案确认芗城区政府解除案涉行政协议的行为违法，但不予撤销，并判决芗城区政府采取补救措施，对于解除案涉行政协议造成的损失，释明福景公司可另诉，符合客观情况，也对福景公司的合法权益进行了充分的救济与保护。

总体来说，在行政诉讼实质性解决争议理念不断兴起的当下，该案裁判方式为行政协议争议的及时有效化解，提供了典范。

（点评人：章志远，教育部青年长江学者，华东政法大学二级教授）

（2021）闽行终 589 号裁判文书原文

第六章　行政补偿

45. 宋某来与乌鲁木齐市米东区人民政府等行政补偿案*

【关键词】

集体土地征收补偿　判决类型适用　流转土地承包经营权

【裁判要旨】

适用履行判决还是给付判决，二者如何取舍从本质看是司法权与行政权如何行使的问题。行政机关优先处理权与司法机关监督救济权的选择，应当从更有利于当事人权益保障的角度出发，结合案件实际情况，判断争议案件是否具备司法裁决的条件。如果司法仅机械、消极、被动处理矛盾，亦会浪费行政与司法资源。

一、简要案情

卧龙岗村村委会研究决定对外承包卧龙岗村黄渠东集体所有的案涉土地。宋某来系乌鲁木齐市米东区羊毛工镇卧龙岗村农民，2003 年 3 月 10 日，与卧龙岗村村委会签订《承包合同》，承包案涉土地并取得米东区林业局颁发的米林证字（2003）第 032 号林权证，林权证载明土地所有权权利人为集体，林地使用权、林木所有权人为宋某来，林地面积 363 亩，林地使用期 30 年。2017 年 7 月 13 日，羊毛工镇人民政府出具《关于解决西延干渠引水渠系配套工程征地问题的答复》载明："卧龙岗村村民宋某来：西延干渠引水渠系配套工程项目于 2015 年 9 月开工，10 月修到宋某来所承包的耕地段，由于该项目为自治区重点工程，工期较紧，经镇政府与宋某来协商，对于所征用的地会按照有关法律及条文规定进行合理补偿……现镇政府承诺会根据新国土资发

* （2021）新行终 84 号。

〔2009〕131 号文件、乌政办〔2011〕272 号文件、新计价房〔2011〕500 号文件及米东区征收管理办公室对以上文件的解释等相关规定，在 15 个工作日内给出解决西延干渠引水渠系配套工程征地问题补偿协议及相关说明，并以合法的方式将补偿协议及现场认定书交给宋某来，希望宋某来能在 5 个工作日内给予签字认定。政府一定会按照所承诺的内容给予补偿。”因羊毛工镇人民政府并未实际履行该答复，故宋某来分别向米东区人民政府及羊毛工镇人民政府邮寄履行安置职责申请书，米东区人民政府及羊毛工镇人民政府均未答复。

宋某来遂将米东区人民政府及羊毛工镇人民政府诉至新疆维吾尔自治区乌鲁木齐市中级人民法院，请求人民法院判令被告履行补偿安置职责。

一审法院判决责令乌鲁木齐市米东区羊毛工镇人民政府于本判决发生法律效力之日起 60 日内针对宋某来林作出安置补偿决定。

宋某来不服，遂上诉至新疆维吾尔自治区高级人民法院。

二审法院认为，米东区人民政府作为本案涉案土地的补偿安置义务主体，委托羊毛工镇人民政府实施具体安置补偿工作，但不能因此认定羊毛工镇人民政府据此取得了独立实施补偿安置的行政主体资格，亦不能因此免除米东区人民政府法定的安置补偿义务。案件现有证据满足直接进行裁判的条件，基于宋某来诉讼请求为要求支付补偿款的金钱给付类请求，且本案满足直接进行司法判断的条件，应当适用给付类判决对补偿数额直接进行裁判，更有利于保障当事人的合法权益。二审法院判决撤销原审判决，责令米东区人民政府向上诉人宋某来支付地上附着物、青苗补偿费及利息损失 966 004.5 元。

二、撰写心得

如何才能撰写出优秀裁判文书？笔者反复问自己，也不知从何处落笔，才既能借此与自身对话，又能将过往浅浅的经验与感悟分享给未来更年轻的新任法官。一直没有找到更合适的方式来总结怎样才能撰写出优秀裁判文书，直到读了李广宇法官的《裁判是怎样写成的》，同为行政审判的法官，对书中提到的“对话式裁判文书”产生共鸣。

（一）与自己对话，过内心良知这一关

裁判文书体现了法官办案思路，也是自我说服的过程。诉讼双方的立场对立，要想说服当事人，首先要说服自己。在撰写文书时，对于证据的认定，各方观点的采纳，应当自问采纳的理由是否足以说服自己内心，判决结论是

否体现了自己内心真实的判断。法官办理案件是日复一日的工作，而面对的却是别人的人生。特别是行政审判的法官，要坚持行政审判的立场，时刻谨记在法治国家的实现道路上，审判权的行使关系着社会治理、当事人的命运和荣辱，每一份行政裁判文书都是镶嵌在整个法治社会治理大机器内部的螺丝，都承载着法官对法治理想的不懈追求，面对裁判权，要始终心存敬畏，要对得起自己的良知。细微处锲而不舍地反复推敲、斟酌，即使这种反复在文书中不会被人轻易看见，但我们自己会看见，以工匠精神去认真对待每一个案件，真诚地还原案件真相，充分阐释适用法律规范。对于所阐述的观点得出的结论，扪心自问，这是你内心看到的真相吗？这是你一直追求的正义吗？这是你一直坚守的理想吗？如果得到的都是肯定答案，那么无论是否有缜密的逻辑思维、精准的叙述、生动的文字表达做加持，这个裁判文书都是能让自己信服和满意的，在裁判文书撰写过程中也会体会到公正司法的神圣和乐趣，但行前路，无问西东。

（二）与当事人对话，过定分止争这一关

诉讼始终都是在对话中展开的。当事人私下对话已无可能，需要法院为他们提供理性对话的平台。庭审中当事人罗列证据针锋相对，充分地发表自己意见的同时，更想听听法官怎么说。但法官并不经常参与到这场对话中，在庭审中扮演的更多是聆听者的角色，庭审是当事人的陈述，裁判文书则是法官的回应。在草拟法律文书时，法官开始复盘庭审过程，置身于当事人的观点对面，展开一场与当事人的对话，针对双方主张进行全面有效的回应。首先根据双方提供的证据运用证据规则最大限度地还原真相，对案件重要细节展现出应有的关注，对当事人争议较大的主张一一作出回应，坚决避免因论述过程烦琐复杂等原因选择忽略或简略。其次阐述逻辑推理的过程，层次清晰，说理透彻，深入浅出，阐明事理与释明法理并重，通过层层递进的论述最终使结论的呈现水到渠成，使当事人看清楚、想明白查明事实和得出结论的过程，赢得明白、输得清楚，胜败皆服。裁判文书的论理部分能充分体现法官对案情的理解、对法律的认识、对法理的掌握，是文书的精髓，也是法官专业素养的体现。写作时不仅要站在裁判者的立场对是非对错取舍衡量，还需要站在当事人视角对判决的内容加以审视，不断修正和完善论述的方向，调整措辞和语句结构，让文书经得起双方当事人严苛的评判。同时提醒自己保持宽容，认定事实避免先入为主出现情绪化的描述，释法说理应当避免使用主观臆断和具有感情色彩的措辞。裁判文书的最终受众是当事人，应尽量使用通俗易懂的法言法语来阐述深奥复杂的法律，以提升司法裁判在当事人心中的接受程度。

（三）与上下级法院对话，过监督指导这一关

上下级法院的监督指导，在很大程度上体现在裁判文书上。二审法院定分止争的终审审级职能，对于一审存在的认定事实不清、适用法律不当等问题，为了减轻当事人的诉累，应发挥二审终审的作用，通过二审改判予以纠正。同一区域内的同类案件，生效的二审裁判文书有规范与指引功能，因此改判理由要基层法官能够理解和接受。比如，本案中米东区人民政府已经充分表达其对涉案事务的处理结果，可以预判行政机关的最终决定，与相对人诉求差距较大，要求其进一步进行行政处理，明显浪费行政资源和司法资源，增加当事人诉累。一审法院适用履行判决要求行政机关限期作出补偿决定的判决虽不为错，但明显是以技术性手段回避作出认定和裁判，导致争议久拖不决陷入循环诉讼，从保障当事人权益的角度考虑，二审予以了纠正。在撰写文书时，向一审法官清晰地表达改判理由，裁判的目的是处理矛盾、解决纠纷，不能也不应该回避矛盾，裁判应当有态度，及时做决断，肯于和敢于发挥法院的司法担当。同时也向再审法官述明自己的思路理由，希望得到认同，避免判决在后续审判程序中被改判或发回。二审法院的裁判文书，既要监督指导基层法院办案，也要接受上级法院的监督指导，这种监督指导，必须上下兼顾。

（四）与社会阅读者对话，过社会舆论监督这一关

一篇裁判文书的读者不是只限于当事人，更多的读者是社会大众。社会大众最直观的司法感受源于裁判文书，他们会以旁观者的身份，以自己的生活阅历来解读裁判文书。这种社会大众对判决的围观与解读，是全民检阅式监督，意味着裁判文书的说理，也需要说服社会大众。裁判文书与大众对话，在于向外界解释说明判决是规范合理的，进而使公众信服并感到满意。社会公众虽未掌握专业法律知识，但对案件事实层面的认知却更符合常情常理。在裁判文书中，审判人员对案件事实作出的“专业认定”，与社会公众根据生活习惯、道德标准得出的认知，出现明显偏离是大众所不能接受的，将直接导致社会公众对司法公平公正产生质疑，因此法官在认定事实时，只有尊重常识、常理和常情，才能有更多人愿意读、读得懂、有共情，从而提高裁判的可接受性。凝练生动、情理兼容的裁判文书，会让更多的大众参与到关于正义、真理的对话中，才能体现裁判文书的教育指引作用，公民理性才能在对话的过程中逐步被培育，实现法律效果和社会效果的有机统一。裁判文书正在被社会大众对判决的围观与解读，意识到这一点，责任与担当油然而生，撰写文书时会更加严谨慎言。

法律的权威来自社会认同，社会认同取决于公正的司法裁判。一篇好的裁判文书承载着法官对法律的理解、对审判权的敬畏、对正义和良知的追逐，记录了法律人的信仰与情怀，勾画着法治社会的应然样貌。在落笔下判前，内心不妨先面对不同主体展开对话，在对话的过程中，突破不同主体设置的不同关卡，通关过卡，落笔成文，水到渠成。

（张玉，新疆维吾尔自治区高级人民法院法官）

三、专家评析

新疆维吾尔自治区高级人民法院所作的“宋某来诉乌鲁木齐市米东区人民政府等土地征收补偿案”二审行政判决书焦点明确、适法准确、说理清晰，在多个问题上的解释具有创新性和示范性，充分体现了实质性解决行政纠纷的宗旨，确为一篇不可多见的优秀判决文书。

（一）二审判决审查重点清晰，监督职能到位

二审法院对被诉行为和一审判决的合法性作了全面审查，但不拘泥于条条框框、说理追求面面俱到，而是敏锐抓住案件的关键问题，清楚归纳案件的争议焦点。判决书先是阐述受案范围和起诉期限两个起诉条件问题，接着讨论补偿义务主体和判决方式的运用，最后一一阐述补偿数额认定的有关问题。整个理由说明层次清楚，针对性、逻辑性强，周详、透彻又不失简练。二审文书对一审裁判中的不当之处一一予以指正，不回避矛盾，充分发挥了高级人民法院的审判监督职能。

（二）二审判决在多个问题上的理解适用具有创新和启示意义

例如，在起诉期限问题上，二审判决没有机械套用司法解释的相关条文，而是认为履行安置补偿职责是征收人的法定义务，该义务具有持续负担的性质，不因行政机关怠于履行而消灭。又如，在责令履行判决和给付判决的选择上，一语中的地指出了两种判决方式取舍的实质是司法权与行政权的关系问题，在必要时司法机关可以直接对补偿数额进行裁判，而无须行政首先处理。再如，在回应原告诉请的补偿数额认定上，也活用行政诉讼特有的举证责任规则进行事实认定。这些裁判立场和理由说明展现了法官娴熟的裁判技艺，以及通过个案明晰规则、发展法律的鲜明意识，对于此后相似问题的处理有很好的借鉴作用。

（三）二审判决充分体现了实质性解决行政纠纷的宗旨

本案一审、二审法院均坚持受理并作实体裁判；二审判决更是未满足于笼统的履责要求，而是在适用法律、作出判决时积极能动，充分考虑当事人的实质诉请和权益保护的需要，做到诉判一致、“一锤定音”。该案圆满体现了行政诉讼监督行政、保护权益、解决争议三大立法目的的协调统一，是通过判决实质性解决行政争议的成功范例。

本案判决文书可能的改进之处有如下两个方面：

一是在说理方面，个别地方尚可进一步紧扣法律条文和法律原则，强化说理的正当性。以本案关键的被告适格问题为例。既有判决中，法官适法正确，明确指出了米东区人民政府与羊毛工镇人民政府之间是委托关系，纠正了一审的认识错误，但对为何二者间是行政委托关系论证略显欠缺。行政诉讼中的被告适格问题，涉及对独立承担行政责任主体的判断，需要充分考虑职权法定原则，职权对应义务与责任。《最高人民法院关于适用〈中华人民共和国行政诉讼法〉的解释》第 20 条第 3 款规定：“没有法律、法规或者规章规定，行政机关授权其内设机构、派出机构或者其他组织行使行政职权的，属于行政诉讼法第二十六条规定的委托。当事人不服提起诉讼的，应当以该行政机关为被告。”这一条文是目前判断委托关系和授权关系的主要依据，但于本案情形并非严丝合缝。如能援用司法解释条文并结合职权法定原则进行阐述，可能有利于增强判决的论证效果。

二是在写作层面，裁判文书是法官与原告、行政机关以及下级法院对话、交流的载体，良好的排版可以增强文书可读性，更好发挥对话、交流的效果。本案判决在写作时已具有充分的交流意识，几个部分之间也通过分段作了比较清晰的区别。如能根据说理的逻辑层次进一步分段，重要标题（如理由说明中的四个争议焦点）单独成行，个别长句予以拆分，可进一步提升裁判文书的可读性。

（点评人：何海波，清华大学法学院教授、博士生导师）

（2021）新行终 84 号裁判文书原文

46. 欧某金、赵某蓖与三亚市天涯区人民政府集体土地征收补偿安置案*

【关键词】

集体组织成员资格　离婚　补偿安置

【裁判要旨】

确定农村集体经济组织成员资格，一般应考虑是否以该集体经济组织的土地为基本生活保障，是否与该集体经济组织形成较为固定的生产生活关系，并兼顾户籍登记等问题，避免出现“两头占”（在出嫁地和嫁入地均享有成员资格）或者“两头空”（在出嫁地和嫁入地均不享有成员资格）的情况发生。离婚并非农村集体经济组织成员资格丧失的法定条件，入嫁媳妇离婚后户口未迁出，仍然在原夫家所在地居住生活的，并不丧失所在村村集体组织成员资格，只要继续履行村民义务，就应当享有与该村村民同等的权利。

一、简要案情

2007 年 5 月 11 日，欧某金与海坡村村民委员会第三村民小组（以下简称海坡三小组）原籍村民王某虎登记结婚。2011 年 6 月 22 日，欧某金户籍迁入海坡三小组 7 号户内。2013 年 12 月 4 日，欧某金与王某虎因感情不和离婚。此后，欧某金的户籍仍登记在王某寿为户主的家庭户口上。2016 年 1 月 20 日，欧某金与江西省丰城市白土镇白土村村民赵某龙登记结婚，婚后于 2017 年 12 月 9 日生育一子赵某蓖。赵某蓖出生后，户籍随其母亲欧某金落入海坡三小组 7 号户内。

2018 年 9 月 1 日，白土村村民委员会（以下简称白土村委会）出具《证明》，证实赵某龙、欧某金婚后一直居住生活在芒果村，未在白土村居住生活；欧某金、赵某蓖户籍一直在芒果村，不是白土村集体经济组织成员，在白土村未分配到承包地和土地补偿款，在该村从未享受过任何征收补偿权利。

* （2020）琼行终 194 号。

2018年9月4日，海坡三小组出具《证明》，载明：欧某金与赵某莀户籍均属海坡三小组，履行集体经济组织成员义务，享有权利和福利待遇，系该组集体经济组织成员。

2017年8月28日，三亚市天涯区人民政府（以下简称天涯区政府）作出254号通知并印发254号补偿安置方案。该方案第5条第1款规定，第三类上门女婿和入嫁媳妇：(1) 在本方案批准发布之日前，办理婚姻登记手续并落户在海坡村村民委员会（以下简称海坡村委会）西瓜村、芒果村，羊栏村村民委员会（以下简称羊栏村委会），具有海坡村委会西瓜村、芒果村，羊栏村委会集体经济组织成员资格，享受集体福利（分红）待遇，包含生活在海坡村委会西瓜村、芒果村，羊栏村委会的人员及其户籍在册子女（含因服兵役和在读大、中专学生等户籍临时外迁者）。(2) 以本方案批准发布之日为截止日，之前怀孕（以医院出具的妊娠证明为依据），并在本方案批准发布之后正常出生的婴儿，经海坡村委会、羊栏村委会、羊新居委会核实后按不同人员类型的相关补偿标准分别执行；其中，在签约时已经出生的婴儿，在补偿时按照其父母的补偿类型及补偿标准执行，在签约时未出生的婴儿，在其出生时，按照其人员类型进行一次性货币补偿；自本方案批准发布之日起10个月后出生的婴儿，不再认定为安置对象。

2019年1月18日，小山村村民委员会出具《证明》，证实欧某金于2005年10月与王某虎结婚，户籍已迁出该村委会，不再享有该村委会集体福利经济成员资格，不再享受集体福利分红待遇。

因三亚市天涯区棚户区改造工作领导小组办公室未将欧某金及赵某莀列为棚改项目征收补偿安置对象，欧某金、赵某莀遂向海南省三亚市中级人民法院提起行政诉讼，要求天涯区政府按254号补偿安置方案中第一至五类安置人员的安置补偿标准对其安置补偿。一审法院判决天涯区政府按254号补偿安置方案规定的第一至五类补偿安置对象的补偿安置标准，给予欧某金、赵某莀补偿安置。

天涯区政府不服，向海南省高级人民法院提起上诉。二审法院判决驳回上诉，维持原判。

二、撰写心得

行政裁判文书是法院行政审判全部审理活动的对外文字反映，是司法审查过程及处理结果的载体，是裁判的物质外壳。行政裁判文书制作过程应当是法官思考、梳理和解释的过程。在每件行政案件的裁判文书写作当中，要思考写作的目的、实现裁判文书的价值，梳理行政案件的法律事实。要使判决理由成为法律规则与案件事实的连接点，体现法官对于被诉行政行为进行合法性审查的全案思维过程。

一般来说，行政裁判文书制作中要围绕争议焦点，将案件的法律事实及相对应的证据叙述清楚，根据证据规则判断证据与待证事实的逻辑关系。首先，要把各方当事人的主要观点和理由以及举证情况表达清楚、完整，注意对当事人诉讼请求的变更进行陈述，在保护当事人诉讼权利的同时，使各方当事人的诉讼争点“一目了然”。其次，事实和理由部分要结合合法性审查原则，围绕有争议的焦点问题进行重点分析、认定，保持事实、理由和判决结果的一致性。这样，裁判文书就具有了对话性和论证性的综合色彩，在事理和法理方面有翔实的内容。

从裁判文书的各组成部分来看，裁判理由应当是裁判文书制作的核心。裁判理由应当以解读法律本意、阐明法律精神并将现有法律条文与案件事实相对应、证明法律对个案的可适用性为主要任务。在法理分析中，要对行政案件的法律原理作一般性的介绍，概括地说明法律的基本原则和基本内容。根据不同的事实要素逐一阐述道理，运用法律、法理进行衡量。裁判理由的主要内容是法律分析，一般包括以下两个方面的内容：

一是对法律条文的分析解释。裁判文书说理的重要性已经被每个法官所重视，但是有时因为知识结构或自身水平等，往往说理不能尽如人意。司法判决应当有深刻的法理论证，法官裁判案件就是要将成文法运用到具体的事实当中去，将抽象的法条和具体的事实联系在一起，但是一个或某几个法条为什么能够适用于特定的案件，这就需要法官在判决书中作出合理的说明。比如，本案二审判决在论证离婚妇女的权益保障方面，就直接引用了相关法律条文：“《中华人民共和国妇女权益保障法》第三十二条规定，妇女在农村土地承包经营、集体经济组织收益分配、土地征收或者征用补偿费使用以及宅基地使用等方面，享有与男子平等的权利。第三十三条第一款规定，任何组织和个人不得以妇女未婚、结婚、离婚、丧偶等为由，侵害妇女在农村集体经济组织中的各项权益。根据上述规定，离婚并非农村集体经济组织成员资格丧失的法定条件，离婚后户口未迁出，仍然在夫家所在地的，并不丧失所在村村集体组织成员的资格，只要继续尽村民的义务，就应当享有与该村村民同等的权利。”因法律问题不复杂，所以对有关法律条文的解释论证简明扼要，观点明确。另外，再结合案件的具体事实，推导出当事人是否具备村集体经济组织成员资格。

二是在法律没有直接可适用条文的情形下，运用法律原理进行推导解释。也就是说，法官不仅要准确地引证法条并且对该法条的含义作出准确的解释，而且在不能找到可以直接适用的法条时，需要援引有关的原则或者通过公平正义的观念来作出判决。如本案二审判决在论述如何确定农村集体经济组织成员资格问题时，就运用了公平合理的原则来确定相应条件："目前我国法律法规尚无明确规定，但一般应考虑是否以该集体经济组织的土地为基本生活保障，是否与该集体经济组织形成较为固定的生产生活关系，并兼顾户籍登记等问题，避免出现'两头占'（在出嫁地和嫁入地均享有成员资格）或者'两头空'（在出嫁地和嫁入地均不享有成员资格）的情况发生。"

同时，对于诉讼请求和理由的逐一回答，并且提出肯定或者否定的理由，都是尊重当事人诉讼权益、体现人文关怀的潜移默化的表现，也会对判决书的说理性增色不少。如本案二审判决对于天涯区政府提出"此次征收属于棚户区改造，欧某金、赵某莀在棚改范围内没有房屋，二人不属于征收安置对象"的上诉主张的回应："根据254号补偿安置方案的规定，此次征收范围内的土地是属于海坡村委会西瓜村、芒果村的集体土地，而非国有土地，方案也是根据集体土地征收相关法律法规制定的。根据《中华人民共和国物权法》第四十二条第二款的规定，征收集体所有的土地，应当依法足额支付土地补偿费、安置补助费、地上附着物和青苗的补偿费等费用，保障被征地农民的生活，维护被征地农民的合法权益。因此，对集体土地进行征收，不仅要对被征收土地及房屋等地上附着物的价值进行补偿，还要结合被征收土地的性质对被征地农民的生活制定相应保障措施。欧某金、赵某莀二人具有海坡三小组集体经济组织成员资格，属于安置对象，应按照254号补偿安置方案规定享有补偿安置权利。"具有事实和法律依据的详尽论理，对当事人诉求毫不回避地直接回应，即使判决其败诉，其应当也不会有太多怨言。

此外，《行政诉讼法》确立的合法性审查原则决定了法院审理行政案件可以不受原告诉讼请求的限制，原告的诉讼请求与法院将要作出的行政判决形式之间往往也没有完全必然的联系。而法院对法律和司法解释规定的几种判决方式的选择适用取决于法院的司法能动性，当原告的诉讼请求不能牵制司法审查权的时候，一个行之有效的办法就是要求法院对其发挥司法能动性的结果，即判决方式的选择要在行政裁判文书的理由部分作出充分的释明。

将行政裁判文书与审判过程中合法性审查演绎的经过相比，行政裁判文书的制作具有“回溯推理”的特质。简言之，裁判文书是人民法院行政审判活动的最后载体和最终环节。行政裁判文书制作时，案件处理结果已经藏于法官心中，对事实和法律适用的判断已有结论，而制作裁判文书的任务就在于如何以最为合理的篇章、最为恰当的论证说理将裁判结果形成的推理经过公之于众。

（李贝，海南省高级人民法院法官）

三、专家评析

该案是一起具有普遍性、时代性的有关入嫁媳妇及其子女因集体土地征收引发的补偿安置行政争议案件。案件审理过程中事实认定清楚，论理充分，判决书表述清晰、言简意赅、层次分明、逻辑清晰、法言法语，且展现出法官在处理时代难题与矛盾纠纷中积极、能动的司法态度。该判决书的事实认定清楚，审理过程清晰完整，法官针对当事人法律事实上的争议，即欧某金、赵某莀是否具有海坡三小组集体经济组织成员资格的问题，尤其是离婚后又再婚的妇女欧某金是否仍具有原嫁入地海坡三小组集体经济组织成员资格问题进行了认定。法官对事实和法律进行了详细说明和理由阐释，坚持明事理、合常理、释法理的论理原则，认定欧某金作为“入嫁媳妇”，离婚后户口未迁出，仍然在夫家所在地，不因离婚丧失所在村村集体组织成员的资格，符合254号补偿安置方案的规定；赵某莀于2017年12月9日出生，属254号补偿安置方案发布日（2017年8月28日）之前怀孕、方案发布之后正常出生的情形，属于应当根据方案予以认定的安置对象。法院认定欧某金、赵某莀具有海坡三小组集体经济组织成员资格，尤其是在土地征收补偿安置涉及权益分配时期，不能歧视对离婚后再嫁其他村的村民妇女，其应当享有与该村村民同等的权利。关于天涯区政府诉称的征收属于棚户区改造，欧某金、赵某莀在棚改范围内没有房屋，二人不属于征收安置对象的问题，法官抓住征收范围内的土地性质、法律适用问题关键，指出应当结合被征收土地的性质对被征地农民的生活制定相应保障措施，欧某金、赵某莀二人具有海坡三小组集体经济组织成员资格，属于安置对象，应按照254号补偿安置方案规定享有补偿安置权利。该判决准确把握了土地征收补偿安置行政争议案件的诉讼焦点和法律适用问题，案件审判质量高，有力保障了特殊群体的合法权益。在该案的审理过程中，法官依据法理、事理和常理全面权衡和考量，采取合法合理的审理态度，以个案审判有效破解入嫁媳妇权益保障问题上的治理难题。本案在法律适用中的论理思路，符合当下入嫁媳妇权益保护的发展方向和趋势，有助于发挥上级法院典型案例的指导作用，提升对类似案件审理的指导性与参考性，以司法案例督促行政机关正视问题，最大限度平息矛盾，化解纠纷，促进良法善治。

该判决书的不足之处在于，如果在论理过程中借由此案件事实，从平等权、妇女权益保障等角度，深入细致分析说理提出入嫁媳妇的村民资格确认和权益平等保护的法理问题，则能更加彰显该判决的理论阐释力和实践指导力。

综上所述，该判决书是一篇优秀且具有典型意义和参考价值的行政判决书。

（点评人：林必恒，海南师范大学法学院党委副书记、副教授）

（2020）琼行终 194 号裁判文书原文

第七章　行政备案

47. 五峰石梁司幼儿园诉宜昌市生态环境局行政备案及行政赔偿案*

【关键词】

建设项目重大变动　环境影响评价审批

【裁判要旨】

输变电建设项目构成“重大变动”需重新报批项目环评文件的，除应属于《输变电行业建设项目重大变动清单》内列举事项外，还应同时满足“可能导致不利环境影响显著加重”的条件。建设项目的一般变动备案以行政相对人提交符合要求的材料至环保部门为履行完成，不以环保部门确认、回函或批准为生效规定，具有事后性、告知性、公示性，是行政相对人履行义务之体现，不属于行政机关行使行政职权的行为，不具有可诉性。

一、简要案情

第三人国网宜昌供电公司拟建设宜昌五峰北风垭风电220千伏送出工程，委托湖北安源安全环保科技有限公司于2016年1月编制《宜昌五峰北风垭风电220kv送出工程环境影响报告表》。2016年2月2日，原宜昌市环境保护局向第三人出具了《市环保局关于宜昌五峰北风垭220kv送出工程项目环境影响报告表的批复》，同意第三人按照报告表进行项目建设。2016年9月5日，原告五峰石梁司幼儿园（以下简称石梁司幼儿园）取得了办学许可证和民办非企业单位登记证书后成立。2017年6月，因项目施工图与环评申报材料发生变动，第三人向原宜昌市环境保护局报送《电网建设项目环评复核确认

---

* （2020）鄂0502行初75号。

单》，复核内容中环境敏感目标由环评阶段“在石梁司村二组涉及两处居民房屋跨越”变化为“施设阶段优化后无居民房屋跨越，仅跨越石梁司幼儿园操场”，变更性质为一般变动。2018 年 3 月 16 日原告取得石梁司幼儿园教学楼建设工程规划许可证。因实际施工中线路跨越石梁司幼儿园，原告针对线路跨越幼儿园是否符合环境保护标准和安全标准，是否存在安全隐患等问题提出信访。被告出具回复，认定线路跨越幼儿园的设计变更不属于重大变动，符合环评文书和环境行政审批的要求。关于项目完工后是否符合和满足相关标准的要求，需经第三方验收监测后以数据来判定。2020 年 5 月 27 日，原告向被告递交国家赔偿申请书，认为被告于 2017 年 6 月对《电网建设项目环评复核确认单》备案的行为违法，并赔偿原告经济损失 715 000 元。宜昌市生态环境局于 2020 年 7 月 8 日作出宜环赔决字〔2020〕1 号《不予行政赔偿决定书》，决定不予赔偿。原告仍认为被告于 2017 年 6 月对《电网建设项目环评复核确认单》备案的行为违法，遂向法院提起本案行政诉讼。

二、撰写心得

1. 该案系因输变电项目穿越幼儿园操场上空而发生争议，被诉行政行为虽是一个备案行为，但该备案以案涉建设项目变动性质确为“一般变动”为前提。故对此类备案行为若不经实体审理其变动性质，直接不予立案，则会使错误的备案亦无法纳入监管和法律救济范围。因建设项目重大变动的界定较为专业，且原告幼儿园对园内儿童安全的担忧也深表理解，故承办人并未简单裁定驳回起诉，而是全面地从建设项目的环境影响评价文件备案的适用情形、重大变动的定义、界定标准、评价维度、输变电项目的重大变动清单等角度，逐层递进、透彻分析论证，向原告阐述为什么案涉项目的变动不属于重大变动。针对原告对变动后跨越幼儿园这一特殊情形，也从立法角度分析了生态敏感区和人居敏感区在项目建设期的区分保护。对原告所担心的高压电线对幼儿身体的影响，再从安全距离和电磁辐射两个方面予以分析，阐述其输电线下相导线与所跨越房屋的垂直距离符合安全距离，以及告知原告对电磁辐射的担忧可通过竣工环境保护验收予以监管。在对原告上述所有疑问和顾虑均予以回应后，最后才阐述被诉备案行为是行政相对人履行义务之体现，而不属于行政机关行使行政职权行为。在案涉变动性质确定为“一般变动”正确合理的前提下，是一种告知性备案，不具有行政许可、行政确认的性质，故不属于可诉的行政行为。

2. 关于建设项目重大变动的界定，承办人在案件办理中对相关规定进行了梳理。根据《环境影响评价法》第24条、《建设项目环境保护管理条例》的规定，重大变动是指建设项目的性质、规模、地点、采用的生产工艺或者防治污染、防止生态破坏的措施发生重大变动。即从要素来说，要判断变动是否属于"性质、规模、地点、生产工艺、环保措施"五个方面；从程度来说，需判断是否属于"重大"，同时符合这两个条件时，界定为重大变动，建设单位应当重新报批项目环评文件。同时，考虑到法律法规层面对重大变动的定义规定得较为原则，实务操作中尺度不易把握，为了规范重大变动的界定，生态环境部及其办公厅相继出台了一系列文件，逐步建立完善重大变动清单制度。2015年6月4日原环境保护部办公厅发布《关于印发环评管理中部分行业建设项目重大变动清单的通知》，提出了重大变动的界定原则："建设项目的性质、规模、地点、生产工艺和环境保护措施五个因素中的一项或一项以上发生重大变动，且可能导致环境影响显著变化（特别是不利环境影响加重）的，界定为重大变动。"同时明确了一般变动的管理原则："不属于重大变动的纳入竣工环境保护验收管理。"在此基础上，2016年8月8日原环境保护部办公厅发布《关于印发〈输变电建设项目重大变动清单（试行）〉的通知》（环办辐射〔2016〕84号），制定了输变电行业建设项目重大变动清单，该通知亦规定"输变电建设项目发生清单中一项或一项以上，且可能导致不利环境影响显著加重的，界定为重大变动，其他变更界定为一般变动"。根据该清单精神，首先必须是清单内的变动，其次还须符合"可能导致不利环境影响显著加重"的条件，才能界定为重大变动。从上述一系列规定可以看出，相较于《环境影响评价法》和《建设项目环境保护管理条例》的定义只对五因素的变动本身是否重大进行的"形式判断"，《关于印发环评管理中部分行业建设项目重大变动清单的通知》对重大变动的界定增加了"且可能导致环境影响显著变化（特别是不利环境影响加重）"的实质判断，再到《关于印发〈输变电建设项目重大变动清单（试行）〉的通知》中"清单内"加上"且可能导致不利环境影响显著加重"的双重界定条件，将《关于印发环评管理中部分行业建设项目重大变动清单的通知》中的"环境影响"缩限为"不利环境影响"，将"显著变化"缩限为"显著加重"，使重大变动的界定更加严格。也就是说，如果发生了重大的变动事项，但不会导致环境影响显著变化，则不应被界定为重大变动。上述规范性文件对重大变动的界定从"形式判断"走向考虑环境影响变化的"形式和实质判断"，更切合环境影响评价制度精神，也体现了行政管理上对“重大变动”认定应持谨慎的态度。

民生所忧亦是环保行政管理单位及人民法院所关切的问题，故承办人在查阅大量环保及输变电相关法规后全面、翔实地回应了原告所有观点，体现了人民法院对涉及民生案件的重视，也彰显了案件审理的严谨慎重。

（冯丽娥，湖北省宜昌市西陵区人民法院法官）

三、专家评析

法官是画句号的人，通过审判，与其说公众需要的是一个结果，更不如说需要一个说法。法官仅凭判决结论的强制力是难以让人信服的，它还需要得到公众的认可，即裁判结果正确是不够的，它必须是能够为公众所理解的、有说服力的、合理的。

本案系因利害关系人不服环保部门对建设项目一般变动的备案行为而起诉。如果仅仅寻求一个结果，针对一个行政备案行为，本案只需文书最后一段的寥寥数语即可以得出备案行为不可诉的结论。但这个结论是经不起推敲的，当事人不服对建设项目变动的备案，实质理由系因为其不认可此种变动通过备案的形式即可合法化，换言之，当事人不认可此种变动属于应予备案的一般变动的范围。此时，如果粗暴地就案办案，那本案的审理逻辑则可能演化为因为备案行为不可诉，所以原告起诉不符合受理条件。这从表面看似乎结论无可厚非，但却完全回避了当事人提出的质疑，这样一种处理实则让案件陷入了“形式法治主义”。而本案承办法官作为基层法院法官，不回避、不硬判，用了近两万字将自己对立法本意的参悟融入裁判文书，通过司法裁判告诉公众法律法规的价值取向是怎样的，逐层递进地向公众诠释为什么本案的建设项目变动是属于应当备案的一般变动而非重新报批的重大变动，让当事人顺着审判者的思路领悟最后的结论，而不是强塞给当事人一个生硬的结果。本行政裁定书不止于备案行为的可诉性，而是在为什么建设项目发生的变动属于可以备案管理的一般变动的规则适用的模糊地带上进行了深入的剖析，这样一种处理充分体现了行政诉讼制度旨在对公民权利予以救济的“实质法治主义”态度。

在对被诉行政行为的分析上，文书有着缜密的逻辑表达、精准的文字叙述，此外，承办人在被诉行政行为外，针对原告方提出的“行政机关应就本案变动情况是否属于重大变动向生态环境部书面予以请示”“幼儿园选址需避开高压供电走廊”，及第三人提出的“原告系在电力线路保护区内兴建教学楼”等意见均进行了说理分析，给出了审判者清晰严谨的回答。尤其难能可贵的是，承办人从立法角度分析了生态敏感区和人居敏感区在项目建设期的区分保护。

最后，针对原告系幼儿园这样一个特殊的身份，面对建设项目变动后跨越幼儿园这一特殊情形，对原告所担心的高压电线对幼儿身体的影响，承办人从安全距离和电磁辐射两个方面予以具体分析，阐述人居敏感区在输变电项目中的权益保障法律依据及救济途径，体现了司法对百姓诉求的“看见”和“在意”，展现了审判不仅是权威，也可以是春风。

法律织物的褶皱只能靠执法、司法工作者通过法律解释去熨平。本案裁判文书逻辑周延、内在脉络层次清晰、说理充分，在此基础上，结论的得出就水到渠成，使人信服，体现了司法裁判者的理论功底和智慧。期盼看到更多像本案一般，愿意迎难而上，将理论探索引入个案审判的优秀裁判文书，使每一个司法裁判都成为一次法治探索之旅。

（点评人：罗昆，武汉大学教授、博士生导师）

（2020）鄂0502行初75号裁判文书原文

第八章　不履行法定职责

48. 范某妤与浙江省教育考试院不履行公开考生答卷职责案*

【关键词】

考生答卷公开　一定范围的人员　教育考试院

【裁判要旨】

根据《教育工作中国家秘密及其密级具体范围的规定》，国家教育全国、省级、地区（市）级统一考试后不应公开的考生答卷，只限于一定范围的人员掌握，不得擅自扩散和公开。“只限于一定范围的人员”应当是指评卷老师等与考务工作密切相关的人员，而不应包括考生在内。若应考生申请即可公开，则难以保证考生答卷仅限于一定范围内人员掌握。

普通高校招生美术类专业统考是由专业评卷老师在评卷期内根据美术方面的专业标准来给所有该批次考生的考卷分档次、判定分数，具有公平性和权威性，即便考生查阅了答卷也无法改变其评分，对其并无实质裨益。

一、简要案情

2019 年 12 月 1 日，原告范某妤参加 2020 年浙江省普通高校招生美术类省统考，成绩公布原告素描科目为 57 分，合格线是 65 分。

2019 年 12 月 31 日，原告通过其父亲范某峰向被告浙江省教育考试院寄送《申请书》，载明申请事项为：“1. 查实申请人范某妤 2020 年浙江省普通高校招生美术类省统考素描科目真实分数；2. 出示申请人本人的素描科目试卷；3. 纠正对申请人素描科目考试成绩的错误评分。”被告于 2020 年 1 月 1

* （2020）浙 0106 行初 51 号。

日签收。此前，原告还通过金华市教育考试院提出成绩复核要求，被告收到了金华市教育考试院汇总提交的《2020年金华美术统考成绩申请复核名单》，其中包含原告，申请复核科目为素描。被告对原告素描科目答卷进行复核后未发现差错，于2020年1月8日向金华市教育考试院通知复核结果，由金华市教育考试院通知原告。

此外，原告通过其父亲在浙江省统一政务咨询投诉举报平台（浙里访）提出信访，要求核查其2020年美术统考素描科目成绩。2020年1月9日，被告通过浙江省统一政务咨询投诉举报平台（浙里访）进行答复，告知“成绩复核内容包括考生基本信息、是否考生本人试卷、试卷档位信息、分数是否漏评漏统漏登等，不复核涉及评卷宽严问题”“复核结论为答卷考生信息无误、分档无误、成绩无误”。同时，被告工作人员电话联系原告父亲，告知复核结果及不能查阅试卷，原告父亲表示对方电话里说了评分分档过程，记不清有无告知不能查阅试卷，在诉状中载明被告对原告要求出示本人素描科目考卷的合理诉求予以拒绝。

另查明，案涉素描科目考生的答题试卷是一张画纸，试卷上由考生本人书写姓名及准考证号，考生信息折角处理，并粘贴有考生信息条形码。素描成绩分档，55分至59分是第9档，总共12档。

原、被告双方的争议焦点在于：被告是否应当向原告出示其本人素描科目的考卷。原告认为，其从小学习美术，在杭州、金华的画室学过很长时间，且原告平时专业成绩优秀，在年级中名列前茅，两次模拟考中均获得理想成绩，在本次统考中发挥正常。对统考公布的成绩，从考生本人到同学、到专科老师、到学校，均认为不可置信，对公布的成绩存有重大疑问，怀疑是否搞错试卷和公正评分。被告对原告要求出示其本人考卷的合理诉求予以拒绝，属于不履行法定职责。被告认为，其没有公开试卷法定职责，且依法不应当公开，原告要求被告履行公开试卷职责没有法律依据。原告申请被告出示的素描科目答卷，系根据《浙江省普通高校招生美术类专业统一考试评卷实施细则》进行评分，是对评分标准（参考）的具体体现，依据相关法律法规不应公开。

二、撰写心得

本案行政争议的缘起是，原告参加浙江省普通高校招生美术类省统考，公布的成绩未达到合格线，感到难以置信，怀疑是否搞错试卷和公正评分，因此向浙江省教育考试院申请公开其考卷。承办人在撰写判决书时有以下三点心得。

（一）判决应当对原告申请的内容和性质作准确判断

本案是一起原告诉请被告履行法定职责的案件，首先应当分析原告的申请内容和性质。原告向被告提交的《申请书》包含了三项内容："1. 查实申请人范某妤 2020 年浙江省普通高校招生美术类省统考素描科目真实分数；2. 出示申请人本人的素描科目试卷；3. 纠正对申请人素描科目考试成绩的错误评分。"第 1 项和第 3 项的实质是提出成绩复核申请，第 2 项要求出示试卷。其次，根据原告的诉讼请求，明确与本案相关的申请内容。原告明确其诉请为判令被告出示试卷，即第 2 项内容，成绩复核问题不在本案审查范围之内，但第 2 项的性质是否就是原告在诉讼中主张的政府信息公开申请呢？承办人根据原告的多个行为，合理判断其申请的性质。司法不可强人所难，原告将该项申请夹杂在成绩复核申请之中，在申请时并未表明申请政府信息公开的意思，难以让被告将该项单独甄别定性为政府信息公开申请，且原告在此前后通过当地教育考试院、投诉举报平台提出成绩复核申请，被告将该项申请与成绩复核申请一并处理，程序上并无不当。当事人如果是申请政府信息公开，就应当以适当的方式表明自己的意图，而不是混杂在其他申请中让人难以辨别，这样的判决思路，避免了机械适用政府信息公开的相关规定，给政府信息公开主体造成不合理的压力，无谓耗费行政资源。

（二）判决应当尽量明法析理，释疑解惑

在分析实体问题时，承办人非常注意条理清晰，层层递进，说理充分。第一层次，按照行政判决常规的撰写方式，围绕被告对原告要求出示其试卷的申请予以拒绝这一行为是否合法，进行分析。先找到适用的法律规定，即教育部、国家保密局发布的《教育工作中国家秘密及其密级具体范围的规定》，解释规定中的"只限一定范围的人员"的含义，由此得出结论：是指评卷老师等与考务工作密切相关的人员，而不应包括考生在内，因此，被告依法不能满足原告的要求。如果止步于此，这份判决就只是一份平庸的司法产品，只是简单地论述根据相关规定考生试卷不能向考生公开，原告心中必然不服气、不甘心，也无法起到社会示范效果。因此，承办人撰写了第二个层次，进一步释疑解惑。行政审判要特别关注原告的实质诉求，才能理解行政争议的矛盾症结。原告为什么要申请公开其试卷？根据原告的陈述，其要求出示试卷是基于对成绩的质疑，一方面怀疑自己的试卷与他人混淆，另一方面怀疑评分错误。对此，承办人一一详细分析。第一，关于试卷是否与他人混淆。案涉考试中考卷由考生本人书写考生信息，考卷上还粘贴有考生信息条形码。是不是本人试卷问题应当在复核机制中解决。被告已告知原告复核结论，复核确认是本人试卷。至于原告对复核机制提出的质疑，是如何优化复核机制的问题，如何将复核制度设计得更有公信力。第二，关于评分问题。一方面，案涉考试本身就是大规模的选拔性活动，与数学计算题等有客观标准答案的考试相比，美术素描考试更具有主观题属性，是由专业评卷老师在评卷期内根据美术方面的专业标准来给所有该批次考生的考卷分档次、判定分数，具有公平性和权威性，这是考试制度决定的。考生不能以同学、专科老师等人员的评论及自我感受来质疑评卷老师的分档判分。简言之，假使原告查阅了试卷也无法改变其评分，对其并无实质裨益。而另一方面，如果制度设计上对教育考试院课以向考生出示试卷的义务，只要考生对分数有疑问，就可以要求教育考试院向其出示试卷，试想会有多少考生提出要求，教育考试院作为教育管理服务机构需要付出多少资源成本。分析至此，基本能回答当事人的全部疑问，做到既让当事人及社会公众“知其然”，也让大家“知其所以然”，充分理解了为什么教育考试院不能依考生申请公开其考卷，减少对成绩的无端质疑。

（三）判决应当抚慰人心，让人感受到司法的温度

承办人在办理该案过程中，感受到原告父亲强烈的不甘心，其女儿自幼学习美术，长期在画室学习，投入了大量的时间和金钱成本，如今刻苦的学习却没有收获好的结果。承办人在撰写判决书时充分理解其心情，并特意劝慰，“每年高考总有大量考生成绩未达到自我和家人的期许，经历人生挫折，本案原告刚及成年，父亲为之奔波，父母之爱子则为之计深远，人生是一场马拉松，希望能引导其对考试的选拔性质有清醒的认识，及时调整自我心态”。帮助疏导考生及其家长的心理，尽早接受现实，不要钻牛角尖，用更长远的眼光看待挫折。判决书是法官作出的裁判，追求定分止争，要解开当事人的心结。医者仁心，司法者也要有仁心，要设身处地想想，当事人拿到判决书时会是什么样的感受，尤其是诉请没有得到支持的判决书，是冷硬无情的，还是理解尊重自己的。想起医者格言“有时是治愈，常常是安慰，总是去帮助”，就像我们去医院看病，心情焦灼，总希望医生能多告诉几句，让自己明白，而不是只告诉你冷冰冰的结果。行政审判法官用专业和仁心在一个个案件中化解行政争议，修补、疗愈社会关系，这是属于法官的荣耀。

（吴俊洁，浙江省杭州市西湖区人民法院法官）

三、专家评析

（一）判决书明确教育考试机构是适格的行政主体

一般人认为，学生参加考试的行为与行政行为毫无关系。但是，在我国的国家教育考试中，考试行政管理中行政主体和行政相对人之间发生的关系属于行政管理关系的范畴。而高考就属于法定的国家教育考试种类之一。

国家教育考试行政主体是指享有国家教育考试行政权，能以自己名义行使国家教育考试行政权，并能独立地承担因此而产生的相应法律责任的组织。根据《教育法》第 21 条的规定，国家批准的实施国家教育考试的承办机构是依照法定的授权，各省级教育考试院（局、中心）就是国家教育考试行政主体。在国家教育考试中，行政相对人也是国家教育考试行政法律关系中的一方主体，其中最重要的就是参加国家教育考试的考生。国家教育考试行政客体指国家教育考试权利义务所指向的对象，主要指国家教育考试行政法律关系主体有目的、有意识的行为，包括作为和不作为。国家教育考试行政法律关系的内容是指国家教育考试行政主体和相对人在国家教育考试行政法律关系中享有的权利和承担的义务。

（二）判决书明确教育考试机构的考试管理工作属于具体行政行为范畴

在原告范某妤诉浙江省教育考试院不履行法定职责一案中，原告针对教育考试机构提出的职责诉求主要是两项，一项是高考成绩复核，另一项是政府信息公开：要求公开考生的试卷。对于前者，教育行政部门制定的规定明确是教育考试机构的职责范围，因此教育考试机构对考生成绩复核申请的处理明显属于具体行政行为范畴；而后者相对比较复杂，高考试卷属于政府信息范畴吗？

实际上，如上所述，既然教育考试机构作为行政主体，考试管理也属于履行行政管理职责，那么高考答卷信息自然也属于政府信息的范畴，各省级教育考试机构就是负责答卷信息公开答复的“行政机关”。

（三）判决书明确了履行法定职责的程序问题

本案的一大疑难点是被告履行何种法定职责及其相对应的程序问题。行政主体肩负的法定职责千变万化，种类繁多，如政府信息公开、行政处罚、行政许可等。不同种类的职责对应不同的法定程序。本案中，原告提出履职申请的途径既有直接书面申请，也有信访途径，履职申请诉求既包括明显的成绩复核申请，也包括隐蔽的政府信息公开申请，两者夹杂在一起。就行政法学基本原理而言，政府信息公开申请有其法定途径要求与格式文本要求，显然原告并未遵守，行政机关也未按照政府信息公开处理程序进行受理，法院完全可以认为原告的政府信息公开申请未满足法定条件。但法院并未陷入“机械司法”的思维，而是从实质性解决纠纷的角度，一方面指出被告未识别出该诉求为政府信息公开申请，情有可原；另一方面通过释明法律依据，指出被告的答复并无问题，高考试卷属于不予公开的秘密事项。法律说理十分充分。

最后值得称赞的是，本案判决书除了法律说理，还进行了充分的情理分析，对原告动之以情、晓之以理，以“情、理、法”的交融使得司法更有温度，真正起到了定分止争的作用。

（点评人：朱狄敏，浙江工商大学法学院硕士生导师，杭州市社会治理现代化研究中心研究员）

（2020）浙0106行初51号裁判文书原文

49. 贺某会与酉阳土家族苗族自治县人力资源和社会保障局不履行入编聘用职责案*

【关键词】

特岗教师　招聘简章　附带审查　明示拒绝行为

【裁判要旨】

人民法院就行政机关对特定人群发布的文件可进行附带审查。行政机关对范围能够确定的农村“特岗教师”群体发布的事业单位工作人员公开招聘简章，是行政机关对特定人群发布的文件，该类文件虽不属规范性文件，但具有影响对象多、有被行政机关再次援引等类似规范性文件的特征。根据行政诉讼合法性审查原则，该类文件系被诉行政行为依据的，人民法院可参照规范性文件司法附带审查的法律规定对其进行合法性附带审查，经审查发现该类文件不合法的，不作为认定被诉行政行为合法的依据。

人民法院对起诉明示拒绝行为案件可依法作出责令行政机关履行特定义务的判决。原告申请被告履行法定职责，被告明示拒绝和不作答复，在效果上并无实质不同。原告起诉明示拒绝行为，并非仅为撤销该行为，而是为了要求被告履行法定职责。根据行政诉讼法立法目的及诉判一致原则，原告起诉明示拒绝行为的，宜界定为履行法定职责之诉。人民法院在查明原告起诉符合起诉条件、明示拒绝行为违法、原告请求履职理由成立、行政机关无调查必要和裁量余地的情况下，应撤销明示拒绝行为，责令被告履行特定义务。

一、简要案情

本案系原告贺某会不服被告酉阳土家族苗族自治县人力资源和社会保障社局（以下简称酉阳县人社局）2020 年 7 月 21 日作出的《关于对贺某会同志申请办理入编和聘用手续的处理意见》（以下简称《处理意见》）提起的履

* （2021）渝 04 行终 56 号。

行法定职责之诉。

为实施农村义务教育阶段学校教师特设岗位计划和重庆市中小学特色学科教师配备计划，重庆市教育委员会等部门2014年联合出台面向社会公开招聘2014年“双特计划”教师的招聘简章，规定：“特岗计划”考生，经培训合格，按照教师〔2006〕2号、教师厅函〔2014〕2号等文件精神，落实相关政策，服务期满，经考核合格且自愿留在本地的“特岗计划”教师（以下简称“特岗教师”），按规定程序办理入编聘用手续。原告通过了公开招聘，被招聘为“特岗教师”，服务处所在被告辖区。服务期内，原告第一年考核合格，第二、三年考核优秀。为解决该县服务期满“特岗教师”入编，被告2018年4月出台《酉阳县从2014年选聘大学生村官和2014年服务“双特计划”教师中招聘事业单位工作人员简章》（以下简称《招聘简章》），招聘对象包括该县2014年招聘的、服务期满、综合考核合格的“特岗教师”等，招聘程序包括报名、资格审查、考试、体检等。经笔试面试，原告参加被告组织的体检，体检结果为空腹血糖8.22mmol/L，导致体检结论不合格。而后，被告以原告体检不合格未为原告办理入编手续。2019年4月15日，原告向被告申请，请求办理“特岗教师”入编和聘用手续。同月24日，被告向原告作出《答复》，答复体检结论不合格不能为其办理入编和聘用手续。原告不服，以酉阳县人社局要求“特岗教师”按照《招聘简章》参加招聘并体检才能入编违法，空腹血糖8.22mmol/L也不影响履职为由，对《答复》提起诉讼。一审法院经审理，判决撤销《答复》，责令被告重新处理。被告提起上诉，二审判决驳回上诉，维持原判。判决生效后，被告2020年7月21日再次依据《招聘简章》等规定对原告作出被诉《处理意见》，回复因其体检结论不合格不能为其办理入编和聘用手续。

原告不服《处理意见》，遂提起诉讼，请求撤销《处理意见》并判决被告依法为原告办理“特岗教师”入编和聘用手续。

酉阳县人民法院经审理，作出一审判决：撤销被告作出的《处理意见》；责令被告在判决生效之日起60日内为原告办理入编及聘用手续。被告不服提起上诉，重庆市第四中级人民法院二审判决：驳回上诉，维持原判。二审判决后，被告履行了判决。

二、撰写心得

本案是全国首例“特岗教师”入编行政争议案，该案涉及的群体特殊、政策性强、法律适用复杂，没有先例可循，同时本案若以撤销之诉审理，极有可能陷入“撤销—重作—拒绝—诉讼”的循环往复，无法实质化解行政争议。面对这种情况，承办人认为只要秉持监督行政机关依法行政、维护公民合法权益、实质化解行政争议的行政诉讼立法目的，就能找到案件合理的裁判思路和方式。本案在审理以及裁判文书制作过程中，厘清并明确了理论和实践上的三个方面问题，通过层次分明、有的放矢、逻辑清晰的裁判文书说理阐明了裁判结论的形成过程及正当理由，实现了案结事了、服判息诉的效果。

（一）厘清并明确了明示拒绝行为的诉讼类型

本案行政机关作出的《处理意见》，明确答复贺某会不能办理入编和聘用手续。《处理意见》表面上看属于行政作为，且贺某会的诉讼请求中包括撤销该行政行为。此种情况下，人民法院对此类明示拒绝行为是否应按照撤销之诉的模式进行审理并裁判呢？承办人认为，传统的撤销之诉是建立在如行政处罚、行政强制等损益行政行为之上，而被诉《处理意见》是行政机关对贺某会申请的行政行为作出的拒绝性决定，不同于上述损益行政行为，贺某会对该行为提起诉讼，明显不是单纯地消除该行为效力，而是借撤销该行为获得被拒绝的给付，且贺某会的诉讼请求中同时还包括判决被告依法为原告办理“特岗教师”入编和聘用手续，故人民法院按照撤销之诉审理显然不符合该诉讼类型的逻辑基础，也不能回应原告实质诉求。为此，承办人从两方面进行分析：一方面，从理论上看，虽然《处理意见》表面上看具备行政作为的基本样态，但该行为与行政程序意义上的消极不为在效果上并无不同，因为该行为没有对既存的法律关系产生任何影响，也未发生变更、消灭或创设法律关系的效果，故理论上《处理意见》与行政消极不作为并无本质不同。另一方面，从行政诉讼法及其司法解释规定看，《行政诉讼法》第 12 条规定：“人民法院受理公民、法人或者其他组织提起的下列诉讼：……（六）申请行政机关履行保护人身权、财产权等合法权益的法定职责，行政机关拒绝履行或者不予答复的……”《最高人民法院关于适用〈中华人民共和国行政诉讼法〉的解释》第 91 条规定：“原告请求被告履行法定职责的理由成立，被告违法拒绝履行或者无正当理由逾期不予答复的，人民法院可以根据《行政诉讼法》第 72 条的规定，判决被告在一定期限内依法履行原告请求的法定职责；尚需被告调查或者裁量的，应当判决被告针对原告的请求重新作出处理。”由此可见，《行政诉讼法》规定的不履行法定职责包括拒绝履行和不予答复两种形式，而上述司法解释第 91 条明确规定了拒绝履行适用履行的判决方式，上述规定准确界定了明示拒绝行为的诉讼归属应系履行法定职责之诉。从以上两个方面分析，当事人对明示拒绝行为提起行政诉讼，宜界定为履行法定职责之诉更为妥当。

（二）厘清并明确了明示拒绝行为案件的判决方式

之前所及，既然本案界定为履行法定职责之诉，是否在判决方式适用上，只能适用履行判决，而无撤销判决适用的空间呢？也即，在贺某会起诉符合起诉条件的情况下，对贺某会撤销《处理意见》的诉讼请求抑或《处理意见》的合法性，人民法院是否可以不予审查及处理呢？承办人认为，首先，行政机关作出的明示拒绝行为，虽然实质与行政不作为并无不同，但该行为毕竟已经向相对人送达，行为内容存在相应的书面或口头载体形式，该行为对外会产生了公定力、确定力、拘束力，若人民法院对明示拒绝行为的合法性不予审查并作出相应判决，则不利于纠纷的彻底化解；相反，若人民法院对该行为的合法性予以审查并符合撤销的情况下辅助以撤销判决，更能够实现公民权益全面、彻底救济。其次，《行政诉讼法》不仅是维护公民合法权益的法律，也是一部控制行政权力的法律，监督行政主体依法行政是其重要功能。从《行政诉讼法》规定的精神来看，无论是作为案件还是不作为案件，人民法院对行政案件的主要审查对象是被告作为或不作为行为的合法性。特别是在行政机关明示拒绝行为违法，但原告履行法定职责请求也不成立的情况下，若人民法院仅判决驳回诉讼请求，而对明示拒绝行为的违法性在判决上不作否定评价的话，将导致监督行政机关依法行政的行政诉讼法立法目的落空。因此，在存在明示拒绝行为的情况下，原告以不履行法定职责提起诉讼，法院除针对原告履行法定职责请求进行深入审查外，还对明示拒绝行为的合法性进行审查，符合《行政诉讼法》关于监督行政机关依法行政和《行政诉讼法》合法性审查的法律规定。最后，诉判一致是现代司法的基本理念，人民法院对原告的诉求应当也有必要给予充分的尊重与重视，在贺某会已经一并提出撤销《处理意见》的诉讼请求情况下，围绕其诉求进行审查，对其诉求是否成立予以裁判，更符合诉裁一致原则，也有利于争议实质化解。

（三）厘清并明确了行政机关对特定人群发布的文件的附带审查问题

本案中被告作出的《处理意见》援引《招聘简章》作为依据，而《招聘简章》的合法性直接关系《处理意见》的合法性。从《招聘简章》的性质看，该招聘简章是对该县 2014 年服务期满的“双特计划”教师等特定群体发布的，只能适用当年，不属于行政机关对不特定对象发布的、能反复适用的行政规范性文件。此时，人民法院对《招聘简章》，也即行政机关对特定人群发布的文件能否进行附带审查呢？承办人认为，首先，行政机关对特定人群发布的文件虽不属于法律意义上的行政规范性文件，但在行政机关依据该文件作出行政行为时，该文件实际也是行政机关作出行政行为的证据，属于《行政诉讼法》第 33 条规定的“书证”范畴。从行政诉讼证据法律规范及实质法治的要求面向来讲，人民法院也应当对该类文件内容的合法性作出审查。其次，在行政机关作出行政行为所依据的行政规范性文件尚能够在行政诉讼中被司法附带审查的情况下，举重以明轻，比行政规范性文件效力范围更窄、规范程度和效力更低的行政机关对特定人群发布的文件，没有理由拒绝接受人民法院的司法审查。最后，在当事人未对此类文件直接提起诉讼，但此类文件确实作为行政行为依据的时候，附带审查意味着法院在判决主文中不能主动对此类文件作出撤销或确认违法决定，只能在裁判理由中对该类文件的合法性作出评述，这符合司法谦抑和不告不理原则。

（黄瑶，重庆市第四中级人民法院法官）

三、专家评析

本案判决书格式规范、语言通达，特别是裁判文书说理方面针对当事人诉讼主张和诉讼争点进行说理，做到有的放矢、逻辑严谨、层次分明、论理透彻，是一份十分优秀的判决书，除上述优点外，本案判决最大亮点有以下两个方面。

（一）判决书开创了行政诉讼类型化科学界分及判决方式科学运用的新境界

在行政机关对当事人的履行法定职责申请作出实体性明示拒绝行为的情况下，当事人到底应当提起履行法定职责之诉，还是撤销诉讼，实践中存在较大争议。有的法院认为应当提起撤销诉讼，若当事人提起履行法定职责之诉的，往往释明当事人变更诉讼请求为撤销明示拒绝行为；有的法院认为应当提起履行法定职责之诉，若当事人提起撤销诉讼的，往往释明当事人变更诉讼请求为请求行政机关履行法定职责；还有的法院在当事人既起诉撤销明示拒绝行为，也请求履行法定职责的情况下，在当事人不放弃某一诉讼请求时，则以原告诉讼请求不具体驳回了当事人起诉。上述做法，虽然背后都有一定的理论、法条、逻辑支撑，但从行政诉讼法立法目的来看，并不利于保障当事人合法权益，也不利于行政争议化解，而且客观上影响了行政审判公信力。撤销判决和履行法定职责判决看似两种不相容的判决方式，在依申请的行政行为引发的行政争议中，应当也能够同时服务于维护当事人合法权益、实质化解行政争议的立法目的。本案中，人民法院在查明原告请求被告履行法定职责理的理由成立，被告已无调查必要及裁量余地的情况下，在判决撤销明示拒绝行为的同时，判决被告依法履行原告所请求的法定职责，贯彻了实质化解行政争议、维护当事人合法权益的行政诉讼目的，符合“诉判对应”的诉讼理念，为履行法定职责之诉的内涵界定及其判决方式的完善积累了司法经验。

（二）判决书提供了新的裁判思路

实践中，行政机关对特定人群发出的具有普遍约束力的文件，如对集体经济组织发布的征地补偿安置方案、为解决某一地域服务期满“特岗教师”入编问题对其发布的招聘简章等，这些针对“特定人群”具有普遍约束力的文件在作为行政行为依据时，人民法院是否要予以合法性审查，以及如何审查，司法实践中莫衷一是。本案中，人民法院将酉阳县人社局针对该县“特岗教师”发布的文件，参照规范性文件审查的路径进行了审查，符合行政法理论要求和司法实践需要，也是依法行政原则的体现，有利于监督行政机关依法行政和维护当事人合法权益。

（点评人：徐以祥，西南政法大学经济法学院教授、博士生导师）

（2021）渝04行终56号裁判文书原文

第九章　规范性文件审查

50. 杨某某诉中国铁路济南局集团有限公司行政处理及规范性文件审查案*

【关键词】

铁路安全检查　规范性文件　附带审查　减损合法权益

【裁判要旨】

铁路运输企业为维护铁路运输秩序，保障铁路运输安全，依据《铁路法》《铁路安全管理条例》的授权，在旅客进站乘车时进行安全检查的行为，属于履行行政管理职能的行政行为。行政相对人不服该行为，可以提起行政诉讼。

《铁路进站乘车禁止和限制携带物品的公告》符合规范性文件的构成要件，属于行政诉讼法意义上可一并审查的规范性文件。规范性文件的条款因减损公民合法权益而被认定违法的，应当同时具备两个条件：一是减损公民合法权益；二是没有法律、法规、规章的依据。该公告中限制旅客携带2个打火机的规定，既有上位法《铁路旅客运输规程》的授权，亦未减损旅客权益，不应被认定为违法。

一、简要案情

2019年12月23日16时许，杨某某持通过中国铁路12306平台购买的当日从济南东火车站至济南西火车站的G6908次列车二等座车票，进站乘车安检时，中国铁路济南局集团有限公司（以下简称铁路济南局公司）工作人员发现在其行李中携带5个打火机，遂告知杨某某依照《铁路进站乘车禁止和限制携带物品的公告》（以下简称《公告》）规定，每位乘客最多只能携带2个打火机进站。之后，杨某某没有选择携带符合规定数量的打火机进站，而

* （2021）鲁01行终1050号。

是离开了车站。杨某某向法院提起诉讼，请求确认铁路济南局公司阻止其进站乘车的行为违法，一并审查原中国铁路总公司（现国家铁路集团）制定的《公告》。另查明，原铁道部在1997年12月1日制定的《铁路旅客运输规程》第52条规定，为方便旅客的旅行生活，限量携带气体打火机5个。该规程第6条规定，在不违反本规程原则的前提下，铁路运输企业可根据具体情况制定补充规定在本企业管辖的范围内实行。2015年12月30日，国家铁路集团印发的《公告》规定，普通打火机限量携带2个。

一审法院认为《公告》中限制携带普通打火机2个的规定并不违法，遂判决驳回杨某某的诉讼请求。一审宣判后，杨某某不服一审判决，提出上诉。

济南市中级人民经审理认为，本案争议焦点如下：（1）《公告》是否属于《行政诉讼法》中规定的可一并审查的规范性文件；（2）如果《公告》是规范性文件，其中限带2个打火机的规定是否违法。

关于焦点一：《公告》是否属于行政诉讼法中规定的可一并审查的规范性文件。《公告》是否属于可以一并审查的规范性文件，应当结合相关标准进行认定。《国务院办公厅关于加强行政规范性文件制定和监督管理工作的通知》（国办发〔2018〕37号）规定，行政规范性文件是除国务院的行政法规、决定、命令以及部门规章和地方政府规章外，由行政机关或者经法律、法规授权的具有管理公共事务职能的组织依照法定权限、程序制定并公开发布，涉及公民、法人和其他组织权利义务，具有普遍约束力，在一定期限内反复适用的公文。本案中，依据《铁路法》《铁路安全管理条例》的授权，铁路运输企业在旅客进站乘车管理活动时行使行政管理职能。《公告》系国家铁路集团为铁路部门行使安全检查权力而制定的规范，处于法律、法规授权权限范围之内，国家铁路集团具有制定主体资格及相应权限。《公告》符合规范性文件的构成要件，属于行政诉讼法意义上可一并审查的规范性文件。同时《公告》系被诉行政行为作出的依据，杨某某提出对《公告》进行一并审查的诉讼请求，应予准许。

关于焦点二：《公告》中限带2个打火机的规定是否违法。杨某某认为《公告》将《铁路旅客运输规程》（1997年版）第52条中规定限量携带气体打火机数量从5个降低为2个，减损了公民合法权益，违反了《最高人民法院关于适用〈中华人民共和国行政诉讼法〉的解释》第148条第2款第3项规定，应被认定违法。通过对该项规定文本的连贯解释可知，规范性文件的条款因减损公民合法权益而被认定违法，应当同时具备两个条件：一是减损公民合法权益；二是没有法律、法规、规章的依据。因此，《公告》中限制携带打火机数量的条款是否违法，应从两个要件进行判断。

一是《公告》中限带2个打火机的规定是否减损公民合法权益。一方面，从法律解释学出发，上述法条中“减损”一词的基本含义是减少、损害。《公告》中规定的限制携带打火机数量，仅是对公民权益的限制，并不实际减损公民的权益。《公告》已在购票网站进行公示，乘客在购票时应当对相关内容知悉，完全可以避免乘车时携带超过限制数量的打火机。即使乘客未能及时了解而携带了超过限制数量的打火机，其亦可采取邮寄、寄存等方式避免损失。另一方面，从利益衡量及生活常识角度看，三五个普通打火机价值极小，与其他乘客人身安全利益、公共场所安全利益相较，微乎其微。携带超过限制数量的打火机乘车的危险一旦现实化，必将危及火车运行安全和乘客人身财产安全，携带人将为此付出远超打火机价值的代价。从这种意义上讲，限制乘客携带打火机的数量不仅未减损乘客的合法权益，反而是对其更大权益的一种保护。依上述逻辑，《公告》将限带打火机数量从5个降低为2个，并不减损公民的合法权益。

二是《公告》中限带2个打火机的规定是否有上位法依据。《铁路旅客运输规程》（1997年版）第6条规定：“在不违反本规程原则的前提下，铁路运输企业可根据具体情况制订补充规定在本企业管辖范围内实行并报国务院铁路主管部门备案。”第1条规定：“为了维护铁路旅客运输的正常秩序，保护铁路旅客运输合同各方当事人的合法权益，依据《中华人民共和国铁路法》制定本规程。”第1条规定属于该规程的立法目的与立法原则条款，据此可知《铁路旅客运输规程》（1997年版）的基本原则是：维护铁路旅客运输的正常秩序，保护铁路旅客运输合同各方当事人的合法权益。当前，高铁运行速度较传统列车大幅提升，只有更高、更严苛的安全标准才能确保铁路运营的安全。对乘客进行安全检查并严格限制危险品携带数量，可以降低铁路运行风险，保障铁路高效安全运行，维护乘客的人身财产安全。《公告》降低限带打火机的数量符合《铁路旅客运输规程》的基本原则。因此，即使上诉人杨某某坚持认为将限带打火机的数量从5个降低为2个，减损其合法权益，此规定亦因有规章授权作为依据而不应被认定为违法。

综上所述，《公告》制定主体具有相应职权，其中限制乘客携带2个打火机的规定未减损公民合法权益、不违反上位法规定，其效力应予认定。法院遂判决：驳回上诉，维持原判。

二、撰写心得

本案来得比较意外。本案杨某某起初提起诉讼时，原一审法院以“被告阻止原告进站的行为系旅客运输合同履行中的民事行为，并非行政行为”为由，裁定驳回了杨某某的起诉。杨某某不服提出上诉，原二审承办人系与笔者同一合议庭的张振明法官，合议庭讨论时，大家觉得该案所涉及的问题很新颖、很有研究价值，并且隐约觉得背后应该有故事，因为没有谁会如此巧合地携带了5个打火机（这个数量是未修改时《公告》中规定的打火机携带数量上限）。经过认真研究并经向上级法院请示，该案原二审作出“撤销一审裁定，指令一审法院继续审理”的裁定。未曾想，几个月后，当笔者阅卷时，发现自己成了二审承办人，有些意外，更有些兴奋。基于之前的了解，笔者确认该案需要被重点对待。为此，笔者提前做了些准备：一是检索了相关案例和文献，梳理实践观点；二是请教了几位行政法学者，掌握理论观点；三是安排了开庭审理，以便直接查明事实、全面展开诉辩观点碰撞。

经过庭审调查，笔者锁定了两个焦点：一是《公告》是否属于行政诉讼法中规定的可一并审查的规范性文件；二是《公告》中限制携带2个打火机的规定是否违法。两个问题均是规范性文件一并审查中的重点和难点，在判决书写作时，笔者也不吝笔墨地对此展开了深入的讨论。具体的说理过程，有判决书做展示，不再赘述。笔者想说的是文字背后的一些想法。

（一）要有敢于摘取明珠的勇气

写作目的之所以会如此直接和明确，主要是因为在上届（第四届）全国法院百优文书评选时，很侥幸凭借一篇并不典型的案件获此殊荣。本案的典型性、新颖性和疑难性均在前一案件之上，具备了很好的创作基础。通常，一个案件是否有价值，可以以典型性、新颖性、疑难性和风险度四个要素进行综合评估，前三个要素为正向分值，每个要素最高分值为1分，风险度负向分值，最高分值为负1分。本案没有什么风险，大体可评估为2～3分，属于很好的案苗。况且，有了一次成功，就有了信心和经验，知道努力重点所在，也将打造第二篇百优文书作为目标。庭审之后，笔者首先和合议庭研究确定了案件的判决结果和论证思路，然后交由石璐璐助理草拟初稿。为了确保写作质量，笔者给了助理半个月的交稿时间，同时强调了写作中需要重点论证和注意的事项。初稿质量不错，但距离全国优秀的标准还有提升空间，笔者作了深入修改之后，又向多位同仁请教并反复打磨，直至满意。

（二）要有能够打造亮点的技能

优秀判决之所以优秀，就是要有一般判决所不具备的亮点。回到本案，争议问题之一是"《公告》是否为可一并审查的规范性文件"，此处"规范性文件"在理论上的概念是清楚的，但在个案中，就不是那么想当然的明确。因为对于《公告》，单纯依靠法律规定和司法解释等裁判依据并不能够得出唯一正确的、具有说服力的结论。此时，就需要结合法学理论展开更加深入的解释论证。本判决说理部分运用法学理论对《公告》性质进行要件式分析，以司法方式确认《公告》中关于限制携带易燃、易爆品数量条款的合法性，将在全国范围内成为铁路安检工作的案例，也是本判决书得以超越个案的重要原因。争议问题之二是"《公告》中限制携带5个打火机的规定是否违法"，将争议限缩后发现，一个重要的争点在于限制携带打火机数量是否"减损"乘客权益。这是一个概念解释问题，问题的解决并未耗费太多的精力。因为，法律解释学是笔者长期的主要研究方向，也是兴趣所在，本案所涉及的解释方法亦不深奥，运用文义解释方法即可得出明确结论。法律解释方法的运用，让判决的说理更加深刻、有力、有亮点。

（三）要有不断追求自我奉献的情怀

司法裁判传递的正义是社会正义，影响力判决是法治进步的关键推动力量。网络信息化时代，在官媒与自媒体的共同作用下，判决书的网络传播速度空前，影响范围往往超乎寻常。特殊案件判决书的功能不再限于个案，法官有责任通过裁判说理启发人们去思考，让人们通过生动案例知道什么是社会正义，向人们传递崇法向善的明确信号。判词间所蕴含的法理、事理、情理、价值和规则会如同行为指南一样，易于社会民众理解、接受和模仿。如果一份判决可以发挥法律传播、价值引领和行为指引作用，那么这份判决将会成为法官的名片。法官同仁在繁忙的工作之余，要审视并抛弃"法律民工"这样随波逐流的自嘲，要在平凡的工作岗位上，认真对待每一个案件，精心打造属于自己的优秀判决，以在法治中国的长征之路上亲手镌刻里程碑为责任和荣耀。

（曹磊，山东省济南市中级人民法院法官）

三、专家评析

（一）本判决为类案提供了重要的参考样本

规范性文件在国家治理中占据重要地位，它能够及时回应复杂多变的行政管理需要，为行政管理提供不可或缺的重要依据。作为具有普遍适用效力的规范性文件，如果出现违法或者不适当，其影响将远远超越个案本身。规范性文件一并审查制度可以及时消除上述隐患，是实现良法善治的保障。本案判决以构成要件理论阐释了规范性文件的识别方法，结合立法目的审查了被审查条款的合法性，以司法方式确认了三个规则：一是确认《公告》属于行政法意义上的规范性文件而非民事合同附件，铁路公司所进行的安检属于接受法律法规规章授权而作出的行政行为，由此引发的纠纷属于行政诉讼受案范围。二是铁路公司有权依照上位法授权，制定关于限带物品数量的规范性文件。三是《公告》中限制乘客携带2个打火机的规定，不减损公民合法权益、不违反上位法规定。这些规则为人民法院一并审查规范性文件这类案件提供了多重可资借鉴的经验。

（二）本判决向读者展示了优质的释法说理

一段时间以来，法院判决说理备受关注。本案判决说理很好地解决了判决书说理不足和说理不妥的问题，既透彻有力，又严谨有据。

1. 从说理逻辑结构看，判决书谋篇布局合理，段落层次分明，内容分布详略得当，要点突出。法官整理出了案中两个重要的争议焦点问题，并逐一展开深入论证，推理前提明确，论证层次清晰，论证过程融贯自然。

2. 从说理语言表达看，法官采用了对话交流方式，充分考虑阅读者的体验，兼顾当事人、专业人士和社会公众等不同群体的感受，用读者能理解和接受的方式行文，全文没有表现任何居高临下的傲慢姿态和咄咄逼人的语气。

3. 从说理论证方法看，一方面，裁判说理严格以法律规范为基础展开，在论证过程中，虽借助理论观点作为辅助说理手段，但并不喧宾夺主，很好地平衡了两者之间的关系。另一方面，说理过程高度重视法律方法的运用，对于被审查条款的合法性，运用文义解释方法清楚地辨析了“减损权益”与“限制权益”的区别，正面回应了当事人提出的理由，让裁判过程以文字的形式充分公开，消除当事人和读者的质疑。

（三）本判决向社会传递了严肃的司法理念

“小案”事不小，其往往承载着人民群众对司法办案的信赖、公平正义的期待和对未来美好生活的向往。而社会的公平正义价值体系，也正是由件件小案、桩桩小事构建而成。本案从形式上看标的额极小，却关涉当事人对法律的信任，关涉火车站安检行为的性质以及“限制携带危险品数量”规范性文件的合法性，其意义深远。对本案的处理，充分彰显了公平公正的司法理念和利益平衡的司法智慧，有助于司法形象的树立和公信力的提升。山东省高级人民法院霍敏院长指出，法官要牢固树立“小案事不小、小案不小办”理念，带着感情办精品案，审理好每一起案件，撰写好每一篇法律文书，接待好每一位当事人，用心用情推动案结事了人和，努力以个案公正汇聚起司法公正的磅礴力量。本案判决以大量的时间、精力和笔墨投入，严肃地回应了当事人提出的“小诉求”，以超越个案的裁判理念和规则向社会民众传递了新时代人民法院认真对待每一起案件的态度和决心，有力地维护了法律的权威，塑造了新时代法官司法为民的良好形象。

（点评人：吕芳，山东师范大学法学院副院长、教授）

（2021）鲁 01 行终 1050 号裁判文书原文

第十章 其 他

51. 浙江衡态生物科技有限公司与临海市人民政府会议纪要行为案*

【关键词】

会议纪要 特许经营 公平竞争权 信赖利益 单一来源采购

【裁判要旨】

行政机关在行政决策中应注重对企业公平竞争权、生产经营权和信赖利益的保护。对于市政公用事业特许经营项目的投资者或者经营者，应依法采取公开招标的市场竞争机制确定，同时不得侵犯相关企业基于在先合同所享有的生产经营权和信赖利益。否则，人民法院可以依法撤销相关行政决策，基于权利义务救济必要性、公共利益以及司法谦抑原则的考量，也可以确认违法。

一、简要案情

上诉人（原审原告）：浙江衡态生物科技有限公司（以下简称衡态公司）。

被上诉人（原审被告）：临海市人民政府（以下简称临海市政府）。

2018年11月29日，临海市综合行政执法局（以下简称临海市执法局）与衡态公司签订《临海市餐厨垃圾处理试运行项目合同书》，约定服务内容为临海市餐厨垃圾处理试运行，包括餐厨垃圾的收集、运输及处置，处置量按20吨/日标准（暂定），处置范围以主城区5个街道餐厨垃圾为主。服务期为合同签订之日起2年。如项目验收达到质量标准，如继续实施该项目，优先考虑与原告续签合同。2019年3月6日，衡态公司向临海市执法局提交报告，

---

* （2020）浙行终1145号。

称因处置场地较小无法扩展，至今处于零收益亏损状态，继续运行将濒临倒闭，故申请暂停运行。临海市执法局于2019年3月18日作出回复，要求衡态公司按照合同继续履行相关义务，恢复已停运单位的餐厨垃圾收运处置工作。

2019年4月28日，临海市政府作出〔2019〕3号《常务会议纪要》，其中第7项载明：（1）采用目前国内主流且较为成熟的“预处理+厌氧消化+沼气发电”的工艺，处置我市餐厨（厨余）垃圾。（2）鉴于餐厨（厨余）垃圾处理设施选址一般紧邻垃圾焚烧发电厂以避免“邻避效应”、降低投资成本，同意浙江伟明环保股份有限公司（以下简称伟明公司）在临海市垃圾焚烧发电厂内东北角的8.3亩土地，自行出资建设餐厨垃圾处理项目，日均处理能力为100吨。（3）在餐厨垃圾处理项目开工前，由市政府采取单一来源采购方式向伟明公司购买餐厨垃圾收运处置服务，服务年限5年，自项目正式投用开始计算；服务期满后，在同等条件下，伟明公司拥有续签全市餐厨垃圾收运处置服务合同的优先权。衡态公司不服会议纪要第7项决定，向浙江省台州市中级人民法院（以下简称台州中院）提起诉讼。

案涉合同约定的服务期内，临海市执法局先后两次向衡态公司发出解除合同通知，经分别诉讼，法院均判决撤销解除合同通知，原合同继续履行。

2019年7月8日，临海市发展和改革局作出关于临海市餐厨（厨余）垃圾处理项目核准的批复，核准临海市伟明环保能源有限公司建设临海市餐厨（厨余）垃圾处理项目，项目设计处理量为150吨/天（100吨/天餐厨垃圾+50吨/天厨余垃圾），采用“预处理+厌氧消化+沼气”综合利用工艺。2019年12月3日，临海市住房和城乡建设局许可临海市伟明环保能源有限公司餐厨（厨余）垃圾处理车间施工。目前，该项目已基本建设完成。

临海市伟明环保能源有限公司系伟明公司的全资子公司。

一审台州中院认为：衡态公司的生产经营权益是基于其于2018年11月29日与临海市执法局签订的《临海市餐厨垃圾处理试运行项目合同书》。从原告2019年3月6日向临海市执行局提交的报告看，原告其实已难以按照合同约定的标准量处置相应的餐厨垃圾。在原告无力处置的情况下，被告临海市政府通过会议纪要确定启动新的餐厨垃圾处理项目并无不当。原告认为第7项决定事项侵犯其续签合同的优先权，法院认为，优先权的行使应以同等条件为前提。原告与临海市执法局签订的合同书中约定“处置量按20吨/日标准”“主城区5个街道餐厨垃圾为主”，与第7项决定事项中“日均处理能力为100吨”“全市餐厨垃圾”，日处置量和处置范围均不属同等条件。原告认为该决定事项侵犯其优先权的理由不能成立。综上，一审判决驳回衡态公司的诉讼请求。

二审浙江省高级人民法院（以下简称浙江高院）认为：（1）根据《浙江省餐厨垃圾管理办法》第4条、第7条第2款的规定，临海市政府具有组织领导辖区内餐厨垃圾管理工作的职权依据，有权依法作出被诉决定事项。（2）根据《行政许可法》第12条第2项、第53条，《市政公用事业特许经营管理办法》第2条、第8条及《浙江省餐厨垃圾管理办法》第8条的规定，案涉餐厨垃圾收运处置项目的投资者或者经营者，应依法采取公开招标的市场竞争机制确定。临海市政府未提供证据证明采取单一来源采购方式向伟明公司购买餐厨垃圾收运处置服务符合法定条件，其未经公开招标程序，径行确定伟明公司为临海全市餐厨垃圾收运处置服务的投资者和经营者，不符合法律规定。（3）在衡态公司和临海市执法局签订的案涉合同效力未被否定且合同双方仍实际履行的情况下，临海市政府决定将包括衡态公司处置范围内的餐厨垃圾，向其他企业采购收运处置服务，并更改了工艺类型，侵犯了衡态公司依据在先合同产生的生产经营权益。案涉合同的约定，使衡态公司对于合同服务期满后行政机关继续在合同约定的服务范围内使用黑水虻生物技术开展餐厨垃圾处置以及双方继续合作产生了合理预期，形成了依法应予保护的信赖利益。被诉决定事项的内容隐含了不再与衡态公司合作的意思表示，侵犯了其信赖利益。综上，临海市政府作出被诉决定事项侵犯了衡态公司依据在先合同享有的生产经营权益和信赖利益，且决定以单一来源采购方式购买案涉餐厨垃圾收运处置服务不符合法律规定，依法本应撤销，但撤销被诉决定事项会对社会公共利益造成重大损害，故应确认被诉决定事项违法。原审判决适用法律错误，依法应予撤销。

二、撰写心得

（一）行政决策中应注重保护企业的公平竞争权、生产经营权和信赖利益

法治是最好的营商环境。在浙江全省奋力打造新时代全面展示中国特色社会主义制度优越性的重要窗口，高质量发展建设共同富裕示范区的新发展阶段，营造法治化、现代化的营商环境显得格外重要。这就要求各级地方政府着力构建统一开放、竞争有序的市场体系，平等保护各类市场主体的产权和合法权益。在行政决策过程中，要加强公平竞争审查，审慎评估相关决策对市场竞争的影响，避免滥用行政权力排除、限制公平竞争行为，依法保护

企业的生产经营权利和信赖利益。

1. 餐厨垃圾收运处置等市政公用事业特许经营项目的投资者或者经营者，应依法采取公开招标的市场竞争机制确定，在市场准入环节保护企业公平竞争权。市政公共基础设施具有公益性、社会性、超前性等特点，且投资规模巨大、建设周期长，上述特点决定了相关设施的建设在政府主导的同时，需要充分调动社会资本的投入，并加以规范和引导。投资主体市场化必然要求在市场准入环节引入竞争机制，确保相关企业有序参与竞争，避免“暗箱操作”。

《行政许可法》第 12 条第 5 项、第 53 条规定，实施有限自然资源开发利用、公共资源配置以及直接关系公共利益的特定行业的市场准入等事项行政许可的，行政机关应当通过招标、拍卖等公平竞争的方式作出决定。《市政公用事业特许经营管理办法》第 2 条规定：“本办法所称市政公用事业特许经营，是指政府按照有关法律、法规规定，通过市场竞争机制选择市政公用事业投资者或者经营者，明确其在一定期限和范围内经营某项市政公用事业产品或者提供某项服务的制度。城市供水、供气、供热、公共交通、污水处理、垃圾处理等行业，依法实施特许经营的，适用本办法。”第 8 条规定，市政公用事业特许经营项目，应当向社会发布公开招标条件，通过公开招标，择优选择特许经营授予对象，并向社会公示中标结果。《浙江省餐厨垃圾管理办法》第 8 条规定：“从事餐厨垃圾收运、处置活动应当具备相应的条件。市容环卫行政主管部门通过招标、特许经营等方式确定餐厨垃圾收运企业（以下简称收运企业）、餐厨垃圾处置企业（以下简称处置企业），并与其签订餐厨垃圾收运、处置经营服务协议。”根据上述规定，案涉餐厨垃圾收运处置项目属于依法实施特许经营的市政公用事业范畴，应依法采取公开招标的方式选择投资者或者经营者。

关于餐厨垃圾收运处置服务能否适用《政府采购法》所规定的单一来源采购方式。餐厨垃圾收运处置服务有别于《政府采购法》所规定的一般采购对象。其一，餐厨垃圾属于特殊的公共资源，涉及公共利益；其二，行政机关确定餐厨垃圾收运处置服务的投资者或者经营者涉及特定公共资源的配置和特定行业的市场准入，是为了实现行政管理和公共服务的目标；其三，行政机关和相关投资者、经营者并非平等民事主体，双方就餐厨垃圾收运处置事项订立的协议涉及社会公众切身利益，具有行政法上的权利义务内容。单一来源采购是《政府采购法》所规定的非招标采购方式之一，且该法以及

《政府采购非招标采购方式管理办法》对单一来源采购规定了严格的限制条件。故餐厨垃圾收运处置服务原则上不能适用单一来源采购方式。

本案中，被诉决定事项未采取公开招标的市场竞争机制，而决定采取单一来源采购方式向伟明公司购买餐厨垃圾收运处置服务，不符合法律规定。需要指出的是，临海市执法局系以单一来源采购方式与衡态公司签订《临海市餐厨垃圾处理试运行项目合同书》，但衡态公司对此并无过错，其基于合同享有的相关权利仍应依法受到保护，且衡态公司取得经营权在先，被诉决定事项作出在后，上述违反法定程序事项不影响衡态公司依据前述合同主张生产经营权和信赖利益受到损害。

2. 保护企业基于行政协议享有的生产经营权和信赖利益。为营造法治化营商环境，行政决策中应充分尊重履行过程中相关行政协议的效力，非因国家利益、社会公共利益受损而依法变更、解除协议，不得侵犯企业基于协议所享有的生产经营权和信赖利益。否则，相关行政机关将承担败诉风险以及相应赔偿责任。

根据《浙江省餐厨垃圾管理办法》的相关规定，市、县人民政府依法有权统筹安排其辖区范围内餐厨垃圾收运处置设施和运行体系。同时，考虑到餐厨垃圾收运处置环保要求高、时效性强，如不能及时有效进行收运处置将极大地影响城市市容、环境卫生和公众健康等公共利益的特点，在现有设施和运行体系无法正常运作的情况下，市、县人民政府基于其自身的职责，应当做好组织协调工作，及时采取有效措施或制定相应的预案，但同时应兼顾现有的餐厨垃圾收运处置服务合同履行期内相关企业的生产经营权利和信赖利益。被诉决定事项作出之前，衡态公司已经依据其与临海市执法局签订的合同，取得临海市主城区 5 个街道餐厨垃圾收运处置项目的经营权。在衡态公司于 2019 年 3 月主动向临海市执法局申请暂停运行并擅自停止收运城区学校产生的餐厨垃圾的情况下，临海市政府作出被诉决定事项可以认为确系事出有因。但衡态公司提出的暂停运行申请并未获得准许，临海市执法局明确要求衡态公司继续履行合同义务，此后衡态公司虽然存在擅自停止部分收运处置服务的违约行为，但双方均未停止履行合同。根据生效判决的认定，在被诉决定事项作出之前，衡态公司对餐厨垃圾的实际日处置量未违反合同约定，临海市执法局亦未作出解除合同的决定。案涉合同虽然并不产生限制其他企业参与临海市餐厨垃圾收运处置行业竞争的效力，但在案涉合同效力未被否定且合同双方仍实际履行的情况下，临海市政府就本市餐厨垃圾收运处置事项作出新的决策，应充分尊重在先合同的效力，其决定将包括衡态公司处置范围内的餐厨垃圾，向其他企业采购收运处置服务，并更改了工艺类型，侵犯了衡态公司依据在先合同产生的生产经营权益。同时，案涉合同关于"服务期为合同签订之日起2年。如项目验收达到质量标准，如继续实施该项目，优先考虑与衡态公司续签合同"的约定，使衡态公司对于合同服务期满后行政机关继续在合同约定的服务范围内使用黑水虻生物技术开展餐厨垃圾处置以及双方继续合作产生了合理预期，形成了依法应予保护的信赖利益。被诉决定事项的内容隐含了不再与衡态公司合作的意思表示，侵犯了其信赖利益。

（二）地方政府在以常务会议纪要等形式作出重大决策时，应遵循法定程序并建立相应的合法性审查机制

党中央、国务院高度重视科学民主依法决策。党的十八届四中全会提出，健全依法决策机制，把公众参与、专家论证、风险评估、合法性审查、集体讨论决定确定为重大行政决策的法定程序。但实践中，地方政府往往相对重视规范性文件的制定发布程序和合法性审查，有时会忽略以常务会议纪要等形式作出重大决策时应遵循的法定程序以及相应的合法性审查。虽然会议纪要一般作为不发生外部法律效力的内部行政行为不纳入行政诉讼的受案范围，但实践中也有例外（如本案所涉会议纪要，因其决定事项具体明确，与衡态公司在先签订的合同利益明显冲突，且该决定事项已经外化直接付诸实施，对衡态公司权利义务已经产生实际影响，故纳入司法审查），且无论是否纳入司法审查，从全面依法行政的角度，亦应当不断健全行政决策机制，规范行政决策程序，以提高行政决策的科学化、民主化、法治化水平。

浙江省人民政府于2015年8月31日发布浙江省人民政府令第337号——《浙江省重大行政决策程序规定》，自2015年10月1日起施行，明确规定了本省县级以上人民政府及其部门作出重大行政决定事项的范围、原则，并对公众参与、专家论证、风险评估、合法性审查、集体讨论决定等程序进行了具体规定。国务院于2019年4月20日发布国务院令第713号——《重大行政决策程序暂行条例》，自2019年9月1日起施行，以行政法规的形式对重大行政决策程序进行规范。上述规定为地方政府作出重大行政决策提供了法律遵循。

本案餐厨垃圾收运处置事项涉及环境保护、资源分配的决策，与社会公众利益密切相关，如当时能依照地方政府规章的规定，广泛听取社会公众和利益相关者的意见、建议，组织专家论证、风险评估，特别是对决策方案进行充分的合法性审查，则可以有效地避免违法后果的发生，值得引以为鉴。

（三）确认违法判决的裁判考量

临海市政府作出被诉决定事项侵犯了衡态公司依据在先合同享有的生产经营权和信赖利益，且决定以单一来源采购方式购买案涉购买餐厨垃圾收运处置服务不符合法律规定，本应依法予以撤销。但综合考量以下因素，决定确认被诉决定事项违法，而不撤销。

1. 权利义务救济必要性。行政诉讼的目的在于解决行政争议，保护公民、法人和其他组织的合法权益，监督行政机关依法行政。人民法院通过对行政行为合法性的审查，纠正违法的行政行为，通过行政赔偿、行政补偿使受到侵害的合法权益得以恢复和救济，最终实现实质性化解行政争议的目的。为了实现这一目的，人民法院在选择裁判方式时需要尽可能实现对违法行政行为的监督和纠正力度与受到侵害的合法权益得以恢复和救济的需求相匹配。据此，权利义务救济必要性成为裁判方式选择中的重要考量因素。本案中，衡态公司自 2019 年 8 月至案涉合同约定的服务期届满前均未恢复生产经营，导致案涉合同约定范围内的餐厨垃圾主要依靠传统的焚烧方式由临海市伟明环保能源有限公司的垃圾焚烧发电厂进行焚烧。临海市执法局先后两次作出解除合同的通知，虽均被法院判决撤销并要求继续履行合同，但事实上，双方的合作已陷入僵局，衡态公司亦自认在合同履行期间始终处于亏损状态，按原来的经营规模无法扭转。现案涉合同约定服务期已届满，即使撤销被诉决定事项，双方亦无继续合作的可能性。衡态公司的相关损失，系由其自身过错和违法行政行为共同造成，其可以依法主张行政赔偿或者针对案涉合同寻求救济。本案作出确认违法之判决，已经实现了对权利的救济。

2. 公益与私益的利益衡量。《行政诉讼法》第 74 条第 1 款第 1 项规定，行政行为依法应当撤销，但撤销会给国家利益、社会公共利益造成重大损害的，人民法院判决确认违法，但不撤销行政行为。这是为了防止因保护个体的微小利益而造成国家和社会利益的重大损害而形成的制度，是公益和私益之间的利益衡量和取舍。本案中，临海市相关部门已经根据被诉决定事项开展新的餐厨垃圾收运处置项目，作出相关行政行为。撤销被诉决定事项会使后续行为的合法性面临挑战，波及面较大。另外，以焚烧方式处理餐厨垃圾仅是权宜之计，餐厨垃圾热值较低，并不适合焚烧处置，不仅对焚烧设备带来压力，还伴随二噁英等排放指标较高等环境问题。因此，建设新的餐厨垃圾处理项目具有现实紧迫性和必要性。事实上，临海市伟明环保能源有限公司投资数千万元在垃圾焚烧发电厂旁新建的餐厨垃圾处理项目在本案二审判决前已基本完工。撤销被诉决定事项，不仅会造成临海市的餐厨垃圾得不到及时有效的处置，也会造成现有项目投资的浪费，从而对社会公共利益造成重大损害，当然还会损害案外人的利益。据此，从利益衡量的角度，被诉决定事项应确认违法。

3. 司法谦抑原则。人民法院在行政诉讼中应当坚持司法谦抑原则，在行使审判权对行政机关依法行政进行监督的同时，要尊重行政机关行使自由裁量权，尽可能尊重行政机关对事实和法律问题的初次判断，以及对技术问题的专业判断，克制以司法权代替行政权的冲动，确保行政管理活动的依法、高效、有序运转。司法谦抑原则要求人民法院准确确定被诉行政行为的审查范围、审查强度，正确适用判决方式。本案中，被诉决定事项涉及临海市餐厨垃圾收运处置设施的布局和建设方案，事关规划、用地、环保、专业技术以及“邻避效应”等各方面的事项，基于司法谦抑性的立场，应尽可能地尊重行政机关对相关事项判断和决策。同时，基于前文的分析，被诉决定事项虽然违法，但新的餐厨垃圾处理项目总体上是符合公共利益的，保留被诉决定事项的效力有利于正向行政管理目标的实现，也有利于维护社会公众的长远利益。

在裁判文书的撰写过程中，不可能也没有必要将案件办理过程中所有关注点或者考量的因素呈现到裁判文书中，需要抓住争议焦点，区分事实争议和法律争议，做到层次清晰、论证充分、详略得当。因此，本案裁判文书结合争议焦点分为四个层次进行阐述：一是行政机关的职权依据，这部分主要援引相关法律依据，因条文内容清晰明确，无须展开。二是从公平竞争权角度论述单一来源采购方式的合法性。该部分属于法律争议，其论证的逻辑顺序是：（1）法律规定市政公用事业特许经营项目的投资者和经营者应依法采取公开招标的市场竞争机制确定；（2）餐厨垃圾收运处置服务属于市政公用事业特许经营项目；（3）单一来源采购方式属于非招标采购方式；（4）得出单一来源采购方式不能适用的结论。该部分的论证重点在于对餐厨垃圾收运处置服务和单一来源采购方式的定性分析。三是从生产经营权和信赖利益角度进一步论述被诉行政行为的合法性。该部分事实争议和法律争议交织，需要结案案情，找准切入点加以详细分析阐述。四是关于裁判方式的选择。由于撤销行政行为会给社会公共利益造成重大损害，是行政诉讼法规定的人民法院判决确认违法而不撤销行政行为的法定情形之一，故裁判文书以此作为主要理由，而权利救济必要性和司法谦抑方面的考量则隐含其中。此外，关于重大行政决策应遵循法定程序并建立相应的合法性审查机制，系对案件审理的延伸思考，与本案争议焦点无关，故不在文书中涉及。

（许勤，浙江省高级人民法院法官）

三、专家评析

本案是较为典型的将政府行政决策纳入司法审查且被判决确认违法的案例。案件以餐厨垃圾收运处置项目行政协议解除为切入点，深入探讨了行政机关如何依法保护投资企业信赖利益、公平竞争权，对行政机关行使行政优益权如何进行司法审查等问题，对司法实践中服务保障法治化营商环境建设具有较强的示范引领作用。

（一）充分考量了投资企业合理信赖利益和公平竞争权的保护问题

法治化营商环境建设中，涉投资企业合法权益保障是非常重要的一项内容，需要行政机关、司法机关认真对待。尤其是案涉餐厨垃圾收运处置项目，不仅涉民生，且存在环保要求高、时效性强，投资大、建设收益周期长等特点。因此，政府在行使行政优益权时，一方面，要考虑企业基于在先投资协议、经营行为所形成的信赖利益；另一方面，在市场准入环节，应当依法采取公开招标的市场竞争机制确认后续投资者或者经营者，原则上不能适用单一来源采购方式，以依法保护包括投资企业在内市场主体的公平竞争权。

（二）严格审查了行政机关行使单方变更权

《最高人民法院关于审理行政协议案件若干问题的规定》第16条第1款规定：在履行行政协议过程中，可能出现严重损害国家利益、社会公共利益的情形，被告作出变更、解除协议的行政行为后，原告请求撤销该行为，人民法院经审理认为该行为合法的，判决驳回原告诉讼请求；给原告造成损失的，判决被告予以补偿。该司法解释明确了行政机关可以基于维护国家利益和公共利益考量，行使行政优益权，但必须有法定事由，遵循法定程序，并进行合理补偿。案涉会议纪要实质上产生了单方解除行政协议的效力，因此要对其合法性进行全面严格审查。对未遵循重大行政决策程序、侵犯信赖利益和公平竞争权的行政行为，应当依法确定其违法性。

（三）依法选择了合理裁判方式

案涉会议纪要虽然违法，但并非必然撤销。公益与私益平衡考量，尊重行政机关判断权与司法谦抑是本案裁判方式选择过程中的主要考虑因素。案涉行政协议约定的合作期限已届满，在此之前企业未恢复生产经营，双方亦无继续合作的可能性，建设新的餐厨垃圾处理项目具有现实紧迫性和必要性，且客观上新项目已基本完工，加上尊重行政机关对专业领域事项判断和决策的谦抑立场，二审法院选择了确认会议纪要违法的裁判方式。

总体而言，本案裁判说理充分、判决方式得当，依法保护了市政公用事业领域相关经营者的合法权益，有利于维护良好的营商环境，具有较好的示范作用。

（点评人：葛宏伟，浙江省高级人民法院行政审判庭庭长）

（2020）浙行终 1145 号裁判文书原文

52. 承德安业房地产开发有限公司诉承德市自然资源和规划局行政征缴案*

【关键词】

政府规划变更　补缴土地出让金　二审评估

【裁判要旨】

相对人请求撤销城乡规划主管部门作出的补缴土地出让金通知，法院在认定该行政行为主要证据不足应予撤销的情况下，考虑到城乡规划主管部门重新作出行政行为的唯一途径是按照法定程序重新进行评估，而双方当事人在诉讼程序中明确提出由人民法院委托评估机构进行评估的主张，为实质解决纠纷，法院可在诉讼中启动评估程序，明确行政机关重新作出具体行政行为的依据，而非简单判决“重新作出行政行为”。

一、简要案情

2005 年 12 月 12 日，承德市城乡规划局作出 2005（52）号承德市汇强矿业大厦用地规划设计条件，其中建筑设计要求中容积率为：在建筑间距符合现行国家有关防水、救灾等规范及规定要求的条件下，容积率不超过 3.5。

2006 年 11 月 30 日，承德市规划审批委员会召开专题会议，认为汇强矿业大厦第二号规范方案总平面布局合理，建筑简洁、现代，城市景观效果较好，基本符合城市规划要求。该规划方案总建筑面积 72 180 平方米，其中，地上总建筑面积 67 626.9 平方米，容积率 4.76，建筑密度 35%，会议原则同意该方案。

2007 年 1 月 15 日，原告承德安业房地产开发有限公司取得大石庙镇偏岭北侧地块的土地使用权。2007 年 4 月 3 日，承德市人民政府为原告办理了国有土地使用权证（证号：承市国用〔2007〕第 043 号）。原告在该地块开发建设汇强矿业大厦项目。

2008 年 8 月 21 日，承德市城乡规划局依据承德市人民政府办公室 2007

* （2020）冀 08 行终 8 号。

年下发的（承市政办字〔2007〕82 号）《关于批转市规划局国有土地使用权出让转让地块规划设计条件和规划方案调整办法的通知》等，向承德市国土资源局发出关于部分规划条件变更情况的函，其中汇强矿业大厦用地原发规划条件［（2005）52 号］容积率为不超过 3.5，批准的修规容积率为 5.0。

受承德市国土资源局委托，2015 年 9 月 2 日河北金峰土地评估有限公司作出土地评估报告……依据承德市规划审批委员会专题会议纪要〔2006〕3 号关于同意汇强矿业大厦调整规划方案，评估基准日确定为 2006 年 11 月 30 日；土地用途：待估宗地证载为商业用地；容积率：待估宗地原规划容积率为 3.5，改变规划条件后容积率为 5.0。补缴地价款 881.05 万元。

2015 年 10 月 10 日，被告向原告作出承国土资地〔2015〕26 号《承德市国土资源局关于大石庙偏岭地块（汇强矿业大厦项目）规划条件变更补缴土地出让金的变更通知》，要求原告接到此通知后 30 日内补缴因容积率由 3.5 调整为 5.0 的土地出让金 881.05 万元，原发承国土资地〔2012〕168 号文件作废。原告于 2016 年 1 月 7 日收到该通知，逾期未补缴土地出让金。

被告于 2018 年 8 月 20 日向原告作出《承德市国土资源局关于催缴大石庙偏岭地块规划条件变更涉及补缴土地出让金的通知》，该通知载明：……鉴于你公司使用的大石庙偏岭地块规划容积率由 3.5 调整为 5.0，根据《关于加强国有土地资产管理的通知》（国发〔2001〕15 号）文件，提高容积率需补缴土地出让金。经评估确认你公司应补缴土地出让金 881.05 万元，但你公司至今尚未缴纳。请你公司接此通知后 30 日内来我局办理补缴土地出让金相关手续。

原告对应补缴的土地出让金金额有异议，据此向承德市双桥区人民法院提起行政诉讼，请求撤销被告于 2018 年 8 月 20 日作出的《承德市国土资源局关于催缴大石庙偏岭地块规划条件变更涉及补缴土地出让金的通知》。

二、撰写心得

1. 本案最终“实质上解决了案涉当事人的纠纷，达到了案结、事了、人和的法律效果和社会效果的统一”，这应当是本案文书能够获奖的最大指导意义和现实意义。

2. 该判决认定事实清楚，适用法律、法规正确，审判程序合法；文书布局合理、合规，论理严谨，逻辑清晰，语言表达准确，这应当是本案文书能够获奖的内在因素。

3. 在原、被告均同意由人民法院依照法定程序对案涉补缴土地出让金金额进行评估确认的情况下，人民法院应当尊重当事人的意愿，支持并积极按照法定程序组织实施。这是人民法院应当有的作为和担当。

本案原、被告在一审时既然已经提出“由一审法院组织对补缴土地出让金金额进行评估”，一审法院对此“未置可否”确属违法，二审法院应当对此依法予以纠正。

二审法院根据双方当事人明确提出的“由二审法院组织对案涉补缴土地出让金金额进行评估确认”，并按照法定程序主动作为，对其评估结果的最终确认，既从程序和实体上充分保证了“双方当事人合法权利（如果一审法院组织评估，当事人对评估结果有上诉权）的行使”，也避免了行政资源的浪费，同时，亦在客观上防止了相对人的重复诉累，最为重要的是，本案的结果彻底解决了案涉企业多年未能解决的系列实际问题，最大限度地达到了“案结、事了、人和”的法律效果和社会效果的有机统一。这是本案的“突破”，也应当是本案的亮点之一。

4. 在本案的审理中，二审法院着重实质性解决纠纷的理念和思路，切实体现了行政诉讼定分止争的立法目的。这亦是本案的亮点之一。

5. 因承德市城乡规划局依照法定程序改变案涉土地利用规划导致了已取得该土地使用权的相对人须补缴土地出让金，当属于法有据。但补缴土地出让金的金额多少不能只由本案被告自行单方决定，必须按照相关法律法规的明确规定，依照法定程序，由具有法定资质的专业机构进行评估并最终确认具体金额。

（刘松平，河北省承德市中级人民法院法官）

三、专家评析

总体评价：该判决书结构完整，格式规范，逻辑清晰，论理透彻，注重实质化解行政争议，避免程序空转，减少当事人诉累，法律效果和社会效果俱佳。

具体评价：本案一审判决判令“承德市自然资源和规划局在法定期限内重新作出行政行为”，没有充分尊重“双方当事人申请法院委托评估机构进行评估的诉讼请求”，也使纠纷并未得到充分解决，案件纠纷又一次进入新一轮的行政程序，将来亦可能又一次进入司法程序，客观上增加了当事人诉累。二审判决秉承充分“尊重当事人的意愿、着力化解矛盾、案结事了”的原则和目的，在不干预行政权依法行使的基础上，根据行政机关和行政相对人均向法院提出“由法院委托进行评估”的诉求，依法委托评估公司对涉案土地进行评估，并对采信评估结果的理由进行了充分阐述，有效节约了行政和司法资源，实现了行政诉讼定分止争、解决行政争议的立法目的，体现了双赢、多赢、共赢的行政审判现代化新理念。

（点评人：魏立超，河北省高级人民法院行政庭副庭长，河北省“全省审判业务专家”）

（2020）冀 08 行终 8 号裁判文书原文

第三编　国家赔偿类

53. 海东市乐都区新民种植专业合作社和海东市乐都区人民政府、海东市乐都区瞿昙镇人民政府行政赔偿案*

【关键词】

行政赔偿　“大棚房”　养殖场　信赖利益

【裁判要旨】

“大棚房”清理整治行动开展以前，有关行政机关并未对行政相对人的建设行为作出处理，反而向其发放专项补贴及资金，对其发展养殖予以鼓励和支持。且行政机关亦未提交案涉土地在建设前已纳入乡、村庄规划区，须办理建设规划许可手续等相关证据。相对人对养殖设施的建设投入具有部分合理信赖利益，其合法权益损失应界定为基于对行政机关的信任而支出的部分养殖设施建设成本以及其他合法财产损失。

一、简要案情

2010年10月27日，权某有设立乐都县新民养殖专业合作社。2018年9月14日，农业农村部、自然资源部共同印发《关于开展“大棚房”问题专项清理整治行动坚决遏制农地非农化的方案》的通知。该通知规定，为切实加强耕地保护，坚决遏制农地非农化现象，从2018年9月至12月在全国范围内集中开展“大棚房”问题专项清理整治行动，坚决遏制农地非农化。为贯彻执行通知要求，海东市人民政府办公室于2018年10月10日印发东政办

* （2021）青行赔终51号。

〔2018〕207号《关于印发海东市“大棚房”问题专项清理整治行动坚决遏制农地非农化工作方案的通知》，海东市乐都区人民政府办公室于2018年10月12日印发乐政办〔2018〕200号《海东市乐都区“大棚房”问题专项清理整治行动坚决遏制农地非农化工作方案》。海东市乐都区瞿昙镇人民政府（以下简称瞿昙镇政府）根据上述通知及工作方案部署，对本辖区内存在的“大棚房”问题进行清理排查，经排查确认权某有经营的养殖场在未取得用地手续情形下，占用村集体土地，属于“大棚房”问题整治清理范围。2019年1月24日，经海东市乐都区市场监督管理局审查，准予权某有将乐都县新民养殖专业合作社更名为海东市乐都区新民种植专业合作社（以下简称新民合作社）。2019年1月28日，瞿昙镇政府作出《瞿昙镇“大棚房”排查问题整改方案》，针对权某有养殖场整治问题提出整改方案。同日，瞿昙镇政府对权某有作出《限期拆除通知书》，通知其自接到该通知之日起至1月29日18时之前自行拆除违法建筑，逾期未拆除，将依法组织强制拆除。2019年2月25日，瞿昙镇政府对权某有作出《强制拆除通知书》，限权某有3日内自行拆除违法建筑并清理搬运相关物品及设施，否则3日后瞿昙镇政府将组织联合执法对违法建筑依法进行强制拆除，造成的损失自行承担。2019年2月28日，海东市乐都区人民政府（以下简称乐都区政府）、瞿昙镇政府组织联合执法队对新民合作社养殖场予以强制拆除。2019年3月18日，新民合作社向青海省海东市中级人民法院提起行政诉讼，请求确认乐都区政府、瞿昙镇政府实施的强制拆除行为违法，该案经一审、二审、发回重审等审判程序，最终由青海省高级人民法院于2021年7月15日作出（2021）青行终36号行政判决，以乐都区政府、瞿昙镇政府实施的强制拆除行为违反法定程序为由判决确认乐都区政府、瞿昙镇政府拆除新民合作社的行政行为违法。2021年8月4日，新民合作社就乐都区政府、瞿昙镇政府违法拆除行为造成的损失提起本案行政赔偿诉讼，主张赔偿1 937 800元，并提交赔偿明细清单、照片予以证实。乐都区政府、瞿昙镇政府提交《限期拆除通知书》《强制拆除通知书》《2019年瞿昙镇新联村权某有拆除房屋登记表》作为其主张不予赔偿的证据。

二、撰写心得

本案系行政机关实施的强制拆除行为被生效判决确认违法后引起的行政赔偿纠纷。行政赔偿诉讼争议主要集中于先确定存在违法行政行为以及受到该行为侵害的合法权益事实，后进一步认定具体的赔偿方式、项目、金额等问题。具体到本案，重点涉及对“是否赔、怎么赔、赔多少”争议问题的审查认定。笔者将审理思路具体梳理如下。

（一）关于乐都区政府、瞿昙镇政府应否对新民合作社被强制拆除的养殖场损失予以赔偿的问题

《国家赔偿法》第2条第1款规定：“国家机关和国家机关工作人员行使职权，有本法规定的侵犯公民、法人和其他组织合法权益的情形，造成损害的，受害人有依照本法取得国家赔偿的权利。”据此，违法行政行为对受害人的合法权益造成侵害，是受害人依法取得国家赔偿的前提之一。乐都区政府、瞿昙镇政府主张新民合作社在未取得用地手续的情形下，占用村集体土地修建养殖场，属于“大棚房”问题整治清理范围，其实施的强制拆除行为虽因违反法定程序被生效判决确认违法，但并未对新民合作社的合法权益造成侵害，不应承担国家赔偿责任。2018年9月14日，农业农村部、自然资源部共同印发《关于开展“大棚房”问题专项清理整治行动坚决遏制农地非农化的方案》的通知，决定从2018年9月至12月在全国范围内集中开展“大棚房”问题专项清理整治行动。该通知规定的清理整治范围涉及对占用耕地特别是永久基本农田建设非农设施，改变土地性质和用途的违法违规建设行为，依法依规进行全面清理整治，重点清理整治工商资本和城市居民到农村非法占用耕地变相开发房地产和建设住房行为，主要包括以下三类问题：（1）在各类农业园区内占用耕地或直接在耕地上违法违规建设非农设施，特别是别墅、休闲度假设施等；（2）在农业大棚内违法违规占用耕地建设商品住宅；（3）建设农业大棚看护房严重超标准，甚至违法违规改变性质用途，进行住宅类经营性开发。可见，开展“大棚房”问题专项清理整治行动，其目的是切实加强耕地保护，坚决遏制农地非农化现象。《国土资源部、农业部关于促进规模化畜禽养殖有关用地政策的通知》（国土资发〔2007〕220号）规定，兴办规模化畜禽养殖所需用地按农用地管理，不需办理农用地转用手续。申请规模化畜禽养殖需经乡（镇）人民政府同意，向县级畜牧主管部门提出规模化养殖项目申请，进行审核备案。经县级畜牧主管部门审核同意后，乡（镇）国土所要积极帮助协调用地选址，并到县级国土资源管理部门办理用地备案手续。《国土资源部、农业部关于进一步支持设施农业健康发展的通知》（国土资发〔2010〕155号）规定，设施农用地分为生产设施用地和附属设施用地，按农用地管理，不需办理农用地转用手续。农业设施的建设与用地由经营者提出申请，乡镇政府申报，县级政府审核同意。依据上述规定，设施农用地的使用虽无须办理建设用地转用手续，但仍应当办理设施农用地建设的用地手续，并经有关部门审核备案。本案中，新民合作社虽未举示证据证明其修建养殖场时办理了相关用地手续、取得了规范审核备案，但养殖场属于农业设施，新民合作社亦不存在看护房超标等违法违规问题，与改变土地性质进行的非农建设有着本质区别，不属于上述方案中规定的清理整治范围，瞿昙镇政府将新民合作社养殖场纳入“大棚房”问题清理整治范围不当。加之“大棚房”问题专项清理整治行动开展前，行政机关并未对新民合作社的建设行为作出相应处理，反而以发放专项补贴资金等形式，对新民合作社发展养殖予以鼓励和支持，故新民合作社对养殖场的建设投入具有一定的合理信赖利益，对其建设费用的损失，乐都区政府、瞿昙镇政府应当依法赔偿。

（二）关于赔偿方式的确定问题

《国家赔偿法》第 32 条规定：“国家赔偿以支付赔偿金为主要方式。能够返还财产或者恢复原状的，予以返还财产或者恢复原状。”养殖场已经拆除灭失，案涉土地也已于 2015 年纳入景区规划，不具备返还或者恢复原状的客观基础，故确定以支付赔偿金为本案的赔偿方式。

（三）关于赔偿金额的确定问题

《国家赔偿法》第 15 条第 1 款规定：“人民法院审理行政赔偿案件，赔偿请求人和赔偿义务机关对自己提出的主张，应当提供证据。”行政赔偿诉讼的各方当事人在行为意义上都应当积极提供证据，以利于人民法院查清案件事实，依法公正、及时作出裁判。但在结果意义上，仍须有一方当事人承担举证责任，此种举证责任通常是依据“谁主张，谁举证”的原则分配，原告应当就行政行为是否造成损失、具体损失金额多少承担相应举证责任。新民合作社请求乐都区政府、瞿昙镇政府赔偿其养殖场损失 1 937 800 元，范围包括大门、猪舍、围墙、污水管道、污水处理井、母猪产床、单体限位栏、仔猪保育床、自动喂料机，但其仅提交赔偿明细清单、照片作为赔偿依据，无法证实具体损失大小及金额。瞿昙镇政府提交《2019 年瞿昙镇新联村权某有拆除房屋登记表》，表中登记有围墙、猪舍、消毒室、大兔子、仔兔、鸡和产床的数量等内容，但未登记具体金额。在被诉行政行为确已给原告造成损失，但原、被告双方又无法证明具体损失金额的情况下，法庭可以结合国家赔偿价值取向、举证目的、证明对象的实际情况等，对全案证据进行综合审查，并遵循法官职业道德，运用逻辑推理和生活经验进行全面客观和公正的分析判断，依法对损失金额予以认定。笔者综合考虑行政机关的信息优势、公信力及对政府违法行为的惩戒，同时结合相关养殖设施被拆除时的市场价值以及养殖者投入的合理建设成本等客观因素酌情确定了本案的赔偿金额。

（孔菲，青海省高级人民法院法官）

三、专家评析

本案系“大棚房”问题专项清理整治行动中，行政机关因实施违反法定程序的强制拆除行为引发的行政赔偿纠纷。人民法院在审理涉行政机关贯彻执行国家政策类案件时，既要为政策落实落地提供有力的司法保障和支持，又要切实发挥行政审判监督职能，防止个别行政机关因对政策规定的不当理解和执行，对行政相对人的合法权益造成侵害。

行政相对人基于对行政管理的信任而作出的一定行为，此种行为所产生的正当利益应当予以保护。本案在认定新民合作社是否具有依法获得国家赔偿的前提和基础，即是否具有被违法行政行为所侵害的合法权益时，并未机械遵照行政机关的相关认定，而是以案件事实为依据，合理区分农业设施与纳入“大棚房”问题清理整治范围的违法违规设施在是否改变土地性质、进行非农建设等主要问题上的实质区别，同时考虑到新民合作社的建设行为本身虽不具备合法合规的用地手续和审核备案，但其系基于对行政机关鼓励扶持其发展养殖行为的信任而逐步投入建设资金建成养殖场，具有一定需要保护的正当利益，进而认定新民合作社被强制拆除产生的损失属于其合法权益范畴，乐都区政府、瞿昙镇政府依法应予赔偿，合理协调了行政执法风险与权利救济之间的对峙与冲突。

行政赔偿案件中，举证责任分配的法律逻辑是原则上由原告承担举证责任，在一定条件下举证责任转移至被告，无法举证者承担相应的不利后果。最高人民法院根据现实需求就特殊情形的举证责任要求通过司法解释做了补充，当损失因客观原因无法评估时，则由法院视情况依法酌定行政赔偿金额。由此可见，在行政赔偿案件中，应当先根据举证责任分配规则由一方或双方承担举证责任，法院判断证据的合法性与真实性，根据在案证据计算恰当的行政赔偿金额。当损失因客观原因无法评估，即一方或双方提供的证据不能证明损失时，才能由法院酌定行政赔偿金额。本案即是一则双方举证无法证明损失，只能由法院酌定行政赔偿金额的案例。本案在确定赔偿金额时，养殖场已被拆除灭失，诉讼双方提交的在案证据不能作为证明养殖场价值的申请鉴定证据，在无其他能证明损失金额的情况下，法官根据相对人提供的证据及行政机关的陈述，认定新民合作社养殖场及其他财产损失客观存在后，综合考量诉讼双方的过错程度、养殖场形成的历史原因以及相对人对行政机关的合理信赖利益，结合国家赔偿的价值取向，同时参考养殖设施被拆除时的市场价值以及养殖者投入的合理建设成本等因素有理有据、相对客观地酌情认定相对人的合法权益损失金额，积极回应了人民群众对公正司法的期待，体现了以人民为中心的司法审判理念。

（点评人：刘富梅，青海省高级人民法院行政审判庭庭长、二级高级法官，全省审判业务专家）

（2021）青行赔终 51 号裁判文书原文

54. 鹰潭市圣丰置业有限公司申请鹰潭市中级人民法院违法保全赔偿案*

【关键词】

违法保全　超标的保全　合法性审查　归责原则

【裁判要旨】

对是否违法采取保全措施或者违法超标的保全的判断标准，不以存在差额为依据，应以是否“明显超过”保全标的等法定条件为认定依据。在非刑事司法赔偿违法保全案件中，人民法院应采取违法（过错）加结果损害的多元化归责原则，对赔偿义务机关在行使职权过程中是否存在违法性、违法行为是否产生损害后果以及违法行为与损害结果之间是否具有因果关系进行一并审查。生效法律文书确认的事实，若无相反证据足以推翻，可作为认定保全行为是否合法的事实依据。

一、简要案情

鹰潭市圣丰置业有限公司（以下简称圣丰公司）请求：鹰潭市中级人民法院（以下简称鹰潭中院）赔偿其人民币1874.39万元。事实与理由：鹰潭中院根据江西临川建筑安装工程总公司（以下简称临川公司）的诉请，违法保全圣丰公司的优质财产，存在不应采取保全措施而采取保全措施、明显超出诉讼请求的范围采取保全措施以及依法应当解除保全措施而不解除等重大违法保全事实，给圣丰公司造成巨大经济损失。

法院经审理查明：2016年3月25日，临川公司因与圣丰公司建设工程施工合同纠纷，向鹰潭中院提起诉讼，要求圣丰公司支付工程款、违约金、返还保证金共计3898万元。2016年3月30日，临川公司向该院提出财产保全申请，请求查封圣丰公司3900万元银行存款或者相等价值的财产，中国人民财产保险股份有限公司鹰潭市分公司（以下简称人保鹰潭分公司）提供担保。2016年3月30日，该院作出（2016）赣06执保14号民事裁定，查封、冻

* （2021）赣委赔3号。

结、扣押圣丰公司所有的价值3900万元人民币的财产。2016年3月31日，该院查封了圣丰公司名下的坐落于鹰潭市高新区体育馆北路166号信运之星共计52套公寓。同日，查封了圣丰公司受让的一宗总面积为4667平方米的土地。2016年9月，圣丰公司向该院提交请求解除部分查封的报告，要求解除对2703平方米土地的查封，2016年10月，临川公司提出异议，强烈反对该院解除查封。2016年11月，圣丰公司以欠税费为由请求该院解除对52套公寓的查封。2016年12月8日，该院作出（2016）赣06民初15号民事裁定，解除50套公寓的查封。2016年12月9日，该院作出（2016）赣06民初15号民事判决：圣丰公司给付临川公司工程款1214.9279万元及利息；圣丰公司返还临川公司履约保证金300万元并支付利息；驳回临川公司的其他诉讼请求。宣判后，临川公司和圣丰公司均不服，向江西省高级人民法院提出上诉。2016年12月16日，该院解除了50套公寓的查封。2016年12月，临川公司申请复议，要求撤销（2016）赣06民初15号民事裁定书，立即查封解封的50套公寓。2017年1月9日，该院查封了上述圣丰公司名下50套公寓。2017年1月，圣丰公司以其需支付税费和农民工工资近1000万元为由申请解除对52套公寓的查封。2017年3月1日，该院作出（2016）赣06民初15号之二民事裁定：解除对圣丰公司名下50套公寓的查封。2017年3月3日，该院解除对圣丰公司名下50套公寓的查封。2017年5月31日，江西省高级人民法院作出（2017）赣民终100号民事判决：撤销（2016）赣06民初15号民事判决第三项；变更（2016）赣06民初15号民事判决第一项为圣丰公司于判决生效之日起10日内向临川公司支付工程款293.0293万元及利息；变更（2016）赣06民初15号民事判决第二项为圣丰公司于判决生效之日起10日内向临川公司返还保证金300万元及利息；驳回临川公司的其他诉讼请求。2017年7月13日，圣丰公司向该院申请变更保全标的物，并提供了担保人蔡某芬所有的坐落于广州市天河区茶山路238号××××号房作为担保，2017年7月25日，该院作出（2016）赣06民初15号之三民事裁定，查封担保人蔡某芬所有的××××号房；解除对圣丰公司名下信运之星及4667平方米的土地的查封。2017年12月21日，圣丰公司以其信运之星二层商铺为保全标的物申请变更保全标的物，2017年12月25日，该院作出（2016）赣06民初15号之四民事裁定：冻结圣丰公司银行存款600万元或查封、扣押其相应价值的其他财产；解除对蔡某芬××××号房的查封。2017年12月28日，该院查封了圣丰公司所有的信运之星酒店的商铺共四幢。临川公司不服江西省高级人民法院（2017）赣民终100号民事判决，向最高人民法院申请再审。2018年4月8日，最高人民法院作出（2018）最高法民申192号民事裁定：驳回临川公司的再审申请。2019年4月22日，临川公司向该院申请强制执行。在执行过程中，临川公司与圣丰公司达成和解协议，并履行完毕，该院于2019年12月3日作出（2019）赣06执30号之一执行裁定：解除被执行人圣丰公司酒店楼二楼部分、公寓楼部分房产的查封。2020年1月7日，执行完毕。2017年9月6日，圣丰公司以临川公司超标的申请查封其财产，对其造成特别巨大的经济损失为由，向鹰潭中院提起诉讼，要求临川公司赔偿其经济损失18 026 125元及律师费20万元，并要求人保鹰潭分公司承担连带保证责任。2018年3月20日，该院驳回原告圣丰公司的诉讼请求。宣判后，圣丰公司不服，提出上诉。2018年11月15日，江西省高级人民法院判决驳回上诉，维持原判。圣丰公司不服，向最高人民法院申请再审。最高人民法院驳回圣丰公司的再审申请。圣丰公司不服，向江西省人民检察院申诉。江西省人民检察院提出再审检察建议，江西省高级人民法院不予采纳。

另查明，鹰潭中院（2017）赣06民初32号民事判决认定临川公司申请保全查封圣丰公司的4667平方米土地及52套公寓总价值未超过3900万元，圣丰公司不服提出上诉，二审维持原判。江西省高级人民法院（2020）赣民监1号民事决定亦认定鹰潭中院依申请查封的上述土地、公寓价值与临川公司诉讼请求主张的3900万元相当。

二、撰写心得

本案裁判文书针对赔偿请求人的申请理由逐一进行了回应，认定事实清楚，适用法律正确，说理详尽充分，层次清晰明了，逻辑推理缜密，论述有理有据。文书制作规范，法言法语简洁易懂。特别是针对审判实务中争议较大但现有规定不够具体明确的问题，即如何认定明显超标的查封以及如何认定应予解封而未解封的两个问题，该裁判文书作出了全方位的分析回应。同时，针对原告在金钱给付的诉请中，一并对涉案标的物提出了优先受偿权的主张，法院依据其申请查封的该涉案标的物，虽然评估值超出了起诉标的额，但不能认定为超标的查封。

（蔡世军，江西省高级人民法院法官）

三、专家评析

本案是较典型的非刑事司法赔偿案件，其原民事案件历经数个审判程序，涉及民事、执行等多起关联案件，案涉国家赔偿程序，也先后历经鹰潭中院自赔审查、江西省高级人民法院赔委会审理和最高人民法院赔委会申诉审查，因此案情错综复杂。该案申请赔偿的金额高达1800余万元，江西省高级人民法院赔委会经实体审理，驳回其赔偿请求。圣丰公司的申诉亦被驳回。

本案江西省高级人民法院赔委会所撰写的法律文书，全面客观概述了诉辩双方主张的事实和理由，围绕违法保全赔偿的构成要件以及争议事由，准确提炼出三个争议焦点：一是鹰潭中院在涉案财产保全中是否存在对圣丰公司的财产依法不应当采取保全措施而采取保全措施的问题；二是鹰潭中院是否存在明显超出诉讼请求范围采取保全措施的问题；三是鹰潭中院是否存在依法应当解除保全措施而不解除的问题。三个问题直接指向《最高人民法院关于审理民事、行政诉讼中司法赔偿案件适用法律若干问题的解释》中违法保全的法定情形，可谓直击要害。

综观整篇文书，在事实认定上，系在核查争议焦点所涉事实基础上作出，且有充分有效的证据予以佐证，认定事实清楚；在法律适用上，则以查明事实为基础，践行以事实为依据、以法律为准绳的司法原则，适用法律正确；在裁判说理上，针对请求人、义务机关的诉辩主张逐一进行审查分析，说理详尽充分。文书制作规范，层次清晰明了，逻辑推理缜密，用语简洁易懂，论述有理有据。特别是针对审判实务中存在一定争议的问题，即如何认定明显超标的查封，以及如何认定应予解封而未解封等问题，文书作出了全方位、多角度的分析回应，对类案的处理具有一定的启示参考作用。

（点评人：苏戈，最高人民法院国家赔偿办副主任）

（2021）赣委赔3号裁判文书原文

55. 张某某诉安顺市平坝区人民政府行政赔偿案*

【关键词】

征收房屋性质认定　举证责任分配　评估时点

【裁判要旨】

1. 市、县级人民政府在征收过程中，有权对未经登记房屋的性质、用途进行认定，人民法院在无确切证据予以推翻情况下，不宜直接否定人民政府作出的认定结论。

2. 人民法院在审理行政赔偿案件中，应当综合全案证据分配举证责任，只有在原、被告双方均无法提供有效证据证明实际损害的情况下，才能适用“举证责任倒置”规则。

3. 行政赔偿系对因违法行为造成的直接损失进行赔偿，原则上应当以侵权行为发生时作为评估时点。

一、简要案情

2015 年 7 月，安顺市平坝区人民政府（以下简称平坝区政府）作出棚户区人民改造征收决定，张某某房屋在征收范围内。2017 年 1 月，平坝区政府在未进行补偿，也未依照法定程序申请人民法院强制执行的情况下，将张某某房屋强制拆除，该拆除行为已经生效判决确认违法。张某某向平坝区政府申请行政赔偿，平坝区政府于 2019 年 3 月作出行政赔偿决定。张某某不服该行政赔偿决定，向安顺市中级人民法院提起行政赔偿诉讼，该院作出（2019）黔 04 行赔初 65 号行政判决，贵州省高级人民法院以事实不清为由作出（2020）黔行赔终 85 号行政赔偿裁定，发回重审。安顺市中级人民法院重审后作出（2020）黔 04 行赔初 18 号行政赔偿判决，张某某、安顺市平坝区政府仍不服，向贵州省高级人民法院提起上诉。

案涉被拆除房屋可分为三个部分：（1）二层土木结构房屋，系张某某

* （2021）黔行赔终 76 号。

2008 年继承所得，有证面积 23.8m^2，该房屋前有无证砖木结构房屋；（2）二层土木结构房屋前 15.31m^2 砖混结构房屋；（3）二层土木结构房屋后 91.64m^2 二层房屋；（4）2.59m^2、9.95m^2 的简易结构房屋，14.25m^2 的楼梯棚；（5）水沟 1.872m^3，水泥台阶 5.98m^2。张某某 2008 年继承二层土木结构房屋后，于 2011 年 8 月向当地住建局提交房屋维修申请，并承诺：（1）不对房屋进行改、扩建；（2）今后如遇拆迁、征用，按房屋原有结构进行。张某某修建时，将继承所得二层土木结构房屋前无证砖木结构房屋拆除，新建上述 15.31m^2 砖混结构房屋，另新建 91.64m^2 二层房屋及三个简易结构建筑物，二层土木结构房屋未修缮。

安顺市中级人民法院重审认为，因房屋已被拆除，张某某无法就案涉 91.64m^2 房屋二层层高进行举证，适用举证责任倒置原则，认定平坝区政府未能完成举证责任，91.64m^2 房屋二层应当按照住房进行赔偿。15.31m^2 砖混建筑与 23.8m^2 房屋相连通，均应认定为商业用房。安顺市中级人民法院重审过程中，委托鉴定机构按照拆除时的市场价格对被拆除房屋价值进行了评估。安顺市中级人民法院判决支持张某某房屋损失，并由平坝区政府支付从拆除房屋之日起至履行之日止的利息。张某某上诉认为，一审法院未给予其货币安置或房屋安置的选择权。提起诉讼时房价已经大幅上涨，以房屋拆除时作为评估时点不能弥补其损失。91.64m^2 房屋属于商铺的合理延伸，也应当按照商铺计算。对于经营性用房应当赔偿租金损失。平坝区政府上诉认为，安顺市中级人民法院将继承所得 23.8m^2 房屋认定为商铺缺乏事实和法律依据，其擅自对继承所得房屋进行改、扩建，超出证载面积部分应当为违法建筑。91.64m^2 房屋二层层高不足，不能认定为住宅。

二、撰写心得

本案争议焦点在于对被拆除房屋性质和补偿标准的认定。一审法院的两次判决，均引起双方当事人上诉。究其原因：一是未将案件关键事实纳入考量；二是在裁判规则适用上失之偏颇。本文书的撰写逻辑及行文，基于以下三点考量。

（一）事实查明与文书说理相呼应，增强文书说理力度

本案平坝区政府对一审两次判决不服的主要原因，在于一审对张某某 2011 年申请修缮房屋时承诺不再新建、扩建这一事实未进行查明，也未在说理中进行回应。平坝区政府认为其作出的赔偿决定，对张某某新建的无证建

筑给予了一定补偿，一审再认定层高不符的 91.64m^2 房屋二层为住宅，不当增加赔偿数额，缺乏合理性。而张某某方面提出，按照征收补偿方案，其有权选择房屋安置或货币安置的赔偿方式。对继承的二层房屋，行政机关对类似的坡屋顶空间房屋，均按照独立楼层赔偿，法院也应同等对待。且案涉房屋作为经营用房，不仅存在经营性损失，还存在租金损失。

针对上述事实问题，二审中组织双方当事人到场询问，双方均充分发表了意见，并将相关事实及当事人意见写入二审事实查明部分。一方面，二审就张某某 2011 年承诺不再新建、扩建，以及房屋征收时未进行租赁、经营相关事实进行核实，已表明法院将这些事实纳入赔偿考量，可以降低其对赔偿金额的心理预期，也可避免其对二审判决结果感到突兀；另一方面，对新建的无证建筑部分，人民法院不宜直接认定合法性和性质。平坝区政府在询问中认可 15.31m^2 砖混结构房屋按商铺进行补偿，24.5m^2 房屋二层按独立楼层计算，91.64m^2 房屋二层可以按照简易房进行赔偿，与行政赔偿决定保持一致。对安置方式选择问题，张某某明确只要求支付赔偿金。这种处理方式最大限度地减少了争议问题，保证了文书可以用更多篇幅关注焦点问题。最后，对双方争议较大的 91.64m^2 房屋二层问题，在事实查明部分分别记述了双方观点，能够体现法院已充分考虑了双方立场。

（二）准确把握法律条文内涵，尊重当事人的权利处分

法官在个案中对法律条文的适用，是对法律条文的一次解释，结合条文内容适当阐述条文内涵并给出适用此条文的理由，方才符合法律适用逻辑，更能让当事人读懂判决，接受判决。针对房屋性质问题，文书引用《国有土地上房屋征收评估办法》第 9 条第 3 款规定，确定无证房屋由市、县级人民政府进行认定。依据行政审判职权界定，行政审判是对行政行为合法性的判断，则人民法院仅能就人民政府的认定结果是否正确进行判断。引申出人民法院对人民政府就未经登记的房屋作出的性质、用途和建筑面积认定，在无确切证据予以推翻的情况下，不宜直接否定或变更这一条文内涵。此后结合条文就平坝区政府对各房屋部分性质认定展开论述，对当事人提出的观点予以回应，体现了法律适用三段论的逻辑关系，使得说理较为清晰。同样，二审适用《行政诉讼法》第 38 条第 2 款时，也采取了相同方式，论述了一审认定 91.64m^2 房屋二层为住宅的合理性问题。

法律适用，不仅要合法，亦要合理。文书虽然通过对案件事实和法律适用的阐述，得出 24.5m^2 房屋二层及 91.64m^2 房屋二层不属于独立楼层，但鉴于平坝区政府对 24.5m^2 房屋二层类似坡屋顶结构均按照独立楼层进行补偿，也同意 91.64m^2 房屋二层按照简易房进行赔偿，属于行政机关行使职权的裁量范围，亦无证据证明此处分损害国家、集体、第三人利益，应予准许。倘若人民法院对此项严格认定不予补偿，形成诉辩双方合意、法院不允的局面，不利于行政赔偿争议的彻底化解。

（三）遵循公平正义理念，既要维护被征收人合法权益，也要注重损益平衡

人民法院作为裁判机构，处于居中地位。审理案件时，应深入查明案件事实，综合考虑案件相关因素作出判决，且对判决结果应当进行损益平衡方面的考量。赔偿请求人的无证房屋，并非因历史原因产生，且其在房屋修缮时已承诺不再新建、扩建。此事实对本案赔偿金额、项目的认定以及损益平衡的判断起着至关重要的作用，在此情况下，人民法院如仍按照合法建筑判决赔偿，已超出合理范畴。同时，张某某在房屋被拆除前，并未实际利用该房屋进行经营活动，不符合征收补偿方案规定，其主张的经营损失、租金损失缺乏事实依据。张某某新建部分无证房屋，已支持一定赔偿金，再支持贷款利息，已超出合理范畴。因此，承办法官在本案中综合上述因素，遵循公平正义理念，对一审支持的部分赔偿项目予以撤销，同时尊重赔偿义务机关的处理意见，以实现损益平衡。

（石佳宏，贵州省高级人民法院法官）

三、专家评析

近年来，随着我国经济社会快速发展，特别是城市化进程推进过程中，因违法强制拆除居民房屋行为而引起的行政赔偿案件大幅上升，对国家治理能力和水平提出了新要求和新期待，亦引发社会各界广泛关注。根据国家赔偿法的相关规定，国家机关和国家机关工作人员行使职权，有该法规定的侵犯公民、法人和其他组织合法权益的情形，造成损害的，受害人有依照该法取得国家赔偿的权利。赔偿义务机关应当依照该法及时履行赔偿义务，对财产权造成其他损害的，按照直接损失给予赔偿。因此，无论被拆除房屋是在国有土地上还是集体土地上，也无论是因为征地拆迁还是其他原因拆除房屋，违法强拆房屋所涉及的赔偿问题既事关群众切身合法利益和行政机关依法行政，更事关国家治理体系和治理能力现代化，亦事关社会公平正义。人民法院在审理因违法强拆引发的行政赔偿案件时，要坚持依法全面赔偿的原则，从被拆迁房屋的历史和现实情况出发，充分运用证据裁判规则和生活常理常识，促使行政赔偿争议实质性化解，在依法保障公民、法人和其他组织合法权利的同时，引导监督行政机关依法行使职权，维护社会公平正义，实现案件办理政治效果、法律效果和社会效果的有机统一。

本案中，二审法院在一审查明事实的基础上，全面收集证据、认真梳理案涉房屋的历史由来和现实使用情况，进一步查明了案涉房屋被继承时的结构和面积、房屋权属证书和房屋登记簿登记记载的情况、改扩建和当事人承诺情况，以及租赁使用等事实，并根据生活常理对一审认定为独立楼层的房屋未予认定，还依据有关法律法规的规定准确运用有关证据责任分配规则，纠正了一审错误分配给行政机关的举证责任，全面准确查明了涉案房屋被拆时各部分的性质及面积，做到了案件事实清楚。同时，切实保护了群众的合法权益，对于行政机关作出的行政赔偿决定中保障了群众权益的内容，充分尊重行政机关的决定，依法予以维持从而最大限度保障群众利益。此外，本案在焦点归纳上具体、准确、简洁，既回应了双方当事人的诉求，又全面查清了案件事实，并能够围绕争议焦点进行事实和法律分析，论证逻辑性强，责任分配妥当，适用法律正确，判决结果明确具体。总体来看，本案裁判文书围绕案件争议焦点，从“赔什么”“怎么赔”的角度出发，既让行政机关为其违法行为承担了应尽的赔偿义务，也全面保障了被拆迁人的合法权益，对此类案件的妥善审理具有较好的借鉴价值。

（点评人：杨方程，全国审判业务专家，贵州省高级人民法院审判委员会委员，二级高级法官，民事审判第一庭庭长）

（2021）黔行赔终76号裁判文书原文

56. 祖某锁诉迎江区人民政府行政赔偿案*

【关键词】

行政赔偿　集体土地　安置补偿方案　共有

【裁判要旨】

集体土地不因“村改居”直接转为国有土地，人民法院在审理因强拆而引发的行政赔偿案件时，应参照适用强拆行为被确认违法之时被征收人普遍适用的集体土地征收安置补偿方案确定赔偿标准。当被拆除房屋存在共有人且房屋共有人对各自的份额产生争议时，人民法院可将房屋共有人作为一户先行作出行政赔偿判决，然后由共有人就各自享有的份额以及应获得的赔偿款进行协商，协商不成的，再依法另行提起民事诉讼寻求救济。

一、简要案情

祖某锁、祖某顺系兄弟，两人共有的房屋位于安庆市迎江区。2016 年 10 月 8 日，该房屋因迎江区港华路周边片区棚户区改造项目建设被迎江区人民政府（以下简称迎江区政府）强制拆除。祖某锁提起强拆行为违法之诉，生效判决确认迎江区政府强拆行为违法。2018 年 8 月 8 日，祖某锁向迎江区政府邮寄行政赔偿申请，迎江区政府在法定期限内未作出赔偿决定，祖某锁遂提起本案诉讼，后祖某顺参与本案诉讼。

涉案房屋所占用的土地为集体土地，建筑面积 330.75 平方米，房屋结构为砖混结构。其中利用涉案房屋一层进行经营的面积为 110.25 平方米，二、三层为住宅，面积为 220.50 平方米。房屋一、二层为祖某顺承建，祖某锁出资 1 万元，祖某锁个人承建房屋第三层。祖某锁家庭 4 人为非农村集体经济组织成员，且户口不在拆迁地。祖某顺家庭人口认证 7 人。就涉案房屋，祖某顺的妻子与安庆市迎江区城乡建设局签订了 40 平方米的房屋征收房票安置协议，剩余 290.75 平方米未能达成补偿安置协议。

---

* （2020）皖行赔终 106 号。

2018年5月10日起施行的《安庆市市区集体土地征收与房屋补偿安置办法》第18条规定："拆迁住宅房屋，在确认的补偿建筑面积内，按照被拆迁户应当安置人口计算，按下列方式和标准给予补偿安置：（一）被拆迁户人均房屋建筑面积40平方米以内（含40平方米）的部分实行房屋产权调换或者货币补偿，具体由被拆迁户选择。被拆迁户选择产权调换的，人均房屋建筑面积不足40平方米，不足部分由被拆迁户按每平方米400元购置补足。被拆迁户选择货币补偿的，按照确认的实际建筑面积分区域给予补偿（标准见附表1、2）。（二）被拆迁户人均房屋建筑面积40平方米以上的部分实行货币补偿（标准见附表1、2）……"第19条规定，利用住宅房屋，进行生产经营的，按住宅认定和补偿。其中在征收基准日两年前取得营业执照等证件，并连续从事生产经营活动的，对其实际用于生产经营的建筑面积，按每平方米100元给予一次性停产停业损失补偿。该办法第20条、第21条、第22条对附属物补偿费、搬迁补助费、临时安置补助费等作出了明确规定。该办法附表明确住宅房屋人均40平方米内部分货币补偿标准为每平方米3770元，40~60平方米部分货币补偿标准为框架结构每平方米710元、砖混结构每平方米550元、砖木结构每平方米470元、其他结构每平方米240元以下。

2018年12月24日，一审法院向安庆市房地产市场管理处咨询涉案房屋周边商品住宅房价格。同日安庆市房地产市场管理处回复该院，涉案房屋周边目前在售的安庆安高地产开发有限公司"××府"项目2018年12月商品住房实际成交均价为每平方米10 317元。

二、撰写心得

裁判文书是人民法院代表国家行使审判权，对具体案件的实体或程序问题作出的具有法律效力的权威性书面结论，是法官对案件进行审理后的结果。裁判文书好比医生开具的诊断书，病人根据诊断书了解自己的病情及治疗方式，外界通过诊断书来评价医院以及医生的水平高低，当事人则是通过裁判文书知晓自己案件的审理结果，评价人民法院的审判活动，最后通过裁判文书的执行来实现自己的合法权益。因此，裁判文书的重要性和意义是不言而喻的。作为一名行政审判法官，如何制作好行政裁判文书，笔者认为需注意以下三点。

（一）文书格式要规范

这是裁判文书最基本的要求。

1. 无论是什么体裁的文章，都有一定的行文要求，作为公文的一种，裁判文书也不例外。一篇完整的裁判文书，一般包括文书名称、案号、当事人基本情况、案件由来及审理经过、当事人诉辩理由、举证质证认证情况、法院审理查明的事实以及裁判理由、裁判结果等。最高人民法院就民事、行政、刑事分别制定了裁判文书样式，法官在制作行政裁判文书时参照样式即可。

2. 裁判文书要繁简得当、条理清晰，让当事人以及社会公众能够清楚地明白双方当事人争议所在、争议发生的原由和经过、法院审判过程及作出最终裁判结果的事实根据和法律依据。这就需要法官在制作行政裁判文书时，善于归纳总结，表述时条理清晰、逻辑缜密。尤其是写双方当事人诉辩主张部分，要归纳总结双方当事人的诉辩主张，既不能“照搬全抄”当事人的起诉状和答辩状，又要做到完整准确地概括当事人的主张；写审理查明部分，要按一定的顺序写，既可以按照事件发展的时间先后顺序表述，也可以按照事物的内在逻辑关系，或由主要到次要，由原因到结果的写作方法表述，切忌“东一榔头，西一棒槌”，让人云里雾里，不知所云；写“本院认为”部分时，可先根据双方的诉辩主张及审理情况，归纳出案件的争议焦点，再围绕争议焦点逐一评析，做到有的放矢。

（二）文书说理要充分

裁判文书释法说理的目的是通过阐明裁判结论的形成过程和正当性理由，提高裁判的可接受性，实现法律效果和社会效果的有机统一。借用一句网络流行语“好看的皮囊千篇一律，有趣的灵魂万里挑一”，对裁判文书来说，格式是“皮囊”，说理则是“灵魂”，裁判文书格式规范只是拥有了“好看的皮囊”，是否还有“有趣的灵魂”则完全取决于说理的好坏。笔者认为，好的说理应做到“信、达、雅”。“信”，就是要忠实于当事人的诉讼请求，针对当事人的诉讼请求展开说理；“达”，就是要说理要具有逻辑性；“雅”，则是说理符合“法、理、情”。

1. 要明确原告的诉讼请求。诉讼请求是当事人向法院提出的，要求法院予以判决的请求。诉讼请求决定了法院审理范围。具体到行政诉讼请求，《行政诉讼法》第49条明确规定了公民、法人或者其他组织提起诉讼应当有明确的诉讼请求，《最高人民法院关于适用〈中华人民共和国行政诉讼法〉的解释》第68条对何为“有明确的诉讼请求”作了具体分类。法官需要准确判定当事人的诉讼请求是撤销之诉、给付之诉、确认之诉还是其他，在明确当事人的诉讼请求后，再重点围绕当事人的该诉讼请求能否予以支持，从认定事实、适用法律等方面进行阐释。具体到本案，祖某锁、祖某顺起诉要求迎江区政府赔偿其房屋损失，因此，二人提起的诉讼是给付之诉。那么，本案裁判的重点就是祖某锁、祖某顺要求赔偿的请求能否给予支持，包括迎江区政府应否赔偿，如应赔偿，赔偿标准、项目、数额等如何确定。

2. 归纳争议焦点应遵循“先程序后实体”原则。整个诉讼活动不只是解决原告的诉讼请求能否支持的问题，法院在对实体问题进行审查之前，有时还需要依职权或依申请对一些程序性问题进行评判，如原告的起诉是否法定起诉条件，包括但不限于被诉行政行为是否可诉、原告是否具有诉讼主体资格、被告是否适格、原告起诉是否超过起诉期限；是否存在应追加当事人的情形；等等。因此，在说理前，可按“先程序后实体”原则归纳争议焦点，在程序性争议不影响案件结果情况下，再就双方争议的实体性问题进行重点阐述。如本案中，提起确认强拆违法之诉、向迎江区政府提出赔偿申请以及提起行政赔偿诉讼的主体都是祖某锁，现祖某顺在行政赔偿诉讼立案后参加诉讼是否符合法律规定，其是否具备本案的原告诉讼主体资格，面对其他当事人对此提出的质疑，这是裁判文书说理时首先需要回应的问题。

3. 裁判文书说理须遵循内在固有的逻辑规则。通常情况下，裁判文书都是按“三段论”式的演绎推理方式进行，即法律规定是大前提，认定的案件事实是小前提，通过大前提与小前提的相互印证，推导出最后的裁判结果。只有在符合逻辑的前提下，说理才能做到于法有据，具有说服力。

4. 裁判文书要做到“法、理、情”的有机融合。法律不是冷冰冰的条文，背后有情有义。要坚持以法为据、以理服人、以情感人。司法裁判不仅要合法，更要契合情理。作为司法裁判的载体，裁判文书说理不仅要准确适用法律，还要尊重民众朴素的情感和基本的道德诉求，以实现法律效果和社会效果的有机统一。

（三）建议引导要用心

与民事、刑事诉讼不同，行政诉讼有其特殊性，承担着解决行政争议，保护公民、法人和其他组织的合法权益以及监督行政机关依法行使职权三大功能。但囿于行政诉讼起诉条件的复杂性，以及司法权不能代替行政权，很多时候，原告的诉讼请求无法通过一次行政诉讼得以实现。那么，原告应当寻求哪种救济途径更能实现自己的合法权益，行政机关今后执法过程中需要注意并改进哪些问题，案涉争议如何才能更好地化解。对上述问题，虽然没有硬性规定要求行政裁判文书必须给出答案，也不是所有的行政裁判文书都需要回答上述问题，但是，法官在裁判文书中就上述问题对原告进行必要的引导，或向行政机关提出合理的建议，既有助于行政诉讼立法目的的实现，凸显行政裁判的独特之处，也更能体现法官对处于被管理地位的相对人的权利保护的关切。因此，法官在进行引导、提出建议时一定要用心，确保意见正确、可行。本案中，祖某锁主张双方就案涉房屋的共有份额存在争议，应先中止诉讼解决产权争议，再确定各自应获得的赔偿数额。人民法院虽未支持其该主张，将其和祖某顺按一户对待确定了赔偿数额，但双方如何分割赔偿款，按什么标准分割仍是需要解决的问题。为了便于双方嗣后更好地通过协商或是民事诉讼解决，裁判文书对此进行了说明。

（蒋春晖，安徽省高级人民法院法官）

三、专家评析

因违法强拆集体土地上房屋引发的行政赔偿，存在依照征收补偿标准和国家赔偿标准进行赔偿的竞合。通行做法都是按照不低于征收补偿应获得的权益标准确定赔偿数额。但如何确定征收补偿应获得的权益，又可能涉及土地性质、房屋面积和用途、补偿标准等问题，而土地性质是集体还是国有、房屋是用于住宅还是经营，均直接影响补偿标准的适用。本案二审判决针对祖某锁就上述问题提出的主张逐一评判，既有法律专业的厚度，又以深入浅出的方式条分缕析，要言不烦，不失为一份优秀裁判文书。

（一）关于已纳入城市规划区土地的征收补偿标准

我国土地性质分为国有土地和集体土地，修改前的《土地管理法实施条例》第 2 条对国有土地和集体土地的范围作出规定，一般来说，土地性质比较容易判断，不易发生争议。但对房屋所在地纳入城市规划区并已经实行“村改居”的，征收时应按集体土地还是国有土地进行征收，能否按照或者参照国有土地上房屋征收补偿进行补偿，这涉及如何理解和把握《土地管理法实施条例》第 2 条第 5 项以及《最高人民法院关于审理涉及农村集体土地行政案件若干问题的规定》第 12 条第 2 款的规定。本案二审判决详细阐述了对上述条款的理解和适用，依据原国务院法制办公室、原国土资源部作出的解释意见，结合案件事实认定涉案房屋所占土地仍为集体土地，对房屋的赔偿仍应参照集体土地上房屋征收补偿标准，说理清晰、透彻，具有较强的指导意义。

（二）关于行政诉讼和民事诉讼的衔接

本案不同于常见的行政赔偿诉讼之处在于，涉案房屋存在共有人，且共有权利人对各自应享有的产权份额存在争议。在此情况下，应如何处理，法律法规并未作出规定。是否必须中止本案诉讼，让祖某锁、祖某顺先提起民事诉讼，待生效民事判决确认二人对案涉房屋享有的份额后，再判决区政府对二人的应赔偿数额。对此，原一审、二审法院意见并不一致，二审法院也因此将本案发回重审。但面对一审法院再次作出的判决，二审法院要么中止本案的诉讼，要么进行实体处理。二审法院从法律规定、程序便捷以及最大限度保护被征迁人的合法权益角度综合考虑，参照案涉项目房屋征收安置实施方案规定的按户补偿安置原则，将祖某锁、祖某顺作为一户对待，先判决确定区政府就案涉房屋应赔偿数额，再告知二人可就涉案房屋享有的份额以及应获得的赔偿款进行协商，协商不成的，依法另行提起民事诉讼予以解决。该处理方式既符合集体土地的房屋实行以户为单位进行补偿安置的一般原则，也避免了因程序延宕导致当事人应获得的赔偿权益不能快速确定下来，为同类案件裁判提供了范例。

（点评人：王玉圣，安徽省高级人民法院行政审判庭副庭长）

（2020）皖行赔终106号裁判文书原文